Walter Lotz

Sozialpädagogisches Handeln

Eine Grundlegung sozialer Beziehungsarbeit mit Themenzentrierter Interaktion

Aspekte Themenzentrierter Interaktion

Herausgegeben von Walter Lotz und Christel Wagner

Walter Lotz

Sozialpädagogisches Handeln

Eine Grundlegung sozialer Beziehungsarbeit mit Themenzentrierter Interaktion

Matthias-Grünewald-Verlag · Mainz

Die Deutsche Bibliothek – Bibliografische Information der Deutschen Bibliothek
Die Deutsche Bibliothek verzeichnet diese Publikation in der Deutschen Nationalbibliografie; detaillierte bibliografische Daten sind im Internet über http://dnb.ddb.de abrufbar.

Umschlag: Thomas & Thomas Design, Heidesheim
Druck und Bindung: Drukkerij Wilco, Amersfoort

ISBN 3-7867-2470-9

Inhalt

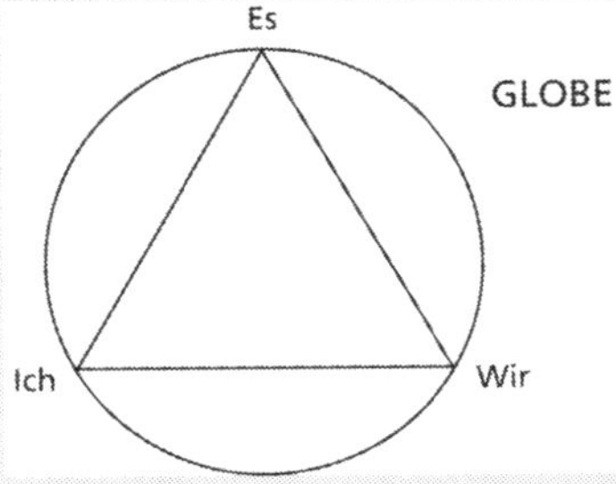

Die Arbeit mit TZI beruht auf der Hypothese, dass jede einzelne Person (ICH), die Interaktionen in der Gruppe (WIR), der Bezug zu einer Aufgabe oder einem Lerninhalt (ES) sowie der Einfluss von Kontextbedingungen (GLOBE) als gleichwertige Faktoren beachtet werden müssen. *„Die Anerkennung und Förderung der Gleichgewichtigkeit der Ich-Wir-Es-Faktoren im Globe ist die Basis der TZI-Gruppenarbeit und -leitung.* Es geht darum, die Wichtigkeit jeder einzelnen Person, die Wichtigkeit der Interaktion, die Wichtigkeit des Themas (resp. der Aufgabe) und die Wichtigkeit der Wirkungszusammenhänge in und mit der Umwelt in dynamischer Balance zu halten. Das Bewußtsein dieser Arbeitshypothese wird in allen Gruppenmitgliedern gefördert; an ihrer praktischen Verwirklichung mitzuwirken, ist Aufgabe des TZI-Gruppenleiters" (Farau/Cohn 1984, S. 353).
Symbolisch wird die Konstellation dieser vier Faktoren in einem von einer Kugel umgebenen gleichseitigen Dreieck, dem Vier-Faktoren-Modell oder Reflexionsmodell der TZI, ausgedrückt. ICH, WIR, ES und GLOBE sollen prozessbezogen in eine „dynamische Balance" gebracht werden, z.B. dadurch, dass immer wieder unterschiedliche Zugänge und alternative Betrachtungsweisen in den Lern- und Arbeitsvorgang einbezogen werden. Der Begriff „Balance" ist auf den Perspektivenwechsel und Ausgleich zwischen verschiedenen Zugangsmöglichkeiten ausgerichtet, der Begriff „dynamisch" betont das Kräftefeld der Antagonismen und Spannungen, in denen die Balance jeweils neu zu gewinnen ist.

Einleitung

Fragen nach dem sozialpädagogischen Handeln beschäftigen mich seit vielen Jahren:

- Warum mache ich angesichts einer Problemsituation das, was ich da gerade tue? Ist es meine biographisch gewordene Person, die da handelt, oder die in Studium und Ausbildung gewonnene Fachlichkeit?
- Wodurch werden meine Betrachtungen einer solchen Situation überhaupt bestimmt? Welcher Stellenwert kommt dabei theoretischem Wissen zu, welche Bedeutung haben Intuition und Lebenserfahrung?
- Angesichts der vielfältigen Perspektiven, aus denen das Handeln bewertet werden kann: Welche einigermaßen verlässlichen Fundamente, von denen aus innere Überzeugungen begründet und Handlungsorientierungen gewonnen werden können, gibt es im Streit der unterschiedlichen Meinungen und Positionen?
- Und im Hinblick auf Studium und Weiterbildung: Womit sollen sich Sozialpädagogik-Studentinnen und -Studenten eigentlich beschäftigen? Welche Bedeutung haben Selbsterfahrung und Persönlichkeitsentwicklung, welches Theoriewissen ist im prekären Alltagsgeschäft hilfreich, wie kann Theoriebezug mit praktischer Kompetenz vermittelt werden?

Solche und ähnliche Fragen gehen in den alltäglichen Problemkonstellationen und Auseinandersetzungen sozialpädagogischer Arbeit schnell an die Wurzeln des fachlichen Selbstverständnisses und, angesichts der Nähe des Fachlichen zum Persönlichen, an die Grundlagen des eigenen Selbstwertes.

Vor dem Hintergrund solcher Fragen und Überlegungen sehe ich die Themenzentrierte Interaktion (TZI) als ein überzeugendes Aussagesystem, als eine Handlungskonzeption mit einer werthaltigen Vision, mit einem Modell zur Analyse von Situationen sowie mit ausgearbeiteten Vorstellungen darüber, wie das sozialpädagogische Handeln ausgestaltet werden kann – sowohl was die „innere" Haltung als auch das „äußere" methodische Vorgehen betrifft. Mit der TZI wird mir kein rezepthaftes „wenn – dann" an die Hand gegeben, sondern eine inhaltliche Systematik, die dazu verhilft, sowohl offen für die jeweilige Situation und die in ihr handelnden Menschen als auch sinnbezogen-gleichförmig, sowohl theoriebezogen-anspruchsvoll als auch praktisch-kompetent, sowohl fachlich-nüchtern als auch persönlich-engagiert zu handeln.

Wie diese Pädagogik inhaltlich strukturiert ist und wie in sozialpädagogischen Handlungsfeldern daran orientiert gearbeitet werden kann, darum geht es in diesem Buch. Dabei verfolge ich zwei unterschiedliche inhaltliche Stränge, die im Verlauf der Ausarbeitungen immer wieder zusammengeführt und aufeinander bezogen werden:

- Es geht zum einen um den Entwurf einer sozialpädagogischen Handlungstheorie unter professionsspezifischer Perspektive. Entsprechenden Überlegungen gehe ich in Kapitel 1.1 nach und gewinne daraus ein Modell professionellen Beziehungshandelns für die sozialpädagogische Arbeit mit den vier konzeptionellen Elementen „Situationsdeutung", „Vision", „Haltung" und „Methode".
- Mein zweiter Strang betrifft die Ausarbeitung der TZI für das Berufsfeld der Sozialen Arbeit. In Kapitel 1.2 fülle ich die vier konzeptionellen Elemente mit Inhalten der Themenzentrierten Interaktion aus und betrachte dabei die TZI als ein generatives Aussagesystem, das in unterschiedliche berufliche Felder handlungsorientierend eingebracht werden kann.

Im Anschluss daran fasst das Kapitel 1.3 die Ausarbeitungen zusammen und stellt die Themenzentrierte Interaktion als einen Beitrag zur Professionalisierung sozialpädagogischen Handelns vor.

Hat damit der erste Teil dieses Buches den Entwurf einer Konzeption sozialpädagogischen Handelns auf der Grundlage der TZI zum Ge-

genstand, so stelle ich im zweiten Teil – darauf aufbauend – differenzierende Überlegungen an: Ausgangspunkt dazu ist das Vier-Faktoren-Modell der Themenzentrierten Interaktion mit den grundlegenden Kategorien von ICH, WIR, ES und GLOBE. Diese in der TZI gängigen Begriffe versuche ich durch Anlehnung an sozialwissenschaftliche Theorien differenzierter und umfangreicher zu betrachten sowie in jeweiligen Fallbeispielen auf das Berufsfeld der Sozialen Arbeit zu beziehen. Ein ausführlicheres Fallbeispiel zur sozialpädagogischen Arbeit mit THEMA und STRUKTUR rundet diese Differenzierung und Spezifizierung der Kapitel 2.1 bis 2.4 ab.
Im Anschluss daran sind die Kapitel 2.5 und 2.6 auf eine Vertiefung und Erweiterung des themenzentrierten Vorgehens durch die Psychoanalyse ausgerichtet. Damit sollen nicht die unterschiedlichen konzeptionellen Konturen von TZI und Psychoanalyse eingeebnet werden, sondern ich möchte nach Möglichkeiten einer reichhaltigeren Ausgestaltung der TZI-Arbeit durch Einbeziehung psychoanalytischen Denkens und Handelns suchen. Dabei knüpfen die Überlegungen zum Verhältnis von Psychoanalyse und TZI-Pädagogik wieder an die Ausgangsbetrachtungen zum professionellen sozialpädagogischen Handeln an und runden damit den gesamten Gedankengang ab.
Beide Teile des Buches dienen dazu, den themenzentrierten Ansatz als ein organisierendes Modell für die vielfältigen sozialpädagogischen Handlungsanlässe grundlegend und differenziert auszuarbeiten und an Hand von Fallbeispielen zu veranschaulichen. Da meine Ausarbeitungen als Grundlegung sozialer Beziehungsarbeit mit Themenzentrierter Interaktion angelegt sind, kommt der Gedankengang nicht ohne einen intensiven Theoriebezug aus. Denn die Grundlegung kann nur durch einen Schritt der Abstraktion von den praktischen Erfahrungen mit TZI erfolgen. Durch die Abstraktion versuche ich, den essenziellen Gehalt der TZI als eines unterschiedliche Handlungsfelder der Beziehungsarbeit übergreifendes Aussagesystems zu gewinnen, dieses mit Hilfe sozialwissenschaftlicher Theorien zu fundieren und von der damit gewonnenen Perspektive aus in die

vielfältigen Praxisfelder sozialpädagogischer Beziehungsarbeit zu gehen. Dazu dienen Fallbeispiele, die ich danach ausgewählt habe, dass sie vor dem Hintergrund voranstehender theoretischer Überlegungen eine spezifische Handlungsproblematik verdeutlichen. Ausdrücklich geht es nicht darum, durch „Bilderbuchbeispiele“ einen theoretischen Gedankengang zu belegen, sondern gerade durch die Fragen, die die Fallbeispiele beinhalten bzw. aufwerfen die Komplexität der Praxis als eines eigenständigen Bereichs zu bewahren. Durch meine Auswahl sind einige sozialpädagogische Handlungsfelder überrepräsentiert, andere (Sozialpädagogische Familienhilfe, Mediation, Intensive sozialpädagogische Einzelbetreuung, Jugendbildungsarbeit, Jugendgerichtshilfe u.a.) dagegen kommen zu kurz. Dies ist insofern bedauerlich, als ich von der Relevanz der TZI für die ganze Breite sozialpädagogischer Handlungsanlässe überzeugt bin.
Ein weiteres, kaum zu vermeidendes Merkmal dieses Buches liegt in einer gewissen Redundanz: Da ich von verschiedenen Perspektiven aus das Aussagesystem der Themenzentrierten Interaktion beleuchte und mein Gedankengang folglich eher zirkulär als linear angelegt ist, sind Wiederholungen unvermeidbar. Ich hoffe aber, dass der spiralförmige Gedankengang des Buches mit seinen wiederholenden Betrachtungen von unterschiedlichen inhaltlichen Zusammenhängen aus zur Verdeutlichung der konzeptionellen Kontur der TZI beitragen kann.
Zweifellos wäre es interessant gewesen, die TZI-orientierten Überlegungen zum konzeptionellen sozialpädagogischen Handeln auf Theorien der Sozialen Arbeit zu beziehen und so z.B. Michael Winklers Kategorien „Subjekt“ und „Ort“, Lothar Böhnischs Konzept der „Lebensbewältigung“, Hans Thierschs „lebensweltorientierten Ansatz“ oder Silvia Staub-Bernasconis systemtheoretische Sichtweisen als Vergleichsbasen heranzuziehen. Davon abzusehen hat damit zu tun, in einer solchen Grundlegung zunächst einmal die TZI-Aussagesystematik in den Mittelpunkt zu stellen und den Gedankengang darauf zu konzentrieren.

Von meiner Intention aus wenden sich die Ausarbeitungen an zwei Personenkreise – zum einen an Menschen mit TZI-Kenntnissen und -Erfahrungen, die sich auf den hier vorgetragenen Wegen durch das Gestrüpp der Theorien neue Zugänge zu Bekanntem verschaffen und den Möglichkeiten einer sozialpädagogischen Arbeit mit TZI nachgehen wollen. Ein zweiter Personenkreis sind Sozialpädagoginnen und Sozialpädagogen, die durch die Perspektiven der Themenzentrierten Interaktion einen orientierenden Blick für ihr berufliches Handeln gewinnen wollen. Die TZI scheint mir eine gut geeignete Konzeption hierfür zu sein.
In fachlichen und persönlichen Beziehungen zu beiden Personenkreisen ist dieses Buch entstanden. Es verdankt sich den Möglichkeiten praktischer Erfahrungen und theoretischer Auseinandersetzungen im Studiengang Sozialpädagogik der Fachhochschule Frankfurt am Main ebenso wie in „WILL-International" bzw. im „Ruth Cohn Institut für TZI – international". Bedanken möchte ich mich daher bei allen, die mich auf meinem Weg begleitet und mir Kritik und Anregungen gegeben haben – bei den Studentinnen und Studenten, Berufspraktikantinnen und Berufspraktikanten am Fachbereich, den Dipl. Sozialpädagoginnen und Dipl. Sozialpädagogen in den vielfältigen Praxisfeldern der Sozialen Arbeit, den FH- und TZI-Kolleginnen und -Kollegen, die an fachlich-kritischer Auseinandersetzung über den Zusammenhang von Sozialer Arbeit und TZI interessiert waren. Besonderer Dank gilt Friedrich K. Barabas, Bernhard Lemaire, Birgit Menzel, Helmut Reiser, Walter Schiffer und Christel Wagner, die Teile des Manuskripts gelesen und mir ihre Eindrücke und Einschätzungen rückgemeldet haben. Ganz besonders möchte ich mich bei meiner Frau, Christiane Zimmermann-Lotz, bedanken, ohne deren langjährige Gesprächsbereitschaft – als Vertreterin des Personzentrierten Ansatzes – meine Motivation zur sowohl praxis- wie theoriebezogenen Auseinandersetzung mit dem Stoff sicherlich erlahmt wäre. Ihr Beitrag am Entstehen und an der inhaltlichen Ausgestaltung dieses Buches bleibt „von außen" unsichtbar – und soll daher besonders hervorgehoben sein.

Teil 1
Entwurf einer Konzeption sozialpädagogischen Handelns auf der Grundlage der Themenzentrierten Interaktion (TZI)

1.1 Professionelles sozialpädagogisches Handeln und die vier Elemente einer Handlungskonzeption

Soziale Arbeit ist der gesellschaftliche Bereich sozial- und wohlfahrtsstaatlicher Organisation, der in der Tradition unterschiedlicher Funktionen der Armenpflege und Fürsorge, der Kinder- und Jugendhilfe, berufsbegleitender und außerberuflicher Bildungsmaßnahmen, der Sozialhilfe und Gesundheitsförderung, der Organisations- und Stadtentwicklung u.v.m. auf die Schnittstelle individueller und gesellschaftlicher Problemlagen ausgerichtet ist. Diesen, in der historischen Entwicklung moderner Gesellschaften immer mehr ausdifferenzierten, umfangreicher gefassten und nur multidimensional bestimmbaren sozialen Aufgabenbereichen entsprechend, finden berufliche Tätigkeiten Sozialer Arbeit in den unterschiedlichsten institutionellen und organisatorischen Zusammenhängen statt: Im Vorschulbereich von Kindertagesstätten, Eingangsstufen und Vorklassen an Grundschulen, in schulbegleitenden Maßnahmen wie Hort und Schulsozialarbeit, in außerschulischen Einrichtungen wie Kinder- und Jugendhaus, in der Heimerziehung, ausgerichtet auf spezifische gesellschaftliche Gruppen wie Arbeitsimmigranten, suchtkranke, obdachlose oder straffällige Menschen, in Verbänden und Vereinen, in der betrieblichen Sozialarbeit, in der (Erziehungs- und Lebens-)Beratung, in Sozial-, Jugend- und Gesundheitsämtern u.a.m.. Soziale Arbeit ist sozialwissenschaftlich begründetes und sowohl politisch-administratives als auch handlungspraktisches Instrument moderner Gesellschaften. Sie lässt sich funktional als Integrationsarbeit beschreiben, die auf drei Dimensionen ausgerichtet ist: auf die Integrität des Subjekts, auf die wechselseitige Anerkennung der Mitglieder eines Gemeinwesens und auf deren Teilhabe an der objektiven Welt. Sie zielt nicht mehr nur auf spezifische Mangellagen, sondern darüber hinaus auf allgemeine Prozesse der Entwicklung[1].

In den letzten Jahren hat sich zur Fassung dieses gesellschaftlichen Funktionsbereichs, nach der getrennt verwendeten Bezeichnung von Sozialarbeit und Sozialpädagogik, der übergreifende Begriff der Sozialen Arbeit durchgesetzt, ohne dass damit eine eindeutige Bestimmung der ihr zugehörenden Arbeitsfelder, Handlungsmuster sowie einer einheitlichen theoretischen Bestimmung ihrer Aufgaben, Funktionen und Organisationen z.B. durch eine Wissenschaft der Sozialen Arbeit gegeben wäre. Soziale Arbeit ist eher ein Sammelbegriff unterschiedlicher Angebote, Dienste und Maßnahmen, in denen die Tätigkeiten der Erziehung und Bildung, der Hilfe und Unterstützung in besonderen Problemlagen, der Beratung und Entwicklungsförderung vorherrschen. Soziale Arbeit zielt „auf das Insgesamt von Einrichtungen und Dienstleistungen, welche über die privaten, individuellen Anstrengungen zur Daseinsvorsorge hinaus ein menschenwürdiges Leben sichern und gegen Risiken und Notlagen im Lebenszyklus und Arbeitsprozeß beschützen sollen“[2]. Gängler weist darauf hin, dass der historische Gebrauch des Terminus „sozial“ im Zusammenhang staatlicher Unterstützungsleistungen sowohl auf sozial*politische* als auch auf sozial*pädagogische* Perspektiven bezogen war; ein solcherart doppeltes Hilfeverständnis sei zum einen an der „sozialen Frage“ orientiert gewesen, zum anderen am Erziehungs- und Entwicklungsgedanken und der damit einhergehenden Pädagogisierung sozialer Notlagen[3].

Die Ausführungen dieses Buches sind besonders auf solche Handlungsfelder der Sozialen Arbeit ausgerichtet, die durch „Beziehungsarbeit" gekennzeichnet sind. Mit diesem komplexen Begriff sind solche Tätigkeitsbereiche gemeint, in denen psychosoziales Handeln im Zusammenhang von Betreuung, Erziehung, Bildung, Beratung und anderer Hilfeleistungen im Rahmen einer unmittelbaren und nicht nur kurzfristigen Beziehung stattfindet, d.h. in denen die Arbeit in und an zwischenmenschlichen Beziehungen im Mittelpunkt steht. Der Begriff der Beziehungsarbeit verdeutlicht ein Spannungsfeld, das ein strukturelles Moment Sozialer Arbeit zu markieren scheint und z.B. in der Funktionsbestimmung der Sozialen Arbeit als „Hilfe und Kontrolle" deutlich wird: Einerseits wird damit nämlich zum Ausdruck gebracht, dass das psychosoziale Handeln als *Arbeit*, d.h. als zielbezogene, verwert- und kontrollierbare „instrumentelle" Tätigkeit, betrachtet wird. Andererseits steht das Moment der *Beziehung* für ein Subjekt-Subjekt-Verhältnis, das auf einen offenen Prozess wechselseitiger Verständigung setzen muss, um wirkungsvoll zu sein. Insofern werden im Begriff der Beziehungsarbeit zwei unterschiedliche Rationalitätstypen zugleich angesprochen, die die paradoxale Struktur der Praxis Sozialer Arbeit „auf den Begriff bringen". Zur Kennzeichnung des Beziehungshandelns im Kontext der Hilfe und Unterstützung Sozialer Arbeit verwende ich in meinem weiteren Gedankengang das Adjektiv „sozialpädagogisch", da es aus seinem historischen Gebrauch heraus am deutlichsten Merkmale der Betreuung, Erziehung, Bildung und Beratung anspricht; diese Teilbereiche der Sozialen Arbeit sollen hier im Mittelpunkt stehen.

1.1.1 Handeln – sozialpädagogisches Handeln – professionelles sozialpädagogisches Handeln

In den bisherigen Überlegungen ist bereits angedeutet, dass ich meinen Ausarbeitungen zur Sozialen Arbeit eine handlungstheoretische Perspektive zu Grunde lege. Ich gehe davon aus, dass Sozialpädagoginnen und Sozialpädagogen in ihrem Tätigsein Gründe haben, Absichten verfolgen, Zwecke setzen und Ziele angehen – und dass sie dadurch ihr Tun fundieren. Diese Orientierungen des Handelns entsprechen ihren jeweiligen Sinndeutungen, Einstellungen und Erwartungen; sie sind dabei auf andere Menschen und auf Anderes, d.h. auf fachspezifisch definierte Sachverhalte, Aufgaben und Problemzustände bezogen.

Indem ich die Perspektive des handelnden Menschen im Mittelpunkt sehe, stellt sich die Frage nach der qualitativen Bestimmung des Handelns, die es vom „einfachen" Tun unterscheidet. Die vom Individuum empfundene und von außen erfahrbare Qualität des Handelns beinhaltet, dass dieses Tun – in jeweils unterschiedlichem Maße – bewusstseinsfähig und zugänglich zur Argumentation ist, dass es an Kriterien orientiert und sensibel auf situative Kontexte bezogen werden kann. Ich präferiere damit einen Handlungsbegriff, der seinen Ausgangspunkt nimmt am jeweiligen „subjektiv gemeinten Sinn" (Max Weber), dabei aber mitbedenkt, dass dieser subjektiv gemeinte Sinn auf fachliche Handlungsanlässe bezogen ist, und dass das Bewusstsein der Handlungsqualität einen Erlebenshintergrund zulässt, der offen ist für Unbestimmtes und Paradoxes, d.h. für eine Differenz zwischen dem manifesten Tun und seinen latenten Hintergründen.

In einem – hier vertretenen – weiten Verständnis des Begriffs Handeln kann hinsichtlich des Handlungssinns unterschieden werden zwischen an Vergangenheit orientiertem kausalen Tun (handeln, *weil* „damals" etwas geschehen ist) und an Zukunft orientiertem intentionalem Tun (handeln, *um* damit „dann" etwas *zu* erreichen); die Zeitlichkeit des Handelns lässt sich aber auch auf Gegenwart-orientiertes zirkuläres Tun erweitern, in dem ein unmittelbar situationsbezogener Interpretationszusammenhang als Sinn-Hintergrund für ein bestimmtes Vorgehen genommen wird (handeln *im* aktuellen *Kontext von*).

Handeln steht in der Mehrzahl sozialer Situationen im Zusammenhang zweier differenter Ansprüche: Zum einen ist es instrumentell am Erreichen bestimmter Ziele ausgerichtet, zum anderen ist es auf verständigungsorientierte Kommunikation mit anderen Menschen angewiesen. Beide Perspektiven schließen sich nicht gegenseitig aus, sondern bilden in den konkreten Situationen sozialer Lebenspraxis eine Melange mit jeweils unterschiedlichen Gewichtungen. Dies gilt gerade für pädagogische Beziehungsarbeit, die sowohl Zielen verpflichtet ist als auch auf einen offenen Verständigungsprozess von Subjekten setzt. In meinen Ausarbeitungen verwende ich daher einen weit gefassten Handlungsbegriff, der offen ist für sowohl instrumentelle Orientierungen als auch für an kommunikativer Verständigung ausgerichtete Überzeugungen - und eine konstitutive Ungewissheit enthält, die dem sozialpädagogischen Handeln eigen ist; denn wie eine Hilfeabsicht am besten in eine konkrete Hilfeleistung zu überführen ist und welche Wirkungen diese Hilfeleistung dann hat, das lässt sich nicht in die Form einer Gleichung bringen. Zuweilen wird dem Handelnden nicht mehr als die Hoffnung auf eine produktive Wirkung seines Tuns verbleiben.

Sozialpädagogisches Handeln ist, allgemein betrachtet, zunächst einmal Handeln in den Berufsfeldern der Sozialen Arbeit im Rahmen betreuender, erziehender, bildender, beratender, unterstützender u.a. Funktionen und Aufgaben. Im Unterschied zu anderen Berufsfeldern verfügt Soziale Arbeit über keinen gut abgrenzbaren „exklusiven Bereich" der Zuständigkeit, sondern ist zu einem großen Teil auf alltagsweltliche Lebenspraxis bezogen. Sozialpädagogisches Handeln hat dadurch mit Hilfeleistungen zu tun, die ihren Schwerpunkt in einer zum Problem gewordenen Lebenspraxis der Klienten haben. Ihr berufspraktischer Zusammenhang ist darin zu sehen, „dass in der Neuzeit Formen des Helfens entstehen, die nicht mehr nur zufällig und spontan zustande kommen oder über kollektiv verbindliche Weltbilder und soziale Kontrollmechanismen gesteuert werden, *sondern als gesellschaftliche Aufgabe betrachtet, staatlich organisiert und von eigens dafür ausgebildetem professionellem Personal durchgeführt werden*"[4]. Trotz des erreichten Grades an gesellschaftlicher Organisation lassen sich die Problembereiche, Arbeitsfelder und Methoden des sozialpädagogischen Handelns kaum eingrenzend bestimmen, sondern zeigen ein „gleichsam buntscheckiges Nebeneinander sehr verschiedener Aufgaben und Praxen"[5]. Daher lässt sich ein zusammen-

hängender Sinnbezug sozialpädagogischen Handelns als konkrete und inhaltliche Ausfüllung von Funktionen der „Hilfe zur Selbsthilfe" bzw. der „Hilfe zu einer autonomen und interdependenten Lebenspraxis", der die unterschiedlichen Arbeitsbereiche der Sozialen Arbeit auf einen „gemeinsamen Nenner" bringt, nur schwer gewinnen.
In den folgenden Überlegungen möchte ich die Hilfeleistungen des sozialpädagogischen Handelns in den Zusammenhang der Kinder- und Jugendarbeit stellen und sie, orientiert an Gieseckes Entwurf der Pädagogen als Lernhelfer, näher bestimmen. Die beim Lernen helfenden Pädagogen handeln planmäßig und zielorientiert im Zusammenhang solcher Lernvorgänge, die unter den Veränderungen der Pluralisierung der Gesellschaft und Individualisierung von Lebensläufen eine Abkehr vom traditionellen Erziehungsverständnis erforderlich machen. „Sie sind Menschen, *von* und *mit* denen man etwas lernen kann: Sie wissen oder können etwas, was andere nicht wissen oder können, *und* sie sind in der Lage, mit diesen anderen eine produktive Lerngemeinschaft einzugehen; *beides zusammen* macht den Kern ‚pädagogischen Handelns' aus"[6]. Gieseckes Lernhelfer haben somit sachbezogen-kulturelle und kommunikative Kompetenzen, die sie „im wechselseitig verstehbare(n) Austausch von sprachlich erschlossenen Erfahrungen"[7] einsetzen. Dabei sind ihre Handlungen eingebunden in institutionalisierte Erwartungen, die beachtet werden müssen; solidarisiert sich z.B. der Lernhelfer undifferenziert mit den „Bedürfnissen" seiner Klienten, so handelt er gegen die Regeln seiner Profession und gerade nicht in seiner Funktion als Lernhelfer. Er benötigt daher – nach Giesecke – eine Distanz, die es ihm möglich macht, seine Beziehungsarbeit als eine eingegrenzte zu betrachten und auf eben diese begrenzte Zielsetzung spezifischer Lernprozesse hin auszurichten.
So bedeutsam, wie Gieseckes Betonung der Rollen-bezogenen Distanziertheit und der nur auf bestimmte Teilaspekte der Entwicklung (und nicht auf den ganzen Menschen) bezogenen Aufgaben des Lernhelfers sind, so einseitig überzeichnen sie doch die eine Seite der Beziehungsarbeit. Denn diese Distanziertheit wird ohne ihr Gegen-

stück der emotionalen Nähe und des Mitgefühls schnell zur gleichgültigen „professionellen“ Haltung einer fühllosen „Kälte-Seite“, die kaum eine Beziehungsbasis für Lernprozesse legen kann[8]. Damit aber kippt der Lernhelfer, indem er einseitig die Seite der Distanz vertritt, aus seiner eigentlichen Aufgabenbestimmung.
Eine nähere Betrachtung der Hilfeleistungen sozialpädagogischen Handelns, die die Gegensatzeinheit von Nähe und Distanz beibehält und sie als berufliches Spannungsfeld differenzierter betrachtet, gewinne ich nun dadurch, dass ich drei Funktionsbereiche sozialpädagogischer Kinder- und Jugendarbeit beschreibe, die sich der Erziehung, Bildung und Beratung schwerpunktmäßig zuordnen lassen. Ich beziehe mich dabei auf Andreas Flitners Überlegungen, die er entwickelt in Anschluss an Friedrich Schleiermachers Vorlesungen aus dem Jahre 1826, dessen Entfaltung pädagogischer Grundfragen Flitner als „unüberholt und auch auf neue inhaltliche und gesellschaftliche Probleme anwendbar“[9] betrachtet.
Eine erste Dimension sozialpädagogischer Hilfeleistungen lässt sich als *Sorge tragen*[10] auffassen. Hier steht die ganze Person des Heranwachsenden mit ihren Nöten und Fähigkeiten, mit den gerade aktuellen Problemen und Ressourcen im Mittelpunkt. Die Sorge um das Wohlergehen und die Achtsamkeit sowohl auf Einflüsse von außen als auch auf die inneren Verarbeitungskompetenzen machen es erforderlich, sich dem Kind oder Jugendlichen unmittelbar und unverstellt als Mensch zuzuwenden und Interesse sowie Mitgefühl an seinen Kümmernissen zu zeigen. Beziehungsarbeit mit dem Anspruch des „Sorge Tragens“ erhält damit ein differenziertes Profil des Aufmerksamseins und benötigt neben Wissen über entwicklungsbezogene Verarbeitungsmöglichkeiten von Erfahrungen ein gutes Maß an Einfühlsamkeit in die jeweilige Lebenssituation. Dazu gehören auch Überlegungen zur Auswahl und Gestaltung von Erfahrungen, die förderlich oder zumindest nicht hinderlich für das Aufwachsen sind. Damit kommt eine behütende Dimension in den Blick, die gerade angesichts des ökonomisch gelenkten Zugriffs auf die Kindheit heute durchaus bedeutsam ist – allerdings nur solange sie nicht umschlägt in

Überbehütung. Auch die Gegenseite des „Freigebens" für Erfahrungen, die schmerzlich sein können, gehört zum „Sorge tragen", ohne dass dieses Freigeben zur Vernachlässigung führen darf.
Eine zweite Dimension der Hilfe betrifft das *Mitwirken*[11], d.h. das Zusammenwirken an einer gemeinsamen Lebenswelt, auch wenn sich diese auf nur wenige Stunden des Tages oder durch einen engeren räumlichen Horizont begrenzt. Hierzu sind Gedankenaustausch und Argumentation, das Aufeinander-hören-Können und Aufeinander-zugehen-Können erforderlich. Einigung und Kompromiss gehören zum Mitwirken, aber auch Grenzziehung und das „Gegenwirken", d.h. der Widerstand gegen Verhaltensweisen, die Erziehende als schädlich ansehen. Gegenwirken, das ist auch das Vertreten von Anforderungen und Zumutungen, die nicht den gerade aktuellen Wünschen des Kindes entsprechen oder die sich nicht umstandslos aus dessen Selbstbehauptung ergeben. Dort, wo Gefahren drohen, Menschen verletzt werden oder wo es das gemeinschaftliche Leben erfordert, bedarf es des Gegenwirkens – in einem möglichst weitgehend vom Mitwirken bestimmten Beziehungsklima. Und da, wo das Mitwirken nur schwerlich gelingen kann, da kann Gemeinschaftlichkeit womöglich durch das Lassen eine Chance haben. Ohnehin ist es weder erforderlich noch entwicklungsfördernd, ständig einzugreifen, sondern statt dessen auf die Lösungskapazitäten von Kindern und Jugendlichen zu setzen und ihnen hierin zu vertrauen. Wichtig ist nur, dass aus dem Lassen kein Fallenlassen wird, selbst dann nicht, wenn einem das dargebotene Lebenskonzept so recht gegen den Strich geht.
Als dritte Dimension sozialpädagogischer Hilfeleistung kann das *Unterstützen*[12] solche Prozesse fördern, die bereits in der „Entwicklungslogik" liegen: gegebene Konstellationen allmählich erkennen, unbekannte Zusammenhänge entdecken, sich mit vorgegebenen Sinndeutungen auseinandersetzen, Wertvorstellungen und Regeln hinterfragen oder vertreten.... In komplexen und problembelasteten Lebensbezügen bedürfen diese Entwicklungsleistungen einer planvollen Unterstützung, einem systematischen Vorgehen und einer

Hilfe zum Organisieren des inneren Erlebens, die nicht dem gerade Zufälligen überlassen bleiben darf. Dabei ist es notwendig, in den unterstützenden Hilfeleistungen die eigenständige Person des Heranwachsenden anzuerkennen und seine Entwicklung als einen Vorgang der Selbst-Bildung zu betrachten. Selbstbestimmtes Lernen hat hier seinen besonderen Ort, wenn im Lernvorgang neue Betrachtungen und Interessen gewonnen und ein eigener Weg der Auseinandersetzung mit den konkreten Lebensbedingungen entdeckt werden kann. Nun gehört es in den Bereich des Unterstützens auch, dabei zu helfen, mit Anforderungen zurecht zu kommen, Leistungen zu erbringen und etwas bewirken zu können, auch zu etwas herauszufordern, das vielleicht nicht gerade den aktuellen Befindlichkeiten entspricht. Auf der anderen Seite bedarf es dazu aber auch des Annehmen-Könnens von aktuellen Belastungen, von Entwicklungsgrenzen und alledem, was ein offener Lebensprozess einbringt.

Diese Überlegungen lassen sich dahingehend zusammenfassen:

- Wenn heranwachsende und erwachsene Menschen ein Recht auf Selbstsein haben, dann können sie sich nur als selbständige „ganze" Individuen begegnen.
- Wenn die Probleme, die im Zusammensein von Menschen entstehen, es erforderlich machen, sich *mit*einander *aus*einanderzusetzen, dann bedarf es des Aufeinander-Hörens und -Zugehens, das Distanz und Nähe in eine Balance bringt.
- Wenn Menschen von anderen Menschen lernen sollen, dann werden sie dies dort intensiver tun, wo diese anderen sich als prinzipiell Lernfähige öffnen und erkennbar machen. Da Soziale Arbeit in vielerlei Zusammenhängen auf alltägliche Lebenspraxis bezogen ist, können weder Prozesse der Begegnung, noch der Kooperation oder Bildung ohne die latente Transparenz des jeweiligen Person-Hintergrundes von sozialpädagogisch Handelnden gelingen. Damit aber sind Nähe und Distanz keine Gegensätze, sondern sie bilden eine Einheit in der Differenz. Und auf diese Einheit in der Differenz kann sozialpädagogisches Handeln ausgerichtet sein, wenn sie ihr Ziel darin sieht „Selbständigkeit erlangt (zu) haben,

Urteilsvermögen und innere Unabhängigkeit; aber auch die Fähigkeit, Beziehungen und Bindungen einzugehen und einer Gemeinschaft anzugehören"[13].

Im Zusammenhang der Theorieentwicklung pädagogischer Professionalität wird dieses „sowohl ... als auch" von Nähe und Distanz, von einer Orientierung an der ganzen Person des Adressaten und einer durch den Berufszweck auf partikulare Teilbereiche begrenzten Aufgabe, von diffus-familienähnlichen und spezifisch rollenbestimmten Beziehungsaspekten als widersprüchliche Einheit gesehen, die einen besonderen Handlungstypus erforderlich macht. In diesem kann der sozialpädagogisch Handelnde die schwierige Aufgabe des Balancierens von Beziehungsoffenheit und Aufgabenzentrierung angehen. Was damit gemeint ist, können zwei kleine Szenen erläutern, die das Kippen aus der Balance nach der Seite fehlender Distanz bzw. der Seite fehlender Nähe beschreiben:

- Oevermann veranschaulicht die Problematik einer nur „helfenden Attitüde" an Hand einer Situation in einer Vorklasse. Hier versucht die Leiterin einem Mädchen, „das als fast debil galt, und zwar nur deshalb, weil es so erfolgreich darin war, die Lehrerin in ihren Bemühungen pädagogisch ins Leere laufen zu lassen"[14], beizubringen, wie man eine Schleife bindet. Jeweils drei Kinder üben dazu an einem ausgeschnittenen Papier mit dem Umriss ihres Fußes, einen Bindfaden durch Löcher durchzuziehen und damit eine Schleife zu binden. Während die anderen Vorklassenkinder Schleifen üben, macht Monika aus ihrem Umrisspapier Schnipsel und wirft sie in den Papierkorb. „Die Lehrerin moniert das, aber nicht zu heftig und sagt sich: ‚Vielleicht wird es beim nächsten Mal besser'. Als die Stunde zu Ende ist und Monika ihren Schuh wieder anziehen möchte, stellt sie ihren Fuß auf den Stuhl und fragt die Lehrerin sinngemäß, ob sie ihr den Schuh zumachen kann. Die Tatsache, dass dies die Lehrerin problemlos macht, ist für Oevermann eine „helfende Atttitüde". Denn die Bedeutung, „daß das für das praktische Leben alles Nonsens ist, was man in der Schule lernt, hat Monika ja nun gerade unter Beweis gestellt, indem sie gezeigt hat, daß man jederzeit jemanden findet, der einem etwas zubindet. Wozu muß man das dann lernen? Die Weltfremdheit des pädagogischen Handelns in der keimfreien Lernsphäre ist von diesem Kind ... gespürt worden. Daß da etwas nicht stimmt, hat sie an diesem Beispiel vorgeführt...“[15].

- In der Anfangszeit der integrativen Arbeit mit behinderten und nichtbehinderten Kindern war immer wieder eine „aufgesetzt“ erscheinende Distanzhaltung bei Mitarbeiterinnen im Kindergarten spürbar, vermutlich motiviert von dem Bemühen, auf keinen Fall die behinderten Kinder zu sehr zu behüten, was man den separativen Einrichtungen unterstellte. In einer Szene zur Vorbereitung des Mittagessens forderte nun die Erzieherin vier nichtbehinderte Kinder auf, den Tisch zu decken. Dass ein blindes Kind gerade am Tisch saß, nahmen die vier zum Anlass, kleine „Späße“ mit ihm zu machen, indem sie die Tischdecke über das blinde Kind zogen und die ihm bei seinen tastenden Ausweichversuchen zur Orientierung notwendigen Stühle von den Händen wegstießen. Einerseits sind dies alltägliche Auseinandersetzungen zwischen Kindern. In dieser Situation schien es aber insofern eine andere Qualität zu gewinnen, als die sich steigernde Verzweiflung, in die das Kind nun geriet, immer deutlicher wurde und darin kumulierte, dass sich das blinde Kind heulend selbst ohrfeigte. Die Erzieherin, die die ganze Zeit dabeigestanden hatte, kommentierte den Vorfall lapidar mit „Wie sollen wir denn hier zu Mittag essen, wenn der Kerl unter der Tischdecke steckt?“.

Helfen bzw. Nicht-helfen werden hier zu Attitüden, zu einem nur scheinbar kompetenten Programm, das die Strukturgestalt der Interaktionen nicht mehr reflektieren kann, aus der Balance gerät und in die einseitigen Fallen von „Elternersatz“ bzw. „Technologie“[16] kippt. Ein kompetentes Hilfeangebot hätte in der ersten Szene auf das *Unterstützen* beim Selbständigwerden gesetzt, statt wie stereotyp die damit verbundene Last abzunehmen. In der zweiten Szene hätte das *Sorge tragen* für die Integrität des blinden Kindes durch klares Grenzensetzen auch ein Beitrag zum *Mitwirken* sein können, der einen

sicheren Rahmen schafft für Auseinandersetzungen, die ihre Grenzen haben. Beide Handlungsalternativen bedürfen einer „stellvertretenden Deutung"[17], d.h. einer Interpretation der latenten Sinnstruktur der jeweils ablaufenden Interaktionen zwischen allen Beteiligten. Die Intention einer „stellvertretenden Deutung" des prozesshaften Geschehens ist für Wagner das Lernen von Neuem[18], unabhängig davon, ob in diesem Lernen die Integrität einzelner Menschen, normative Fragen des Zusammenlebens oder die Vermittlung von Sachwissen steht. Lernen gelingt dann, wenn die neue Erfahrung in bisherige Sinndeutungen einbezogen ist und damit neue Identitätsmerkmale konstituiert, Normbestände verändert und gefestigt sowie Wissensbestände erweitert werden. „Hier ist der professionelle Pädagoge als mäeutischer Pädagoge, als Geburtshelfer bei der Integration der neuen in alte Erfahrungen immer - mehr oder weniger - gefordert"[19].
Lern- und Entwicklungsprozesse anregen, gestalten und begleiten, das macht einen Großteil sozialpädagogischer Hilfeleistungen aus. In den folgenden Überlegungen möchte ich Zusammenhänge und Kriterien näher betrachten, die diese Hilfeleistungen als „professionellen Handlungstypus" ausweisen.
Ausgangspunkt hierzu ist die Vorgängigkeit und Autonomie der pädagogischen Praxis, auf die bereits Schleiermacher seine Überlegungen zu den Aufgaben einer pädagogischen Theorie aufbaut: Erziehungspraxis geht der Theorieentwicklung voraus und profitiert von dieser durch einen Zugewinn an Bewusstheit[20]. Daraus folgt, dass Praxis der Theorie nicht – wie umgekehrt auch nicht die Theorie der Praxis – untergeordnet werden kann; sie ergibt sich nicht aus ihr und folgt ihr nicht umstandslos, sondern hat ihre eigene Dignität. Denn das pädagogische Geschehen steht unter Entscheidungsdruck und erfolgt in situativen Bedingungen, die in ihrer Komplexität von abstrahierender Theorie nicht erfasst werden.
Damit wird neben dem für das professionelle Handeln erforderlichen *Theoriewissen* als Voraussetzung einer „aufgeklärten Praxis" das situationsbezogene *Fallverstehen* zu einem unverzichtbaren Bestandteil professionellen Handelns: normative Fragen nach sozialem Konsens,

Fragen nach der psychosozialen Integrität der Person oder Fragen nach der Art und Weise der Gestaltung ihres Selbst-Welt-Verhältnisses sind lebenspraktische Grundfragen nach den Möglichkeiten eines „guten Lebens“ und als solche in hohem Maße situations- und kontextabhängig. Sie können theoriebezogen reflektiert werden, stellen sich in der Erziehungspraxis aber in Konstellationen, die ein unmittelbares Anknüpfen an dem, was gerade „der Fall ist“, notwendig macht. Entscheidungszwang und Begründungsverpflichtung schaffen ein eigenständiges Feld professionalisierter Handlungspraxis, das sich von wissenschaftlicher Theoriebildung, die z.B. von diesem Entscheidungszwang suspendiert ist und für die sich andere Fragestellungen ergeben, deutlich unterscheidet. Professionelles sozialpädagogisches Handeln steht damit im Spannungsfeld *fallbezogener Rekonstruktion* und *theoriegeleiteter Reflexion.*

Ausgehend von einer grundsätzlichen, nicht aufhebbaren Differenz zwischen Theorie und Praxis, die eine lineare Anwendung erziehungswissenschaftlichen Wissens in der sozialpädagogischen Praxis unmöglich macht, stellt sich die Frage nach dem Verhältnis zwischen abstrahierender Theoriebildung einerseits und auf konkrete Situationen bezogenem Handeln andererseits. Welche Übergänge, Vermittlungsstellen oder „Brücken“ können zwischen den differenten Beständen des wissenschaftlichen Wissens und des alltagspraktischen Könnens gefunden werden?

Dewe und Otto schlagen in ihren Ausarbeitungen zur Professionalisierung der Sozialen Arbeit eine Differenzierung dreier eigenständiger Bereiche vor. Sie unterscheiden dabei zum einen zwischen wissenschaftlichen Disziplinen und pädagogischen Professionen: Während (erziehungs-)wissenschaftliche Theorien in ihren aus „externer“, distanzierter Position gewonnenen Aussagesystemen den Bedingungen eines autopoietischen Wissenschaftssystems folgen und u.U. von relevanten Praxisfragen abgehobene theoretische Erkenntnisse erarbeiten, „behandeln *pädagogische* Reflexionstheorien Praxisprobleme unter Orientierungsgesichtspunkten“[21]. Professionelle Reflexionstheorien entwerfen also handlungsbezogene Modelle, Konstrukte im un-

mittelbaren Bezug auf Handlungsvollzüge. Sie schaffen damit ein Professionswissen, das vor allem in der Angemessenheit des situativen Handelns seine Kriterien findet.
Von diesen beiden Bereichen der Wissenschaft und der Profession kann nun die Praxis als dritter Bereich unterschieden werden. Auch sie hat ihre eigenen Kriterien, die in reflexiv-intuitivem praktischen Entscheidungswissen unter dem Druck von Handlungszwängen liegen. Praktischer Kompetenz gelingt es dabei, mit der für das Berufsfeld der Sozialen Arbeit typischen Komplexität, Intransparenz und Paradoxien in Alltagssituationen umzugehen und die unter diesen Bedingungen auftauchenden Handlungsprobleme durch berufspraktisches Können zu bewältigen.
Dewe und Otto betonen, dass dieser funktionalen Differenzierung von *Wissenschaft, Profession* und *Praxis* keine Zuschreibung unterschiedlich hoher Erkenntnisse entspricht, sondern eine jeweils eigenständige Perspektive, aus der die Erziehungswirklichkeit betrachtet wird[22]. Aus der Perspektive dieser Unterscheidung dreier eigener Bereiche „stellt Sozialarbeit/Sozialpädagogik als Beruf bzw. Profession ... zwar allemal eine wissenschaftsgestützte, jedoch keinesfalls eine ausschließlich wissenschaftliche Aufgabe dar mit der darin allerdings gebotenen Chance durch das theoretische Verstehen analytische Distanz zu Handlungszwängen und damit neue Handlungsspielräume oder aber Handlungsalternativen gegenüber dem ‚Hergebrachten' zu gewinnen“[23]. Dewe und Otto sehen die Verbindung wissenschaftlicher Theorien und praktischer Erfahrungen – z.B. im Rahmen des Studiums der Sozialen Arbeit – weder als additiv noch als komplementär an, sondern „als Verhältnis von struktureller theoretischer Rahmung (frame) einerseits und der Erbringung von spezifischen situativen Bewältigungsleistungen (situation) andererseits. Die *wissenschaftsgestützte* Aufgabe besteht darin, „... den ‚strukturellen Rahmen' zur Verfügung zu stellen bzw. stets weiterzuentwickeln"[24].
In einer ähnlichen Betrachtung unterscheidet Wagner[25] in Anlehnung an Oevermann zwischen drei Ebenen der Krisenbewältigung: Im Kontext der alltäglichen Lebenspraxis müssen von allen Menschen

unmittelbar Entscheidungen getroffen werden, um Krisensituationen zu bearbeiten. Von dieser *ersten Ebene der „primären Krisenbewältigung"* ist eine *zweite Ebene „stellvertretender Krisenbewältigung" durch die Professionen* zu unterscheiden: „Die primäre Krisenbewältigung delegiert unter prinzipiell zwei Bedingungen ihre Krisenbewältigung an die professionalisierte Praxis. Die erste Bedingung liegt vor, wenn die primäre Lebenspraxis in ihrer Autonomie, selbstständig Krisen bewältigen zu können, eingeschränkt oder beschädigt ist...; die zweite, wenn das kumulativ synthetisierend entstandene methodisierte Wissen, das als Problemlösungswissen für eine Krisenbewältigung vorrätig ist, dem naturwüchsigen Wissen der primären Lebenspraxis so überlegen geworden ist, dass das Festhalten an der Selbständigkeit selbstgefährdend irrational würde"[26]. Auf einer *dritten Ebene abstrahierender Geltungsüberprüfung durch die Wissenschaft* geht es nicht mehr um konkrete Klient-Bezüge, sondern um grundlegende kritische Hinterfragung und Geltungsüberprüfung des methodisierten professionellen Wissens.

Oevermann sieht die zweite Ebene der Professionen als Vermittlungsstelle zwischen Theorie und Praxis an: *„Professionalisiertes Handeln ist wesentlich der Ort der Vermittlung von Theorie und Praxis unter Bedingungen der verwissenschaftlichten Rationalität,* das heißt unter den Bedingungen der wissenschaftlich zu begründenden Problemlösungen in der Praxis"[27]. Professionen sind nach Wagner gesellschaftliche Instanzen zur Bearbeitung von relevanten Problemen, die in der alltäglichen Lebenspraxis im Hinblick auf zentrale und grundlegende Fragestellungen im Schnittbereich von Individuum und Gesellschaft entstehen: „Sie dienen der Bearbeitung von die Gesellschaft gefährdenden Krisen und Problemen. Sie sind der Strukturort der Vermittlung von Theorie und Praxis..."[28].

Der Begriff der Professionalität kennzeichnet einen Handlungstypus, dessen Qualität durch die wechselseitige Bezogenheit theoretisch-analytischer *und* fallbezogen-praktischer Kompetenzen begründet ist und der als Strukturmerkmal sozialpädagogischer Problembearbeitung – im Unterschied zu den traditionellen Problembearbeitungen von Fragen des Rechts (Rechtspflege), der Gesundheit (Medizin) und einer umfassenden Wirklichkeitsbeschreibung (Theologie/Wissenschaft) – ein Spezifikum der modernen Gesellschaft ist. In ihrem Kerngedanken ist sozialpädagogische Professionalität „ein personbezogenes, kommunikativem Handeln verpflichtetes stellvertretendes Agieren auf der Basis und unter Anwendung eines realtiv abstrakten, Laien nicht zugänglichen Sonderwissensbestandes sowie einer praktisch erworbenen hermeneutischen Fähigkeit der Rekonstruktion von Problemen defizitären Handlungssinns. Ziel professioneller Interventionen ist es, über eine sozial legitimierte sowie institutionalisierte Kompetenz eine ‚bessere' Problemwahrnehmung und in deren Folge eine (Verhaltens-)Veränderung bei den Klienten herbeizuführen ... Dieses ‚Operieren' ist typischerweise auf komplexe, prinzipiell ganzheitlich zu betrachtende soziale (also nicht technische) Problemfälle bezogen, die sich wegen ihrer situativen Dichte, Kontextabhängigkeit, Spezifität usw. grundsätzlich nicht standardisieren lassen. Prägnant lässt sich dieses Strukturprinzip auch als Einheit von ‚Wissensbasis' und ‚Fallverstehen' kennzeichnen"[29].

Professionen entwickeln Handlungsmodelle im Zusammenhang praktischer Erfahrungen und wissenschaftlicher Theoriebestände als *eigene* Begründungskontexte, in denen sie sich sowohl von Laien als auch von Wissenschaftlern unterscheiden können. Solche Handlungsmodelle sind in der Sozialen Arbeit in Form von Kunstlehren oder Konzeptionen auffindbar, wenn sie Handlungsanleitungen als situationsoffene, nicht-technische Systematisierungen wichtiger fachspezifischer Handlungsanlässe anbieten. Mit Hilfe einer konzeptionellen Orientierung können sozialpädagogisch Handelnde in ihrer Fähigkeit und Bereitschaft unterstützt werden, einen lebenspraktisch-konkreten Problemfall so auszulegen, dass die wesentlichen Fallmerkmale rekonstruiert und dem Klienten Begründungen in der „Sprache des Falls" für eigenverantwortliche lebenspraktische Entscheidungen angeboten werden. Die konzeptionelle Orientierung dient der fallbezogenen hermeneutischen Kompetenz, sie strukturiert die Vieldeutigkeit des Falls nach fachlichen Kriterien, sie bietet

Anknüpfungsstellen für wissenschaftsbasierte Reflexion und ist damit die Schlüsselstelle für professionelles Handeln. In dieser Sichtweise wird professionelles Wissen und Können zu einem eigenständigen Bereich „zwischen praktischem Handlungswissen, mit dem es den permanenten Entscheidungsdruck teilt, und dem systematischen Wissenschaftswissen, mit dem es einem gesteigerten Begründungszwang unterliegt. Im professionellen Handeln begegnen sich wissenschaftliches und praktisches Handlungswissen..."[30] und ermöglichen die systematische Relationierung unterschiedlicher – d.h. alltagpraktischer, konzeptioneller und abstrahierend-theoretischer Urteilsformen.

1.1.2 Professionelle Beziehungsarbeit als konzeptionsbezogenes Handeln: vier Elemente einer pädagogischen Konzeption

Die Unterscheidung dreier Urteilsformen – alltagspraktischer, konzeptioneller und abstrahierend-theoretischer Reflexion – möchte ich nun dahingehend nutzen, um für die Perspektive der professionell sozialpädagogisch Handelnden mit Hilfe der Aussagesystematik der Themenzentrierten Interaktion (TZI) eine konzeptionelle Orientierung zu gewinnen. Ich sehe diese Ausarbeitung also einer „mittleren" Abstraktionsebene zugehörig, die ich als *konzeptionelle Reflexionsebene* beschreibe und sowohl von einer *alltagspraktisch-narrativen Reflexionsebene* als auch von einer *abstrahierend-theoretischen Reflexionsebene* unterscheide. Meine Dreiteilung legt ihren Schwerpunkt damit auf die jeweilige Art und Weise der Reflexion von Praxis: Während auf der „narrativen Reflexionsebene" Empfindungen, Vorstellungen und Überlegungen aus der unmittelbaren Teilhabe am jeweiligen Geschehen ihren Ausgang nehmen, reflektieren die Handelnden auf der „konzeptionellen Reflexionsebene" das Geschehen auf der Basis systematisierter fachlicher Sichtweisen. Reflexion auf der „abstrahierend-theoretischen Ebene" bezieht sich dagegen auf Ergebnisse empirischer Forschung sowie auf wissenschaftliche Theoriebestände.

Um die Themenzentrierte Interaktion als konzeptionelle Handlungsorientierung gewinnen zu können, gehe ich nun in zwei Schritten vor: In einem ersten Schritt beschreibe ich vier Elemente einer pädagogischen Handlungskonzeption, in der ich die Grundlage für professionelle Beziehungsarbeit sehe, indem sie zur Relationierung sowohl konkret-situationsbezogener Reflexion als auch abstrahierend-theoretischer Wissensbestände beiträgt. Um beide Momente in die Überlegungen zu einem adäquaten Handeln einbeziehen zu können, bedarf es zunächst einer inhaltlichen Ausarbeitung der konzeptionellen Orientierung. Hierzu dienen die vier Elemente einer pädagogischen Konzeption, die sowohl in jeweils eigener inhaltlichen Konturierung als auch in ihrer wechselseitigen Bezogenheit das Handeln auf einem mittleren Abstraktionsniveau organisieren können.
In einem zweiten Schritt (Kapitel 1.2) fülle ich diese vier Elemente einer pädagogischen Konzeption mit Inhalten der Themenzentrierten Interaktion. Dazu stelle ich zunächst die Aussagesystematik der TZI in ihrer eigenen inhaltlichen Substanz vor und entwickle im Anschluss daran mit Hilfe der beschriebenen vier Elemente ein TZI-Konzeptionsmodell für das pädagogische Handeln.

1.1.2.1 Situationsdeutung

Pädagogisches Handeln setzt an einer konkreten Ausgangssituation an, an der Frage „Was ist hier eigentlich los?“. Die Antwort darauf konstruiert der Handelnde aus dem Spannungsfeld einer möglichst genauen Beobachtung von Einzelaspekten einerseits und einer Interpretation der Gesamtsituation andererseits. Der Begriff der **Situationsdeutung** soll beide Momente, sowohl das eher distanzierte und von Fachwissen unterlegte Beobachten einzelner Bestimmungsmomente als auch das aus der unmittelbaren Teilhabe an der Szene intuitiv und auf der Grundlage subjektiver Alltagswahrnehmung Erschlossene beinhalten. Konstruktion, Situations*deutung* ist dieses Vorgehen allemal, enthält es doch eine spezifische Sichtweise der Situation im Hinblick auf pädagogische Handlungsanlässe und damit

eine mehr oder weniger bewusst und absichtsvoll getroffene Auswahl aus einer Fülle von Alternativen.
Bevor ich zur TZI-spezifischen Akzentuierung der Situationsdeutung komme, möchte ich dieses konzeptionelle Element zunächst an einigen Beispielen illustrieren und greife dazu auf Hermann Gieseckes zusammenfassende Darstellungen pädagogischer Klassiker[31] zurück. Aus Rousseaus „Emile" zitiert Giesecke eine pädagogische Fallsituation: Rousseau schildert aus seiner Tätigkeit als Hauslehrer des „jungen Herrn von Chenonceaux" eine typische Szene, in der er des Nachts von seinem Zögling immer wieder geweckt und zu kleinen Dienstleistungen aufgefordert wird. Rousseau deutet diese Situation als funktionalisierenden Übergriff, als Probe seiner unterwürfig-dienstvollen Gefälligkeit. Von dieser Situationsdeutung ausgehend interpretiert er die Szene als pädagogischen Anlass, die Halsstarrigkeit des „Trotzkopfs" durch überlegtes und kontrolliertes Vorgehen mit einer für diesen unerwarteten Erfahrung zu konfrontieren; mit „kaltem Blut" will er den Machtkampf so weit führen, dass das Kind sein Unrecht empfinden und einsehen kann. Rousseaus Konstruktion der Szene und seine pädagogische Strategie sieht Giesecke dagegen als Missverständnis der Beziehung, als eine zu hinterfragende Situationsdeutung an: „Zumindest von heute aus gesehen wäre zu fragen, ob das Verhalten des Kindes nicht auch so zu verstehen sei, daß es versucht, sich der Fürsorglichkeit seines neuen Erziehers zu vergewissern..."[32]
Hier wird deutlich, dass es eine allgemein gültige Beschreibung eines „mehrfachen nächtlichen Weckereignisses" im Hinblick auf das pädagogische Handeln nicht gibt: Beide, Rousseau und Giesecke interpretieren das Ereignis als ein je spezifisches, wobei in ihre pädagogische Situationsdeutungen sowohl fachliche als auch persönliche Momente eingehen.
Ein zweites Beispiel zum konzeptionellen Element der Situationsdeutung möchte ich einer empirisch-hermeneutischen Untersuchung zur Professionalisierung der Pädagogik entnehmen. Bernhard Koring[33] hat das Transkript einer 14-minütigen Unterrichtssequenz drei Wis-

senschaftlern der Frankfurter Universität zur Einschätzung vorgelegt. In deren Sichtweise der Unterrichtssituation werden erhebliche Unterschiede deutlich, die mit ihren verschiedenen fachspezifischen Blickwinkeln zu tun haben: so hebt der strukturalistisch orientierte Soziologe Ulrich Oevermann in seinen Aussagen zur Situation die Grundstrukturen pädagogischer Beziehungen hervor. Ihn interessiert besonders die Frage, inwiefern z.B. eine Lehrerin ihr Handeln auf einen professionalisierten Habitus abstützen und sich so vor persönlichen Reaktionen schützen kann. Seine Situationsdeutung akzentuiert die Schwierigkeiten bei der Etablierung einer professionalisierten Normalform pädagogischen Handelns.
Einen ganz anderen Schwerpunkt legt der psychoanalytisch orientierte Sozialpsychologe Alfred Lorenzer: Seine szenische Deutung sucht nach Widersprüchen in den Verhaltensentwürfen der beteiligten Personen, wobei er die festgestellte „inkonsistente Interaktionsfigur" der Lehrerin als sadomasochistische Problematik interpretiert. Während in den Situationsdeutungen des Soziologen und des Psychoanalytikers keine pädagogischen Wissensbestände zur Interpretation herangezogen werden, bezieht sich der pädagogische Unterrichtsforscher Jürgen Diederich ausdrücklich auf didaktische und methodische Probleme in der Unterrichtssequenz. Er sieht hierbei erhebliche didaktische Fehlentscheidungen der Lehrerin, selbstgestellte Methodenfallen und betont den Widerspruch zwischen ihrer pädagogischen Intention einerseits und ihrer Haltung und dem methodischen Vorgehen andererseits – möglicherweise aus der Perspektive eines projizierten kollegialen Verhältnisses zur Lehrerin.
Im Vergleich dieser drei Situationsdeutungen „zeigt sich, daß jeder der drei seine spezifische theoretische Perspektivität, seine professionsspezifische Sichtweise in die Unterrichtsstunde projizierte. Der strukturtheoretische und der sozialpsychologisch-psychoanalytische Soziologe deuten aus der Perspektive, daß die agierenden Personen gleichsam dynamische Medien psychosozialer Strukturen sind. Der Erziehungswissenschaftler deutet aus der Sicht des verantwortlich handelnden Pädagogen"[34] und bringt damit eine andere Reflexions-

perspektive ein, nämlich die des Zusammenhangs von pädagogischer Intentionalität und der Ausgestaltung der pädagogischen Situation durch Haltung und Methode.

Ein drittes Beispiel zur Situationsdeutung entnehme ich Anton S. Makarenkos „pädagogischem Poem“[35]. In diesem über 600 Seiten starken Werk schildert Makarenko zahlreiche Situationen aus seiner Arbeit mit verwahrlosten und kriminellen Kindern und Jugendlichen. Betrachtet man sich diese Fülle von zum großen Teil in Dialogform beschriebenen Szenen, so fällt auf, dass es hauptsächlich um ganz bestimmte Handlungsanlässe geht, die er beschreibt: Es sind Auseinandersetzungen innerhalb der Sozietät des Kollektivs, in denen es um die Übernahme von Gemeinschaftsaufgaben, um Verantwortungsbereitschaft, um die Art und Weise der Regelung von Konflikten untereinander u.ä. geht. Auf diese Probleme des Zusammenlebens in der Gemeinschaft des Kollektivs und eine möglichst sozial verantwortliche und verträgliche Lösung ist Makarenkos Blick besonders ausgerichtet – und z.B. weniger auf die psychische Innerlichkeit eines einzelnen Jugendlichen.

So berichtet er von einem Diebstahl aus der Schublade seines Schreibtisches; ein Päckchen Geld war verschwunden, das ungefähr seinem Gehalt für sechs Monate entsprach. Nachdem er die Jungen auf die dadurch entstehenden Probleme aufmerksam gemacht hatte, fand einer von ihnen zwar am nächsten Tag das Geld im Pferdestall verstreut, aber die weiteren Diebstähle von Fleisch und Süßigkeiten sowie der für das Überleben in der Kolonie notwendigen Wagenschmiere belasteten das Verhältnis zwischen den pädagogischen Betreuern und den Jugendlichen. Einer versuchte nun, die Jugendlichen zu überzeugen: „‚Überlegt einmal! Alles ist doch für euch, ihr Hundesöhne. Ihr beklaut euch doch selbst, ihr Schmarotzer.‘ ... Die Kolonisten unterhielten sich sehr ausgiebig darüber, aber vor allem interessierte sie die sportliche Seite der Sache. Unter keinen Umständen wollten sie einsehen, daß sie selbst die Bestohlenen seien. Wütend schrie ich im Schlafsaal: ‚Was seid ihr eigentlich? Menschen oder ...?‘ ‚Wir sind dufte Jungens!‘ tönte es von einem der hinteren Betten.

‚Ganoven sind wir!' ‚Ihr? Ganoven wollt ihr sein? Ganz gewöhnliche Frischlinge seid ihr, bestehlt euch selbst. Jetzt sitzt ihr da ohne Speck. Der Teufel soll euch holen! Zu den Feiertagen gibt es nun keine Bonbons. Niemand gibt uns welche. Da müßt ihr eben in die Röhre gucken.'"[36] Nach weiteren Diebstählen und heftigen Diskussionen unter den Jugendlichen wird der Haupttäter gestellt. Auf die Erregungen unter den Jungen nach seinem öffentlichen Geständnis sagt er, nicht die Jugendlichen, sondern Makarenko solle ihn bestrafen. „Ich ging zur Tür. Eine tierische Wut erfüllte mich, und ich fürchtete, ich könnte mich nicht halten ... Schweigend gingen wir durch den hohen Schneehaufen über den dunklen Hof. Ich voran, Burun hinterdrein. Mir war scheußlich zumute ... Ich wußte nicht, was ich mit ihm machen sollte ... Ich saß am Tisch und mußte mich zusammennehmen, um nicht einen schweren Gegenstand nach ihm zu werfen und so die Unterredung zu beenden. Schließlich hob Burun langsam den Kopf, sah mir fest in die Augen und sagte langsam, jedes Wort betonend und nur mit Mühe das Weinen unterdrückend: ‚Ich werde ... nie wieder ... stehlen'. ‚Du lügst! Das hast Du schon der Kommission versprochen.' ‚Das war nur die Kommission, aber jetzt sind ... Sie es. Bestrafen Sie mich, wie Sie wollen, aber jagen Sie mich nicht aus der Kolonie"[37]. Makarenko sieht die Situation nicht aus der Blickrichtung eines moralischen Gebotes, auch nicht aus einer innerpsychischen Konfliktdynamik des Jugendlichen oder seiner eigenen Betroffenheit als Bestohlener, sondern von der Relevanz des Handelns der Jugendlichen im Hinblick auf das Zusammenleben im Kollektiv. Die Nicht-Beachtung eines sozialen Prinzips, das dem Interesse des gemeinsamen Überlebens im Kollektiv dient, das ist seine Perspektive zur Situationsdeutung, und damit hat er im Zusammenhang der sozialen und ökonomischen Bedingungen der „Gorki-Kolonie" großen Erfolg.

1.1.2.2 Vision

Mit diesen Beispielen möchte ich verdeutlichen, welch unterschiedliche Ausgangspunkte in eine Situationsdeutung eingehen können. Je nach den dadurch hervorgehobenen oder vernachlässigten Inhaltsaspekten werden komplexe Situationen eben nicht allgemein, sondern nach ganz spezifischen Kriterien aufgeschlüsselt und daraus Handlungsimpulse gewonnen. Makarenkos Fallschilderung illustriert, dass jede Situationsdeutung – von den Handelnden oft unbemerkt – von einer spezifischen Wahrnehmungsbereitschaft geprägt wird, und dass in den Handlungsentwürfen der Pädagogen ein zweites Konzeptionselement steckt: eine pädagogische **Vision**. Darunter verstehe ich die Gesamtgestalt von Leitbildern und Leitideen, die dem pädagogischen Handeln eine bewertete Ausrichtung geben. Der Begriff der Vision enthält in diesem Sinne ein „in bezug auf die Zukunft entworfenes Bild“[38]:

Visionäre Leitideen zum sozialpädagogischen Handeln enthalten situationsübergreifende Sinnzusammenhänge im Hinblick auf wünschenswerte Verhältnisse. Sie sind wertebezogen, indem sie der Vielfalt menschlicher Erfahrungs- und Handlungsmöglichkeiten eine auf Entscheidungen beruhende eingrenzende Kontur geben. Dabei greifen sie, als emphatische Leitideen für das Handeln, existentielle Grunderfahrungen und Grundüberzeugungen auf und artikulieren diese in intellektueller Anschauung. Insofern erfüllen visionäre Handlungsorientierungen eine heuristische Funktion gerade in komplexen und paradoxen Situationen. Bildhaft-szenische Vorstellungen zeichnen sich nicht durch definitorische Eingrenzung, sondern gerade durch ihren facettenreichen Umfang aus, durch den sie dem Handeln in solchen Kontexten Orientierung geben können, die durch strukturelle Bedingungen nur begrenzt Klarheit, Eindeutigkeit und Gewissheit ermöglichen.

Visionäre Konstruktionen lassen sich, wie auch in der Literatur zum Menschenbild in Pädagogik und Erziehungswissenschaft[39], in Gieseckes Darstellungen pädagogischer Klassiker deutlich auffinden: So steht z.B. hinter der Konzeption des „Rauhen Hauses" Johann Hinrich Wicherns die Vision des „heilerfüllten Volkes", das im christlichen Offenbarungsglauben lebt und durch seine pädagogisch-missionarische Arbeit in „Rettungshäusern" das „heillose Volk", den „Pol des schlechten, des sittlich versunkenen, des verfaulten Lebens in der Christenheit, die verwilderte Sündenmasse, welche der Rettung bedürftig ist, ohne sie als notwendig erkannt zu haben"[40], für ein christliches Leben (wieder)gewinnen will. Die visionäre Perspektive der religiösen Erneuerungsbewegung der „Inneren Mission" intendiert die sittlich-moralische Innenleitung einer protestantischen Innerlichkeit der „Überwindung der Anfechtung", des „Bekenntnisses der Sünde" und des „Wachstums in der Heiligung"[41].

Eine ganz andere visionäre Leitidee lässt sich in Alexander S. Neills antiautoritärer Pädagogik auffinden. Hier geht es nicht um die Missionierung des Inneren, sondern um die innere Freiheit des Kindes. Das von allen äußeren Unterdrückungen und Beeinflussungen befreite, sich selbst überlassene und sich selbst bestimmende Kind lebt „nach eigenen Gesetzen, das ist das Recht des Kleinkindes auf freie Entfaltung, ohne äußere Autorität in seelischen und körperlichen Dingen. Das Kind bekommt zu essen, wenn es hungrig ist, es wird selber sauber und nur, weil es dies wünscht, es wird weder angebrüllt noch geschlagen, sondern immer geliebt und beschützt"[42]. Dass dieser visionäre Aspekt der antiautoritären Pädagogik – ebenso wie der der „Inneren Mission" – nicht umstandslos in die Praxis umgesetzt werden kann, das machen Neills Anmerkungen zu dieser Grundidee deutlich, wenn er davon spricht, dass diese Idee der Selbstbestimmung im Verhalten mancher Eltern missverständlich angekommen sei[43]. In seiner Kritik an der Rat- und Hilflosigkeit der Eltern gegenüber der Zügellosigkeit ihrer Kinder konturiert sich Neills Vision als etwas anderes als „laissez faire": Es geht ihm um die innere Freiheit des Kindes als ein selbst zu erringendes Gut – ein hoch bewertetes Entwicklungsziel einer autonomen Persönlichkeit. „Einem Kind Freiheit geben heißt es sein eigenes Leben leben lassen ... Wie reagiert das Kind auf Freiheit? Gescheite Kinder und auch weniger gescheite gewinnen etwas, was sie zuvor nie besessen haben – etwas, das beinahe undefinierbar ist. Sein wichtigstes Anzeichen besteht darin, daß das Kind aufrichtiger und liebevoller wird und seine Aggressionsgefühle abnehmen ... Der Erzfeind der Freiheit ist die Angst“[44].

Erst im Wechsel von emphatisch vorgetragener Leitidee und dem Eintreten für diese in der Alltagswirklichkeit kann sich deren Kontur zeigen. Und erst hierbei wird deutlich, dass kein instrumenteller Weg von der Vision zu ihrer eindimensionalen Einrichtung in der Praxis führt, sondern ein Annäherungsprozess, der aus dem Spannungsfeld von Situationsdeutung und Vision handlungsleitende Impulse gewinnt.

Für Neill entfaltet sich dieses Spannungsfeld zwischen Vision und Situationsdeutung durch den Zusammenhang von pädagogischer Idee und gesundem Menschenverstand. Dabei wir deutlich, dass seine visionäre Leitidee der Selbstbestimmung eine konkrete Situation nicht vollständig strukturiert, sondern dass es in seiner Situationsdeutung noch andere Parameter gibt, die von ihm berücksichtigt werden müssen: „Nur ein Narr würde die Fenster oder den offenen Kamin in einem Kinderzimmer ungesichert lassen. Und trotzdem kommen oft junge Menschen, die von dem Prinzip der Selbstbestimmung begeistert sind, als Besucher in meine Schule und wundern sich über unseren Mangel an Freiheit, weil wir Gift im Laboratorium einschließen, oder das Spielen auf der Feuerleiter verbieten. Die gesamte Freiheitsbewegung wird geschmäht und verdorben, weil so viele Anhänger der Freiheit nicht auf dem Boden der Wirklichkeit stehen ... Wenn eine junge Mutter meint, ihr Kind müsse die Haustür mit roter Tinte bemalen, damit es sich frei ausdrücken kann, dann hat sie die Bedeutung von Selbstbestimmung nicht begriffen“[45].

Im bisherigen Gedankengang habe ich ein Spannungsfeld von Situationsdeutung und Vision beschrieben, das ich als Ausgangspunkt des pädagogischen Handelns verstehe. In den folgenden Überlegungen möchte ich zwei weitere Konzeptionselemente beschreiben, die dieses Spannungsfeld im Handeln ausführen: Haltung und Methode.

1.1.2.3 Haltung

Das konzeptionelle Element der **Haltung** erfasst situationsübergreifende Grundeinstellungen und Handlungsbereitschaften im Hinblick auf fachspezifische Aufgaben, Handlungsanlässe und Problemkonstellationen. Eine fachliche Haltung ist dabei einerseits in visionären Sinnbezügen verankert und strukturiert andererseits die Auswahl und Bewertung von Ereignissen der Situationsdeutung.

Zur Veranschaulichung des Haltungselements greife ich noch einmal auf den pädagogischen Entwurf Rousseaus zurück. Rousseaus Vision ist vom „Zurück zur Natur" bestimmt: In seinem Erziehungsroman „Emile" entwirft er das Bild einer natürlichen Erziehung, die davon ausgeht, dass das Wesen Mensch – und damit auch das jeweils konkrete Kind – von Natur aus gut ist. Dieses jeweils konkrete Kind wird von Rousseau im Kontext allgemeiner Kindlichkeit gesehen, d.h. im Rahmen einer eigenen Lebensphase „Kindheit". Mit der These, dass das Kind kein kleiner Erwachsener sei, und damit auch nicht so zu behandeln, sondern ein eigenständiges Wesen mit eigenen Gefühlen und Vorstellungen, eröffnet Rousseau einen neuen, explizit pädagogischen Blick auf das Kind – und konturiert damit eine pädagogische Haltung. Dieses „Erziehungskonzept gründet sich nicht auf Stände und Traditionen, sondern auf den Menschen als Individuum, auf seine innere Natur, seine individuelle Erfahrungs- und Erlebnisfähigkeit, seine persönlichen Gefühle. Die biographische Entwicklung gerät in den Vordergrund, Kindheit und Jugend werden als eigentümliche Existenzweisen gedeutet, die nicht nach den Maßstäben des Erwachsenenstatus beurteilt werden dürfen"[46].

Damit erhält Erziehung die Aufgabe, die kindliche Wesensart zur Entfaltung zu bringen und schädliche Einflüsse (z.B. der Zivilisation) möglichst fernzuhalten. Daraus resultiert eine spezifische pädagogische Haltung: Aus dem visionären Entwurf der Kindheit als eigenständiger Entwicklungsphase ergibt sich die erzieherische Aufgabe, diesem allgemeinen Sinn von Kindheit im einzelnen Kind zur Geltung zu verhelfen. Mit dieser eigenständigen Aufgabe des Pädagogen

entsteht für ihn ein eigener Status, indem er „eine spezifische, auf das Kind bezogene Kompetenz geltend macht, die die Eltern als solche nicht haben ... Er weiß qua professione etwas, was die Eltern per se nicht wissen, nämlich was die Natur des Kindes ist und wessen es deshalb zu seiner bestmöglichen Entwicklung bedarf. Die Mutter mag an die gesellschaftliche Rolle und Funktion des Kindes denken, daß es z.B. einmal der Erbe der Familie sein wird, aber die Perspektive des Erziehers ist eine andere. Er betrachtet das Kind losgelöst aus diesen sozialen Kontexten, als Individuum, das zwar in der Gesellschaft wird leben müssen, das aber zunächst in seiner persönlichen, unverwechselbaren Qualität und Besonderheit gesehen werden muß“[47]. An die Stelle der partikularistischen Verzärtelung des Kindes durch seine adelige Mutter, die vom einzigen Erbe der Familie jedes Ungemach fernzuhalten bemüht ist, setzt Rousseau die Haltung des pädagogischen Entwicklungshelfers. Als solcher weiß er um die Wichtigkeit einer natürlichen Erziehung, die das Kind nicht „künstlich“ straft, sondern es mit den „natürlichen“ Konsequenzen seines Handelns konfrontiert. Und als solcher benötigt er für sein Handeln eine, von der mütterlichen Unmittelbarkeit der Beziehung zu ihrem Kind deutlich unterscheidbare fachliche Distanz, die einem wohlüberlegten und emotional kontrollierten Vorgehen zu Grunde liegt.
Für das Kind entsteht aus dieser fachlichen Bestimmung seines Selbst einerseits die Befreiung aus der vom elterlichen Standesdenken bestimmten Festschreibung, andererseits gerät es so in eine neue Abhängigkeit vom Erzieher, der zu wissen glaubt, was des Kindes wahre Natur ist – und der Kenntnisse von den Methoden hat, mit denen er seine Erziehungsvorstellungen realisieren kann.

1.1.2.4 Methode

Während Haltung die „innere“ Einstellung des Handelnden erfasst, beschreibt die jeweilige **Methode** den „äußeren“ Weg der Aufgabenbewältigung und Problemlösung. Welchen methodischen Weg geht Rousseau im Fall des „jungen Herrn von Chenonceaux“? In seinem pädagogischen Handeln konstruiert Rousseau einen fachlich strukturierten Erfahrungsraum, d.h. er arrangiert die sozialen Zusammenhänge so, dass sie auf das Kind eine bestimmte Wirkung haben. „Es ist unvorstellbar, mit wieviel ähnlichen launischen Einfällen der kleine Tyrann seinen unglückseligen Erzieher bezwungen hatte. Denn die Erziehung vollzog sich unter den Augen der Mutter, die es nicht litt, daß man dem Erben auch nur im geringsten widersprach. Zu jeder Zeit, wenn er auszugehen wünschte, mußte man bereit sein, ihn zu begleiten oder vielmehr ihm zu folgen, und er wählte mit Sorgfalt den Augenblick, wo er seinen Erzieher am beschäftigsten sah. Bei mir wollte er dasselbe Regiment einführen, um sich tagsüber für die Nachtruhe zu rächen, die er mir lassen mußte. Ich machte gutwillig alles mit und bestätigte ihm zunächst, wieviel Spaß es mir machte, ihm gefällig zu sein. Dann, als es darum ging, ihn von seinen Launen zu heilen, wandte ich eine andere Methode an“[48]. Rousseau plant nun genau eine Situation, die dem Kind zu einer neuen Erfahrung verhelfen soll. Zunächst verschafft er ihm zu Hause ein Vergnügen, wartet, bis das Kind ins Spiel vertieft ist und schlägt ihm dann einen Spaziergang vor. Diesen lehnt das Kind, wie erwartet ab, und Rousseau muss sich fügen. Am nächsten Tag hat er ein neues Arrangement getroffen und dafür gesorgt, daß sich das Kind langweilt, während er in seine Arbeit vertieft ist. Als ihn „der junge Herr von Chenonceaux“ daraufhin zum Spaziergang auffordert, lehnt er ab, mit dem Hinweis auf die gestrige umgekehrte Situation.

Jetzt will das Kind alleine ausgehen und Rousseau akzeptiert dies; er hat sich mit einem Freund abgesprochen, der dem Kind unauffällig folgt. Auf diesem Spaziergang erfährt der junge Herr seine Schwäche und Schutzlosigkeit. Er wird von Gassenjungen gehänselt, von den Nachbarn verunsichert und von Rousseaus Freund beiläufig auf seine Unvorsichtigkeit hingewiesen, so dass er bereits nach einer halben Stunde irritiert und beschämt zurückkommt. „Durch solche und ähnliche Verfahren erreichte ich während der kurzen Zeit, die ich mit ihm verbrachte, daß er alles tat, was ich wollte, ohne daß ich ihm etwas vorschreiben mußte, ohne ihm etwas verbieten zu müssen, ohne Predigten und Ermahnungen und ohne ihn durch unnötige Lektionen zu langweilen“[49].

Rousseau erreicht dies mit einer spezifischen Grundeinstellung zu seiner erzieherischen Aufgabe, mit einer distanzierten Haltung sowohl zum Kind als auch zu den Eltern und mit einem methodischen Vorgehen, das ihn in die Lage versetzt, „Herr einer Unternehmung zu sein, wenn man die Mittel dazu in der Hand hat und sie richtig anzuwenden versteht“[50]. Haltung und Methode verwirklichen seinen fachlichen Eigenstatus im Handeln.

Um den Aspekt der Haltung weiter zu verdeutlichen und mit dem der Methode zu verbinden, möchte ich zunächst Rousseaus kühl berechnende und emotional distanzierte Grundeinstellung mit dem „Gegenprogramm“ Pestalozzis kontrastieren. Denn diesem geht es um emotionale Nähe und die Unmittelbarkeit einer „dichten“ Beziehung, um eine umfassende mitmenschliche Teilhabe am Schicksal des Kindes: „Hierauf baute ich. Daß mein Herz an meinen Kindern hange, daß ihr Glück mein Glück, ihre Freude meine Freude sey, das sollten meine Kinder vom frühen Morgen bis an den späten Abend, in jedem Augenblick auf meiner Stirne sehen, und auf meinen Lippen ahnen ... Ich war von Morgen bis Abend, soviel als allein in ihrer Mitte. Alles, was ihnen an Leib und Seele Gutes geschah, gieng aus meiner Hand. Jede Hülfe, jede Handbiethung in der Noth, jede Lehre, die sie erhielten, gieng unmittelbar von mir aus. Meine Hand lag in ihrer Hand, mein Aug’ ruhte auf ihrem Aug’. Meine Tränen flossen mit ihren und mein Lächeln begleitete das ihrige. Sie waren ausser der Welt, sie waren ausser Stanz, sie waren bey mir, und ich war bey ihnen“[51]. Mit einer aufopferungsvollen Haltung, hoher Mitleidsbereitschaft, Herzlichkeit und Geduld lebt Pestalozzi unter schwierigsten Bedingungen mit den ihm anvertrauten Kindern eine hingebungsvolle, „religiös verwurzelte Liebe zum Menschen, insbesondere zum leidenden Teil der Menschheit“[52].

Leitbild für dieses Konzept öffentlicher Erziehung ist die Familie mit der liebenden Mutter im Zentrum, für deren umsichtige Fürsorglichkeit Pestalozzis „Mutterauge“ Sorge trägt.

Dass dieser pädagogische Entwurf kein aus der Distanz zur Aufgabenstellung betrachtetes fachliches Kalkül, sondern eng mit Pestalozzis konflikthaftem Lebenslauf verbunden ist, darauf verweist Volker Krafts Studie zur Psychoanalyse pädagogischen Denkens[53]. Pestalozzis pädagogisches Wirken „kreist unablässig um die zentralen Traumata der eigenen Lebensgeschichte“[54], es steht im Zusammenhang eines Selbstheilungsversuchs, eines Versuchs, eigene Lebenskrisen durch „projektive Identifizierung“ zu bewältigen. Pädagogisches Handeln bietet sich hierzu insofern an, als der enge subjektive Bezug des Handelnden zu den berufsspezifischen Aufgaben der Entwicklungsförderung ein konstitutives Merkmal pädagogischer Berufstätigkeit ist, denn „zu nah – näher als bei allen anderen Berufen und Wissenschaften – scheint das allgemein Menschliche mit dem spezifisch Pädagogischen verbunden zu sein“[55].
Wie führt Pestalozzi diese Haltung methodisch aus, wie kommt er seiner visionären Perspektive einer allen Menschen zugänglichen „reinen Menschenbildung“ näher? Im Hinblick auf die Unterrichtung der Kinder entwickelt Pestalozzi methodische Grundprinzipien einer Elementarbildung. Durch Selbsttätigkeit des Kindes, durch stetiges Vorangehen in kleinen Schritten und durch unmittelbare Anschauung, will er die drei Seiten der Menschenbildung, intellektuelle, sittliche und praktische Bildung mit „Kopf, Herz und Hand“ voranbringen.
Die eher sozialpädagogische Seite der Methode wird in Pestalozzis Drei-Stufen-Plan zur Resozialisierung des Kindes verdeutlicht. Auf einer ersten Stufe der Beziehungsaufnahme will er die Kinder durch vorbehaltlose Annahme und allseitige Umsorgung „weitherzig“ machen und ihr Vertrauen gewinnen. Sein nächster Schritt besteht dann in der Ermöglichung einer positiven Bindung der Kinder untereinander. „Mein wesentlicher Gesichtspunkt gieng jetzt aller erst darauf, die Kinder durch die ersten Gefühle ihres Beysammenseins, und bey der ersten Entwicklung ihrer Kräfte zu Geschwistern zu machen, das Haus in den einfachen Geist einer großen Haushaltung zusammen zu schmelzen, und auf der Basis eines solchen Verhältnisses und aus der

aus ihm hervorgehenden Stimmung das rechtliche und sittliche Gefühl allgemein zu beleben"[56]. Erst auf dem Hintergrund der vertrauensvollen Beziehungsaufnahme und Selbstsicherung der ersten Stufe sowie der Einbindung in die soziale Gemeinschaft der „Geschwister" mit der Ausrichtung auf einen sozialen Orientierungsrahmen kann die dritte Stufe der Belehrung durch Worte erfolgen. Diese eröffnet den Ausblick auf eine bessere Zukunft: „Üeber alles erhob sie die Aussicht, nicht ewig elend zu bleiben, sondern einst unter ihren Mitmenschen mit gebildeten Kenntnissen und Fertigkeiten zu erscheinen, ihnen nützlich werden zu können, und ihre Achtung zu genießen; sie erkannten den inneren Zusammenhang meiner Führung mit ihrem künftigen Leben lebhaft, und eine glückliche Zukunft stellte sich ihrer Einbildung als erreichbar und sicher dar"[57].

Mit diesen Überlegungen habe ich vier Elemente einer pädagogischen Konzeption vorgestellt und sie an Beispielen pädagogischer Klassiker veranschaulicht. Ausgangspunkt ist dabei ein Spannungsfeld von Situationsdeutung und Vision. Als SITUATIONSDEUTUNG habe ich ein erstes Konzeptionselement beschrieben, mit dem sich der Handelnde die aus fachlicher Sicht wichtig erscheinenden Aspekte einer Situation vor Augen führt, um daraus Anhaltspunkte zur Ausgestaltung der pädagogischen Arbeit zu gewinnen. Mit jeder Interpretation dessen, „was hier eigentlich gerade los ist", wird eine erste Akzentuierung des Handelns gewonnen.

Das, was in einer konkreten Situation als besonders bemerkenswert im Hinblick auf die pädagogische Aufgabenstellung konstruiert wird, steht in einem Spannungsfeld zu einer wertebezogenen VISION. Darunter verstehe ich Leitideen im Hinblick auf „wünschenswerte Verhältnisse", die eine Gesamtgestalt bildhaft-szenischer Vorstellungen konturieren. Menschenbild, ethische Fragestellungen und Überzeugungen, Wertmaßstäbe im Hinblick auf das „gute Leben" u.a. sind in dieser visionären Sicht enthalten.

Das Spannungsfeld von Situationsdeutung und Vision wird im Handeln von zwei weiteren Konzeptionselementen ausgeführt. Zum einen fasst eine entsprechende HALTUNG die inneren Grundeinstellungen und Handlungsbereitschaften zu fachspezifischen Aufgaben- und Problembereichen zusammen, die in visionären Sinnbezügen verankert und auf situative Handlungsanlässe ausgerichtet sind. METHODE meint zum anderen einzelne Vorgehensweisen, die, verstanden als einzelne „Schritte“, einen zusammenhängenden „Weg“ erkennbar werden lassen. Bringt man diese vier Elemente einer pädagogischen Konzeption zum einen in die vertikale Achse von Situationsdeutung und Vision, deren Schwerpunkt in der Aufschlüsselung einer konkreten Fallsituation liegt, zum anderen in die horizontale Achse von Haltung und Methode, deren Schwerpunkt das darauf bezogene Tun betrifft, so ergibt sich folgendes Modell:

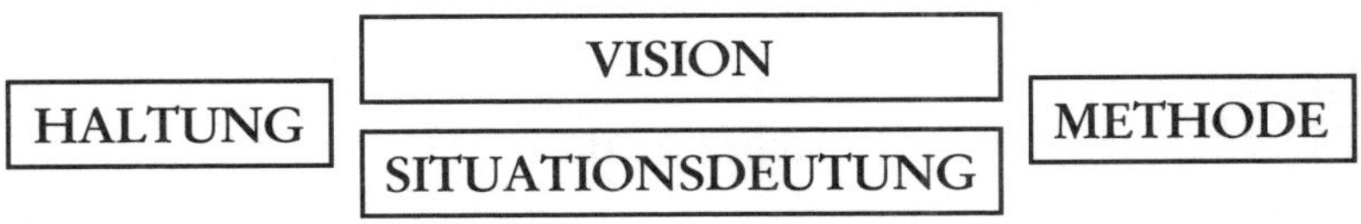

Diese vier Elemente haben einerseits jeweils eigene inhaltliche Konturen, sie lassen sich gut voneinander unterscheiden und sind doch gleichzeitig so dicht aufeinander bezogen, dass sie gerade in ihrem Wechselbezug eine handlungsorientierende Gesamtgestalt deutlich machen – eine pädagogische Konzeption. Im folgenden Kapitel möchte ich diese vier Elemente mit Inhalten der Themenzentrierten Interaktion ausfüllen, so dass die pädagogische Konzeption der TZI darin deutlich wird.

1.2 Die Themenzentrierte Interaktion als sozialpädagogische Handlungskonzeption

1.2.1 Überblick über die Aussagesystematik der TZI

Die Aussagesystematik der Themenzentrierten Interaktion lässt sich im Hinblick auf das berufliche Handeln als ein „generatives Kerngefüge“[1] verstehen, das sowohl normative als auch pragmatische Inhalte in eine innere Verbindung bringt. Der dadurch konturierte Inhaltszusammenhang ist einerseits in sich konsistent und andererseits offen für subjektive und situative Ausfüllungen, so dass die das Handeln orientierenden Sinnbezüge ohne dogmatischen Vorschriftscharakter angeboten werden. In den folgenden Überlegungen möchte ich diese Aussagesystematik kurzgefasst darstellen, um damit die inhaltliche Grundlage für meinen weiteren Gedankengang zu gewinnen.

Themenzentrierte Interaktion ist eine Konzeption für Lern- und Arbeitssituationen. Sie verbindet sachorientiertes Lernen und Arbeiten mit dem Beachten des subjektiven Erlebens jedes einzelnen Teilnehmenden, der beziehungsdynamischen Prozesse sowie der den Lern- und Arbeitsvorgang beeinflussenden Rahmenbedingungen und Umfeldfaktoren. Im Mittelpunkt von Lernen und Arbeiten steht die Beschäftigung mit Themen, die auf die Anliegen aller Beteiligten im Hinblick auf Inhalte, Interaktionen und Rahmenaspekte ausgerichtet sind.

Die Arbeit mit TZI baut auf axiomatischen Grundsätzen auf, ohne deren Anerkennung und Beachtung als Basis für weitere Überlegungen das methodische Vorgehen seine Ausrichtung verlieren würde: „Die Besonderheit der TZI als Konzept pädagogischen ... Handelns liegt im Rückbezug ihrer Methoden, Verfahren und Techniken auf die Axiome und deren Sinngebung – also auf *existentiell-anthropologi-*

sche, ethisch-soziale und *demokratisch-politische Zusammenhänge*"[2]. Diese Axiome sind:

- „Der Mensch ist eine psychobiologische Einheit und ein Teil des Universums. Er ist darum gleicherweise autonom und interdependent. Die Autonomie des Einzelnen ist um so größer, je mehr er sich seiner Interdependenz mit allen und allem bewußt wird"[3] (existentiell-anthropologisches Axiom).
- „Ehrfurcht gebührt allem Lebendigen und seinem Wachstum. Respekt vor dem Wachstum bedingt bewertende Entscheidungen. Das Humane ist wertvoll, Inhumanes ist wertbedrohend"[4] (philosophisch-ethisches Axiom).
- „Freie Entscheidung geschieht innerhalb bedingender innerer und äußerer Grenzen. Erweiterung dieser Grenzen ist möglich"[5] (pragmatisch-politisches Axiom).

Reiser arbeitet den dialektischen Aufbau dieser axiomatischen Aussagen als eine Inhaltsstruktur von Gegensatzeinheiten heraus. Dem einen Aspekt (z.B. der Autonomie) wird ein anderer Aspekt (z.B. die Interdependenz) gegenübergestellt und dann eine das daraus entstehende Spannungsfeld synthetisierende „Lösung" gesucht: „Die Synthese gibt jeweils eine Richtung an, in der die Lösung des Problems zu suchen ist, das von dem Axiom angesprochen wird. Denn keines der Axiome benennt eine Lösung; jedes der Axiome präzisiert eine Frage, der Priorität zukommt"[6]. Danach eröffnet das erste Axiom eine Problemlösung in der Ausrichtung auf Bewusstwerdung und Bewusstheit, das zweite Axiom wirft die Frage nach der persönlichen Wertentscheidung im Zusamenhang des humanen Lebens auf, das dritte Axiom intendiert die Erweiterung innerer und äußerer Grenzen.

Auf dieser axiomatischen Basis aufbauend formuliert Cohn folgende existentielle Postulate:

- „... sei die chairperson deiner selbst. Dies bedeutet: Sei dir deiner inneren Gegebenheiten und deiner Umwelt bewußt. Nimm jede Situation als Angebot für deine Entscheidungen. Nimm und gib, wie du es verantwortlich für dich und andere willst"[7].

Während das erste Postulat die persönliche Entscheidung jedes einzelnen akzentuiert, weist das zweite Postulat auf die bedingende innere und äußere Wirklichkeit hin:

- „Beachte Hindernisse auf Deinem Weg, Deine eigenen und die von anderen. *Störungen und Betroffenheiten haben Vorrang;* ohne ihre Lösung wird Wachstum verhindert oder erschwert“[8].

Zusätzliche Hilfsregeln können diese Postulate unterstützen, wenn sie situationsbezogen und nicht dogmatisch angewendet werden, z.B. „Sei zurückhaltend mit Verallgemeinerungen“. – „Sei authentisch und selektiv in deinen Kommunikationen“. – „Halte dich mit Interpretationen von anderen so lange wie möglich zurück. Sprich statt dessen deine persönlichen Reaktionen aus“. – „Beachte Signale aus deiner Körpersphäre und beachte diese auch bei anderen Teilnehmern.“[9].

Die Arbeit mit TZI beruht auf der Hypothese, dass jede einzelne Person (ICH), die Interaktionen in der Gruppe (WIR), der Bezug zu einer Aufgabe oder einem Lerninhalt (ES) sowie der Einfluss von Kontextbedingungen (GLOBE) als gleichwertige Faktoren beachtet werden müssen. *„Die Anerkennung und Förderung der Gleichgewichtigkeit der Ich-Wir-Es-Faktoren im Globe ist die Basis der TZI-Gruppenarbeit und -leitung.* Es geht darum, die Wichtigkeit jeder einzelnen Person, die Wichtigkeit der Interaktion, die Wichtigkeit des Themas (resp. der Aufgabe) und die Wichtigkeit der Wirkungszusammenhänge in und mit der Umwelt in dynamischer Balance zu halten. Das Bewußtsein dieser Arbeitshypothese wird in allen Gruppenmitgliedern gefördert; an ihrer praktischen Verwirklichung mitzuwirken, ist Aufgabe des TZI-Gruppenleiters“[10].

Symbolisch wird die Konstellation dieser vier Faktoren in einem von einer Kugel umgebenen gleichseitigen Dreieck, dem Vier-Faktoren-Modell oder Reflexionsmodell der TZI, ausgedrückt. ICH, WIR, ES und GLOBE sollen prozessbezogen in eine „dynamische Balance“ gebracht werden, z.B. dadurch, dass immer wieder unterschiedliche Zugänge und alternative Betrachtungsweisen in den Lern- und Arbeitsvorgang einbezogen werden. Der Begriff „Balance“ ist auf den Perspektivenwechsel und Ausgleich zwischen verschiedenen Zugangsmöglichkeiten ausgerichtet, der Begriff „dynamisch“ betont das Kräftefeld der Antagonismen und Spannungen, in denen die Balance jeweils neu zu gewinnen ist.

Das Reflexionsmodell der TZI und die Orientierung am dynamischen Gleichgewicht der unterschiedlichen Faktoren, Zugänge und Sichtweisen ist eine methodische Grundlage für die Gruppenarbeit mit TZI. Dabei begreift sich die Gruppenleitung als „partizipierende Leitung“, die einerseits unmittelbar am Prozessgeschehen teilnimmt, dabei stets hinterfragbar bleibt und andererseits aus einer distanzierten Prozessbeobachtung Anhaltspunkte für die Ausgestaltung der Leitungsaufgaben gewinnt.

Themensuche, Themensetzung und -einführung, die Vorgabe von Strukturen und die für einen dynamischen Lern- und Arbeitsprozess förderlichen Leitungsinterventionen, das sind die Gestaltungsmittel der TZI-Leitung. Sie ist ausgerichtet

- auf die Unterstützung einer Gruppenatmosphäre, die für subjektive Befindlichkeiten und authentisch-selektive Kommunikation in der Gruppe offen ist;
- auf die Beachtung der „dynamischen Balance“ zwischen ICH-, WIR-, ES-Faktoren und deren Einbindung in Kontextaspekte des GLOBE;
- auf das Aufspüren, Formulieren und Beachten von Themen, die aus unbezogenen Sachen und Zuständen Perspektiven eröffnende Anliegen machen;
- auf die Suche nach geeigneten Arbeitsformen, Strukturen, die das Arbeiten an und mit Themen ermöglichen und unterstützen;
- auf prozessbezogene Interventionen, die die Authentizität der Personen, die Wahrhaftigkeit der Beziehungen untereinander und die sachbezogene Angemessenheit stärken helfen.

1.2.2 Überlegungen zur Situationsdeutung

Wie lassen sich die im ersten Kapitel beschriebenen vier Elemente einer pädagogischen Konzeption mit TZI inhaltlich füllen? Nähere ich mich der situationsdeutenden Frage „Was ist hier eigentlich los?" aus dem Blickwinkel der TZI, dann kann ich zunächst mit Hilfe des Vier-Faktoren-Modells die vier Einzelaspekte ICH, WIR, ES und GLOBE unterscheiden. Die Themenzentrierte Interaktion bietet damit zur Situationsdeutung vier Perspektiven an: das subjektive Erleben jedes einzelnen, die Dynamik der Beziehungen untereinander, den Aufgaben- und Inhaltsbezug und die Einfluss nehmenden Rahmenbedingungen und Umfeldfaktoren. Mit diesen wechselnden Fokussierungen auf jeden einzelnen Teilnehmenden, auf das Interaktionsgeschehen, auf Inhaltsaspekte und Umgebungseinflüsse gewinnt der Handelnde bereits eine Vielzahl von Betrachtungsmöglichkeiten, die er sich z.B. mit Hilfe eines Protokollverfahrens vor Augen führen kann.

Findet auf diese Weise bereits eine umfangreiche Situationsbetrachtung statt, so lässt sich die Situationsdeutung mit Hilfe der jeweiligen Verbindungslinien im „Dreieck" noch komplexer gestalten, denn aus der Betrachtung der Verbindungslinien entstehen zusätzliche Perspektiven: Nun interessiert nicht nur der Aufgaben- und Inhaltsbezug des ES „für sich", sondern auch im Hinblick auf die Bedeutsamkeit der Inhalte für die einzelnen Teilnehmenden und die Gruppe insgesamt. Nicht nur das subjektive Erleben des ICH „an sich" kann ich dann berücksichtigen, sondern auch die Bedeutsamkeit subjektiver Aspekte in Bezug auf die Akzentuierung der Inhalte und Beziehungen zum Gegenstand machen. Nicht nur die Interaktionsdynamik im WIR „an sich" erhält bei der Beantwortung der Frage „Was ist hier eigentlich los?" ihren Stellenwert, sondern auch die Art und Weise, in der sich diese Dynamik auf subjektives Erleben und auf die Bearbeitung der Sachen auswirkt. Und nicht nur die Tatsachen des GLOBE „für sich" können Reflexionsgegenstand sein, sondern auch die unterschiedlichsten GLOBE-Zusammenhänge mit subjektiven Bedeutungsbildungen, mit der Bearbeitung der Inhalte in der Gruppe und mit der Dynamik der Interaktionen.

Die Komplexität der hier analytisch unterschiedenen einzelnen Perspektiven ist als vollständige Gesamtgestalt einer Situationsdeutung in

concreto sicher kaum erfassbar. Insofern eröffnet das Vier-Faktoren-Modell der TZI eher eine Vielzahl möglicher situationsdeutender Konstruktionen, als dass es im Hinblick auf eine spezifische Inhaltlichkeit standardisierbar wäre. Einerseits bringt die Fülle der Betrachtungsweisen die Aufgabe der Komplexitätsreduktion mit sich, andererseits lässt die Orientierung am TZI-Reflexionsmodell viel Raum für subjektbezogene Intuition und theoriebezogene Interpretationsmöglichkeiten. Denn TZI setzt sowohl auf das spezifische Erleben der unmittelbar am Prozessgeschehen teilhabenden Gruppenleitung als auch auf die vor allem für pädagogisch-psychologische Theorien offene Situationsanalyse. Betrachte ich dies als Anforderung an die Leitung, dann wird deutlich, dass bereits die Situationsdeutung kein einfach zu handhabendes Verfahren ist: „Das eigentlich Schwierige ist das undurchschaute Ineinanderwirken der Faktoren. Weniger kompliziert aber, als daß jeder sich langsam an die Wahrnehmung dieser Mehrschichtigkeit heranpirschen muß, ist das Geflecht der Faktoren, mit dem wir arbeiten, nun einmal nicht. Sie getrennt sehen zu lernen, auch wenn das zunächst künstlich erscheint, hilft, klärt und freut schon nach kurzer Zeit“[11].
Eine in der Aussagesystematik der TZI implizit enthaltene Akzentuierung der Situationsdeutung sehe ich durch die Leitidee der „dynamischen Balance“, durch das Themenprinzip und durch die Wertorientierung des TZI-Aussagesystems gegeben. Die „dynamische Balance“ fordert den Perspektivenwechsel und die Beachtung der Gegenseite; damit kann es keine Deutungsdogmatik geben, sondern TZI setzt auf die Fülle der Betrachtungsmöglichkeiten. Das Themenprinzip dagegen bündelt diese Vielzahl der Perspektiven wieder in einem thematischen Schwerpunkt. Damit wird die Frage nach dem „Was ist hier eigentlich los?“ überführt in die, neue Perspektiven eröffnende Frage „Wie könnte es denn jetzt weitergehen?“. Und das normative Moment in Axiomatik und Postulaten gibt auch der Situationsdeutung eine Ausrichtung im Hinblick auf Persönlichkeitsentwicklung, Gruppenzusammenhang und produktive Arbeit.
Angesichts der Komplexität der TZI-Situationsdeutung möchte ich

auf zwei Möglichkeiten hinweisen, mit denen diese Fülle an Betrachtungsweisen praktikabel und nutzbringend gehandhabt werden kann. Matthias Kroeger hat ein „Modell der Selbstsupervision" und ein „Modell der TZI-Vorbereitung" vorgelegt, mit denen der komplexe Prozess der Arbeit in Gruppen nach TZI-Kriterien als situationsdeutender Ausgangspunkt protokolliert und sowohl rückblickend als auch im Hinblick auf die Gestaltung des weiteren Vorgehens reflektiert werden kann[12]. Als Hilfsmittel dient ein Protokollbogen, auf dem in einzelnen Spalten bzw. Blättern spezifischen Fragen zu ICH-, WIR-, ES- sowie Struktur- und Themen-Aspekten nachgegangen wird. In einzelnen Schritten kann so die Leitung sich ihrer eigenen Beobachtungen bewusst werden. Der Vorteil dieser Vorgehensweise liegt darin, dass neben der Einzelbetrachtung zu den fünf Faktoren auch deren Gesamtschau möglich wird, z.B. wenn im Vergleich der nebeneinander liegenden Seiten Zusammenhänge zwischen diesen Faktoren aufscheinen.

Eine weitere Möglichkeit habe ich in einer Vorgehensweise gefunden, bei der in einem ersten Schritt nach jeder Arbeitssitzung ein alltagspraktisch-erzählender Bericht aufgeschrieben wird; dies soll möglichst aus den spontanen Erinnerungen und unmittelbaren Einfällen zum Geschehen erfolgen. In einem zweiten Schritt kann dann die Leitung mit Hilfe des Vier-Faktoren-Modells der TZI die eigenen Aufzeichnungen auf der *konzeptionellen Ebene* reflektieren. Dabei wird deutlich, an welchen „Ecken" die Wahrnehmungsschwerpunkte liegen, was besonders akzentuiert wurde und welche Aspekte eher „unterbelichtet" sind. Die eigene spontane Situationsdeutung unterliegt damit einem distanzierenden und prüfenden Blick, der dazu verhilft, „die Mehrdimensionalität von Vorgängen und Gefühlen zu beachten und zu differenzieren"[13]. Beide Verfahrensweisen erschließen sich allerdings erst im Laufe ihres Gebrauchs und ermöglichen den Umgang mit Komplexität erst durch einige Übung.

Ein Hinweis ist mir hierzu noch wichtig. Gewöhnlich scheint es so, als würden in Situationsdeutungen nur unmittelbar und intuitiv wahrgenommene Inhalte eingehen; dann wird die Situationsdeutung schnell als natürliche Gabe, als theorielose Kunst verstanden, die die eine elaboriert beherrscht und an der der andere nur mühsam herumarbeitet. Statt dessen erscheint es mir eine Voraussetzung für erfolgreiche TZI-Arbeit zu sein, die eigene Intuition zu üben und in die Situationsdeutung zunehmend theoriegeleitete Reflexionsmomente einfließen zu lassen. So helfen z.B. zur Reflexion des ICH-Aspekts persönlichkeits- und entwicklungspsychologische Theorien, der WIR-Aspekt kann durch Interaktionstheorien und Theorien zur Gruppendynamik differenziert werden, und die ES-Inhalte können durch sachlogische und fachdidaktisch-theoretische Überlegungen angemessener betrachtet werden. Gerade das Zusammenführen unmittelbar-intuitiver Anteile *(alltagspraktisch-narrative Ebene)* und distanziert-reflexiver Aspekte *(abstrahierend-theoretische Ebene)* ermöglicht ein angemesseneres Erfassen dessen, „was los ist" – und macht den Reiz theoriebezogener praktischer Arbeit mit TZI aus.

1.2.3 Überlegungen zur Vision

In den folgenden Überlegungen möchte ich mich etwas ausführlicher mit dem visionären Aspekt der TZI beschäftigen und damit das Spannungsfeld Situationsdeutung-Vision im Verständnis der TZI herausarbeiten. Ich gehe dabei in zwei Schritten vor: Zunächst betrachte ich das visionäre Moment vor allem in der TZI-Axiomatik, um anschließend das TZI-Reflexionsmodell selbst auf visionäre Aspekte hin zu untersuchen[14]. Die Ausführlichkeit meiner Ausführungen – im Vergleich zu den Ausführungen zur Situationsdeutung, Haltung und Methode – resultiert daraus, dass ich hier allgemeine und grundlegende wertbezogene Leitideen herausarbeite, die den Sinnhintergrund sozialpädagogischen Handelns orientieren können.

1.2.3.1 Visionäre Aspekte der TZI-Axiomatik

Die Sinngebung der TZI-Axiomatik ist das Fundament des gesamten Aussagesystems. Die drei Axiome thematisieren jeweils ein existentielles Spannungsfeld in Form einer Gegensatzeinheit, wobei die Synthese eine Richtung angibt, in der die Lösung der aufgeworfenen Frage zu suchen ist[15]. Diese Richtung verstehe ich als visionäre Ausrichtung der Axiomatik, als emphatische Leitidee, die bei Problemlösungen orientierend wirken kann, ohne dabei die jeweils fertige Lösung zu benennen.

Betrachte ich dahingehend das *erste Axiom,* so wirft es die Frage nach dem Verhältnis von Autonomie und Interdependenz auf und gibt mit der Ausrichtung auf Bewusstheit eine zentrale philosophische Kategorie als Wertbegriff an. Kroeger betont hierbei die Gleichwertigkeit der beiden Pole: „In der TZI wird nicht, nachdem zunächst allein die Autonomie herausgestellt wurde, im Nachhinein dann, also sekundär, eine Korrektur der ausufernden Folgen der Freiheit vollzogen, sondern hier wird von vornherein grundlegend und gleich ursprünglich die Gleichzeitigkeit und Gleichwertigkeit beider Grundannahmen oder besser: beider Elemente der einen Grundannahme *Autonomie und Interdependenz* als Bedingung realistischer und wirklicher Freiheit behauptet“[16]. Dies hat Bedeutung im Hinblick auf das Verständnis von Bewusstheit, die in der TZI nicht nur „nach innen“ gerichtet und als Selbstbewusstsein eigener Autonomie verstanden wird, sondern auch als Gewahrsein der Interdependenz mit allen und allem. Diese Leitidee autonom-interdependenter Bewusstheit setzt sich im Chairperson-Postulat und im Begriff der „selektiven Authentizität“ fort; ersteres fordert dazu auf, „in der Bewußtheit seiner selbst *und der Situation* (Hervorhebung W.L.) Entscheidungen zu treffen und die Verantwortung dafür zu übernehmen“[17], letzterer fordert Echtheit im Kontext der sozialen Bezogenheit: „Ich soll nur sagen, was echt ist, aber nicht alles, was echt ist, soll ich auch unbezogen sagen, zeigen oder tun, denn es könnte höchst destruktiv sein und dazu habe ich weder im Namen

von Autonomie noch im Namen von Echtheit ein Recht"[18].
Auch das Themenprinzip folgt, im Sinne einer methodischen Fokussierung der Bewusstheit, der Gegensatzeinheit von Autonomie und Interdependenz, indem es einerseits das zunächst Fremde und Unbezogene der Inhalts- und Aufgabenaspekte als ES, d.h. als einen zentralen Gegenstand des Vier-Faktoren-Modells berücksichtigt und andererseits die unbezogenen Sachaspekte und Problemzustände wiederum zum Anliegen handelnder Subjekte macht. Auch in der Denkfigur der „dynamischen Balance“ im Sinne einer „Gleich-wichtig-Hypothese“ wird dieser Zusammenhang von Autonomie und Interdependenz besonders betont.
Das in der Synthese des ersten Axioms angesprochene Bewusstsein des eigenen Selbst und der Umwelt meint „einen biophysischen Zustand von Wachheit, Aufmerksamkeit und innerer und äußerer Sensibilität, an dem der ganze Organismus beteiligt ist“[19], der sowohl Gewahrwerden als auch Verantwortlichsein umfasst. Diese Grundidee autonom-interdependenter Bewusstheit ist die erste visionäre Ausrichtung der TZI.
Das *zweite Axiom* wirft die Frage nach dem Verhältnis zwischen humanistischem Ideal und dem menschlichen Leben auf. In der Formulierung des zweiten Axioms ist dieses Spannungsfeld nicht deutlich ausgesprochen, seine sprachliche Fassung „läßt das Mißverständnis zu, das Lebenswerte, das heißt das Humane, ergäbe sich hinreichend aus dem Respekt vor dem natürlichen Wachstum“[20]. „Humanität und Leben sind aber auch Gegensätze. Das Leben in der Natur wird bestimmt vom Fressen und Gefressenwerden. Auch das innere Leben des Menschen ist ohne Kultur nicht human. Menschlichkeit ist eine kulturell geprägte Setzung des Menschen, die in dem modernen Menschheitsbegriff gipfelt“[21]. Reiser sieht die persönlich getroffene bewertende Entscheidung im Spannungsfeld von Humanität und Leben als Synthese des zweiten Axioms an. Dabei kann die TZI die aufgeworfenen ethischen Fragen nicht lösen, „für das System der TZI ist aber ausschlaggebend, daß diese Fragen mit Priorität bearbeitet werden“[22].

Damit zielt die visionäre Ausrichtung des zweiten (philosophisch-ethischen) Axioms auf Bewertungen und auf die dem Menschen gegebene Möglichkeit, sich zu entscheiden. Sie knüpft dabei an die Bewusstheit des Zusammenhangs von Autonomie und Interdependenz an: „Bewußtsein unserer universellen Interdependenz ist die Grundlage humaner Verantwortung"[23]. Die Basis verantworteter Entscheidung wird nicht in einem rationalistischen Weltverhältnis des Menschen gesehen, sondern in einem umfassenden Bezug des „ganzen Menschen" zu der ihm Autonomie erst ermöglichenden Umwelt. „Weil wir ‚schicksalhaft', d.h. unausweichlich Teil des Lebensprozesses auf der Erde sind, können wir nur überleben, wenn wir dieser Wirklichkeit in unserem Fühlen, Denken und Handeln gerecht werden"[24].
Matzdorf und Cohn beschreiben das pädagogisch-therapeutische Konzept der TZI als „Kompaß eines humaneren Lebens"[25], mit dessen Hilfe Veränderungen auf humane Zielsetzungen hin intendiert sind, die „die Wert- und Sinnhaftigkeit unseres Einzeldaseins und die unserer sozialen, natürlichen und kosmischen Umwelt"[26] in den Mittelpunkt rücken.
Die Notwendigkeit zur Entscheidung auf der Grundlage von Wahrnehmung und Verantwortung ist auch im Themenprinzip enthalten: Indem wir „kraft unseres unabschüttelbaren In-Beziehung-Seins"[27] auch auf die uns umgebenden Sachwelten und deren humane oder inhumane Zustände ausgerichtet sind, bestimmen sie „uns in unserem Wesen bewußt oder unbewußt, gewollt oder ungewollt mit und wir können uns nur partiell von ihnen unabhängig machen. Gestalten wir sie nicht human, so greifen sie negativ in unser Wesen ein und machen uns kraft ihrer Wesensbezogenheit inhuman; sie können uns verformen und entfremden – sowohl uns selbst gegenüber als auch untereinander und gegenüber der Sachenwelt der Wesensgegenstände"[28].
In diesem Sinne liegt in der bewertenden Entscheidung sowohl eine grundlegende Aufgabe menschlicher Existenz als auch die Möglichkeit der Wesensbestimmung. Indem wir die Zustände der uns umge-

benden Beziehungs- und Sachwelten zu unseren Anliegen machen, indem wir die Verhältnisse, in denen wir leben, bewertend mitgestalten, gewinnen wir im Tätigsein unsere Selbstbestimmung. Die visionäre Ausrichtung des zweiten Axioms liegt also in der Verantwortung der getroffenen bewerteten Entscheidung. Die Perspektive der Verantwortung, in vielen Schriften Ruth Cohns enthalten, wird besonders in Cohns Antwort auf die Frage nach der Notwendigkeit eines dritten Postulats deutlich. Während Günter Hoppe für ein drittes Postulat „Misch Dich ein! Greif ein!“[29] plädiert, d.h. für ein vorgeblich zu Gunsten der Humanität aufgegebenes Spannungsfeld von Humanität und Leben, hält Ruth Cohn in ihrer Formulierung „Verantworte Dein Tun und Dein Lassen – persönlich und gesellschaftlich“[30] an diesem Spannungsfeld von gesetztem Wertegrund und vitalem Lebensprozess und seiner Ausrichtung auf Verantwortung fest.
Allgemein-anthropologisch betrachtet steht die im zweiten Axiom angesprochene „bewertende Entscheidung“ im Zusammenhang von Freiheit und Notwendigkeit, pragmatisch-konkret betrachtet steht die Freiheit der Entscheidung im Spannungsfeld zu jeweiligen inneren und äußeren Bedingungen. Diese Problematik spricht das *dritte Axiom* an, indem es die Frage nach dem Verhältnis von freier Entscheidung und bedingenden inneren und äußeren Grenzen aufwirft. Die visionäre Ausrichtung dieses Spannungsfeldes wird bei Cohn in der Erweiterung der Grenzen gesehen: „In jeder existentiellen, konkreten und aktuellen Situation sind diese inneren und äußeren Grenzen wirksam; entscheidend ist, daß sie veränderbar sind“[31]. Den in dieser Sichtweise enthaltenen Entwicklungsoptimismus begründen Matzdorf und Cohn unter Bezug auf Paolo Freire mit dem jeweils historischen Charakter von „Grenzsituationen“, sowie mit den vom Individuum als Herausforderung erlebten grenzsetzenden Bedingungen: „Innere und äußere Hindernisse, die wir als Herausforderung anerkennen, geben uns die Chance, uns selbst und die Umwelt zu verändern“[32].
Die Denkfigur der „Freiheit in Bedingtheit“ gründet in der Vorstel-

lung, dass der Mensch in seiner eigenen Lebenspraxis seine Bestimmung sucht; dadurch gestaltet sich seine Existenz als eine der Möglichkeit nach freie: Freiheit bedeutet hierbei nicht Willkür oder Wahlfreiheit. Denn willkürliche Selbstgestaltung negierte die Notwendigkeit, handeln zu müssen; Wahlfreiheit würde dagegen bedeuten, aus vorgefundenen Angeboten etwas auswählen zu können. In menschlicher Lebenspraxis wird das zu „Wählende" aber nicht vorgefunden, sondern hervorgebracht. „Freiheit in Bedingtheit" meint damit, dass menschliche Freiheit durch das handelnde Subjekt selbst geschaffen wird; insofern ist in der „Erweiterung der Grenzen" eine grundlegende Aufforderung zur Entwicklung enthalten.

In einer individualtheoretischen Sichtweise drückt dieses dritte Axiom eine (pädagogische) Hoffnung aus, die durch die Methode der TZI begründet wird: „Die *gemeinsame dialogische oder interaktionelle Arbeit am Thema* steht im Mittelpunkt der Gruppe. In diesem Sinn hat das dritte Axiom unmittelbare thematische Relevanz: Das Üben der Wahrnehmungs- und Entscheidungsfähigkeiten gehört zum Prozeß der Bewußtwerdung, der zur Veränderung innerer und äußerer Grenzen führen kann, speziell wenn dies den gemeinsamen Bezugspunkt der Gruppe bildet"[33]. Im Spannungsfeld von Entscheidungsfreiheit und bedingender innerer und äußerer Grenzen will TZI in ihrem methodischen Vorgehen die Chance der Herausforderung zur Erweiterung von Grenzen nutzen und „stellt in ihren Arbeitsformen, in den Themen und durch den intendierten Leitungsstil ... Entwicklungsräume und -strukturen zur Verfügung ... Insofern ist der Glaube an die Entwicklungsfähigkeit von Menschen und Gruppen eine kühle und feststellende Einsicht und Grundannahme der Methode ..., die aber auch in ihrer nüchternsten Form Anlaß zu Mut und Hoffnung gibt"[34].

Problematisch scheint mir jedoch eine gesellschaftstheoretische Auslegung dieser Sichtweise zu sein, wenn sie mit der Annahme verbunden ist, dass die Grenzerweiterungen freier Entscheidungsmöglichkeiten des Individuums sogleich zur Humanisierung der Gesellschaft beitragen. Hier liegt die Gefahr einer naiven Fortschrittsgläubigkeit,

die – in der Negation des Spannungsverhältnisses von Humanität und Leben im zweiten Axiom – auf „den Evolutionssprung zu einem höheren sozialen und geistigen ‚Gesamtgewissen'"[35] setzt und TZI als humanistische Gesellschaftstherapie versteht. Die damit verbundene „weltanschauliche Überlastung"[36] führt leicht zu einer Selbstüberschätzung der Möglichkeiten einer pädagogischen Konzeption. Davor scheinen ethisch begründete und emphatisch vorgetragene Modelle, die auf Veränderung setzen, nicht gefeit zu sein. Problematisch wird dies aber dann, wenn überhöhte Ideologisierungen den realistischen Möglichkeiten einer Konzeption im Wege stehen. Ruth Cohns Sichtweise der TZI als Ansatz einer humanistischen Gesellschaftstherapie und ihrer Hoffnung auf den „evolutionären geistigen Quantensprung" im Sinne einer self-fulfilling prophecy könnte man in diesem Sinne Hannah Arendts Verdikt entgegenhalten „Es ist gegen die menschliche Würde, an den Fortschritt zu glauben"[37].
Die Handlungsräume nutzende und womöglich grenzerweiternde Chance der TZI sehe ich dagegen in ihren konzeptionellen Möglichkeiten pädagogischer Arbeit. Die Entwicklungsförderung einzelner Menschen z.B. in Beratungssituationen, von Lern- und Arbeitsgruppen, institutionellen Teams und Organisationen ist ein weites Wirkungsfeld. Im unmittelbaren Umgang praktischer Arbeit zeigen sich dann Grenzen und die realitätsbezogenen Möglichkeiten der Grenzerweiterung. Und hierbei wird die genaue Wahrnehmung und Analyse von Grenzen, auf die die Erweiterung der Entscheidungsfreiheit angewiesen ist, zum Gegenstand. Damit hat auch das dritte Axiom thematische Relevanz: Dadurch, dass das Thema der gemeinsame Bezugspunkt verschiedener Menschen – mit unterschiedlichen Interessen, Möglichkeiten und Grenzen – wird, verlangt die Arbeit am Thema in verschiedenster Sicht das Üben der Wahrnehmungs- und Entscheidungsfähigkeit und bietet Herausforderungen „direkt an der Grenze".
Das zweite Postulat gibt hierzu insofern eine wichtige Hilfe, als es im Ansprechen von Störungen und Betroffenheiten die Wahrnehmung genau auf die Grenze verlegt. Indem innere und äußere Widerstände

ins Bewusstsein kommen dürfen und zum Thema gemacht werden können, erhält u.U. die Frage nach Begrenzungen Vorrang vor anderen Inhalten. An diesem zweiten Postulat wird die Sensibilität der TZI für Grenzen sowie die durch die Bearbeitung von Störungen mögliche Erweiterung von Ressourcen besonders deutlich.
Damit ist die dritte visionäre Ausrichtung der TZI auf Entwicklung – im Sinne des Ausschöpfens von Ressourcen sowie der Sensibilität für *mögliche* Erweiterungen innerer und äußerer Grenzen – bezogen.
Aus diesen Überlegungen zur Axiomatik ergeben sich folgende Leitvorstellungen der TZI: Ausgangspunkt ist ein Menschenbild, das das Spannungsfeld von „Autonomie – Interdependenz" in den Mittelpunkt rückt. Die Vision dieses Menschenbildes zielt auf die Entwicklung dieser Gegensatzeinheit und propagiert die Intensivierung ihrer Verschränkung durch autonom-interdependente Bewusstheit: Autonomie wächst durch das Gewahrsein der Interdependenz, Interdependenz wächst durch die Bewusstheit der Autonomie. Beide Momente sind die zwei Kehrseiten einer „Medaille", und nur in ihrem Wechselbezug kann sich der Mensch entwickeln.
Nun führt Bewusstheit unmittelbar zur Frage nach dem, was für den Menschen ein „gutes Leben" ist; damit kommt die Problematik der bewertenden Entscheidung und Verantwortung in den Blick. Auch wenn TZI an individuellen und gesellschaftlichen Veränderungen in Richtung des humanen Lebens emphatisch interessiert ist, so bleibt doch das Spannungsfeld Humanität-Leben in der visionären Ausrichtung erhalten und wird nicht auf die Eindimensionalität einer humanistischen Ideologie verkürzt.
Die Aufgabe, bewertende Entscheidungen zu treffen und diese zu verantworten, führt unmittelbar zur Frage nach dem Freiheitsspielraum für diese Entscheidung und damit zur Frage nach den inneren und äußeren Grenzen menschlicher Freiheit. Indem die Wahrnehmung auf Ressourcen und Begrenzungen sowie die Perspektive auf deren Erweiterung gelegt wird, steht sowohl die Entwicklung des Individuums als auch die Erweiterung sozialer Gestaltungsmöglichkeiten im Sinnzentrum der TZI-Axiomatik.

„Autonom-interdependente Bewusstheit“, „bewertende Entscheidung und Verantwortung“ sowie „Entwicklung, verstanden als Nutzung und mögliche Erweiterung innerer und äußerer Grenzen“; das sind visionäre Leitideen, die als dynamische Orientierungen für das Handeln einen auf Veränderung ausgerichteten Charakter beinhalten, ohne die Spannungen, in denen sie stehen, aufzugeben und die eindimensionalen Ideale von „Selbstbestimmung“, „Humanität“ und „Freiheit“ zu propagieren. Statt dessen wird das Handeln im Zusammenhang einer unhintergehbaren Dialektik der in den Axiomen angegebenen Gegensatzeinheiten von „Autonomie-Interdependenz“, „Humanität-Leben“ und „Freiheit in Bedingtheit“ gesehen.

1.2.3.2 Visionäre Aspekte des TZI-Reflexionsmodells

Ich möchte nun einen zweiten Schritt gehen, der das visionäre Moment der TZI im Reflexionsmodell aufzufinden sucht. Ausgangspunkt dazu ist eine Überlegung Ruth Cohns: „Das Vierfaktoren-Modell des Dreiecks in der Kugel enthält die Grundlage humanistischer Ethik. Vom ethischen Standpunkt her bedeuten die vier Faktoren des TZI-Symbols:

1. daß wir uns selbst als Person wahrnehmen und achten; daß wir uns unserer Wünsche, Fähigkeiten und Möglichkeiten, ihres Lichtes und ihres Schattens, in Verantwortung uns selbst und anderen gegenüber bewußt werden, um persönlicher und ganzheitlicher entscheiden und handeln zu können (Faktor: Ich);
2. daß wir dieselbe Wichtigkeit der Selbstführung jedem anderen zuerkennen und uns dementsprechend zu verhalten suchen (Faktor: Wir);
3. daß wir Gemeinschaftlichkeit einer Gruppe als Zuwendung zu unseren gemeinsamen relevanten Aufgaben ansehen (Faktor: Es);
4. daß unsere Bewußtseinsfähigkeit und Verantwortlichkeit erweiterungsfähig ist und sich über die jeweilige interaktionelle Gruppe hinaus auf Nachbarschaft, Nation, Völker, das Leben auf der Erde – transpersonal und transzendental – erstreckt (Faktor: Globe)“[38].

Indem das „Dreieck in der Kugel“ nicht als ein von Wertvorstellungen losgelöstes methodisches Vehikel begriffen, sondern als mit Wertgehalt versehenes handlungsleitendes Reflexionsmodell betrachtet wird, lässt es sich auch im Hinblick auf seine visionäre Perspektive untersuchen. Dies hat m.E. den Vorteil, dass in ihm das Pragmatische und das Wertbezogene der Themenzentrierten Interaktion enger gefasst und als zusammengehörig betrachtet werden können. Sonst besteht die Gefahr, dass der grundlegende Wertbezug der TZI allein in ihrer Axiomatik gesehen und vom methodischen Hilfsmittel des „Dreiecks in der Kugel" abgekoppelt wird. Sind dagegen visionäre und situationsdeutende Perspektiven am gleichen Modell erkennbar, wird die Frage nach dem situativen Vorgehen direkter mit der wertbezogenen Orientierung der TZI-Konzeption verknüpft. Mir scheint dies für die Ausgestaltung pädagogischen Handelns wünschenswert und nützlich zu sein.

Ruth Cohns Betrachtung des Vierfaktoren-Modells unter dem Gesichtspunkt einer humanistischen Ethik lässt sich bei der Gewinnung visionärer Leitideen nun dadurch nutzen, dass die wertbezogene Qualität der einzelnen Faktoren des ICH, WIR, ES und GLOBE in den Mittelpunkt gestellt wird:

- So kann das ICH durch das Merkmal der *Personalität* charakterisiert werden, d.h. durch die Eigenständigkeit der chairperson und ihre Selbstbewegung nach eigenen Absichten und Gründen. Die Selbstverfügung steht dabei unter dem Postulat der Gegenseitigkeit, d.h. das personale Selbstverhältnis enthält eine ursprüngliche soziale Dimension durch die Notwendigkeit der Anerkennung des Anderen als eines prinzipiell gleichen ICH.
- Das WIR lässt sich durch das Merkmal der *Gemeinschaftlichkeit* charakterisieren. Damit ist die intersubjektive Gestalt psychosozialer Anerkennungsverhältnisse gemeint, die sich durch emotionale Zuwendung, durch die Anerkennung des personalen Status des Anderen und durch soziale Wertschätzung herausbildet. Diese Qualität des WIR ist ein prozessualer Vorgang, der eine intersubjektive Dynamik entstehen lässt, die u.a. als Gruppenphase beschrieben werden kann.

- Die Qualität, die dem ES zuzuschreiben ist, lässt sich als *Gegenständlichkeit* einer von ICH und WIR zu unterscheidenden Objektivierung auffassen. Im Differenzierungsprozess der Vergegenständlichung, in dem etwas als etwas konstruiert wird, steckt ein für das menschliche Leben höchst nützlicher Vorgang, der auf der begrifflichen Verfasstheit menschlicher Wirklichkeit und ihrer Identifizierung durch Symbolbildung beruht.
- Die Wirksamkeit und Bedeutsamkeit des Außen für themenzentrierte Interaktionen und die intendierte Einflussnahme auf das Außen wird in der TZI mit dem GLOBE-Begriff angesprochen. Den damit zwischen Dreieck und Kugelgestalt verdeutlichten Wechselbezug zwischen „Innen" und „Außen", die Unterscheidung *und* Verknüpfung in einem komplexen Geschehen zwischen innerer und äußerer Wirklichkeit, lässt sich als Merkmal der *Kontextualität* erfassen.

Die Faktoren des ICH, WIR, ES und GLOBE sind damit nicht nur beschreibende Perspektiven eines themenzentrierten Blicks, sondern enthalten deutliche qualitativ-präskriptive Gehalte, die ich in den Kapiteln 2.1 bis 2.3 in Anlehnung an sozialwissenschaftliche Theorien inhaltlich entfalten möchte.

Suche ich nach visionären Leit*begriffen,* so orientiere ich mich aber – ganz im Sinne der TZI-Idee der „dynamischen Balance" – nicht an den Eckpunkten des Dreiecks, sondern an den Verbindungslinien zwischen ICH und ES, ICH und WIR, WIR und ES sowie dem GLOBE. Dies hat m.E. den Vorteil, dass – ähnlich wie in der Axiomatik – das Visionäre in einem Spannungsfeld verortet und dadurch die Gefahr der Vereinseitigung gemindert wird. Die an Spannungsfeldern ausgerichteten Begriffe geben gerade im Hinblick auf komplexe und vieldeutige Abläufe und das Handeln in ihnen produktivere Orientierungen ab. Zudem lassen sich die zu konturierenden visionären Leitbegriffe dann deutlicher auf den grundlegenden Lebensvorgang der „Differenzierung und Integration" beziehen. Sie veranschaulichen m.E. besser die Idee menschlicher Entwicklung als einen dynamischen Prozess, in dem sich einzelne Daseinsaspekte ausdifferenzieren und wieder in einen Gesamtzusammenhang einbezogen werden: das Gewinnen von Gegenständlichkeit *und* die Bezugnahme auf das vom ICH unterschiedene ES, die Einbindung des ICH in ein WIR *und* die Differenz zu diesem, die Gemeinsamkeit *und* Unterschiedlichkeit im kooperativen Handeln, die durch die WIR-ES-Verbindung veranschaulicht wird.

Ich gehe bei meiner Suche nach visionären Leitideen zum TZI-Reflexionsmodell von den grundlegenden differenzierenden und integrierenden Aktivitäten im Lebensprozess aus. Diese erzeugen eine dynamische Stabilität, d.h. ein Wechselspiel von neuer Kompetenz und Verlust des „alten Selbst", von sozialer Einbindung und dem Bestreben, nach außen zu explorieren, von der Auflösung alter Muster und dem Zusammenschluss des Selbst auf einem neuen Entwicklungsniveau. Es geht bei der inhaltlichen Konturierung visionärer Leitbegriffe für die sozialpädagogische Arbeit also um grundlegende Entwicklungsvorgänge – betrachtet als dynamische Balancen im Zusammenhang der Verbindungslinien des TZI-Reflexionsmodells. Mir scheinen dabei Begriffe besonders sinnvoll zu sein, die nah an Problemen der Lebenspraxis sind, an Diskurse außerhalb der TZI anknüpfen und Orientierungen für das komplexe und vieldeutige Geschehen in sozialpädagogischen Arbeitsprozessen abgeben. Von dieser Ausgangslage ausgehend sind hierzu keine eindeutigen und trennscharf zu definierenden Kategorien zu erwarten, sondern eher auf schwierigem und umständlichem Wege der Annäherung „mimetisch" zu gewinnende Leitideen.

Mein Bemühen, visionäre Leitbegriffe durch die Orientierung an den Verbindungslinien des Vier-Faktoren-Modells zu gewinnen, knüpft außerdem an der Funktionsbestimmung sozialpädagogischen Handelns an, die ich in Kapitel 1.1 als Dimensionen sozialpädagogischer Hilfeleistungen vorgestellt habe. Ich sehe daher die in den folgenden Überlegungen herausgearbeiteten Begriffe der *Bildung, Begegnung* und *Kooperation* in ihrer inhaltlichen Verbindung zu den Handlungsdimensionen des Unterstützens, des Sorgetragens und des Mitwirkens.

1.2.3.2.1 Bildung: *visionäre Leitidee der ICH-ES-Verbindung*

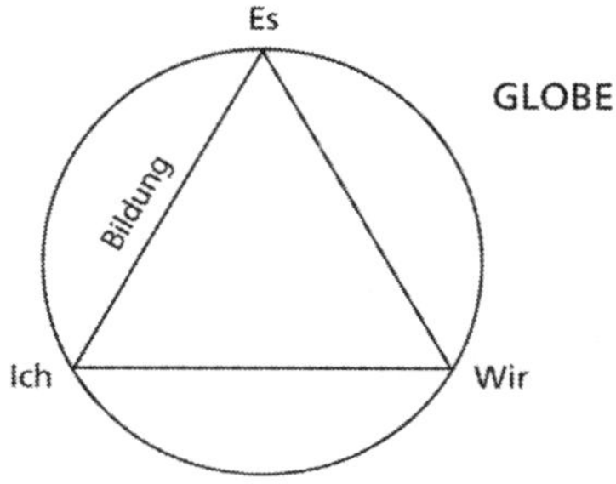

Mit dem Begriff der Bildung wird versucht, eine grundlegende „Einsicht in das Wesen der Menschwerdung und die Bestimmung des Menschen“[39] zu gewinnen. Im Mittelpunkt der Betrachtungen steht dabei das Verhältnis des Menschen zu materiellen Gegenständen, sozialen Sachverhalten und kulturellen Inhalten, letztlich die Art und Weise, in der der Mensch sich in der Welt „einrichtet“. In diesem Verhältnis gewinnt der Mensch durch die „erarbeitende und aneignende Auseinandersetzung mit der Welt“[40] eine zunehmend entwickeltere Form des inneren Erlebens und des äußeren Weltbezugs, wobei der Bildungsbegriff sowohl den Prozess als auch das Ergebnis dieses Vorgangs umfasst. Bildung zielt auf immer stärker differenzierte und integrierte Formen des Subjekt-Objekt-Verhältnisses und beschreibt damit den psychosozialen Vorgang der Bedeutungsbildung, einer grundlegenden, konstruktiven Aktivität, deren entscheidendes Motiv es ist, „eine stimmigere Organisationsform zu finden, die den zunehmend komplexeren Erfahrungen gerecht werden kann“[41].

Der damit angedeutete Umfang der Bildungsidee bringt es mit sich, dass Bildung eher ein in vielen Facetten schillernder Begriff ist, als dass er sich durch empirische Präzision und deutliche Abgrenzbarkeit auszeichnet. Diese vielfältigen Inhaltsaspekte des Bildungsdenkens möchte ich ansatzweise in einem kurzen begriffsgeschichtlichen Abriss verdeutlichen. Ich stelle, auch aus Gründen des Umfangs der Ausführungen, nicht einzelne bildungstheoretische Entwürfe in ihrer inhaltlichen Differenziertheit vor, sondern greife aus der Fülle der

Ansätze jeweils einzelne Facetten heraus, um einen Eindruck von Umfang und Kontur des Bildungsbegriffs zu gewinnen.
Im Anschluss an diese Darstellungen fasse ich die Momente zusammen, die mir hinsichtlich einer inhaltlichen Konturierung des Bildungsbegriffs als visionäre Leitidee der ICH-ES-Verbindung besonders wesentlich zu sein scheinen.
Bereits in Platons Höhlengleichnis steckt eine erste systematische Grundlegung menschlicher Bildung: Während die Höhlenmenschen gefesselt und in einer Welt bloßer Schatten leben, verdeutlicht das Bild des daraus Befreiten, der – wenn auch nur unter Schmerzen – zur Wirklichkeit Zugang findet, die Idee der Bildung in der Metapher des „Herausgeführt-werdens". Eine weitere Facette, die mittelalterlich-theologische Ausfüllung der Idee des „Wiedergebildetwerdens in Gott" durch göttliche Gnade wird im 16. Jahrhundert von einem naturphilosophischen Verständnis des Menschen abgelöst, das Bildung durch die Entfaltung natürlicher innerer Anlagen bewerkstelligt sieht. Etwa zur gleichen Zeit entwickelt sich der humanistische Bildungsbegriff mit dem Inhaltsschwerpunkt der Selbstentfaltung des Menschen in der Sprache, in Wissen und Gelehrsamkeit, im eigenständigen Urteil und im eigenen freien Willen. In der Zeit der Aufklärung gewinnt diese Sichtweise eine besondere Akzentuierung: „Gebildet ist, wer sich selbst und sein Verhältnis zur Welt und Gesellschaft nach vernünftigen Prinzipien zu regeln weiß. Zusammen mit dem humanistischen Verständnis hat Bildung hier zum ersten Mal eine spezifisch pädagogische Bedeutung"[42], wobei der pädagogische Impetus bei Rousseau und Pestalozzi bereits deutliche konzeptionelle Konturen zu einer allgemeinen Menschenbildung aufweist.
In ihrer Weiterentwicklung erfährt diese Sicht des Menschen eine besondere Akzentuierung im klassischen deutschen Bildungsbegriff. Hier stehen, z.B. in Wilhelm von Humboldts Ausführungen, das Individuum und seine Selbstgestaltung im Mittelpunkt: „Danach lebt der einzelne Mensch in der Mannigfaltigkeit von kulturellen und sozialen Beziehungen; er ist in eine Fülle von Situationen hineingestellt, in denen er entscheiden muß..."[43] Dabei gewinnt er in der

Auseinandersetzung mit kulturellen und sozialen Gegenständen und Sachverhalten eine inhaltliche und moralisch ausgestaltete Kraft: „Bildung bedeutet ein Anregen und In-Tätigkeit-Setzen aller Kräfte des Menschen, damit diese sich in dem ihnen eigenen Telos entfalten können. Sie ist somit Ausbildung dieser Vermögen, und zwar so, daß sich jedes Vermögen in dem, was es ist, voll entfaltet..."[44]. Bildung der Individualität wird hier zu einer von theologischer oder gesellschaftlicher Inanspruchnahme befreiten Idee eines harmonisch-proportionierlichen Spiels der Kräfte, „in dem sich der Mensch selbst ohne Blick auf eine spezifische Funktion in dem, was er seiner Natur oder Idee nach ist, hervorbringt. Bildung ist daher nur als *Selbstbildung* möglich. Sie versteht sich als Freisetzung des Individuums zu sich selbst, als *Selbstbestimmung*"[45].

Diese Tätigkeit der Bildung bedarf der Welt – und die Welt bedarf des handelnden Individuums, um kulturelle und gesellschaftliche Welt zu sein. Der dialektische Zusammenhang von Selbstgestaltung und Weltbezug, von Individuum und Gesellschaft, Innerem und Äußerem ist ein Grundmerkmal des Humboldtschen Bildungsbegriffs[46]. Denn erst in der Auseinandersetzung mit der Welt, in der kritischen Aneignung der Gegenstände, kann sich Emanzipation zu personaler Freiheit entfalten; darum steht die allgemeine Bildung jedes Menschen und nicht die bestimmten Zwecken untergeordnete Ausbildung zu spezifischen (beruflichen) Fähigkeiten im Zentrum dieser Bildungsidee. Im Hinblick auf das Individuum ist dieses Verständnis insofern harmonistisch, als es den Menschen befähigt, die vielfältigen und mitunter widersprüchlichen äußeren Inhalte so aufzunehmen, dass sie zu einem individuell-einmaligen harmonischen Ganzen integriert werden. Der so frei, d.h. mit so wenig Rücksichten auf die gesellschaftlichen Ansprüche wie möglich, gebildete Mensch wird zum Maßstab gesellschaftlicher Verfasstheit. Dies impliziert, dass der Mensch sich selbst und der Welt gegenüber Gesetz sein kann, indem er kulturelle und soziale Gegebenheiten nach allgemeinen Kriterien bewertet. „Bewerten heißt, Bedeutung verleihen und in größere Zusammenhänge einordnen ... Dabei spielt das Begründen eine entschei-

dende Rolle ... Es muß nämlich das ‚Was' und das ‚Wie' all dessen, was man arbeitet und lernt, in einem für jedermann nachvollziehbaren Zusammenhang stehen ... Daraus erhellt sich, daß der Bildungsprozess zwar als intrapersonaler Vorgang begriffen werden kann, der aber weitreichende Auswirkungen auf die mikro- und makro-sozialen Prozesse zeitigt"[47].
Humboldt sieht in der Bildung des Individuums die Chance zur Verwirklichung einer gerechten, weil von allen Menschen individuell verantworteten Gesellschaft; daher wird sie einerseits zu einem die Menschwerdung des Menschen verbürgenden Grundrecht, andererseits zu einer „heiligen Pflicht" vor dem Hintergrund eines geschichtsphilosophischen Menschheitsideals[48].
Bereits im Verlauf des 19. Jahrhunderts zeigt sich aber die Verfallsgeschichte eines idealistischen Bildungsdenkens: Bildung wird dabei zum engen Korsett kulturell bestimmter Kenntnisse, die man beherrschen muss, zum festgelegten Bildungskanon, der wichtige Inhaltsbereiche des gesellschaftlichen Lebens wie Politik, Wirtschaft und Technik ausgrenzt[49]. Damit verliert Bildung aber ihre zukunftsweisende Funktion und gesellschaftskritische Komponente, sie wird zum konservativen Statussymbol von „Bildungskamelen" (Nietzsche), die sich als geistige Elite verstehen, das Merkmal der Unabschließbarkeit der Bildung löst sich auf.
In der erziehungswissenschaftlichen Diskussion nach dem Zweiten Weltkrieg lassen sich zwei Entwicklungstendenzen aufzeigen: In der einen Richtung wird der Bildungsbegriff als pädagogischer Grundbegriff aufgegeben: Die empirisch-analytische Richtung der Erziehungswissenschaft gibt ihn auf Grund der Schwierigkeit eindeutiger Definition und mangelnder empirischer Fassbarkeit preis, kritische Erziehungswissenschaft lehnt ihn als überholte Gestalt eines den status quo legitimierenden gesellschaftsblinden Humanismus ab, der systemtheoretische Blick auf die Erziehung versucht, die „Kontingenzformel" Bildung (Luhmann) durch das Konzept der „Selbstorganisation" mit den Begriffen „Autopoiesis" und „Emergenz" zu ersetzen[50].

In einer anderen Entwicklungslinie erziehungswissenschaftlicher Diskussion erfährt der Bildungsbegriff dagegen eine inhaltliche Neubestimmung: So bezieht Litt in deutlichem Gegensatz zur harmonistischen Bildungsvorstellung Humboldts das Antinomische menschlicher Existenz in seine Überlegungen ausdrücklich ein: „Nicht mehr die Entfaltung aus sich heraus, die in gefährliche Nähe zum Herstellungsvorgang eines Dinges rückt und bilden als machen anzeigt, sondern die Auseinandersetzung mit dem Ich-Fremden, das Aushalten der Widersprüchlichkeit, das Leben in Antinomien bestimmen sich als Grundcharakteristika der Bildung“[51].

Derbolav versteht Bildung als eine kategoriale Vermittlung von Selbst und Welt, als Wissensmodus, „in dem nicht nur etwas sachlich geklärt und festgestellt, sondern stets ein persönlicher Rückbezug des Geklärten gestiftet wird“[52], also ein Wissensmodus, „der mit fortschreitender Gegenstandserkenntnis auch die Selbsterkenntnis und Selbstbemeisterung weiterbringt, kurz: der einen Beitrag zum Mündigwerden des Lernenden zu leisten vermag“[53]. Selbstbildung wird hier als (selbst)verantwortliches Tun gesehen, in dem sich im Schnittpunkt von Sachaneignung und Selbstgestaltung die geistige Welt offenbart.

Eine enger an den Fragen der Gestaltung konkreter Bildungsprozesse orientierte Konzeption hat Klafki vorgelegt. Seine „kritisch-konstruktive Didaktik“ betont den historisch-gesellschaftlichen Standort der Bildung in systemkritischer Hinsicht und gibt die idealisierende Ausrichtung der Bildungsidee Humboldts auf. Den emphatischen Aspekt behält sein Verständnis „kategorialer Bildung“ bei, „insofern sich in diesem Prozeß grundlegende Formen und Inhalte der Erkenntnis bzw. des Verstehens im wahrsten Sinne des Wortes ‚herausbilden‘. Kategorial ist diese Bildung des weiteren, wenn und weil sie Kategorien im Menschen erzeugt, mit deren Hilfe der Mensch sich selbst und die Welt sowie sein Verhältnis zu sich selbst und der Welt interpretieren und damit auch ein begründetes Handeln entwickeln kann“[54]. Klafki plädiert für die Beibehaltung des Bildungsbegriffs, damit die pädagogischen Bemühungen um die nachwachsende Ge-

neration und die Anforderungen lebenslangen Lernens ein die einzelnen Aktivitäten zentrierendes übergeordnetes Beurteilungskriterium erhalten, das diese als begründbar und verantwortbar erweist.
Auch von Hentig hält am Bildungsbegriff fest – und weist ihm einen hohen gesellschaftlichen Stellenwert zu: „Die Antwort auf unsere behauptete oder tatsächliche Orientierungslosigkeit ist Bildung – nicht Wissenschaft, nicht Information, nicht die Kommunikationsgesellschaft, nicht moralische Aufrüstung, nicht der Ordnungsstaat"[55]. Für ihn ist Bildung ein „nützliches Wort für einen schwer faßbaren, aber identischen Vorgang"[56]. In den verschiedenen Vorstellungen, die das Wort „transportiert", sieht er eher den Reichtum der Komplexität eines lebensnahen Begriffs als den Mangel an empirisch enger definitorischer Eindeutigkeit. Von Hentig verbindet mit dem Bildungsbegriff das, „was die ältere Generation der jüngeren in der Tat immer schuldet: eine Orientierung in der Fülle der möglichen Erfahrungen, die Einführung in die gemeinsamen Formen des Erkennens, also in die gewordene Kultur, und die Einführung in die Regeln des Handelns, also in die gewollte *res publica* und die Verantwortung des einzelnen in ihr. Ohne diese drei: Orientierung, Verständigungsmittel und die Wahrnehmung der gegebenen Verantwortung ist man nicht frei, nicht stark, nicht lebenstauglich"[57]. Damit weitet von Hentig den Bildungsbegriff aus und gewinnt als Messkriterien gelungener Bildung folgende Maßstäbe: „Abscheu und Abwehr von Unmenschlichkeit; die Wahrnehmung von Glück; die Fähigkeit und den Willen, sich zu verständigen; ein Bewußtsein von der Geschichtlichkeit der eigenen Existenz; Wachheit für letzte Fragen; und – ein doppeltes Kriterium – die Bereitschaft zur Selbstverantwortung und Verantwortung in der *res publica*"[58].
Diese gesellschaftliche Dimension des Bildungsbegriffs ist bei Heydorn mit einem stärkeren kritischen und utopischen Impetus versehen. Hier kann nur Bildung – und nicht die vom gesellschaftlichen System geforderte verwertbare Qualifikation – den Menschen als Subjekt seiner Geschichte in sein Recht setzen. Erst kritische Bildung gibt „den Blick frei: Sie erfaßt die geschichtliche Wirklichkeit, der wir

alle verhaftet sind, im Moment des Transzendierens. Sie vermittelt Erfahrung und Reflexion in einer überschreitenden Bewegung"[59] – ausgerichtet auf die Hoffnung, „‚daß der Mensch das Licht, das er in sich trägt', doch noch finden werde"[60].
Betrachte ich nun die dargestellten Facetten der Bildungsidee aus einer gewissen Distanz heraus nach zentralen thematischen Schwerpunkten, so lässt sich festhalten: Inhaltlich ist Bildung auf das existentielle Spannungsfeld von Subjekt und Objekt, Individuum und Sache, Mensch und Welt bezogen, dessen Verschränkung sie in zunehmender Entwicklung verspricht. Dabei ist die Bildungsidee emphatisch auf „die Elemente der Selbstbestimmung, die Freiheit des Denkens und die Befähigung zur qualitativen Auseinandersetzung des Subjekts mit gesellschaftlich objektivierter Inhaltlichkeit"[61] ausgerichtet und verweist damit „auf eine substantielle, prinzipiell auf Universalität hin geöffnete und kognitive mit praktischen und ästhetischen Dimensionen verknüpfende Individualität"[62]. In dieser allgemeinen Sichtweise wird unter Bildung „etwas verstanden, das sich zwar anregen und unterstützen lässt, das aber spontanes Geschehnis jeder einzelnen Menschenseele bleibt, eigener Verfügung entzogenes Ergebnis eines prinzipiell unendlichen Bemühens, wo niemandem gestattet ist, von sich selbst zu sagen, er sei gebildet"[63]. Die existentielle Reichweite der Bildungsaufgabe und ihre prinzipielle Unabschließbarkeit zeichnen eine visionäre Kontur des Begriffs, die pädagogisch in der Gegenüberstellung von „Bildsamkeit des Menschen" und „Aufforderung zur Selbsttätigkeit"[64] verankert ist. Der Begriff der Bildung ist damit eine Metapher für ein entwickeltes Sach- und Weltverhältnis des Menschen, eine Chiffre für „die Möglichkeit eines sich nicht in Funktionen erschöpfenden Daseins selbst und also so unausschöpfbar wie das Leben selbst"[65].
Das Reflexionsmodell der TZI veranschaulicht in der Verbindung von ICH und ES im Kontext des GLOBE einen für die Gestaltung von Lernprozessen wichtigen Zusammenhang; welche Aspekte des Bildungsbegriffs korrespondieren damit und welche visionäre Ausrichtung erhält diese Verbindung?

Zunächst einmal wirft die ICH-ES-Verbindung ein Spannungsfeld zwischen subjektiven Bedeutungsbildungen des ICH und Objektivationen des ES auf, im Kontext des GLOBE spricht dieses Spannungsfeld das Selbst-Werden des Menschen in Beziehung zur Welt an. Bewusstheit ist ein zentrales Qualitätsmerkmal dieser ICH-ES-Verschränkung, die damit intendierte Intensivierung von Differenzierungs- und Integrationsvorgängen ein wesentliches „Entwicklungsprojekt" des Menschen. So betrachtet, gibt der Bildungsbegriff der ICH-ES-Verbindung eine visionäre Ausrichtung – in der Herausbildung differenzierterer und integrierterer psychischer Organisationsformen, in denen sich sowohl das innere Erleben des Subjekts als auch seine äußere Bezugnahme auf kulturelle Inhalte und soziale Sachverhalte auf unterschiedlichen Niveaustufen herausbilden. „Auseinandersetzung mit dem" und „Aneignung dessen", was dem Subjekt als Objektivationen gegenübersteht bzw. was das ICH als ES im Kontext des GLOBE konstruiert, sind kategoriale Grundformen des dialektischen Prozesses von Selbstgestaltung und Weltbezug. (Selbst)Bildung lässt sich in diesem Sinne als die vom assimilierenden und akkomodierenden Subjekt und seiner Umwelt gemeinsam konstruierte Wirklichkeit auffassen. Innen- und Außenwelt werden zu zwei Polen, „zwischen denen in der Dynamik *eines* einzigen Prozesses Realität entsteht"[66]. Erst indem sich das Selbst der Welt gegenübergestellt weiß, kann es sich zu ihr in Beziehung setzen und eine entwickeltere Form gewinnen. Denn in sozialkognitivistischer Sicht ist es gerade die Grenzziehung und -verschiebung zwischen dem, was Selbst, und dem, was Objekt bzw. Nicht-Selbst ist, was die Dynamik der Persönlichkeitsentwicklung ausmacht. Die Vergegenständlichung des „Äußeren" und die Subjektivität der Bezugnahme auf dieses „Äußere", das sind die beiden Pole des Spannungsfeldes von ICH und ES. Der so betrachtete Vorgang der (Selbst)Bildung kann damit gar nicht rein sachbezogen gesehen werden, sondern enthält neben kognitiven auch affektive, ästhetische, moralische und praktische Momente. Diesem Vorgang trägt das Themenprinzip Rechnung sowie die methodische Vorgehensweise der TZI, wenn

„neutrale“ Inhalte und unbezogene Sachverhalte im Hinblick auf ihre Bedeutsamkeiten für das Subjekt bearbeitet werden.
Auch die axiomatische Leitidee der bewertenden Entscheidung und Verantwortung ist im Bildungsbegriff enthalten, wobei die Fortschrittsgläubigkeit in Cohns Idee eines Evolutionssprungs eher zur Zentrierung auf eine Seite des Spannungsfeldes „Humanität – Leben“ tendiert. Die Aufrechterhaltung der axiomatischen Spannungsfelder in ihren visionären Ausrichtungen auf Bewusstheit, Verantwortung und Entwicklung trägt m.E. aber eher einem Bildungsbegriff Rechnung, der das Grundrecht der „freien Entfaltung der Persönlichkeit“ an die ethische Entscheidungsfähigkeit und Verantwortlichkeit des handlungsfähigen Subjekts rückbindet. Die TZI hat hierzu mit dem chairperson-Postulat eine der „Aufforderung zur Selbstbildung“ vergleichbare Grundidee. Der Verantwortungsaspekt lässt sich aber auch im Kontext des GLOBE betrachten: Denn jeder ideelle, dingliche und soziale Rahmen stellt eine günstige Umgebung für Bildungsprozesse dar; die gesellschaftliche Dimension der Verantwortlichkeit ist damit für jedes sich bildende Subjekt gegeben[67].
Im Hinblick auf die methodische Gestaltung von Lernprozessen, orientiert am Reflexionsmodell der TZI, liegt Bildung vor allem im „Zwischen“ von ICH und ES. Sie ist etwas Drittes, das darin besteht, dass der Mensch mit seinen jeweils subjektiven Interessen und Erfahrungen innerhalb seiner jeweiligen kulturellen Gemeinschaft die ihm gegenüberstehende Welt symbolisiert. „Das Entscheidende ist dabei das Bewußtsein dessen, was man tut und daß man in schöpferischer Weise tätig ist, indem man es tut“[68]. Dieser Prozess der Bildung, verstanden als dynamische Balance von Differenzierung und Integration, kommt zum Stillstand, wenn das ICH-ES-Spannungsfeld aufgegeben wird; sei es in Richtung auf das ICH, das keine andere Wirklichkeit mehr (aner)kennt als seine innere, sei es in Richtung auf das ES, das zum objektiven „Ding an sich“ konstruiert wird. Beide „Auswege“ aus dem Spannungsfeld versucht die TZI zu vermeiden und besteht dabei auf einer alten Hoffnung, nämlich kulturelle Inhalte einerseits sachbezogen in ihrer Bedeutung zu verstehen und anderer-

seits Raum zu geben für subjektive Bedeutsamkeiten, Gefühle und Assoziationen[69]. Der Weg, den das Spannungsfeld von ICH und ES im Kontext des GLOBE visionär weist, ist auf Prozesse ausgerichtet, in denen aus der Verschränkung objektiver Bedeutung mit subjektiver Bedeutsamkeit etwas Neues entstehen kann – Bildung[70].

1.2.3.2.2 Begegnung: *visionäre Leitidee der ICH-WIR-Verbindung*

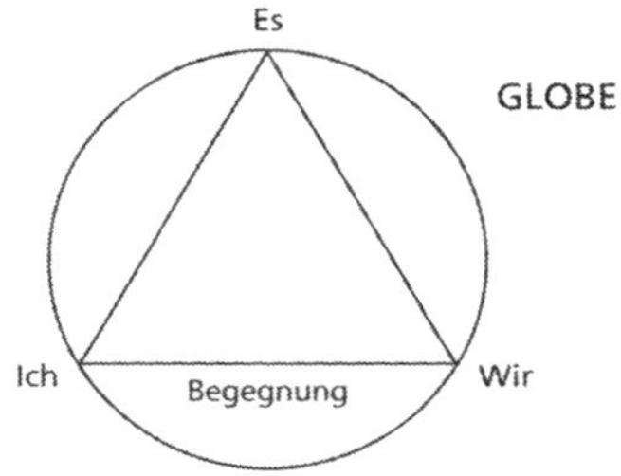

Der visionäre Begriff der Begegnung wirft den Blick auf eine zweite Dimension menschlicher Existenz, in deren Mittelpunkt das Feld wechselseitiger zwischenmenschlicher Beziehungen steht. Er enthält, vergleichbar dem Begriff der Bildung, eine Fülle unterschiedlicher inhaltlicher Facetten und ist „zu einem zwar wichtigen, aber nichts weniger als eindeutigen Grundbegriff geworden“[71]. Ich werde mich hier darauf beschränken, aus verschiedenen theoretischen Zugängen, die eine „nahezu unüberschaubare Mannigfaltigkeit“[72] der Betrachtungsweisen der Begegnung vermitteln, eine Inhaltskontur herauszuarbeiten, die mir zur Arbeit mit dem Reflexionsmodell der TZI sinnvoll zu sein scheint.
In den folgenden Ausführungen gehe ich dazu in einem ersten Schritt historischen Anknüpfungspunkten zum Phänomen der Begegnung nach. In einem zweiten Schritt versuche ich anschließend, aus Darstellungen zum „dialogischen Prinzip“ Martin Bubers Aspekte eines visionären Begegnungsbegriffs für die TZI zu gewinnen.
Ein erster Ausgangspunkt der Betrachtungen zum Begegnungsbegriff kann der sokratische Dialog sein: Sokrates fordert seine Mitbürger zu einem Wechselgespräch heraus, in dessen Zentrum die Wahrheitsfin-

dung steht. Statt von einem festen Wissensbestand aus die Frage nach der Sittlichkeit des Handelns zu beurteilen, bezieht er sich auf Situationen des Alltagslebens und fragt nach Beweggründen für das Handeln. Sokrates' Bereitschaft und Forderung ist es, sich persönlich für die Aufgabe der Wahrheitsfindung einzusetzen, auch wenn diese immer nur annäherungsweise erreicht werden kann. Indem er aber die Handlungsbegründungen seiner Mitbürger überprüft, ohne selbst ein abgesichertes Wissen als unerschütterlichen Bestand zu besitzen und ohne den überlegenen Sachverständigen hervorzukehren, muss er seinen Dialogpartner ernst nehmen, er muss ihn anhören, auch um die eigene Meinung eventuell zu korrigieren. „So ist das gemeinsame Lernen, nicht aber das Lehren eines gesicherten Wissens, ... das eigentliche Ziel des sokratischen Dialogs und zugleich sein wesentlicher Inhalt"[73]. Indem sich die Dialogpartner wechselseitig fragen und dabei in Frage stellen, ermöglichen sie sich sowohl gegeneinander als auch gemeinsam, „ihr mitgebrachtes Wissen als Scheinwissen zu entlarven und aus der Paradoxie des Wissens des Nichtwissens heraus das Bewußtsein eines neuen Allgemeinen, Wahren zu entwickeln"[74]. Ihr Lernen gelingt durch „Selbsttätigkeit, Selbstfindung der Wahrheit, provoziert durch die beunruhigende Frage des Begegnenden"[75]. Kemper weist darauf hin, dass der sokratische Dialog gegen die Verdinglichung und Verzweckung des Menschen als Objekt gerichtet ist, und dass gerade der Verzicht auf festes Wissen die Offenheit eines personalen Dialogs eröffnet[76].

Im Zusammenhang jüdischen und christlichen Offenbarungsglaubens entsteht das Bild vom Anderen als dem „Nächsten": „Du sollst deinen Nächsten lieben wie dich selbst; ich bin der Herr" (Lev 19,18), das ist die Aufforderung des als Person beschriebenen Gottes an sein auserwähltes Volk, mit dem sich dieses durch die gegenseitige Liebe eint[77]. Personaler Gott und Glaubensgemeinschaft stehen sich in den monotheistischen Schriften des Tanach bzw. Alten Testaments gegenüber und schließen die individuelle Begegnung z.B. zwischen Gott und Moses ein.

Im Neuen Testament werden aus Sicht christlicher Theologie Begegnungen mit Gott unmittelbarer: Der Mensch gewordene Gott wird sichtbar, berührbar, er handelt mit den Menschen, er bezieht sich im Gespräch direkt auf ihre konkreten Aussagen und schafft damit andere Begegnungsmöglichkeiten. Im Hinblick auf die Begegnungen zwischen den Menschen wird die Identifikation Gottes mit dem „geringsten unserer Brüder“ (Mt 25,40) bedeutsam; denn dieser ist der Nächste, dem ich durch Einfühlung und Barmherzigkeit Gutes tun soll.

Aus dem Zusammenbruch des festen mittelalterlichen Weltbildes, grundlegender sozialer Institutionen und kultureller Traditionen in der Renaissance entsteht als humanistische Zentralperspektive in der Neuzeit der Weltbetrachtung das personale Ich. Denn auf dem Weg zu einer unbestreitbaren Grundlage für sichere Erkenntnis bleibt Descartes nur die absolute Gewissheit des (ansonsten an allem zweifelnden) individuellen Selbstbewusstseins. „Dies also war die Deklaration des modernen Selbst: Konzipiert als ein völlig eigenständiges, sich selbst bestimmendes Wesen, für das sein rationales Selbstbewußtsein absolut primär war, zweifelte es alles an außer sich selbst. Es setzte sich in Widerspruch nicht nur zu den tradierten Autoritäten, sondern auch zur Welt; es interpretierte sich als Subjekt umgeben von Objekten; es begriff sich als ein denkendes, beobachtendes, messendes, manipulierendes Wesen...“[78]. Der so auf sich allein gestellte moderne Mensch fällt, in der Konsequenz seiner Ich-Zentrierung, aus der Selbstverständlichkeit überkommener sozialer Einbindung. Er sieht sich vor die Aufgabe gestellt, die Vergewisserung seiner selbst aus sich heraus hervorzubringen und kann als soziales Wesen seine Selbstvergewisserung über die Brücke zum Anderen finden. Böckenhoff beschreibt verschiedene Wege dazu[79]:

- Er kann (z.B. in der Perspektive Descartes) durch einen rationalen Analogieschluss den Anderen als anderes Ich begreifen. Aus der Verbindung der inneren Perspektive des Selbsterlebens mit der äußeren Perspektive der Selbstwahrnehmung kann ich aus der äußeren Wahrnehmung des Anderen auf dessen innere Befindlichkeit schließen und mich darauf beziehen.

- Er kann (z.B. in der Perspektive Kants) durch ein moralisches Postulat, den Anderen als Person und Selbstzweck und nicht als Mittel zum Zweck, d.h. wie eine Sache zu behandeln, eine innere Verbindung zum Gegenüber gewinnen. Diese Forderung kann sich nur die Person selbst als freies moralisches Subjekt geben, es ist ein apriorisches „Faktum der Vernunft“ und es „vereint uns alle in der Perspektive einer universalen Gemeinschaft vernünftiger Wesen“[80].
- Er kann (z.B. in der Perspektive Hegels) alle Dimensionen des Daseins als dialektisch miteinander in einem einheitlichen Ganzen verbunden betrachten; das sich seiner selbst bewusst werdende besondere Subjekt überwindet dann seine Entfremdung von der Welt dadurch, dass es sich als im absoluten Weltgeist aufgehoben betrachtet.

Theoretische Ausarbeitungen, die die Frage nach dem zwischenmenschlichen Verhältnis im Sinne einer existentiellen Dimension als „Mit-Mensch-Sein“ zu ihrem Ausgangspunkt nehmen, nennt Böckenhoff „Begegnungsphilosophie“. Das Charakteristische dieser Ansätze sieht er darin, „daß nicht mehr das Ich der Ausgangspunkt des Erlebens ist, sondern das Du, oder besser noch das Ich und Du in einem ursprünglichen Wir vereint und dennoch real verschieden voneinander“[81]. Mag die Ausgangsthese „Im Anfang ist Beziehung.“[82] die unterschiedlichen philosophischen, theologischen und pädagogischen Entwürfe vereinen, so sind sie in ihren Grundpositionen doch recht verschieden. Begegnung im Sinne einer lebensphilosophisch-anthropologischen Ausgangsposition[83] bezieht sich auf einen allgemeinen Grundvorgang menschlichen Lebens; sie bietet damit den breitesten Begriffsumfang und scheint mir für weitere Überlegungen der geeignetste Ausgangspunkt zu sein[84]. Hauptvertreter dieses Begegnungsbegriffs ist Martin Buber, dessen Begriffsverständnis ich in den folgenden Überlegungen hinsichtlich wesentlicher Aspekte zusammenfasse und in den Zusammenhang mit anderen Autoren bringe.

Buber geht von zwei Grundverhältnissen aus, in denen der Mensch lebt und darin die Ganzheit seiner Wesensbeziehung zum Seienden ausgestaltet[85]. Das eine Grundverhältnis kennzeichnet er mit dem Wortpaar Ich-Es. Hier vergegenständlicht der Mensch das ihm Gegenüberstehende, er macht es zum berechenbaren Objekt seiner Wahrnehmung und seines Interesses, er stellt fest, er ordnet zu und zentriert die Ich-Es-Welt um seinen Ich-Mittelpunkt. Buber sieht diese Haltung im Menschen grundgelegt, „ohne Es kann der Mensch nicht leben. Aber wer mit ihm allein lebt, ist nicht der Mensch“[86]. Erst im zweiten Grundverhältnis, dem Grundwort-Paar Ich-Du erschließt sich in der umfassenden Beziehung der Mitmenschlichkeit die eigentliche und fundamentale Tatsache der menschlichen Existenz. Dabei sieht Buber den Wechsel der beiden Grundverhältnisse als existenziellen Sachverhalt an.

Das Grundwort-Paar Ich-Du kennzeichnet die Verbundenheit der Beziehungen, in denen der Mensch seine Erfüllung finden kann, denn nur hier ist er mit seinem ganzen Wesen anwesend und gibt sich zu erkennen, wie er ist. „Wer Du spricht, hat kein Etwas zum Gegenstand“[87], sondern er steht in einer personalen Beziehung, die an ihm wirkt, ebenso wie er am Du wirkt, so dass der Mensch erst am Du zum Ich werden kann. In dieser Beziehung steht das Du-sprechende Ich zu diesem Du in personaler Vergegenwärtigung: „Die Hauptvoraussetzung zur Entstehung eines echten Gesprächs ist, daß jeder seinen Partner als diesen, als eben diesen Menschen meint. Ich werde seiner inne, werde dessen inne, daß er anders, wesenhaft anders ist als ich, in dieser bestimmten ihm eigentümlichen einmaligen Weise wesenhaft anders als ich, und ich nehme den Menschen an, den ich wahrgenommen habe, so daß ich mein Wort in allem Ernst an ihn, eben als ihn, richten kann“[88].

Die dadurch ermöglichte Begegnung ist insofern unmittelbar, als die mediale Vermittlung der Gestik und Sprache das zum Ausdruck zu bringen sucht, was das Ich authentisch und gegenwärtig ist. „Es kommt nicht darauf an, daß einer dem anderen alles sage, was ihm einfällt, sondern darauf allein, daß er zwischen sich und den anderen keinen Schein sich einschleichen lasse ... daß er dem Menschen, dem

er sich mitteilt, an seinem Sein teilzunehmen gewähre"[89]. Zwar sieht Buber diesen Vorgang von einer zwischen Ich und Du geschehenden überindividuellen Liebe geprägt, das bedeutet aber keineswegs einen harmonischen Verlauf der Begegnung; auch in Auseinandersetzungen kann sich Begegnung ereignen: „Ich sage Ja zu der Person, die ich bekämpfe, partnerisch bekämpfe ich sie, ich bestätige sie als Kreatur und als Kreation, ich bestätige auch das mir entgegen Stehende als das mir gegenüber Stehende"[90]. Denn in der Begegnung tritt dem Ich das Du als ein vom Ich getrennter, selbständiger Mensch gegenüber, der anders ist. Die Anerkennung der „ontischen Uranderheit" ist für Buber eine entscheidende Voraussetzung der Dialogik[91].
Begegnungen sind durch ihre offene Struktur unvorhersehbar und unplanbar. Sie sind augenblickhaftes Geschehen, diskontinuierliches Ereignis und mit einer eigenartigen Zeitdimension verbunden, Passion und Aktion, in Bubers Verständnis eine Gnade, die nicht zielbezogen gefunden und abgesichert werden kann. Da Begegnung ein dialogisches Verhältnis konstituiert, ist das Du an ihr in gleicher Weise beteiligt wie das Ich; dass das Ich dem Du gegenüber das Grundwort spricht, ist die Tat seines Wesens, aber die Begegnung kommt erst zustande, wenn das Du sich auf die Anrede bezieht und dem Ich „wirkliches Antworten gibt"[92], d.h. wenn es sich der Begegnung stellt, sie zulässt und erwidert. In der Verantwortung der Begegnung sind Ich und Du in ihrem Tun enthalten; für Faber ist dies der „in den Bereich des Dialogischen übersetzte(n) Tatgedanke Bubers"[93].
Den Ort, an dem sich das Begegnungsgeschehen aktualisiert, sieht Buber im Bereich des Zwischen, einer Sphäre, die sowohl für das jeweilige personale Ich als auch das jeweilige wesenhafte Du zugänglich sein muss, um ihnen die Gegenseitigkeit der Begegnung zu ermöglichen. „Es muß sich um einen Bereich handeln, der nicht von vornherein immer vorhanden, gehabt, feststehend ist, sondern ... der geschieht und sich ereignet..eine Sphäre, die sich in jedem Beziehungsereignis neu konstituiert..."[94]. Durch wechselseitiges Innewerden der anderen Personen in ihrer Anderheit und Eigentümlichkeit erschließen sie sich einen eigenen Wirklichkeitsbereich des Zwischen-

menschlichen, in dem der andere nicht Gegenstand der Betrachtung, Objekt des Interesses ist, sondern ein Teil der eigenen Wirklichkeit wird. Das Wesentliche daran vollzieht sich zwischen Ich und Du, in einer nur ihnen beiden aktuell zugänglichen existenziellen Dimension. Dies macht die Perspektive der Begegnungsphilosophie deutlich, die nicht mehr im Bereich des Subjektiven ihren gedanklichen Bezugspunkt sucht, sondern in der Sphäre „zwischen den Wesen gegründet ist“[95].

Die Gegenseitigkeit der Begegnung hat ihre höchste Intensität in der Umfassung. So nennt Buber die „Erfahrung der Gegenseite“[96] und meint damit eine Erlebensweise, in der das Ich den „gemeinsamen Vorgang, ohne irgend etwas von der gefühlten Realität ihres eigenen Tätigseins einzubüßen, zugleich von der anderen aus erlebt“[97]. In der Umfassung erlebt der Umfassende zugleich von beiden „Enden“ eine gemeinsame Situation, ohne etwas von der eigenen Realität aufzugeben: Das Ich „steht dem Du als selbständiges, abgegrenztes Ich gegenüber und spürt zugleich – von der Warte des Du aus – wie dieses Ich auf das Du wirkt“[98].

Buber unterscheidet dabei drei Hauptformen der Umfassung:

- die abstrakte, aber gegenseitige Umfassung, in der sich die Menschen zwar unmittelbar, aber nur als geistige Personen aufeinander beziehen und dabei von der vollen Wirklichkeit ihres Lebens absehen,
- die konkrete und gegenseitige Umfassungserfahrung beider an der Begegnung beteiligter, das wahrhafte Einander-Umfassen in der Freundschaft,
- sowie als dazwischenliegende Form die konkrete, aber einseitige Umfassung. Diese ist in Bubers Sicht für das erzieherische Verhältnis konstitutiv, indem nur der Erziehende in der Umfassung sein Tun auch von der Gegenseite erfährt.

Vierheilig nennt die Erfahrung der Gegenseite „Komplementär-Erfahrung“ und weist darauf hin, dass dieses Phänomen nicht einen Verlust der eigenen Konkretheit und ein Ausschalten des Ich bewirkt, sondern die Ergänzung der Situation zur vollen Wirklichkeit und

somit eine Erweiterung der subjektiven Struktur zur Folge hat“[99].
Wenn ich nun versuche, Merkmale eines Begegnungsbegriffs zu gewinnen, der als visionäre Leitorientierung für die ICH-WIR-Verbindung im Reflexionsmodell der TZI dienen kann, so scheint mir dies zunächst mit Rückgriff auf folgende Charakteristika in Bubers emphatischem Begriff der Begegnung möglich zu sein:

- die Akzeptanz des Anderen, d.h. die Anerkennung seiner personalen Anderheit;
- das Innewerden des Anderen, d.h. für ihn und sein Wirken „am eigenen Ich“ offen zu sein;
- die Authentizität des Seins, d.h. die Vermeidung alles Scheinhaften.

Diese drei subjektbezogenen Merkmale sind Voraussetzung dafür, dass das Ich dem Du Gegenwart werden kann. Das Ereignis der Begegnung bedarf allerdings der gegen- und wechselseitigen Konstituierung des Zwischenmenschlichen, dieses ist das eigentliche Subjekt der Begegnung.
Welche Verbindungen zwischen Bubers dialogischem Prinzip und der Konzeption der Themenzentrierten Interaktion lassen sich aufzeigen? Reiser ist fasziniert von den Parallelen zwischen beiden Denksystemen und versucht in verschiedenen Aufsätzen, diese herauszuarbeiten[100]. Schiffer[101] problematisiert dagegen solche Parallelsetzungen und betont die Unterschiedlichkeit der Begriffe. Indem ich die wichtigsten Gedankengänge zusammenfassend aufgreife, möchte ich die in den bisherigen Ausführungen sich abzeichnende Kontur eines Begegnungsbegriffs als Leitorientierung der ICH-WIR-Verbindung präzisieren.
Ein erster und zentraler inhaltlicher Gesichtspunkt ist der Vergleich der Grundwort-Paare Bubers mit den Verbindungslinien des TZI-Reflexionsmodells. Vor allem die in beiden Systemen vorhandene Ich-Es-Kategorie und die zumindest scheinbare Nähe von Ich-Du und ICH-WIR suggerieren eine gleichartige Betrachtungsweise bei Buber und Cohn. Mir scheint aber folgende Unterscheidung wichtig zu sein: Das Ich-Es Bubers bezieht sich nicht nur auf Inhalte und Sachaspekte, wie umgekehrt das Ich-Du Bubers nicht nur das

Verhältnis zwischen zwei Personen artikuliert. Meines Erachtens markieren die Verbindungen Bubers und Cohns unterschiedliche Inhaltlichkeiten: Buber beschreibt mit Ich-Es ein sachbezogen-distanziertes Verhältnis zur Welt (Natur, Menschen und geistige Wesenheiten). Im Gegensatz dazu geht es Cohn in der ICH-ES-Verbindung gerade um die subjekthafte Beziehung zu Inhalten, Dingen und Sachverhalten – aber eben nicht zu anderen Menschen. Die Ich-Du-Beziehung Bubers kennzeichnet eine authentisch-wesenhafte Begegnung mit der (auch unbelebten) Welt, während Cohns ICH-WIR-Verbindung auf zwischenmenschliche Beziehungen beschränkt bleibt. Dadurch ergeben sich unterschiedliche inhaltliche Schwerpunkte: In der TZI liegt das Hauptgewicht auf der subjekthaft ausgestalteten Beziehung sowohl zu Dingen und Sachverhalten (ICH-ES) als auch zu anderen Menschen (ICH-WIR).

Buber dagegen unterscheidet zwischen verschiedenartigen Haltungen zur Welt, den personalen Ich-Du-Begegnungen und den verdinglichten Ich-Es-Verhältnissen. Er unterscheidet also zwei Stufen der Wesenhaftigkeit des Menschen, denen zwei verschiedene innere Einstellungen entsprechen, Cohn dagegen bleibt auf einer – subjekthaften – Stufe und unterscheidet zwischen verschiedenen Gegenstands- und Lebensbereichen. Buber expliziert mit seinen beiden Grundwort-Paaren die Abgehobenheit des Ich-Es und die Verbundenheit des Ich-Wir, Cohn führt einen vergleichbaren Gedankengang im ersten Axiom der TZI aus, der dialektischen Gegensatzeinheit von Autonomie und Interdependenz. Während sich aber auf der Grundlage des ersten Axioms die Denkfigur des „sowohl ... als auch“ als permanentes Spannungsfeld durch die weitere Aussagesystematik der TZI zieht, sieht Buber die objektbezogene Distanz und die personale Verbundenheit als zwei zeitlich versetzte Zustände von Aktualität und Latenz.

Schiffer betont noch eine andere Differenz: Ihm scheint es eine unzulässige Verkürzung zu sein, die Dialogik Bubers allein auf der zwischenmenschlichen Ebene zu beschreiben, denn jede Begegnung verweise auf „das ewige Du, sie gibt einen Durchblick auf Gott frei ...

Gott wird durch den Schnittpunkt symbolisiert, der durch die verlängerten Linien der innerweltlichen Beziehungen entsteht"[102]. Mit dieser Problematik beschäftigt sich Reiser in pädagogischen Überlegungen zum Zusammenhang von Transzendenz und Konkretion: Bubers zentraler Bezugspunkt ist der verborgene, aber nicht unbekannte Gott. Damit hat Bubers Pädagogik einen transzendenten Bezugspunkt, aus der Verborgenheit Gottes lässt sich aber keine inhaltliche Normierung der Erziehung ableiten. Dies gibt der Erziehung eine offene Perspektive, sie kann nicht „hergestellt" werden, sondern muss auf die offene Bestimmung des Menschen vertrauen. So betrachtet ist die pädagogische Begegnung, als Realität des Zwischenmenschlichen, Transzendenz innerhalb der Welt. Reiser sieht in diesem unmittelbaren personalen Sich-Gegenüber-Sein „die Chance der Befreiung der Subjekte ... Buber sieht bereits darin eine Reduktion des Dialogischen, wenn diese unmittelbare Erfahrung nicht verwurzelt ist in dem Glauben an den auch als Person erlebten Gott. Aber es ist m. E. nicht erforderlich, dass wir Buber in dieser persönlichen Glaubensaussage folgen, wenn wir am inneren Bestimmungsmerkmal des Dialogischen festhalten wollen. Der Kern der Aussage besteht darin, dass Transzendenz wirkt im Verhältnis zwischen den Menschen; mit Transzendenz ist hier ein existentielles Bedürfnis des Menschen angesprochen, das aus der Determination durch die naturhafte und historische Entwicklung hinausweist"[103].
Das dialogische Prinzip verortet die Konkretion des Transzendenten im Zwischenmenschlichen und gewinnt damit die Offenheit der pädagogischen Situation und den Respekt vor der Würde des Gegenüber. Reiser sieht allerdings nicht die Notwendigkeit, dies unauflösbar mit einem personalen Gottesglauben zu verbinden, so lange Transzendenz und Humanität unmittelbar miteinander verbunden bleiben und damit die Gefahr von Positivismus und Subjektivismus vermieden wird. Eine weitere Gefahrenstelle sieht er in der Verdinglichung der Transzendenz in definierten Glaubenssätzen, die auch auf den Bereich des Zwischenmenschlichen funktionalisierend einwirken können[104]. Der Versuch Reisers, einerseits das Transzendente als

konkrete Erfahrung im Zwischenmenschlichen aufrecht zu erhalten und andererseits – angesichts der pädagogischen Arbeit im säkularen Raum – die Transzendenz von der Notwendigkeit eines personalen Gottesglaubens zu lösen, kann dazu dienen, die Philosophie des Dialogischen für unterschiedliche weltanschauliche Hintergründe zu öffnen.

Wie könnte dies aber gelingen? Reiser stellt an einer späteren Stelle im Text fest, „daß die dialektische Verschränkung der Relationen Ich-Du und Ich-Es hier unvollständig bleibt, solange sie aufgelöst wird in eine zeitliche Folge von Aktualität und Latenz“[105]. Meines Erachtens geht Buber aber keineswegs grundsätzlich von einer solchen dialektischen Verschränkung dieser beiden Haltungen aus. Nimmt man aber eine solche Dialektik zur Bestimmung des Begegnungsbegriffs und entfernt sich damit deutlich von Bubers Ansatz, so ergibt sich m.E. eine Möglichkeit, Transzendenz im Moment der Interpersonalität zu begründen: Ich betrachte dann die Begegnung als Synthese eines Spannungsfeldes, das sich aus zwei unterschiedlichen Positionen ergibt:

- einer Position des Sich-Gegenüberseins, der bewussten Realität des Unterschiedes von Ich und Du, in der ich mein Abgegrenztsein ebenso spüre wie das meines Gegenübers. In dieser Position nehme ich differenziert wahr, reflektiere, beurteile und definiere die Beziehung z.B. im Hinblick auf ihren Anlass, lasse mich kontrolliert auf mein Gegenüber ein, konfrontiere mit meinen Interessen und Sichtweisen und versuche, meine Wahrnehmungen zu kategorisieren. Von diesem (u.a. an Bubers Ich-Es-Dimension orientiertem) differenzierenden Modus lässt sich nun eine zweite Position unterscheiden,
- die Position des Miteinanderseins. In dieser Position bin ich offen für die Unvorhersehbarkeit und Unplanbarkeit der Beziehung. Ich spüre das Bei-Dir-Sein in dem Sinne, dass ich auch einem Du in seiner personalen Anderheit angehöre, und dass dieses Du an mir wirkt. Diese Position kann ich nur im Vertrauen darauf aushalten (ohne flüchten oder kämpfen, d.h. das Andere mir gleichmachen

zu müssen), dass meiner inneren Bereitschaft bei meinem Gegenüber die Bereitschaft entspricht, mich nicht für sich zu benutzen, sondern als Mitmenschen anzunehmen. In diesem integrierenden Modus (der u.a. an Bubers Ich-Du-Dimension orientiert ist) gibt sich das ICH dem Du in einem gemeinsam geteilten und beide integrierenden WIR.

Da, wo beide Momente der Beziehung wechselseitig realisiert werden, findet Begegnung statt. Sie löst sich auf im Moment der Einseitigkeit nach der einen Seite der Funktionalisierung oder nach der anderen Seite des Grenzverlustes. Doch wo liegt hier die Transzendenz? Sie liegt darin, dass sich das Ich zunächst im konkreten und dann - diesen übergreifend - im generalisierten Anderen „verlieren“ muss, um sich zu gewinnen. Denn das Ich konstituiert sich zunächst dadurch, dass es in der Haltung seines konkreten Gegenübers ein Bild seiner selbst als wünschendes, denkendes und glaubendes Selbst wahrnimmt, indem es vom Gegenüber als autonom-intentionales und interdependent-wertgeschätztes Wesen repräsentiert wird. Transzendent wird diese konkrete Erfahrung dann, wenn der Mensch in der Verallgemeinerung dieser Art von Erfahrung die Menschheit insgesamt als sein Selbst konstituierendes Gegenüber erlebt. Dies bindet ihn ein in eine Verantwortlichkeit für die konkrete Beschaffenheit der Welt, in eine transzendente Verantwortlichkeit für sich selbst als Mensch-werdendes Wesen. Das Gegenwärtige liegt dann aber nicht mehr nur im Konkreten des Buberschen Ich-Du (und der damit verbundenen und darüber hinausweisenden Beziehung zu einem personalen Gott), sondern gleichermaßen in der gemeinsamen Verantwortung der Menschen für die Sachverhalte des Lebens, durch die sie sich erst konstituieren[106].

Begegnung in der TZI-Dimension des ICH-WIR gelingt nun da, wo es im Zusammenhang von sozialen Beziehungen – zu zweit oder zu mehreren – möglich wird, sich einander personales Gegenüber zu sein, ohne sich zu funktionalisieren oder miteinander zu verschmelzen. Damit kommt aber das Entwicklungsniveau der Beziehungen – als Zweierbeziehung oder als Gruppe – in den Blick. Die personale

Perspektive ist dann auch im Gruppenzusammenhang möglich, wenn sich dieser im Entwicklungsverlauf sowohl differenziert als auch integriert. Wird auf diese Weise das WIR der Gruppenbeziehungen zum handelnden Subjekt, dann kann sich das ICH auch auf dieses WIR der Gruppe als überpersonales Gegenüber beziehen. Diese Möglichkeit sehe ich in der von Rubner und Rubner beschriebenen Konstellation der „Phase III" der Gruppenentwicklung[107]. Hierbei entsteht ein verdichteter sozialer Zusammenhang, der sowohl von Gemeinschaftsgefühl als auch von abgegrenzter Individualität gekennzeichnet ist: Die Gruppe gewinnt dabei für das ICH sowohl die Position des Gegenüberseins als auch die des Miteinanderseins, sie wird zu einem sozialen Bezugsrahmen, den sich das ICH als „gutes Objekt" bewahren kann, ohne darin seine Eigenständigkeit zu verlieren. TZI sehe ich in diesem Sinne als pädagogische Konzeption, sowohl in Zweier- als auch in Gruppenbeziehungen etwas zu ermöglichen, das Personalität und Gemeinschaftlichkeit zusammenführt – Begegnung.

1.2.3.2.3 Kooperation: *visionäre Leitidee der WIR-ES-Verbindung*

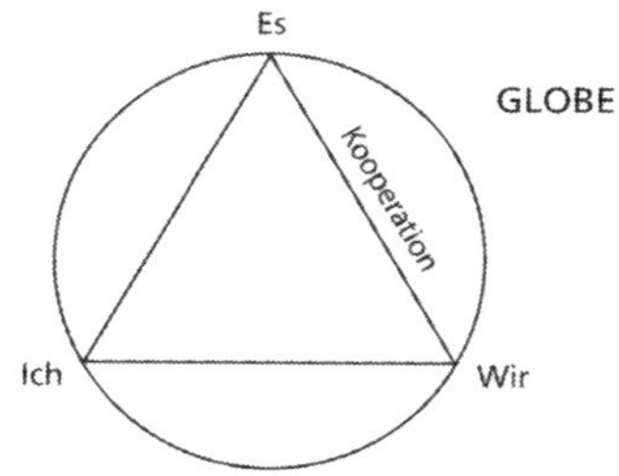

Der visionäre Begriff der Kooperation eröffnet im Reflexionsmodell der TZI eine dritte Dimension menschlicher Existenz, in deren Mittelpunkt das Feld der gemeinsamen Tätigkeiten, bezogen auf Sachverhalte, Lerninhalte und Aufgaben steht. Auch wenn der Begriff der Kooperation in vielfältigsten Alltagsbezügen Verwendung findet, so ist er im Vergleich zu den Begriffen Bildung und Begegnung weniger theoriebezogen ausgeführt und wird tendenziell eher als formale Beschreibung einer planmäßig gestalteten Form der Zusammenarbeit gebraucht. Um ihn als visionären Leitbegriff zu gewinnen, nähere ich mich in einem ersten Schritt von unterschiedlichen Perspektiven aus einer Idee der Kooperation an und versuche in einem zweiten Schritt, zentrale Inhaltsmerkmale eines visionären Begriffs der WIR-ES-Verbindung herauszuarbeiten.

Aus evolutionspsychologischer Sicht liegt die wichtigste Entwicklungsleistung „in der erfolgreichen Auseinandersetzung mit der größten aller Herausforderungen: dem Zusammenleben mit anderen Menschen. Wenn es ein ‚Markenzeichen' der Spezies *Homo sapiens* gibt, so ist es die hochentwickelte Fähigkeit zur Kooperation“[108]. Die evolutionäre Psychologie geht von der Fähigkeit des Menschen zu gegenseitigem Verständnis und zur sozialen Zusammenarbeit auf der Basis einer gleichen psychischen Grundausstattung aus. Bedingt durch eine hohe neurologische Organisation haben soziale Intelligenzleistungen komplexe und ausdifferenzierte Systeme von Kommunikation und Interaktion ermöglicht, so dass das Bild des Menschen als „verhandelndes Wesen“ entsteht: Wo nur der Zusammenhalt und die innere Ordnung eines Stammes das Überleben des einzelnen sichert, da wird das ständige Abwägen und Vereinbaren, Austauschen und Unterstützen, kompromisshaftes Einigen und Rücksicht nehmen zur Existenzfrage. Geselligkeit und Partnerschaft, Zweckallianz und soziale Rangordnung erfordern – und trainieren – besondere psychosoziale Fähigkeiten und ermöglichen neue Formen kooperativen Zusammenlebens.

In diesen sozialen Prozessen benötigt der Mensch eine besondere geistige Leistung, mit der er Hypothesen darüber bilden kann, was sein Gegenüber fühlt und denkt. Indem er Absichten und Strategien anderer erkennt sowie eine Vorstellung darüber entwickelt, wie die eigenen Absichten und Strategien von anderen betrachtet werden, gewinnt der einzelne wie das Kollektiv komplexere und differenziertere soziale Handlungsweisen und Organisationsformen. „Nicht im Überlisten, Verdrängen oder Vernichten von Konkurrenten bestand der evolutionäre Fortschritt unserer Urahnen, sondern in der

Fähigkeit, stabile und verläßliche Beziehungen einzugehen, sich aufeinander zu verlassen, Arbeitsteilung zu praktizieren und auf faire Austauschbeziehungen zu vertrauen. ‚*Survival of the Fittest*' bedeutet in dieser Sicht, daß die kooperativsten und sozialsten Gruppen überlebten und sich erfolgreich weiterentwickelten"[109].

Dabei war das „Programm Kooperation" nicht blind für die Egoismen der einzelnen Gruppenmitglieder; erst die komplizierte Balance zwischen Einzel- und Gruppeninteressen, das ständige Abwägen zwischen allgemeingültigen Regeln und individuellen Besonderheiten ermöglichte die Vorteile des Kooperierens und schaffte einen unermüdlichen Anreiz für Kognition und Kommunikation, ohne die Kooperation nicht stattfinden kann.

Klix beschreibt Wege und Wirkungen kommunikativer Kooperation in der Herausbildung des Cro-Magnon-Menschen. Unter bestimmten klimatischen und ökologischen Anforderungsbedingungen entwickelte sich vor etwa 50000 Jahren ein Menschentyp, „der den Übergang zur eigentlichen sozialen und gesellschaftlichen Geschichte bahnte und gefunden hat ... Auf der Basis persönlichen und gesellschaftlichen Eigentums, wohlgeordneter sozialer Organisation und individueller Kompetenz im Gemeinwesen bildete er die erste stilvolle Kunst der Menschheitsgeschichte aus. Und in der Entwicklung seiner Lebensweise bildeten sich die Gründe für das mögliche Entstehen von Wirtschaft und Wissenschaft"[110]. Ein Faktor dieser Entwicklung liegt in der besseren Sprechfähigkeit und den höheren kognitiven Potenzen des Cro-Magnon-Menschen im Vergleich zum Neandertaler und der dadurch möglichen Erhöhung des kommunikativen Moments im sozialen Handeln sowie in der Konstruktion von Werkzeugen und sonstigen Gegenständen. Dadurch wurden neue Regelungen des sozialen Zusammenlebens möglich und nötig, die weit über die koordinierte Funktionsteilung z.B. bei der Jagd hinausgingen. Ein komplexes soziales Netz entstand durch gemeinsam getragene Vereinbarungen über Verantwortlichkeiten und Zuständigkeiten, durch die Anerkennung besonderer persönlicher Kompetenzen sowie die soziale Orientierung an kollektiven Regeln, Konventionen und Ri-

tualen. Nach Klix' Einschätzung wurde durch den kumulativen Effekt kognitiver, kommunikativer und kooperativer Fähigkeiten in wenigen Jahrzehntausenden ein größerer Fortschritte in Technik, Denkleistung und Lebensweise erzielt als in 1,7 Millionen Jahren zuvor[111].
In den folgenden Ausführungen möchte ich diesen evolutionspsychologischen Blick in anthropologisch-pädagogische Zusammenhänge stellen und damit den Kooperationsbegriff als visionäre Leitidee für pädagogisches Handeln fundieren. Ich greife dabei auf Benners Überlegungen zu den Grundstrukturen pädagogischen Denkens und Handelns[112] zurück, insbesondere auf seine Darstellungen zu einem allgemeinen Begriff menschlicher Praxis, von denen aus er den Begriff der Erziehungspraxis zu entwickeln versucht.
Den Begriff der Praxis verwendet Benner, um eine spezifische Stellung des Menschen in der Welt zu charakterisieren: Danach ist der Mensch durch seine „Imperfektheit" auf eine spezifische Weise existent; er ist ein Wesen, das nicht „fertig" ist und daher durch seine eigene Lebenspraxis erst seine innere Bestimmung suchen kann und muss. Die Verbindung der beiden Merkmale des „suchen kann" und „suchen muss" machen deutlich, dass Benners Sicht einerseits keine Reduktion des Menschen als Mängelwesen bedeutet (denn er ist offen dafür, seine Bestimmung zu suchen), aber auch andererseits den Freiheits- und Willensaspekt nicht überbetont (denn er muss seine Bestimmung suchen). Jedes der beiden Bestimmungsmerkmale allein würde zu einem verkürzten Praxisbegriff führen; beide Merkmale haben sich gegenseitig zur Voraussetzung und führen erst in ihrem Wechselbezug zu einem gehaltvollen Praxisbegriff.
Praxis bedeutet demnach zweierlei: zum einen das Handeln, das willentlich etwas hervorbringt, zum anderen die Notwendigkeit dieses Handelns, d.h. die Reaktion auf eine existentielle Not, die die Praxis zu wenden sucht. Der Mensch ist in dieser Sicht das Wesen, das durch seine „Imperfektheit" auf Praxis angewiesen ist und durch sie und in ihr seine Bestimmung sucht. „Die Bestimmung, die der Mensch durch seine eigene Praxis erlangt, ist erst seine substanzielle

Bestimmung. Die beiden Bestimmungen stehen in einem scheinbaren Widerspruch zueinander: Einmal wird die Imperfektheit des Menschen als Wesen der Praxis bezeichnet; dann aber wird die Praxis selbst zur substantiellen Bestimmung, zum Wesen des Menschen, erhoben. Einmal ist der Mensch das Wesen der Praxis, zum anderen die Praxis das Wesen des Menschen. Der eigenartige Widerspruch zwischen diesen beiden Grundzügen verschwindet und gibt den Blick für das Spannungsverhältnis beider Bestimmungen frei, sobald man erkennt, daß sie nur gemeinsam zutreffen können und einander wechselseitig voraussetzen: Die Imperfektheit des Menschen kann nur das Wesen seiner Praxis sein, wenn die substanzielle Bestimmung, die der Mensch sich durch seine Praxis gibt, diese Imperfektheit nicht aufhebt; und umgekehrt kann die substanzielle Bestimmung, die der Mensch sich durch seine Praxis gibt, deren Wesen nur ausmachen, sofern sie nicht unmittelbar aus der Imperfektheit folgt. Beide Bestimmungen zusammen genommen ergeben damit folgenden vorläufigen Begriff von Praxis: Eine Tätigkeit kann dann als Praxis bezeichnet werden, wenn sie erstens in einer Imperfektheit des Menschen ihren Ursprung, ihre Notwendigkeit hat, diese Not wendet, die Imperfektheit aber nicht aufhebt, und wenn sie zweitens den Menschen in einer Weise bestimmt, daß diese Bestimmung durch die Tätigkeit selber erst hervorgebracht wird, also nicht unmittelbar aus der Imperfektheit resultiert“[113].

Nun nennt Benner verschiedene soziale Lebenszusammenhänge Praxis: Der Lebensbereich der Arbeit folgt der Notwendigkeit der Sicherung der Lebensgrundlage durch die Bearbeitung der Natur, der Lebensbereich Politik folgt der Notwendigkeit der Planung und Ausgestaltung gesellschaftlicher Zukunft, der Lebensbereich Ethik sucht Antworten auf die Frage nach dem Aufstellen von Normen, der Lebensbereich Religion stellt Sinnzusammenhänge her angesichts fremder Todeserfahrungen und eigener Todesgewissheit, der Lebensbereich Pädagogik folgt der Notwendigkeit der Vermittlung von Erfahrung und Wissen im Generationenzusammenhang, der Lebensbereich Kunst antwortet mit ästhetischen Darstellungen auf das komplexe Spannungsfeld, in dem alle Praxen zueinander stehen. In allen diesen Feldern existentieller Lebenspraxis sind die beiden Grundzüge zu erkennen, die den Praxisbegriff ausmachen: „Sie haben ihre Notwendigkeit in besonderen Aspekten oder Dimensionen menschlicher Imperfektheit ... und sie heben diese Imperfektheit menschlicher Koexistenz nicht auf, sondern geben ihr eine Wendung, durch welche der Mensch allererst seine jeweilige Bestimmung erhält"[114].

Menschliche Existenz als Praxis ist eine der Möglichkeit nach freie, geschichtliche und sprachliche: Dabei bestimmt sich die Freiheit zur Wendung der sich aus der Imperfektheit ergebenden Not weder als Willkürfreiheit noch als Wahlfreiheit. Sie kann nicht Willkür sein, da sie aus der Notwendigkeit resultiert und sie kann nicht Wahl sein, da sie die Praxis nicht vorfindet, sondern hervorbringt. Damit aber ist menschliche Existenz immer eine geschichtliche: im jeweiligen Lebensraum und in der jeweiligen Lebenszeit steht der Mensch in der Wirkungsgeschichte vorausgegangener und aktueller Praxisentwürfe. Sein Handeln folgt aber der Möglichkeit nach nicht unmittelbar und einfach „vorgefundenen" Traditionszusammenhängen, sondern bestimmt auch in der Rezeption und Konstruktion der Wirkungsgeschichte die Art und Weise, in der er seine Existenz und seine Zukunft sieht.

Indem der Mensch im Zusammenhang der Gestaltungschancen und Grenzen seiner produktiven Freiheit als ein geschichtlicher existiert, bestimmt sich seine Existenz als eine ihrer Möglichkeit nach sprachliche: Sprachlichkeit ist darin begründet, dass es keine Determination von Geschichte und Praxis gibt. Vorgegebene Traditionszusammenhänge, aktuelle Wirkungsgeschichte und zukünftige Praxisentwürfe sind keine einmal festgelegten Abbildungen, sondern sprachliche Vermittlungsleistungen. Das Erinnern und Entwerfen folgt damit aber keinen festen linearen Zusammenhängen von Entwurf und Praxis oder vorausgegangener Praxis und Wirkungsgeschichte, sondern das sprachlich vermittelte Deuten und Handeln eröffnet produktive Gestaltungsräume.

Produktive Freiheit, Geschichtlichkeit und Sprachlichkeit sind Benners drei Grundmerkmale menschlicher Existenz, „aufgrund deren der Mensch in den koexistentialen Praxen der Arbeit, der Ethik, der Pädagogik, der Politik, Kunst und Religion die aus seiner Imperfektheit entspringende Not, handeln zu müssen, wenden und um seine substantielle Bestimmung ringen kann“[115].

Was Benner hier als koexistentiale Praxis bezeichnet, wird m.E. besser mit dem Begriff der Kooperation erfasst. Denn seine Ausführungen machen deutlich, dass es um mehr geht als das „nebeneinander bestehen“ und „zusammen da sein“; statt dessen geht es um Möglichkeiten produktiver Freiheit, reflektierter Geschichtlichkeit und sprachlicher Bewusstheit der menschlichen Existenz. Diese Grundbestimmungen markieren aber mehr als ein koexistenzielles Verhältnis der Gesellschaftsmitglieder. Benner führt den kooperativen Aspekt seines Praxisbegriffs am Beispiel der Erziehungspraxis auch näher aus: Deren konstitutive Prinzipien sind „Bildsamkeit“ und „Aufforderung zur Selbsttätigkeit“. Der Begriff der Bildsamkeit fasst den Menschen als Wesen, das weder anlage- noch umweltdeterminiert ist, sondern in einer von ihm bearbeiteten, gedeuteten und veränderten Welt lebt, das bildungsbedürftig und bildsam ist und „seine Bestimmung erst vermittelt über seine Mitwirkung erfährt“[116]. Wenn aber „eine pädagogische Wirkung ihre spezifische Wirkung allererst über die Mitwirkung des Heranwachsenden erzielen darf und kann, dann handelt es sich bei ihr um eine solche, welche die Mitwirkung des Heranwachsenden nicht unmittelbar-direkt antizipiert und herbeiführt, sondern den Heranwachsenden zur Selbsttätigkeit auffordert“[117]. Dieses Paradox, dass die pädagogische Praxis der Aufforderung des Heranwachsenden zur Selbsttätigkeit bedarf, dieser aber nur durch seine eigene Mitwirkung selbsttätig sein kann, macht den spezifischen Aspekt der Kooperation im Feld pädagogischer Praxis deutlich.

Wenn Selbsttätigkeit und Mitwirkung Voraussetzungen einer kooperativen Lebenspraxis sind, dann fragt sich, welche individuellen Sozialkompetenzen diesen Prinzipien zu Grunde liegen und wie ein Sozialwesen verfasst sein muss, das sowohl individuelle Freiheit als auch

soziale Integration ermöglicht. Mit letzterer Frage beschäftigen sich seit einigen Jahren sozialphilosophische Ansätze unter den Überschriften von Liberalismus und Kommunitarismus. Diese beiden Ansätze vertreten konturierte Positionen im Spannungsfeld von Autonomie und Interdependenz:
Die liberale Position hebt die demokratischen Grundrechte als zumindest potentiell solidaritätsstiftendes Gemeinsames der Gesellschaftsmitglieder hervor und betont, dass in modernen Gesellschaften keine darüber hinausgehenden Verpflichtungen auf ein allgemeines Gutes gemacht werden dürfen. So entwickelt Rawls die Vorstellung der Gesellschaft als eines fairen Systems der Kooperation von freien und gleichen Personen. In seiner politischen – und nicht metaphysischen[118] – Sicht wird Kooperation „durch öffentlich anerkannte Regeln und Verfahren geleitet, die von den Kooperierenden anerkannt und als solche betrachtet werden, die ihr Verhalten angemessen leiten. Kooperation setzt faire Bedingungen der Zusammenarbeit voraus; dies sind Bedingungen, die jeder Teilnehmer vernünftigerweise anerkennen würde, vorausgesetzt, daß alle anderen sie gleichfalls anerkennen. Faire Bedingungen der Kooperation bestimmen den Inhalt eines Gedankens der Gegenseitigkeit ... Der Gedanke sozialer Kooperation setzt einen Begriff des rationalen individuellen Vorteils oder Guten jedes Teilnehmers voraus. Dieser Begriff des Guten bestimmt im einzelnen, was die an der Kooperation Beteiligten ... zu erreichen suchen, wenn die Kooperation von ihrem eigenen Standpunkt aus gesehen wird"[119]. In dieser Sichtweise wird der Autonomie-Aspekt stark betont, die Prinzipien der Interdependenz werden dagegen eher allgemein gehalten, so dass sie „mit einer Pluralität ethischer Konzeptionen in einem ‚übergreifenden Konsens' vereinbar sind"[120].
Die Kritik des Kommunitarismus richtet sich gegen das „ungebundene Selbst"[121] der liberalen Position; dessen soziale Integration über abstrakte Prinzipien sei zu schwach, um soziale Stabilität und politische Legitimation herbeizuführen. Statt dessen bedürfe es gemeinsamer Auffassungen des Guten, „die in ein ‚Ethos', eine gemeinsame

Lebensweise eingebettet sind; politische Legitimation benötigt einen stärkeren Begriff von politischer Partizipation auf der Basis einer Identifikation der Bürger mit dem Gemeinwohl; Bürgerschaft schließlich muß als Mitgliedschaft in einer kulturell integrierten Gemeinschaft verstanden werden“[122]. Hier wird ein deutliches Bild des interdependenten Subjekts gezeichnet, das sich mit dem Gemeinwohl identifiziert und seine Autonomie auch aus gemeinschaftlichen Verpflichtungen gewinnt.

Beide Positionen lassen sich als zwei Pole eines Spannungsfeldes von individueller Freiheit und sozialer Bindung auffassen: Die liberale Position sichert das „jeweils Eigene“, das jedem autonomen Subjekt zukommt, sie betont die Differenz der nicht gemeinschaftlich assimilierbaren Subjektivität[123] und ermöglicht ein hohes Maß an Pluralität der Lebensformen. Die kommunitaristische Position sichert das „allgemein Gültige“, das die soziale Integration der unterschiedlichen Einzelnen bewirkt und gleichzeitig durch die gemeinschaftlich geteilten Werte und Lebensformen die Voraussetzungen individueller Selbstverwirklichung schafft. Als Pole eines Spannungsfeldes von Autonomie und Interdependenz betrachtet, konturieren die beiden Positionen zwei polare Blickwinkel auf die ihnen gemeinsame Fragestellung nach den gesellschaftlichen Grundlagen sozialer Kooperation.

Wie sind diese beiden Pole im Individuum verankert? Mead beschreibt die Identität des Menschen als durch zwei Faktoren bestimmt: „I“ und „Me“, die in philosophischer Sicht für die Aspekte Freiheit und Determination stehen[124], konturieren ein dialektisches Verhältnis von spontan-unberechenbaren Reaktionen des Subjekts, das sich u.U. durch seine eigenen Verhaltensweisen selbst „überrascht“ und den verinnerlichten Anforderungen „generalisierter Anderer“. Während das „I“ bei Mead hauptsächlich aus biologischen Zusammenhängen gesehen und weniger durch die biographisch entwickelte „interpretatorische Kraft eines Ich“ bestimmt wird, ist das „Me“ im Symbolischen Interaktionismus besser theoretisch fundiert: Es hat seinen Ausgangspunkt in der Fähigkeit, die Perspektiven anderer zu übernehmen. Die Genese des „Me“ liegt „zunächst in der Über- und Vorwegnahme der Reaktionen konkreter einzelner, *signifikanter Anderer*, später in der Übernahme verallgemeinerter Reaktionsmuster, eines *generalisierten Anderen*, also von nicht mehr personengebundenen Verhaltensweisen“[125]. Dass das sich im Spannungsfeld von „I“ und „Me“ entwickelnde Selbst als ein gleichermaßen frei und sozial verantwortlich handelndes Subjekt betrachtet werden kann, hängt damit zusammen, dass die „Vorwegnahme des Verhaltens anderer nur durch Symbole möglich ist, Symbole aber als Probehandeln vom unmittelbaren Reaktionsdruck entlasten, damit Raum zu einer Stellungnahme zum eigenen Tun lassen und somit Freiheit und Verantwortlichkeit ermöglichen“[126]. Der Symbolische Interaktionismus hebt – gerade im Unterschied zu einer behavioristischen Sicht – hervor, dass Menschen nicht auf Grund von Reiz-Reaktions-Schemata, sondern auf Grund von Bedeutungen handeln, dass diese Bedeutungen aus sozialen Interaktionen mit anderen Menschen entstehen und im Handeln immer wieder verändert und situationsbezogen interpretiert werden. Bedeutungen sind „daher soziale Produkte, sie sind Schöpfungen, die in den und durch die definierenden Aktivitäten miteinander interagierenden Personen hervorgebracht werden“[127].

Identität steht damit im durch Bedeutungsbildung vermittelten Spannungsfeld biographischer Einzigartigkeit und sozialer Gleichartigkeit, jenseits der Bestimmung durch ein absolutes Eigenes und jenseits der Bestimmung durch ein totales Allgemeines. Die für das flexible situationsbezogene Handeln erforderliche Balance beschreibt der Symbolische Interaktionismus als vier Grundqualifikationen: Rollendistanz balanciert zwischen allgemeinen institutionalisierten Anforderungen und subjektiven Bewertungen, Ambiguitätstoleranz balanciert im Feld widersprüchlicher und keineswegs immer klar definierter Rollenerwartungen, Empathie balanciert zwischen dem „role taking“ der Perspektivübernahme und der Sicherung eines inneren Selbsterlebens, Identitätsdarstellung balanciert zwischen dem, was die aktuellen Umstände an Selbst-Ausdruck ermöglichen und dem, „was das

Individuum denn tatsächlich außerdem noch ist“[128].
Im kooperativen Handeln werden die Bezugnahmen der Einzelnen ICHs zu gemeinsamen Gegenständen oder Aufgaben über soziale Interaktionen vermittelt. Hildebrand-Nilshon beschreibt dies als einen dreigliedrigen Prozess zwischen Aktor, Partner und Gegenstand[129]. In der TZI wird dies durch die Verbindung WIR-ES veranschaulicht, wenn dieses WIR als Gesamtgestalt der an ihm teilnehmenden ICHs (hier von Aktor und Partner) gesehen wird. Die unterschiedlichen Bedeutungen des Gegenstandes (ES) für Aktor und Partner machen eine Verständigung über diese Bedeutungen und ein wie auch immer geartetes Erzielen von Einverständnis zu einer unhintergehbaren Voraussetzung. Dabei kann aus den unterschiedlichen Bedeutungszusammenhängen von ICH-ES (Aktor) und ICH-ES (Partner) eine kooperative Leistung (WIR-ES) entstehen.
Indem Kooperation im Medium der Sprache stattfindet, erfordert sie sprachspezifische Kompetenzen, damit über das wechselseitige Verstehen der individuellen Handlungsintentionen und über Verständigung (über geteilte und nicht geteilte Bedeutungszusammenhänge) ein Einverständnis erzielt werden kann. „Ziel der Verständigung ist die Herbeiführung eines Einverständnisses, welches in der intersubjektiven Gemeinsamkeit des wechselseitigen Verstehens, des geteilten Wissens, des gegenseitigen Vertrauens und des miteinander Übereinstimmens terminiert. Einverständnis ruht auf der Basis der Anerkennung der vier korrespondierenden Geltungsansprüche: Verständlichkeit, Wahrheit, Wahrhaftigkeit und Richtigkeit“[130]. In diesen Grundbedingungen kooperativen Handelns sind unterschiedliche Bezüge enthalten: Der Anspruch auf Verständlichkeit zielt auf den intersubjektiven Bereich geteilter Symbole, der Wahrheitsanspruch stellt den Bezug zur äußeren, der Geltungsanspruch der Wahrhaftigkeit den zur inneren Welt her und der Anspruch auf Richtigkeit verweist auf den gemeinsamen normativen Hintergrund der Interaktion[131]. Habermas’ Diskurstheorie gibt mit diesen Geltungsbedingungen kommunikativen Handelns einen systematischen Rahmen für unterschiedliche sozialwissenschaftliche Theorieansätze

vor, die auch einem visionären Kooperationsbegriff zu Grunde gelegt werden können.
Das Spannungsfeld, das der visionäre Leitbegriff der Kooperation damit aufwirft, hat als Polaritäten zum einen „das jeweils Eigene“ und zum anderen „das übergreifende Allgemeine“ im Hinblick auf einen gemeinsamen Inhalt, Gegenstand bzw. die gemeinsame Aufgabe. Die reine Durchsetzung des „jeweils Eigenen“ führte zum sozial isolierten und letztlich entfremdeten „privaten“ Gegenstandsbezug, die reine Orientierung am „übergreifenden Allgemeinen“ würde die Unterordnung des eigenen Zugangs unter den Anspruch einer allgemeinen Gültigkeit bewirken. Die kooperative Lösung führt zu Einverständnis und Einigung dadurch,

- dass jeder Beteiligte zunächst seine eigenen Zugänge zur Sache beansprucht und von seinen eigenen Bedeutungsschwerpunkten ausgeht. Damit sind Nicht-Übereinstimmung, Gegensätzlichkeiten und Widersprüche in den unterschiedlichen Zugangsweisen der Normalfall.
- Kommen kooperative Prozesse in Gang, dann bewirken sie, dass die im Hinblick auf ihre unterschiedlichen Gegenstandszugänge sich als egalitär betrachtenden Interaktionspartner in wechselseitiger Annäherung aktiv zusammenwirken und zwar
- im Hinblick auf ein die individuell unterschiedlichen Bezüge übergreifendes Interesse oder Ziel, in dem die Unterschiedlichkeiten aber nicht untergehen, sondern aufgehoben sind.

Das damit angesprochene komplexe Zusammenwirken auf Inhalts- und Beziehungsebene ist etwas qualitativ anderes als Koexistenz oder Koordination, denn gerade das Widersprüchliche innerpsychischer, interpersoneller und institutioneller Bedürfnisse, Grundsätze und Sichtweisen stellt hohe Anforderungen an ein „Produkt“, das mit dem gemeinsam erbrachten Arbeitsergebnis nicht verwechselt werden darf und das sein Ziel in sich trägt - Kooperation.

1.2.3.2.4 Der GLOBE als transzendenter Ort eines „guten Lebens"

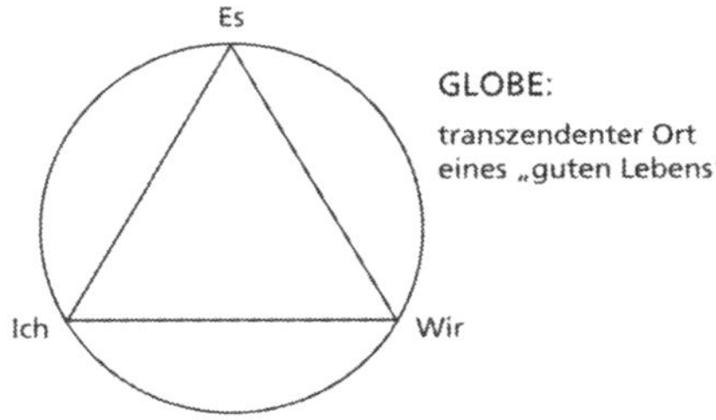

Auf der Ebene der Situationsdeutung steht der GLOBE-Begriff für die verschiedensten konkreten Zusammenhänge unterschiedlicher Kontexte. Er artikuliert Aspekte des Umfeldes, in dem die themenzentrierten Interaktionen stattfinden, die Einflussfaktoren auf ICH, WIR und ES, die im Lernprozess Berücksichtigung finden können. Dass der GLOBE als ein den Individuen und den Interaktionen übergeordneter Bezugsrahmen mit sachlichen, politischen und ethischen Dimensionen – über das Konkrete hinausgehend – auch eine visionäre Dimension enthält, wird u.a. in Kroegers anthropologischen Grundannahmen der TZI deutlich: Der Mensch, „das mirakelhafte Wesen, welches Welt hat und auf Welt angewiesen ist"[132], muss sich zu der von ihm mitgeschaffenen, kulturgeprägten Welt nicht nur praktisch handelnd in Beziehung setzen. „Wir müssen uns selber überschreiten, um Menschen zu bleiben und zu werden"[133] – damit ist die Selbsttranszendenz des Menschen ins Auge gefasst. Was ist darunter zu verstehen?

Gehe ich zur anthropologischen Grundannahme der „offenen Bestimmung" des Menschen zurück, dann ergeben sich daraus als existenzielle Ausgangsbedingungen die Möglichkeit produktiver Freiheit sowie die Notwendigkeit der Selbsttätigkeit. Vor diesem Hintergrund ist die Frage interessant, wie sich die Konstruktion des Selbst im biographischen Entwicklungsverlauf beschreiben lässt. Im Anschluss an Piaget und Kohlberg fasst Kegan[134] die Entwicklung des Menschen als einen Verlaufsprozess von Bedeutungsbildungen auf, die aus Erfahrungen gewonnen werden. Strukturell betrachtet findet der Pro-

zess der Bedeutungsbildung auf unterschiedlichen Niveaustufen der Differenzierung und Integration zwischen Selbst und Objekt (d.h. Nicht-Selbst) statt, wobei diese Stufen eher als idealtypische Konstruktionen von in der Wirklichkeit kontinuierlichen und krisenhaften Veränderungsvorgängen zu betrachten sind. In Vorgängen der Bedeutungsbildung konstruieren wir unsere äußere und innere Realität im Kontext leiblicher, psychischer und sozialer Prozesse; dies sind elementare seinsbezogene Vorgänge, die nicht im Dienste anderer Funktionen stehen[135]. Stufen der Bedeutungsbildung sind dann jeweils erreichte Organisationen der Differenzierung und Integration des somato-psycho-sozialen Systems, Übergänge zwischen den Stufen sind die natürlichen Krisen der Selbst-Entwicklung.
Als reifste Stufe seines Modells beschreibt Kegan das Erreichen des „überindividuelle Gleichgewichts". Unter Überindividualität versteht er einen Realitätsbereich, der sich auf die gegenseitige Durchdringung von Individuum und Sozialität bezieht und eine qualitativ hoch entwickelte Form von Autonomie und Bindung darstellt. Das Selbst, das nicht mehr auf seine aus der Abgrenzung gegenüber den Anderen gewonnene Unabhängigkeit angewiesen ist, gewinnt eine neue Form von Autonomie und Interdependenz, indem es sich nach innen und außen transzendiert. Damit ist u.a gemeint, dass es die Fähigkeit gewinnt, mit sich „intim zu sein"[136], Anteil an sich in seinen unterschiedlichen und mitunter krisenhaften inneren Befindlichkeiten zu haben[137] und aus diesem inneren Selbstbezug heraus zu einer neuen Form der Bezugnahme nach außen findet, die es ermöglicht, „mit anderen Erfahrungen zu teilen, ohne dabei die Eigenständigkeit des anderen anzutasten"[138].
Auf dieser Stufe begreifen wir andere „als Menschen, die sich selbst und andere als fähig erleben oder erleben können, Werte zu setzen, Systeme zu schaffen, Geschichte zu machen. Die Gemeinschaft wird zum erstenmal ‚universal', sie wird zu einer Gruppe, der alle Menschen allein aufgrund ihres Menschseins angehören"[139]. Hier wird ein interpersonaler, vom Selbst konstruierter Bezugsrahmen zur „einbindenden Kultur". Das „überindividuelle Selbst" entwickelt eine Form

des Eingebundenseins in die Welt, die auf der Grundlage dieses Bezugsrahmens sowohl eine entwickeltere Form der Autonomie als auch eine entwickeltere Form der Interdependenz ermöglicht. Kegan kennzeichnet die „einbindende Kultur" mit dem Begriff der Intimität und richtet seinen Blick dabei auf „echte erwachsene Liebesbeziehungen"[140]. Darin liegt m.E. eine eingeschränkte Sichtweise, die auch dadurch deutlich wird, dass er ja die universale Gemeinschaft aller Menschen als Bezugsgruppe des „überindividuellen Selbst" betrachtet. Die Idee der Selbsttranszendenz scheint mir eine Hilfe dafür zu sein, der „einbindenden Kultur" des „überindividuellen Gleichgewichts" näher zu kommen.

Im Anschluss an Joas, der diese Problematik im Zusammenhang der Entstehung der Werte diskutiert[141], suche ich nach Formen transzendenten Eingebundenseins. Bezugspunkt dazu ist die Erfahrung der Selbstbildung und Selbsttranszendenz, die zur Konstruktion eines imaginären sowohl „ganzen" als auch bezogenen Selbst führt, das die im Fluss unterschiedlichster innerer Befindlichkeiten und divergierender äußerer Erwartungen entstehenden Selbstanteile integriert.

Aus verschiedenen Theorieansätzen können hierzu Betrachtungsweisen gewonnen werden, die die Idee der Selbsttranszendenz veranschaulichen können. Diese kann sich konstituieren

- durch das Vertrauen in ein kollektives soziales Gegenüber, das uns dazu verhilft, die Isolation des Selbst in der Teilhabe an einer einbindenden sozialen Einheit zu überwinden;
- durch die Einsicht in die Erschütterungen und Kontingenzen unserer Existenz und die daraus zu gewinnende Kontrastbildung der Idee einer der Zufälligkeit enthobenen Wirklichkeit;
- durch die imaginierte Konstruktion eines vereinheitlichten ganzen Selbst, dem ein vereinheitlichtes ganzes Universum gegenübersteht. Diese Vorstellung hebt die existenzielle Fragmentierung in der Idee einer transzendierenden Ganzheit auf;
- durch die an überindividuellen Werten ausgerichtete Artikulation von Erfahrungen, d.h. über handlungsleitende Orientierungen, die

als unabhängig vom Selbst betrachtet werden und daher über die einzelnen Erfahrungen hinausweisen.

Aus diesen unterschiedlichen Facetten ergibt sich die Konstruktion einer transzendenten raum-zeitlichen Gestalt, die für ein „gutes Lebens" steht; ein imaginärer Standort für das Selbst, der mit einer universellen Ausrichtung verknüpft ist. Deutlich wird dabei, dass sich die existentielle Situation des raum- und zeitbezogenen Wesens Mensch durch überindividuelle Wertbindungen in einem übergeordneten, der Raum- und Zeitlichkeit enthobenen Rahmen konstituiert. Diese Wertbindungen entspringen den emotionalen und kognitiven Seiten menschlicher Erfahrungen. In ihnen zeigen sich Grundzüge „eines *Wissens vom richtigen Handeln* ... von jenen menschlichen Fähigkeiten, die es dem Einzelnen erlauben, ein gutes Leben zu führen"[142]. Dieses Wissen wird getragen vom Glauben an und von der Hoffnung auf ein Leben, das mit anderen teilbar ist – angesichts der getrennten menschlichen Existenz und ohne objektiv vorgegebenen Sinnhorizont kann es gesucht werden in Prozessen der *Bildung, Begegnung,* und *Kooperation.*

Der visionäre GLOBE als transzendenter Ort eines „guten Lebens" konturiert sich im Zusammenhang der Autonomie-Interdependenz-Entwicklung. Dabei konstruiert das Selbst seine „einbindende Kultur" in einem paradoxen Vorgang: Es setzt seine „starken Werte" (Taylor), fühlt sich als Urheber dieser Wertgebundenheit und weiß doch gleichzeitig um deren umfassende universale Bedeutsamkeit, da sie ja seinen verallgemeinerbaren sozialen Erfahrungen entstammen. Indem die Selbstbeziehung der Person eine bewusstseinsfähige interaktive Struktur aufweist und sich die Identität des Menschen seinen generalisierten interpersonalen Beziehungen verdankt, hat das Wir-sagende Subjekt teil am imaginären Raum wertbezogener Bedeutungen. Das autonom-interdependente Selbst transzendiert sich daher vor allem durch seine Wertbindungen und konstruiert seinen visionären Lebensort in den Bedeutungsbildungen seiner Lebenspraxen[143].

Damit stehen Bildung, Begegnung und Kooperation in einem

übergeordneten transzendenten Rahmen des visionären GLOBE. Zu der Bezugnahme des ICH auf das ES des Gegenständlichen und der Beziehung des ICH auf ein Du und Ihr übergreifendes WIR (sowie dessen Bezugnahme auf ein ES) kommt mit dem GLOBE eine übergeordnete Dimension hinzu als ein weiteres Lebensverhältnis des Menschen: die raum-zeitliche Orientierung eines imaginären Ortes für das „gute Leben“, die eine die konkrete Unmittelbarkeit transzendierende Dimension aufweist.

1.2.4 Überlegungen zur Haltung

Mit dem Begriff der Haltung erfasse ich das konzeptionelle Element, das sinnbezogene Grundeinstellungen im Hinblick auf fachspezifische Aufgaben, d.h. innere Bereitschaften des Handelnden in Bezug auf Adressaten, Sachverhalte und Kontexte sowie in Bezug auf sich selbst beschreibt. Aus solchen Handlungsbereitschaften ergeben sich keine instrumentellen und linearen Handlungsanweisungen; dies würde die Subjekt- und Situationsorientierung eines flexiblen Handelns zur Technologie zusammenschrumpfen lassen. Statt dessen lassen die Haltung-bestimmenden Aussagen der TZI die Kontur eines inneren Erfahrungsraumes erkennen, der als konzeptionell angemessener Handlungshintergrund dienen kann.

Wie können Momente einer TZI-Haltung gewonnen werden? In der Aussagesystematik der Themenzentrierten Interaktion sind hierzu Inhalte z.B. in den Postulaten auffindbar: bewusste Entscheidung und Verantwortung sowie die Beachtung von Störungen und Betroffenheiten setzen im Hinblick auf die sie ermöglichende Grundeinstellung eine hohe Aufmerksamkeit sowohl nach innen als auch nach außen voraus.

Das zweite Axiom sowie einige Hilfsregeln sprechen eine Haltung des Respekts, der Achtung und Wertschätzung alles Lebendigen, insbesondere der Person des Gegenübers an. Damit verbunden ist die „selektive Authentizität“, das Bemühen um eine personbezogene

Kommunikation, die durch eine abgewogene Offenheit und weniger durch Verallgemeinerungen und Interpretationen bestimmt ist. Dadurch kommt auch ein prinzipielles Interesse am Gegenüber in seinem So-sein in die Beziehungsgestaltung, das mitunter in einem Spannungsfeld zur Wertbezogenheit der TZI stehen kann.
Partizipierende Leitung und die Ermöglichung eines gleichberechtigten Miteinander erfordern die innere Teilhabe am Prozessgeschehen; diese steht als Moment emotionaler Nähe und Offenheit in Spannung zur Distanz zum Geschehen, die Voraussetzung für die Prozessgestaltung ist. Partizipation und Gleichberechtigung bringen auch die Bereitschaft zur Transparenz von Person und Rolle sowie deren prinzipielle Hinterfragbarkeit ein.
Das Themenprinzip erfordert die Bereitschaft für ein prozesshaftes und damit prinzipiell „nach vorne“ offenes Geschehen sowie die Konzentration auf Verbindungsmöglichkeiten zwischen den einzelnen Menschen und ihren Bezügen zu den Sachen und Inhalten. Damit verbunden sind Initiativen zur dynamischen Gestaltung von Lern- und Arbeitsprozessen in einer – mehr oder weniger – ausgewogenen Balance unterschiedlicher Perspektiven.
Diese Aspekte innerer Grundeinstellungen zum Geschehen sind keine festgefügten inhaltlichen Vorgaben, die jede Leitungsperson auf eine innere Normierung gleichschalten und austauschbar machen sowie einem inneren Handlungsschema verpflichten würden. Gerade eine über den Standard-Anwendungsbereich der TZI hinausgehende offenere konzeptionelle Handlungsorientierung benötigt auch feldspezifische innere Erlebensspielräume und damit die Möglichkeit, jeweils aufgaben- und personbezogene Schwerpunkte setzen zu können. Trotz dieser prinzipiell der Handlungsangemessenheit den Vorzug gebenden Offenheit setzt die Aussagesystematik deutliche Signale im Hinblick auf innere Haltungen. Von zentraler Bedeutsamkeit sind m.E. dazu folgende Beschreibungen eines inneren Erfahrungsraumes:

- aufmerksam nach innen und außen,
- personal bezogen,

- selektiv authentisch,
- transparent und argumentativ,
- offen für den und partizipierend am Prozess.

Damit gibt TZI eine konzeptionsbezogene inhaltliche Ausfüllung des Elements der Haltung vor, die in konkreten Handlungsanlässen feldspezifisch sowie subjekt- und situationsbezogen zu handhaben ist – bis zur Negation einzelner Aspekte, wenn dies einem produktiven Prozess „lebendigen Lernens" dienlich ist. Ein Spezifikum dieser Haltung liegt in der komplexen Blickrichtung auf Personen, Beziehungen, Sachen und Kontexte, die durch das Vier-Faktoren-Modell der TZI gegeben ist sowie in der prinzipiellen inneren Bereitschaft, in Begegnungen auch Sorge zu tragen für das Wohl des Anderen, in Kooperation zum Mitwirken anzuregen und dieses zu gestalten sowie Bildungsprozesse themenzentriert zu unterstützen.

1.2.5 Überlegungen zur Methode

Der Ausgangspunkt des Methodischen liegt in der Art und Weise, in der die pädagogische Aufgabe, die ja der Konzeptionsentwicklung insgesamt zu Grunde liegt, hier gesehen wird: als ein komplexes Geschehen, das weder instrumentalisierbar noch technisch ausgestaltbar, sondern als offener interaktiver Prozess angelegt ist, dessen Ziele und Mittel auf Bildung, Begegnung und Kooperation ausgerichtet sind. Bildung wird dabei als ein schöpferischer Vorgang *zwischen* dem Gegenständlichen und dem Subjekthaften, Begegnung als wechselseitiges mitmenschliches Geschehen *zwischen* dem personalen ICH und dem WIR der Gemeinschaftlichkeit, Kooperation als produktive Hervorbringung *zwischen* dem jeweilig individuellen Eigenen und dem übergreifend Allgemeinen gesehen.

Die Gleichwertigkeit dieser drei Dimensionen entspricht einer pädagogischen Sichtweise, die auf die Eigenaktivität des Menschen in seiner Zuwendung zur Welt, auf die Bedeutsamkeit mitmenschlicher Verbundenheit und auf die Notwendigkeit gemeinsamer Bemühun-

gen in der Gestaltung unseres Lebens setzt. Ein daran orientiertes sozialpädagogisches Handeln muss als offener Prozess konzipiert sein und daher mit Ambivalenzen und Mehrdeutigkeiten, mit Widersprüchlichkeiten und Unübersichtlichkeit rechnen.
Dementsprechend liegt das methodische Vorgehen der TZI vor allem im dynamischen Balancieren von Spannungsfeldern:

- So verschränkt z.B. die Idee der partizipierenden Leitung die aus der unmittelbaren Teilhabe am Geschehen resultierenden persönlichen Mitteilungen von Leitungspersonen mit ihren aus der Distanz zum Geschehen gewonnenen Interventionen; in den Prozess „eintauchen" und sich daran beteiligen gehört daher ebenso zum TZI-Leitungsverständnis wie das Einnehmen eines „exzentrischen Standpunktes" (vgl. Kap. 2.5 und 2.6), von dem aus die erlebten Vorgänge in einem anderen Licht erscheinen. Dabei steht die Partizipation der Leitung nicht in Widerspruch, wohl aber in einem Spannungsfeld zu normierenden und bewertenden Aufgaben im pädagogischen Feld. Insofern muss die Asymmetrie der pädagogischen Beziehung trotz des Ausgangspunktes der Gleichwertigkeit der an ihr beteiligten Menschen beachtet werden.
- Die Orientierung am TZI-Reflexionsmodell schafft Verbindungen – z.B. zwischen der Innenwelt des ICH und der Außenwelt des GLOBE, zwischen Sach- und Interaktionsaspekten, zwischen der Bedeutsamkeit des Einzelnen und der der Gesamtgruppe... – und macht damit das Ausgleichen von „zu viel des Einen" zur methodischen Gestaltungsaufgabe.
- Damit verbunden ist das dynamische Balancieren zwischen dem Einpendeln des interaktiven Geschehens in eine vereinheitlichende Prozessentwicklung und der Wirksamkeit des Perspektivenwechsels, d.h. das „Kippen der Balance, um die Unterschiedlichkeiten, die es zu berücksichtigen gilt, zu ihrem Recht kommen zu lassen"[144].
- Die zentrale operative Regel dieses dynamischen Balancierens im Reflexionsmodell kann darin gesehen werden, Verbindungen herzustellen und Unterschiede zu berücksichtigen, die Integration des

Differenzierten ebenso zu betreiben wie die Differenzierung des Integrierten. „Einheit und Unterschiedlichkeiten sind die Gegensätze, die in der Figur der dynamischen Balance zur Synthese kommen: Je mehr ich der Eigengesetzlichkeit der je eigenen Perspektiven gewahr werde, um so besser kann ich Verbindungen zu den anderen Perspektiven knüpfen. Je mehr ich mir der Interdependenz der Perspektiven bewußt bin, um so mehr kann ich der Eigendynamik der je eigenen Perspektiven gerecht werden"[145]. Insofern ist die Idee der Gleichgewichtigkeit der unterschiedlichen, im Reflexionsmodell angesprochenen, Perspektiven ein „Kompass" zur methodischen Gestaltung von Lern- und Arbeitsprozessen.

Vor diesem Hintergrund der *methodischen Aufgabe des „dynamischen Balancierens"* lassen sich zentrale Gestaltungsaufgaben themenzentrierten Arbeitens hervorheben:

• *Finden, Formulieren und Einführen von Themen:*

Die Intention der TZI liegt darin, Menschen zu ermöglichen, Aufgaben, Inhalte und Problemzustände sich zu eigen zu machen. Denn das „in Beziehung sein" orientiert sich in der TZI-Konzeption ausdrücklich auch auf etwas „Drittes", das einzelne oder Gruppen zum Gegenstand machen. Aus dem Blickwinkel des ICH betrachtet, zeigt das Reflexionsmodell die Dimension der sozialen Beziehung (ICH-WIR) und die Dimension der Bezugnahme (ICH-ES), die beide im übergeordneten Rahmen des GLOBE stehen.

Dadurch ergibt sich die methodische Aufgabe, Lerninhalte, Zustände und Sachverhalte in die Bezugnahme der Menschen zu bringen und sie zu ihrem Anliegen werden zu lassen, d.h. aus den sachlich-nüchternen Gegenständen Themen zu machen. Kroeger nennt diese methodische Leistung die „Verwandlung von menschlich unbezogenen ‚Sachen' und Problemzuständen in Bejahung und Perspektiven eröffnende Themen! ... Darin liegen die Mühe und das inzwischen bewährte methodische Vermögen der TZI ... Wie man aus beziehungslosen und ‚toten' Sachverhalten in kleinen überschaubaren Schritten für Unterricht und Arbeitsgruppen menschenbezogene

‚Themen' macht, das ist die eigentliche Aufgabe und Leidenschaft der TZI, eben weil sie von jener Grundannahme der vitalen Bedeutung von Themen ausgeht“[146].

Das methodische Bemühen besteht also in erster Linie darin, produktive und konstruktive Perspektiven zu eröffnen, in denen selbstbezogen und interaktiv an solchen Gegenständen gearbeitet und gelernt werden kann. In dem methodischen Vorgehen der Themenfindung und -formulierung steckt damit eine „Bewegung“ in zwei Richtungen: zum einen in die trennende Richtung der Vergegenständlichung, d.h. die der Differenzierung eines Gegenstandes, zum anderen in die vereinheitlichende Richtung der Aneignung solcher Aspekte des Gegen-ständlichen, die sich das ICH zu eigen machen will.

Die Thematisierung enthält damit beide Seiten, die der Distanzierung des dem ICH Gegen-stehenden und die der Annäherung durch die den Anliegen entsprechende Bezugnahme. Matzdorf und Cohn bezeichnen das Thema als formuliertes Anliegen, als zumeist verbal formulierter Fokus der Aufmerksamkeit: „Sowohl die Formulierung als auch die Einführung soll den Teilnehmenden individuell erleichtern, die eigene Eingangstür zu finden ... *Das Thema ist wie ein runder, zu erkundender Raum, der sehr viele Eingangstüren hat, weil es viele Wege zu ihm gibt*“[147].

Damit wird die Formulierung des Themas und die Art und Weise der Themeneinführung bedeutsam, die sowohl die Gruppenbildung als auch das gemeinsame Arbeiten am Gegenstand unterstützen soll. Insofern hat das Thema eine wichtige methodische Funktion und ist nicht etwas zusätzliches, auf das man genau so gut verzichten könnte. Die Formulierung des Themas soll die Sache, um die es geht, präsent halten und muss daher auf die Adressatinnen und Adressaten zugeschnitten sein; es soll sowohl einen sachbezogenen Fokus bilden als auch Spielräume eröffnen, damit es zum Mittelpunkt des interaktionellen Geschehens werden kann.

- *Vorgeben geeigneter Strukturen:*

Das Strukturieren als eine weitere methodische Aufgabe betrifft räumliche, zeitliche, inhaltliche und interaktionelle Bereiche des Ge-

schehens; in der Regel wird das strukturelle Moment in der Vorgabe eines Zeitrahmens sowie bestimmter Arbeitsformen (z.B. Einzelarbeit, Partnerarbeit, Kleingruppe, Plenum) und Arbeitsweisen (z.B. Diskussion, Erarbeitung, Übung, Rollenspiel, kreative Medien, gestalterische Tätigkeiten) deutlich, während eine inhaltliche Strukturierung bereits in der Themenformulierung steckt oder während des Arbeitsprozesses oft unbemerkt durch einzelne Beiträge erfolgt.
TZI-Strukturierung bedeutet Planung und Gestaltung durch formale, inhaltliche und interaktionelle Vorgaben, die wahrscheinlich den themenzentriert-interaktionellen Prozess am besten fördern können. Dazu gehört das gleichzeitige Offensein für das aktuelle Geschehen im Prozess, um situationsbezogen notwendige Veränderungen vornehmen zu können: „Starre Planung und Planlosigkeit sind gleichermaßen unbrauchbar“[148].
Strukturieren ist kein Selbstzweck, sondern dient als wesentliche Komponente der TZI-Methode einer Prozessgestaltung, in der das Vertrauen wachsen kann – in sich, in die anderen und in die Sinnhaftigkeit der Beschäftigung mit dem Gegenständlichen. Es ist gerade das strukturelle Moment, das eine möglichst freie Beschäftigung mit den eigenen Anliegen ermöglichen soll. Ruth Cohn schreibt dazu: „Es ist meine Erfahrung, daß in jeder Arbeitssituation, in der Strukturen nicht den Erfordernissen der Situation dienen, das Vertrauen auch zwischen gutwilligen Menschen sinkt ... Ich sehe also Struktur, Prozeß und Vertrauen als *gleichgewichtige Faktoren* an, die im Zusammenleben und -arbeiten beachtet werden müssen, wobei jedoch die Beachtung von Strukturmängeln bei ungünstigen Organisationsverhältnissen Priorität verlangt. Wenn Strukturen situations- und menschengerecht sind, erhöhen sich Vertrauen und die Qualität der Prozesse eher, als wenn der Ansatz ein Versuch ist, Prozesse positiv zu beeinflussen, während Strukturen unverändert ungünstig sind“[149].
Hier wird die Wichtigkeit des strukturellen Moments in der TZI deutlich; es geht darum, mit Hilfe einer angemessenen strukturierenden Vorgehensweise die Bedingungen für themenzentriertes Arbeiten zu schaffen. Denn das „beste Thema wird durch eine unpassende

Struktur unmöglich gemacht ... Und die Kunst, auf die es hier ankommt – so wie es zunächst auf die Kunst der Themengestaltung ankam –, ist es, Phantasie für Formen...zu entwickeln, in deren Atmosphäre ... das Risiko wirklich offenen Lernens mit Themen auch an kritischen und biographisch belasteten Stellen gewagt werden kann“[150].

• *prozessbezogenes Intervenieren:*

Intervenieren bedeutet „dazwischentreten, sich einmischen“. Intervenieren als Aufgabe der Leitung themenzentrierter Interaktionen heisst, verbal oder nonverbal Mitteilungen zu machen-im Sinne von Information geben, etwas nachfragen, einen spezifischen Aspekt hervorheben, eigene Reaktionen und Sichtweisen aussprechen, Wahrnehmungen verdeutlichen u.v.m.. Interventionen transportieren inhaltliche Aspekte (z.B. Informationen) und Beziehungsaspekte; sie können nüchtern-sachlich sein bzw. so verstanden werden, aber auch als Appelle, als Beziehungsdefinitionen oder als Selbstmitteilungen des Intervenierenden[151]. Im Sinne der TZI-Aussageinhalte sollten Leitungsinterventionen selektiv-authentisch sein und in direkter Kommunikation erfolgen. Damit werden Leitende auch als Person erfahrbar, sie legen ihr eigenes Verständnis des Prozesses offen und stellen es zur Verfügung. Solche Interventionen haben die Intention, den Verlaufsprozess zu beeinflussen, indem durch sie eine neue Richtung eröffnet, ein spezifischer Bedeutungsgehalt hervorgehoben oder eine andere Ebene der Betrachtungen gewählt wird. Aus meiner Sicht ist es sinnvoll, dabei drei Positionen zu unterscheiden, von denen aus Interventionen erfolgen:

- Interventionen aus der unmittelbar-partizipierenden Beteiligung am Geschehen können, ohne die Absicht einer gezielten Beeinflussung des Prozesses – und aus der deutlich wahrgenommenen Teilnehmer-Rolle – die Transparenz der leitenden Personen erhöhen und ihr eigenes Beteiligt-sein deutlich machen. Dies ist mitunter eine wichtige Hilfestellung für die Leitung, ihren eigenen „Erlebensboden“ wieder „unter die Füsse“ zu bekommen.
- Richtunggebende Interventionen können in der Orientierung an

den TZI-Postulaten und an den durch das Reflexionsmodell gegebenen Perspektiven die themenzentrierten Interaktionen im Auge haben und dem Prozess förderliche Impulse geben. Dies kann auch z.B. heissen, Störungen anzusprechen, die zwar spürbar sind, aber übergangen werden, oder Mitteilungen von einzelnen Teilnehmenden deutlicher in ihrem persönlichen Bezug werden zu lassen.

- Deutende Interventionen können ein reflexives Innehalten und Gewahrwerden des Geschehens bewirken, indem die Leitung aus einem distanzierten Blickwinkel Wichtiges zum bisherigen Prozessverlauf offen legt und dabei deutlich macht, dass Deutungen keine Glaubenswahrheiten und Leitungsfunktionen nicht mit Deutungshoheit verbunden sind.

1.2.6 Ein TZI-Modell für das sozialpädagogische Handeln

Ausgehend von den vorangegangenen Überlegungen zur Erarbeitung einer Konzeption sozialpädagogischen Handelns auf der Grundlage der Themenzentrierten Interaktion ergibt sich folgendes Modell, das die vier konzeptionellen Elemente inhaltlich ausfüllt:

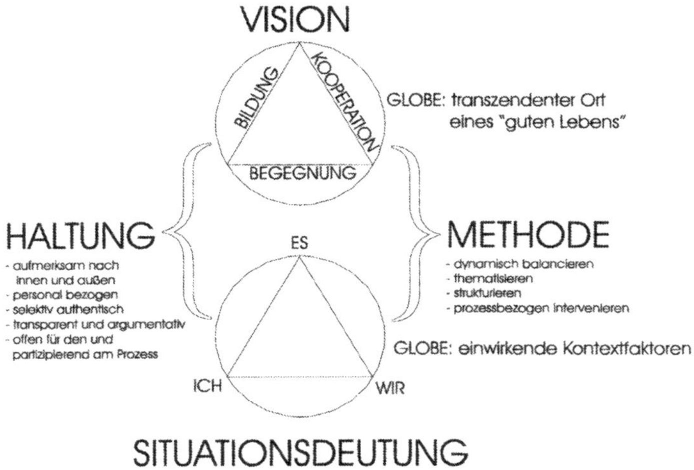

1.3 Resümmee: TZI als Beitrag zur Professionalisierung sozialpädagogischen Handelns

Das Berufsfeld der Sozialen Arbeit hat sich aus verschiedenen sozialpolitischen und handlungspraktischen Traditionen als ein Zusammenhang unterschiedlicher Maßnahmen, Angebote und Dienstleistungen der Unterstützung und Fürsorge, Bildung und Erziehung, Betreuung und Beratung – sowie der darauf bezogenen theoretischen Begründungen und institutionellen Regelungen – herausgebildet. Im Rahmen dieser Arbeit stehen Hilfeleistungen im Mittelpunkt, die an Handlungsfeldern sozialpädagogischer Beziehungsarbeit orientiert sind; d.h. es geht vor allem um Handeln in und an zwischenmenschlichen Beziehungen, das auf die Hilfe zum Lernen und zur psychosozialen Entwicklung ausgerichtet ist.

Sozialpädagogische Beziehungsarbeit steht in Spannungsfeldern[1] zwischen

- der Vermittlung von Hilfe zu einer autonom-interdependenten Lebenspraxis einerseits und normativer und administrativ bestimmter Kontrolle andererseits;
- der Nicht-Technologisierbarkeit des Beziehungshandelns, seiner Unübersichtlichkeit, Ungewissheit und Offenheit einerseits und der Zielorientierung, Planmäßigkeit sowie entsprechender instrumenteller Vorgaben (z.B. von Raum, Zeit und Ausstattung) andererseits;
- der mit- und einfühlenden Nähe eines personalen „ganzheitlichen" Verhältnisses einer helfenden Beziehung einerseits und der Notwendigkeit „professioneller" Distanz einer auf spezifische Lern- und Entwicklungsaspekte begrenzten Beziehung andererseits;
- dem Erfordernis der Berücksichtigung jeweils einmaliger biografischer Erfahrungswege sowie der daraus resultierenden spezifi-

schen Einstellungen und Erwartungen, die sich keiner Regelhaftigkeit unterordnen lassen einerseits und der Erforderlichkeit verallgemeinernder Begründungen sozialpädagogischen Handelns z.B. durch Bezug auf abstrahierende Theorie und allgemeine Verhaltensstandards andererseits.

Damit aber lassen sich die hier beschriebenen grundlegenden Dimensionen sozialpädagogischer Hilfeleistungen des „Sorgetragens", „Mitwirkens" und „Unterstützens" nicht als eindimensionale Handlungsaufforderungen, sondern als situativ zu balancierende Sinnorientierungen bestimmen, deren Einlösung im Handeln nicht an umschriebenen Verhaltensweisen festzumachen ist. So kann es durchaus im Sinne des Sorgetragens liegen, ein Risiko zuzumuten. Situationsbezogenes Gegenwirken kann in den Sinnbezug des Mitwirkens gestellt werden und aktiv zu einer Leistung herauszufordern, das kann im Sinne des Unterstützens sein. Das aber verschärft – vor allem unter dem Anspruch der Professionalisierung Sozialer Arbeit – die Notwendigkeit der Begründung des Handelns und der Auslegung des jeweiligen Tuns im Hinblick auf übergreifende sinnstiftende Zusammenhänge.

Worin aber ist die professionelle Qualität des sozialpädagogischen Handelns begründet? Um dieser Frage näher zu kommen, beziehe ich mich auf Oevermanns Beschreibung dreier individueller und gesellschaftlicher Brennpunkte, die einen besonderen – professionalisierten – Handlungstypus erforderlich machen: „Fragen wir uns, auf welche materialen Lebensbereiche sich die Geltungsansprüche von paxisbegründenden und legitimationsbedeutsamen sinnstiftenden und normalisierenden Regeln, Prinzipien, Deutungsmustern und Praktiken beziehen, die in eine gesellschaftlich folgenreiche Geltungskrise geraten können, die eigens bearbeitet werden muß, dann ergeben sich letztlich die folgenden beiden: (1) Die Aufrechterhaltung und Gewährleistung einer kollektiven Praxis von Recht und Gerechtigkeit im Sinne eines die jeweils konkrete Vergemeinschaftung konstituierenden Entwurfs einerseits und (2) die Aufrechterhaltung und Gewährleistung von leiblicher und psychosozialer Integrität des einzelnen im Sinne eines geltenden Entwurfs der Würde des Menschen andererseits. Diese beiden Problemfoci stehen ihrerseits in einem polaren Spannungsverhältnis zueinander, analog der dialektischen widersprüchlichen Einheit von Individuum und Gesellschaft. Indem mit zunehmender gesellschaftlicher Differenzierung und Rationalisierung die Entwürfe von Normalität und ihre Begründungen sich ausdifferenzieren, wird (3) die Kritik der diesbezüglichen Geltungsfragen und die methodische Sicherung dessen, was Wahrheit ist, zum eigenlogischen Problembereich"[2].

In diesen drei Problemfeldern individueller wie gesellschaftlicher Lebenspraxis sind für Oevermann die funktionalen Brennpunkte professionalisierten Handelns zu finden. Im historischen Zusammenhang haben sich hierzu drei klassische Professionen herausgebildet: rechtspflegerisches Handeln zur Sicherung von Recht und Gerechtigkeit, medizinisch-therapeutisches Handeln zur Gewährleistung leiblicher und psychosozialer Integrität sowie Geltungen überprüfendes Handeln durch die Etablierung wissenschaftlicher Disziplinen[3].

Ausgehend von den drei klassischen Professionen der Rechtspflege, der Medizin und der (vormals Theologie) Wissenschaft lassen sich die von ihnen jeweils spezifisch bearbeiteten Aufgabenfelder verallgemeinernd auch im Zusammenhang Sozialer Arbeit betrachten: Denn hierbei geht es um Probleme

- (vgl. 1) der Aufrechterhaltung kollektiv-normativer Regelungen des sozialen Zusammenlebens in Gemeinschaft und Gesellschaft[4];
- (vgl. 2) der Sicherung psychosozialer Integrität des einzelnen Menschen;
- (vgl. 3) der Gewinnung von Geltungsansprüchen, unter die die jeweiligen Problemlösungen der individuellen und sozialen Lebenspraxis gestellt werden können.

Die drei von Oevermann genannten Brennpunkte stehen in einem Wechselverhältnis zueinander, wobei die klassischen Professionen einen jeweiligen Focus schwerpunktmäßig bearbeiten. Das Spezifische professioneller Sozialer Arbeit scheint nun gerade darin zu liegen, dass sie – unspezifisch und übergreifend – auf das Spannungsfeld

von psychosozialer Integrität *und* konsensueller Einigung bezogen ist, dabei Hilfe und Kontrolle betreibt, sowie mit der Etablierung entsprechender Bezugswissenschaften wie Psychologie, Erziehungswissenschaft, Soziologie u.a. (und den Versuchen der Entwicklung einer Sozialarbeitswissenschaft) sich unter die Geltungsansprüche abstrahierend-theoriebezogener Reflexion stellt.
Wagner[5] greift in seiner Theorie pädagogischer Professionalität den Gedankengang Oevermanns auf: Pädagogische Professionen sind Instanzen zur Bewältigung von individuell und gesellschaftlich relevanten Problemen, die in der alltäglichen Lebenspraxis entstehen und durch Normenvermittlung, Therapie und Wissensvermittlung bearbeitet werden können[6]. Dazu greifen Professionen auf wissenschaftliches Theoriewissen zurück und bringen es in Relation zu dem jeweils kommunikativ aufgeschlüsselten Einzelfall. Insofern ist professionalisiertes Handeln der Vermittlungsort von Theorie und Praxis, von abstraktem Theorie- und konkretem Fallbezug.
Der entsprechende professionelle Handlungstypus erlaubt das Balancieren zwischen diffus-„ganzheitlichen" und spezifisch-begrenzten Sozialbeziehungen sowie zwischen theoriebezogener Einordnung des Einmaligen und seiner fallbezogenen Rekonstruktion. „Professionen lösen stellvertretend praktische Probleme. Dabei wird gleichsam ständig im Zuge spontaner Entscheidungen, die sich im Nachhinein als begründet erweisen, gegen die Wissenschaft eine eigene Form von Rationalität erzeugt. Auf diese Weise konstituiert sich in den Professionen eine je eigene Semantik (Berufliches Wissen, Fachsprache usw.). Diese Semantik dient dann wieder der Bearbeitung von Problemen"[7].
Für das sozialpädagogische Handeln liegen die inhaltlichen Schwerpunkte, zu denen sie „stellvertretende Deutung" leisten muss, in Problemen (1) der Aufrechterhaltung koexistentieller und kooperativer Lebenspraxis, (2) der Wiedergewinnung einer prekär gewordenen psychosozialen Integrität und (3) der Entwicklung alltagspraktisch-reflexiver Handlungsbegründungen, die sich auf allgemein anerkannte Geltungsansprüche der Argumentation beziehen. Darauf be-

zogen ist sozialpädagogisches Handeln an den Funktionen der Entwicklungs- und Lernhilfe orientiert und erstreckt sich auf alle biografischen Phasen eines Menschen. Für Wagner ist das Lernen von Neuem im Zusammenhang lebenspraktischer Probleme der entscheidende Bezugspunkt zur Konstituierung einer Professionalisierungstheorie pädagogischen Handelns. „Für den Sozialarbeiter bzw. Sozialpädagogen bedeutet dies, daß er auf der Folie seines wissenschaftlichen Wissens und seiner Verstehensfähigkeit, und das heißt letztlich der Beherrschung der widersprüchlichen Einheit von wissenschaftlicher und hermeneutischer Kompetenz, stellvertretend für den Klienten das bestehende Handlungsproblem deutet ... Der professionell handelnde Sozialarbeiter bzw. Sozialpädagoge wäre demzufolge ein stellvertretender Deuter des objektiven latenten Sinns von lebenspraktischen Handlungsproblemen und damit Initiator von Lernprozessen, deren Ziel eine Verhaltensänderung bei den Klienten ist"[8].
Wenn sich professionalisiertes Handeln sowohl durch seinen unmittelbar konkreten Fallbezug als auch durch seine Wissenschaftsorientierung auszeichnet, so ist damit noch nicht die ihm eigene Form von Rationalität (s.o.) erfasst. Für Oevermann liegt diese vor allem in der Herausbildung eines professionalisierten Habitus, d.h. in einer habitualisierten Einheit von Rollenhandeln und Handeln als Person, von Elementen spezifischer und diffuser Sozialbeziehungen[9].
Mit der von Bourdieu ausgearbeiteten Kategorie des Habitus wird damit ein theoretisch anspruchsvoller Begriff eingeführt, der eine Schnittstelle zwischen individuellem „Innerlichen" und gesellschaftlichem „Äußerlichen" zu erfassen versucht, im Hinblick auf das konkrete sozialpädagogische Alltagshandeln aber, von charakteristischen Typisierungen wie z.B. dem „hilflosen Helfer" abgesehen, wenig erfasst und auch die fachspezifische Semantik (s.o.) Sozialer Arbeit nicht in den Blick nimmt. Aus meiner Sicht ist es daher für die Perspektive der sozialpädagogisch Handelnden sinnvoller, das professionalisierte Handeln als ein konzeptionsbezogenes Handeln aufzufassen. Als Handlungskonzeption verstehe ich einen Entwurf von grundlegenden Elementen, die das Handeln sowohl sinnbezogen als

auch situationsoffen organisieren können. Diese Elemente müssen einerseits das jeweilige Tun erfassen und veranschaulichen, andererseits aber bereits eine erste Abstraktion vom rein Erzählerischen und darin eine fachspezifische Systematisierungsleistung erbringen.
Als vier Konzeptionselemente, die ein elaboriertes Netz von Sinndeutungen zur Aufschlüsselung und Bearbeitung fachlicher Aufgaben und Probleme knüpfen, habe ich beschrieben:
a) Das Element der *Situationsdeutung* stellt die Frage „Was ist hier eigentlich los?". Damit erschließt sich der Handelnde das Feld seiner Aufgaben, Problemzustände und Handlungsanlässe interpretativ. Denn jeder Handlungsanlass wird ja nicht einfach als objektive und feststehende Ausgangslage vorgefunden, sondern fachspezifisch interpretiert.
b) Im Spannungsfeld dazu steht das Element der *Vision.* Damit meine ich Vorstellungen, Leitideen und Sinnbilder von dem, was sein könnte oder sein sollte. Die sozialpädagogische Vision gibt dem Handeln eine bewertende Ausrichtung, die jeweiligen instrumentellen Zielen übergeordnet ist. Diese Ausrichtung auf „wünschenswerte Verhältnisse" enthält ein in die Zukunft entworfenes Bild.
c) Wenn es nun darum geht, die aus Situationsdeutung und Vision gewonnenen Impulse in entsprechende Handlungsweisen einzubringen, so erfasst das Konzeptionselement der *Haltung* die gleichmäßig sinnbezogenen Einstellungen und inneren Handlungsbereitschaften in Bezug auf die Personen und Aufgaben, die das Handeln erforderlich machen.
d) Neben diesem inneren Moment der Haltung lässt sich *Methode* als das Konzeptionselement beschreiben, das das Handeln von der Seite der jeweiligen äußeren Vorgehensweise erfasst. Die Methode beschreibt den Weg, auf dem der Handelnde die Aufgabenbearbeitung und Problemlösung angeht.
Diese vier Elemente bilden, zusammengenommen und aufeinander bezogen, eine handlungsorganisierende Konzeption. Sie zeigen ein jeweils eigenes inhaltliches Profil und wirken gerade in ihrem inneren Zusammenhalt, der sich durch inhaltliche Ergänzungen und Über-

schneidungen ergibt, als programmatischer Entwurf für ein situationsoffenes und dennoch organisiertes Handeln.
Inwiefern lässt sich nun die Themenzentrierte Interaktion zur konzeptionellen Orientierung eines professionalisierten sozialpädagogischen Handelns gewinnen? Aus meiner Sicht liegen Analogien zwischen den Merkmalen einer Profession und der Aussagesystematik der TZI in dreifacher Hinsicht vor:

- Eine *strukturelle Analogie* sehe ich in Bezug auf die konstitutionellen Antinomien, mit denen pädagogische Professionen rechnen müssen. Mit der Leitidee der „dynamischen Balance" macht die TZI das Ausbalancieren von Spannungsfeldern zum Grundsatz ihrer gesamten Konzeption und führt dies z.B. methodisch im Perspektivenwechsel der vier Faktoren des Reflexionsmodells oder in der Haltung „selektiver Authentizität" aus. Im Spannungsfeld von Antinomien und Paradoxien zu handeln bedarf einer konzeptionellen Orientierung, die durch Gegensatzeinheiten bestimmt ist. Durch die Aussagesystematik der TZI ziehen sich solche Aussagebestandteile wie ein roter Faden.
- Eine *inhaltliche Analogie* sehe ich in Bezug auf die Handlungsanlässe, die einen professionalisierten Handlungstypus erforderlich machen. Das, was die klassischen Professionen bearbeiten, sind – sozialpädagogisch akzentuiert – Probleme des sozialen Zusammenlebens in Gemeinschaft und Gesellschaft, der psychosozialen Integrität des einzelnen Menschen sowie der Geltungsbegründungen, unter die das lebenspraktische Handeln jeweils gestellt wird.

  Ausgangspunkt der TZI-Aussagesystematik ist das Spannungsfeld von Autonomie und Interdependenz, das im zweiten Axiom eine humanistische Ausrichtung erhält und im dritten Axiom als prinzipiell entwicklungsfähig betrachtet wird. Damit legt die TZI ihre Betrachtungen vor allem auf solche Bereiche der Lebenspraxis, in denen die Entwicklung der autonom-interdependenten Chairperson zum Problem wird. Das Vier-Faktoren-Modell analysiert solche Problembereiche mehrperspektivisch: unter den Gesichtspunkten des selbstverantwortlich handelnden ICHs, das in soziale Interaktionen des WIR eingebunden und auf das gesellschaftliche Umfeld des GLOBE bezogen ist. Neben der sozialpädagogisch höchst relevanten ICH-WIR-GLOBE-Dynamik artikuliert die Kategorie des ES die jeweils sachbezogenen Aspekte, wobei diese unter der Prämisse des Störungspostulats vor allem auf Aspekte prekärer Lebenspraxis fokussiert sein können.

Die Mehrdimensionalität des TZI-Reflexionsmodells nimmt die drei von Oevermann genannten Problem-Brennpunkte, die einen professionalisierten Handlungstypus erfordern, auf und ermöglicht gerade im Wechsel der Perspektiven fallspezifische Fokussierungen. Damit aber weisen die strukturellen und inhaltlichen Grundlagen einer Professionalisierungstheorie und der Konzeption der Themenzentrierten Interaktion eine deutliche Ähnlichkeit auf.

- Eine *methodische Analogie* sehe ich im Hinblick auf die von Wagner auf das Prinzip des Lernens von Neuem bezogene „stellvertretende Deutung"[10]. Indem er sie, unter Bezug auf Koring, auf subjektbezogene, inhaltsbezogene, interaktionsbezogene und kontextbezogene Aspekte erweitert[11], bildet er Ebenen des Lernens ab, die im TZI-Reflexionsmodell als Faktoren ICH, ES, WIR, und GLOBE enthalten sind. Diese sind wiederum die Bezugspunkte für das – anthropologisch begründete – methodische Prinzip des Thematisierens lebenspraktischer Handlungsprobleme und ihrer Bearbeitung. Indem Wagner in seiner Theorie pädagogischer Professionalität auf der Folie dieser Erweiterung des Lernfeldes zeigen möchte, dass durch stellvertretende Deutung „ein emergierendes Handlungsproblem..., wenn es adäquat auf der Folie der bisherigen Wissens- und Erfahrungsbestände des Betroffenen bearbeitet worden ist, einen Lernprozeß in Gang setzt, der zu Verhaltensänderungen führt"[12], vertritt er ein Anliegen, das dem auf sozialpädagogische Handlungsanlässe ausgerichteten „lebendigen Lernen" der TZI recht nahekommt.

Damit aber stehen strukturelle, inhaltliche und methodische Aspekte einer pädagogischen Professionalisierungstheorie in Analogie zu Aussagen der Themenzentrierten Interaktion. Indem TZI außerdem die vier von mir dargestellten Konzeptionselemente inhaltlich ausfüllt, erweist sie sich als differenzierte, das Handeln in offenen Situationen organisierende Konzeption. Deren sozialpädagogische Ausrichtung bedeutet professionstheoretisch eine Orientierung an eher unspezifischen lebenspraktischen Problemlagen, in denen es letztlich um die Gewährleistung einer gleichermaßen autonomen wie interdependenten Lebenspraxis geht. Diesem Moment der Unspezifität habe ich versucht dadurch Rechnung zu tragen, dass ich für die visionäre Orientierung des sozialpädagogischen Handelns auf die allgemeinen und an der Lebenspraxis ausgerichteten Kategorien der Bildung, Begegnung und Kooperation zurückgreife. Sie stehen für differenzierende und integrierende Lern- und Entwicklungsprozesse im Spannungsfeld

- von Subjektivität und Gegenstandsbezug (Bildung),
- von Personalität und Gemeinschaftlichkeit (Begegnung),
- von jeweils Eigenem und übergreifendem Allgemeinen im Hinblick auf gemeinsame Sachverhalte, Aufgaben und Problemzustände (Kooperation). In ihrer visionären Ausrichtung können sie das Handeln im Hinblick auf die drei Dimensionen sozialpädagogischer Hilfeleistung des Unterstützens, Sorgetragens und Mitwirkens organisieren.

Teil 2
Theorie und Praxis konzeptionsbezogenen sozialpädagogischen Handelns

Im zweiten Teil dieses Buches möchte ich zunächst die in der TZI sowohl beschreibend als auch bewertend verwendeten Kategorien des ICH, WIR, ES und GLOBE mit Hilfe sozialwissenschaftlicher Theorien näher betrachten und in sozialpädagogische Arbeitszusammenhänge stellen (Kapitel 2.1 bis 2.4). Im Anschluss daran (Kapitel 2.5 und 2.6) versuche ich eine Rückbindung der Themenzentrierten Interaktion an die Psychoanalyse, von der sie ja ihren Ausgang genommen hat. Ich untersuche Möglichkeiten einer Einbeziehung latenter und unbewusster Sinngehalte in die themenzentrierte Arbeit und stelle dabei Zusammenhänge her zu den im ersten Kapitel des Buches entwickelten Überlegungen zum professionellen sozialpädagogischen Handeln.

2.1 Das ICH der Personalität – das WIR der Gemeinschaftlichkeit

Das Fundament der TZI-Aussagesystematik liegt in ihrem Menschenbild, das durch die Gegensatzeinheit von Autonomie und Interdependenz bestimmt ist. Das erste – existentiell-anthropologische – Axiom stellt den Menschen in den Mittelpunkt. Es betrachtet ihn zugleich als eine psychobiologische Einheit und als einen Teil des Universums. Es geht damit von einem Spannungsfeld aus, dessen produktive Entfaltung in der Bewusstwerdung des autonom-interdependenten Daseins zu suchen ist.
Damit wird deutlich, dass die Axiome der TZI keine objektivierenden Beschreibungen sind, sondern „existentielle, wertgebundene Aussa-

gen ... zum Zwecke der konstruktiven Veränderung der inneren und äußeren Wirklichkeit[1]". Sie wollen Vorstellungen über den Menschen entwerfen, „die das humanistische Anliegen der TZI legitimieren und begründen sollen"[2].

Zur Frage „Was ist der Mensch?" führen Paul Matzdorf und Ruth C. Cohn in ihrem grundlegenden Aufsatz zum Konzept der Themenzentrierten Interaktion folgende inhaltliche Facetten dieses Autonomie-Interdependenz-Zusammenhanges aus[3]:

- Die Frage des Menschen nach sich selbst lässt sich nicht solipsistisch vom Ich aus beantworten, sondern beinhaltet prinzipiell die Frage nach dem Ganzen der Wirklichkeit.
- Eigenständigkeit und Anteilhaftigkeit sind miteinander verschränkt und müssen als Gegebenheiten menschlichen Daseins gleichermaßen anerkannt werden.
- Das Erleben ist ein ganzheitliches subjektives Geschehen, gebunden an unterschiedliche psycho-somatische Dimensionen des menschlichen Organismus.
- Das Erleben des „Ich bin" beinhaltet sowohl Innen- als auch Außenperspektiven. Damit liegt in der Möglichkeit der Bewusstwerdung sowohl die Dimension des Selbstbewusstseins als personale Einheit als auch die transpersonale Dimension des Bewusstseins interdependenter Wirklichkeit.
- Nur als Mensch unter anderen Menschen entwickelt sich das subjektive Erleben des „Ich selbst", das gleichzeitig vom Bewusstsein, „nicht ein anderer" zu sein, begleitet ist.
- Interdependenz ist ein konstitutives Moment der Subjektivität. Damit kann durch das Bewusstsein interdependenter Zusammenhänge ein Zuwachs an Autonomie ermöglicht werden.
- Selbstbestimmung ist eine Fähigkeit des sich entwickelnden Ich, die im Zusammenhang nicht frei verfügbarer und auch unbewusster Lebenszusammenhänge steht.
- Neben der Dimension des (letztlich universellen) Raums bestimmt die Dimension der Zeit das Erleben des Menschen; insofern ist die in der Humanistischen Psychologie favorisierte „hier-und-jetzt"-

Perspektive nur eine Dimension, die durch die Geschichtlichkeit menschlicher Existenz erweitert werden muss.

Damit impliziert das erste Axiom ein autonom-interdependentes Menschenbild, das im Chairperson-Postulat fortgeführt wird. Ruth Cohn erläutert den Begriff der Chairperson mit Hilfe der Aufforderungen: „Sei dir deiner inneren Gegebenheiten und deiner Umwelt bewußt. Nimm jede Situation als Angebot für deine Entscheidungen. Nimm und gib, wie du es verantwortlich für dich selbst und andere willst.“[4] In vielerlei Variationen werden in der TZI-Literatur die hier angesprochenen grundlegenden Momente des autonom-interdependenten Ich der Chairperson ausgeführt: Bewusstheit, Entscheidung und Verantwortung sind dabei die zentralen Begriffe, die das Postulat der Selbstbestimmung inhaltlich konturieren. „Das Aussprechen des ‚Sei du selbst...‘ erinnert mich an meine Möglichkeiten in mir und mit euch.

Dies Ansprechen meiner selbst oder des anderen durch das Chairperson-Postulat ist die schlechthin zentrale pädagogische, therapeutische und politische Intervention der TZI. Sie ist Ausdruck menschlicher Individualität und Solidarität, d.h. eine in der Gemeinsamkeit unseres Getrennt- und Andersseins verwurzelte Aufforderung...“[5]. Damit wird deutlich, dass das Chairperson-Postulat nicht einer narzisstischen Selbstbespiegelung huldigt, sondern die bewusst getroffene und verantwortete Entscheidung in einen sowohl subjektiven als auch sozialen Rahmen stellt; denn es geht der TZI weder um Individualismus noch Kollektivismus, sondern um „*Gemeinschaftlichkeit* der einzelnen im Gemeinwesen und in der Welt“[6].

Damit vertritt TZI ein Menschenbild, in dem „Individualität und Gemeinschaftlichkeit dem Werte nach als ebenbürtig“[7] anzusehen sind. Kroeger weist darauf hin, dass dies beachtenswert ist: Das Moment des Eingebundenseins wird nicht als sekundäres Korrektiv der sonst ausufernden Folgen der Freiheit des Individuums gesehen, „sondern hier wird von vornherein grundlegend und gleich ursprünglich die Gleichzeitigkeit und Gleichwertigkeit beider Grundannahmen oder besser: beider Elemente der einen Grundannahme

Autonomie und Interdependenz als Bedingung realistischer und wirklicher Freiheit behauptet"[8].
Im TZI-Reflexionsmodell werden diese Überlegungen in der Grundlinie des Dreiecks aufgeführt. Hier geht es zum einen um das personale ICH: „Ich kann mich als Person empfinden, erspüren und erkennen wie niemand sonst, nämlich subjektiv ... Je mehr ich mein Bewußtsein für mich selbst erweitere, um so deutlicher wird mir die Vielfalt innerer Strömungen und Motivationen; um so einfacher wird es auch zu verstehen, daß jeder Mensch anders ist und sein muß in der Vielfältigkeit seiner Erlebnisse und Fähigkeiten; denn seine Anlagen und die von ihm durchlebte Geschichte ist nie meine eigene"[9].
Zum anderen bedarf es der Teilhabe am WIR. Dieses WIR ist „eine Gestalt, die durch die jeweiligen Ichs in deren Interaktion entsteht und, wie jede Gestalt, mehr ist als die Summe ihrer Teile"[10]. Dieses WIR ist damit nicht formal bestimmbar, z.B. als empirischer Sachverhalt mehrerer Menschen, die – wie auch immer – aufeinander reagieren. Nicht die quantitative Ansammlung von Menschen macht das WIR aus, sondern erst das Herstellen von Verbindungen unter Berücksichtigung von Unterschiedlichkeiten lässt aus der unbezogenen Masse ein bezogenes WIR werden.
Damit wird deutlich, dass die Aussagesystematik der TZI ein durchgängig sowohl individuiertes als auch sozial bezogenes Bild vom Menschen vertritt, das ich in den folgenden Überlegungen theoretisch fundieren möchte. Der Kerngedanke ist dabei die doppelte Kontingenz in der ICH-WIR-Verbindung, die im TZI-Reflexionsmodell veranschaulicht ist: Weder lässt sich das ICH vollständig auf Bedingungen seiner sozialen Umwelt zurückführen, noch ist das WIR durch die „Qualität" der an ihm teilhabenden Individuen vollständig bestimmt. Sowohl das ICH als auch das WIR sind autopoietische prozesshafte „Gestalten", deren jeweilige Eigenständigkeiten zu beachten sind.
Um diesen Gedankengang zu entfalten gehe ich, orientiert an Volker Gerhardts Ausarbeitungen zur selbstbestimmten Individualität[11], von grundlegenden Aspekten biologischer Selbstorganisation und

handelnder Selbstbestimmung aus (2.1.1) und arbeite einige Überlegungen zur Personalität heraus (2.1.2). Diese verbinde ich anschließend mit dem theoretischen Entwurf Axel Honneths zu Mustern intersubjektiver Anerkennung (2.1.3). Vor diesen theoretischen Hintergrund stelle ich abschließend ein Fallbeispiel aus der Arbeit mit TZI in einem Kinderhaus, das die prekäre Balance von ICH und WIR veranschaulichen soll (2.1.4).

2.1.1 Biologische Selbstorganisation und handelnde Selbstbestimmung

Ausgangspunkt der Überlegungen zur Charakterisierung des menschlichen Lebens ist die Einbindung des Menschen in seinen Lebenszusammenhang: „Gemeint ist das Leben, das wir *sind*, aus dem wir alles *haben* und in dem wir *völlig aufgehen*“[12]. In diesem – weit gespannten – Funktionskreis des Lebens *sind* wir leibliche Selbstorganisation und *haben* Einsichtsfähigkeit, Urteilskraft und Erkenntnisvermögen. Allein durch „von außen“ gewonnenes und gegenständlich beschriebenes „Wissen über...“ kann dieser umfassende Funktionskreis aber nicht adäquat erfasst werden. Statt desssen benötigt der Zugang zum Leben, das wir sind und haben, die innere Anschaulichkeit der eigenen Lebendigkeit. Denn wir empfinden, fühlen und begreifen zu allererst an uns selbst, was Leben heißt. Und ohne die Berücksichtigung dieser inneren Selbstbezüglichkeit des Erlebens, in die alles eingeht, was wir empfinden und wahrnehmen, erkennen und wissen, glauben und hoffen, würde beim Versuch der Beschreibung des Menschen Wesentliches verloren gehen.
Zunächst aus der Distanz betrachtet ist der Mensch ein entspezialisiertes, „nicht festgestelltes“ Tier (Nietzsche), das auf Grund seiner relativen Instinktlosigkeit offen für unterschiedlichste Lebensumwelten ist. Sein besonderes und im Zusammenhang dieser Unspezialisiertheit stehendes Merkmal ist die Fähigkeit zu handeln. Damit ist die Öffnung des instinktbezogenen Verhaltensrepertoirs für jeweilige si-

tuationsspezifische Anforderungen gemeint. Dies ermöglicht es, aus dem Erleben von Erfolg und Misserfolg zu lernen. Indem die Fähigkeit zur Selbstkorrektur des Verhaltens durch die eigenen Erfahrungen bewusst wird, erweitert sich das Moment der Selbststeuerung durch eigenes Wissen zur Qualität des Handelns und führt zu einer gesteigerten Form der Selbstorganisation, in der sprachgeleitete und bildhafte Vorstellungen, Absichten und Gründe, bewusstes Wollen und kritische Urteilskraft eine zentrale Rolle spielen.

Die evolutionären Vorteile dieser Selbstorganisation liegen auf der Hand: gemachte Erfahrungen und aktuelle Befindlichkeiten können aufeinander bezogen werden, daraus – und aus nur gedachten Erfahrungsmöglichkeiten – sind beschleunigte Lerneffekte zu gewinnen. Und durch die Möglichkeit zur Mitteilung des selbst Erfahrenen ergeben sich kumulierende soziale Lernzusammenhänge. Dadurch aber können menschliche Gemeinschaften in ihrer Vergegenwärtigung einer gemeinsamen Welt als ganze handlungsfähig werden.

Eine existenzielle Paradoxie dieses „offenen" Lebewesens Mensch liegt darin, dass er *einerseits* nur aus sich heraus handeln kann, d.h. aus seinen eigenen Impulsen, mit seinen eigenen Gründen und Vorstellungen, Absichten und Zielen. Seine Selbsttätigkeit verweist auf seine eigene Organisation geschlossener operationaler Funktionen. Nicht nur Stoffwechsel und physiologische Reproduktion haben ihre organisierte Gestalt, sondern auch die höheren und bewusstseinsfähigen Mechanismen individuierter Selbststeuerung. Damit hat das Leben auf allen seinen Ebenen System; es ist nicht nur Aktivität und Bewegung, sondern stellt auf diesen unterschiedlichen Ebenen und in geordneten Verfahren jeweils höhere Systemzustände funktionaler Kohärenz her[13].

Andererseits kennzeichnet dieses „offene" Lebewesen Mensch eine gleichursprüngliche Bedingtheit und Angewiesenheit auf eine soziale Umwelt. Selbstorganisation und handelnde Selbstbestimmung sind nicht Selbstschöpfung, sondern wesentlich abhängig von dem, was Ökonomie und Ökologie, Kultur und Technologie bereitstellen oder vorenthalten. Damit ist der geschichtliche und gesellschaftliche Rahmen als der *wesensbestimmende* größere Zusammenhang gemeint, der sowohl als allgemeine Daseinsbedingung als auch als spezifische Inhalte des Selbstbewusstseins wirksam ist. Gesellschaft lässt sich dabei als der Bereich der Natur betrachten, in dem das Individuum seine Vorstellungen und Überzeugungen, Handlungsziele und -gründe gewinnt. Dies lenkt den Blick auf die vielfältigen Interdependenzen, in die der Mensch eingebunden ist und in denen er seine Wesensbestimmung entwickelt.

Damit aber wird die (Selbst-)Beschreibung des in seinem Handeln wirksamen Menschen nur in einem Spannungsfeld möglich, das auf monadologische wie auf deterministische Betrachtungen verzichtet und der Gleichzeitigkeit von „aus sich heraus" wie „angewiesen auf..." Rechnung trägt. Ein solches Individuum steht in leibhaftig-lebendiger Beziehung zu seinesgleichen wie zu seiner Umgebung. „Die Grenzen, die es dabei zwischen sich und allem anderen vorfindet, Grenzen, die es teils selbst erweitert, verstärkt und sichert, teils durchlässig macht oder aufhebt, zu einem nicht geringen Teil aber einfach nicht ändern kann, sind *Funktionen* seiner biologischen Organisation, die beim Menschen von den psychischen, sozialen, kulturellen und geistigen Momenten seines Daseins nicht zu trennen sind"[14].

2.1.2 Das ICH der Personalität

Alles Lebendige ist als organisierte Einheiten verfasst und Individualität ist ein zentrales Merkmal des menschlichen Lebens. Dieses gewinnt die besondere Qualität des Selbstbewusstseins dadurch, dass das menschliche Individuum, indem es „Ich" sagt, sich selbst denkt und dabei über sich selbst eine Außenposition gewinnen kann. In dieser Gleichzeitigkeit des Selbst-Seins und Selbst-Habens liegt bereits eine grundlegende Form der Selbstbestimmung. Denn hierbei wird das zunächst leibliche Selbst theoretisch und praktisch zum Subjekt *und* Objekt eines bewussten Selbstverhältnisses.

Das Erleben, dass „Ich" es bin, der etwas denkt, begleitet – einmal mehr, einmal weniger – alle Vorstellungen. Damit ist aber jedes ES-bezogene Denken an ein denkendes ICH gebunden. Diese prinzipielle Verknüpfung zwischen dem Vorstellungsinhalt und dem jeweiligen ICH erhält die besondere Erlebensintensität der Bewusstheit dadurch, dass das ICH sich seiner situativen Befindlichkeit im Akt der Bezugnahme auf ein ES gewahr wird. Damit aber wird das „allgemeine Selbst", das jedem Menschen zukommt, zu einem „profilierten Selbst", d.h. zu einem sich seiner eigenen Individualität bewussten Selbst[15]. Leibliche Selbsterfahrung wird dadurch überführt in die Qualität einer ausdrücklich selbstbewussten Individualität (vgl. hierzu Kap. 2.6.1).

Dies ist ein deutliches Merkmal von Eigentätigkeit des Individuums, das sich in dieser Qualität des Bewusstseins seiner eigenen Individualität ausdrücklich gewahr ist und sich in seiner Eigenart auf sich selbst bezieht. Diese Selbstbezüglichkeit des menschlichen Individuums auf der Stufe der Bewusstheit legt es nahe, nicht nur von einem Selbst der leiblichen Vollzüge, sondern von einem Selbst des Selbstbewusstseins zu sprechen.

Mit den bewussten bildhaften und begrifflichen Vorstellungen kommen verschiedene qualitative Seinsmerkmale ins Spiel:

- Die Gleichzeitigkeit von Bezug und Distanz des ICH zum vorgestellten ES, d.h. zum *Gegen*-stand der Vorstellung, ergibt eine eigenartige Erlebensweise: Ich denke etwas, das ich nicht bin, aber ohne mich verschwindet dieser Gedanke.
- Die Allgemeinheit des begrifflichen Denkens bringt etwas Objektiviertes (z.B. der allgemeinen Sprachsymbole) ein; damit bewegt sich Individualität im sozialen Raum der *allgemeinen* Begriffe, wobei im Denkvorgang das Individuelle und das Allgemeine nur zwei Seiten eines Zusammenhangs sind[16].
- Die Identifizierung von etwas als etwas und die damit verbundene Sondierung und Unterscheidung in der Wirklichkeit betrifft nicht nur die gegenständliche Welt, sondern auch das ICH. Damit gewinnen wir Identität gerade im distanzierenden Vorgang der Unterscheidung[17].

- Die Wirksamkeit unserer Aktivitäten steht im Dienst sowohl des leiblichen als auch des bewussten Selbst. Unser Erleben ist bestimmt durch unser physisches Sein, aber auch durch unser psychosoziales Sein, das wiederum durch und durch Teil der physischen Welt ist[18]. Damit ist deutlich, dass das Individuum nicht nur über seine Leiblichkeit, sondern auch über sein (Selbst-)Bewusstsein von der übrigen Wirklichkeit getrennt und gleichermaßen mit ihr verbunden ist.

Diesem Sachverhalt der gleichzeitigen Distanziertheit und Bezogenheit entspricht in der TZI z.B. die Unterscheidung von ES und THEMA (vgl. Kap. 2.2). Denn damit differenziert sie zwischen Inhalten, Aufgaben, Problemen, Lernstoffen usw. *als solchen* und den darauf gerichteten Interessen und Anliegen des ICH. THEMA ist dann die akzentuierte Bezugnahme auf das ES, das sich das ICH zu eigen macht, von dem es „berührt" wird, auf das hin es seine Ansprüche und Anstrengungen ausrichtet, in das es involviert ist etc. ... .

Eine besonders intensive ICH-ES-Bezugnahme, d.h. eine besonders enge Verbindung zwischen Sachlichkeit und Selbstbezug, ergibt sich da, wo es für das ICH um das ES eines Problems geht. Dieses Problem, mit dem sich das ICH beschäftigt, lässt sich als ein in einen thematischen Zusammenhang gebrachtes ES verstehen, das *auf das ICH zurückweist:* Das ES geht das sich damit beschäftigende ICH etwas an, es fordert heraus und wird nicht nur als Problem erkannt, sondern als eigenes Problem angenommen. Indem sich das ICH mit dem Problem beschäftigt, ist es „außer sich", d.h. es ist in einer Welt, die unter dem Problemaspekt wahrgenommen wird. Gleichzeitig ist es „bei sich", d.h. es ist von dieser problematischen Konstellation herausgefordert, tätig zu werden – und sei dies auch nur durch die besondere Aufmerksamkeit, die dem Problem zukommt. Gerhardt nennt diese Verbindung des sachlichen mit dem subjekthaften Weltbezug die „epistemische Koppelung von Selbst, Bewußtsein und Sachverhalt"[19] und verweist darauf, dass das Problembewusstsein auf uns selbst zurückweist, dass wir uns angesichts eines eigenen Problems selbst zum Problem werden[20]. Das ICH kann sich mit dem ES

des Problems nur beschäftigen, indem es sich selbst in den Problemkontext einbringt. Indem es das tut, findet es zu (s)einem THEMA, dessen Teil sein eigenes Dasein ist.
Im bisherigen Gedankengang stand der Aspekt der Eigenständigkeit des Individuums im Mittelpunkt; der Aspekt der sozialen Interdependenz als Kehrseite der Autonomie-Thematik muss nun stärker in die Überlegungen eingebracht werden. Denn das Selbstverhältnis des Individuums, das sich seiner selbst (der eigenen Motive, Einsichten, Erwartungen, Wünsche ...) bewusst ist, verweist auf eine *ursprünglich* soziale Dimension. Die Selbstverfügung, die durch die Position selbstbewusster Individualität möglich wird, hat nämlich insofern eine soziale Seite, als in ihr die Anerkennung des Anderen als eines ebenso über sich verfügenden Individuums *prinzipiell* impliziert ist. Die „Selbstbewegung" aus eigenen Gründen verlangt das Erkennen und die Anerkennung des Anderen als eines ebenso „selbstbewegten" Menschen. Denn die „Selbstverfügung erfolgt aus einer Position, die prinzipiell auch die Position der Anderen sein kann. Die selbstbewußte Disposition geschieht *aus eigenem Impuls* und dennoch ursprünglich *im sozialen Raum,* weil das *Motiv* der Selbstbewegung aus der *Distanz* erschlossen ist, in der sich das Ich in der *prinzipiell gleichen Position* mit seinesgleichen befindet. Also ist die bewußte Verfügung eines Organismus nicht mehr einfach nur sozial gebunden (wie alles Leben), sondern sie ist ausdrücklich *sozial vermittelt* – und zwar über das Ich, das in der gewonnenen Distanz zum eigenen Organismus auch das Ich eines jeden anderen Organismus sein kann. *Selbstbewußtsein ist die Instanz, durch die der Leib ausdrücklich unter dem möglichen Gesichtspunkt der anderen über sich selbst verfügt*"[21].
Selbstbewusstsein ist daher nur aus einer Position „sub specie aliorum" zu gewinnen, d.h. einer Position der Sozialität, die die prinzipielle Gleichartigkeit der Anderen einbezieht. Damit hat es zwei Bezugspunkte: das Selbst als eine funktionale Organisation der Eigenständigkeit und die Anderen, die den prinzipiell gleichen Ausgangspunkt ihres Erlebens haben, nämlich ursprünglich bei sich selbst zu sein. Dies hat weitergehende Konsequenzen im Hinblick auf die

Identitätsbildung des Menschen und seiner Kommunikation mit anderen. Das Selbst benötigt Identität im Sinne des „mit sich identisch Seins“ über den Ablauf der Zeit und über die verschiedenen sozialen „Orte“, die es einnimmt. Diese Identität muss für andere Menschen erkennbar sein, damit sie sich auf eben diesen Menschen beziehen können. Den Anspruch des Selbst auf Identität kann es aber nur mit der Anerkennung der Anderen als seinesgleichen aufrecht halten. Die Wirksamkeit der eigenen Identität ist auf ein Gegenüber angewiesen, das ihr entspricht. Das Bedürfnis der Anerkennung der eigenen Identität durch die Anderen verlangt damit, auf „seinesgleichen“ ausgerichtet zu sein und damit richtet das entwickelte Selbst seine Fragen an den Anderen als seinesgleichen bzw. versteht die an sich gerichteten Fragen des Anderen als Fragen von gleich zu gleich[22].

Der bisherige Gedankengang ergibt in knapper Zusammenfassung: Entwickeltes Selbstbewusstsein und sachbezogenes Anliegen können nur Wesen haben, die sich als ICH im Sinne von mit sich selbst identischen Lebewesen auf das ES im Sinne eines gegenständlichen Anderen vor dem ICH der Anderen ihrer selbst beziehen. Indem das ICH an diesen Anderen teilhat, ergibt sich damit das Dreieck ICH-ES-WIR.

Welche Bedeutung haben diese Überlegungen im Hinblick auf das Handeln? Ein erstes Merkmal, das der Qualität des Tuns, das Handeln genannt wird, zukommt, ist seine Bewusstheit oder zumindest die Zugänglichkeit eines Verhaltens für Reflexion und Argumentation. Dazu gehört das Selbstbewusstsein, also die innere Gewissheit, dass ich es bin, der gerade etwas bestimmtes denkt oder tut.

Zu diesem Selbstbewusstsein als Instanz des Handelns gehört, in Konsequenz der bisherigen Überlegungen, dass die Selbstbewegung des Handelns auch aus der Sicht der Anderen erfolgt. Der Blick des handelnden Selbst geht zwar zunächst durch die „eigenen Augen“, „kommt also stets von jenem Ort, in dem es (das Selbst des Bewusstseins W.L.) sich selbst vorstellt. Das ist aber ein Ort, der als prinzipiell zugänglich gelten muß, damit ihn jeder Andere, auf den sich das Selbst des Bewußtseins bezieht, ebenfalls einnehmen kann“[23]. Damit hat die

Instanz des Handelns einen ideellen Ort, der nur „soziomorph" bestimmbar ist: *„Handeln ist somit die Selbstbewegung eines Wesens, das sich selbst in seinem Verhältnis zu seinesgleichen erfaßt"*[24].
Die Selbstorganisation des handelnden Menschen ist auf ein durch Absichten und Gründe bestimmtes ES ausgerichtet. Absichten sind bewusstseinsfähige Zielvorgaben, die das Handeln auf das Erreichen bestimmter Zustände hin ausrichten. Gründe sind solche Motive, die das Selbstverständnis des Handelnden besonders artikulieren. Sowohl Absichten als auch Gründe sind mit bestimmten Vorstellungen verknüpft, die das Handeln zu einer gesteigerten Form der Selbstorganisation, nämlich zu einer „Selbstbewegung nach eigenen Vorstellungen" machen. Die darin enthaltene Selbstverfügung kennzeichnet eine Position, die prinzipiell auch die jedes anderen Menschen sein kann. Sie enthält einen Handlungsimpuls, der, ausgerichtet auf das ES der eigenen Absichten und Gründe, immer auch sozial verfasst, d.h. Selbstorganisation im sozialen Raum ist. In der Verselbständigung der handelnden Selbstorganisation liegen beide Dimensionen – die der Autonomie und die der Interdependenz. Denn nur „einem *anderen Selbst* gegenüber macht es Sinn, auf eine *Sache* zu verweisen, die als ‚Gegenstand' der Wirksamkeit des Handelns (und somit als sachliches Problem) in Frage kommt. So wird im Begreifen eines Sachverhalts der begriffene Gegenstand zum *Medium* der Ausrichtung auf ein anderes Selbst"[25]. In dem Moment, in dem sich das ICH und der Andere auf einen gemeinsamen Sachverhalt beziehen, entsteht eine neue Dynamik des Handelns im Zusammenhang von ICH, WIR, ES und GLOBE: Selbstbewusstes Handeln ist originäre Tat des Selbst im sozialen Raum der Zugehörigkeit zu den Anderen, ausgerichtet auf sachlich-begriffliche Zwecke und motiviert durch eigene Gründe, die ein – jeweils eigenes – Weltverständnis offenbaren.
Die soziale Dimension der Bezogenheit auf Andere darf dabei nicht missverstanden werden. Sie meint nicht die ständige Übereinstimmung mit anderen oder die unterwürfige Erfüllung von Erwartungen; das würde die Selbsttätigkeit des ICH in einen determinierenden sozialen Rahmen stellen und damit letztlich auflösen. Das Selbst ist

auch Opponent des Anderen, denn es kann Übereinstimmung und Gemeinsamkeit nur zeigen, wenn es prinzipiell auch die gegenteilige Position des Widerspruchs und der Unterschiedlichkeit einnehmen kann. Es benötigt die Möglichkeit zur Distanzierung und Abgrenzung vom Anderen seiner selbst und muss sich als unabhängig von jedem anderen Selbst darstellen können, wenn es sich und anderen deutlich machen will, dass es von sich aus handelt. Ohne die innere Überzeugung einer authentischen Selbstbewegung würde das Handeln seine Ursprünglichkeit im ICH (d.h. seinen im Individuum liegenden Anfang, den Anspruch auf innere Freiheit, die Selbstbegründung des eigenen Tuns) verlieren.

Durch das ausdrückliche Wollen, das auf eigene Gründe und Ziele ausgerichtet ist sowie durch die innere und äußere soziale Bezogenheit des Handelns kommt die Verantwortung ins Spiel. Sie ist da gegeben, wo ein Individuum in einem Rahmen tätig wird, der sowohl durch die selbständige Einstellung des ICH als auch durch den soziokulturellen Zusammenhang des WIR bestimmt ist. Erst durch Verantwortung gibt sich der Mensch selbst diesen Rahmen für sein Tun und gewinnt damit Verlässlichkeit und Kohärenz.

Von diesen Überlegungen ausgehend, lässt sich der Begriff der Personalität bestimmen: „Indem das Individuum selbstbewußt aus eigenen Gründen handelt, macht es sich aus eigenem Anspruch zu einer *Person* ... Personen sind nicht schon dadurch von Dingen unterschieden, daß sie Selbstbewußtsein *haben,* sondern erst darin, daß ihr Selbstbewußtsein aus eigenem Anspruch *praktisch* wird ... Erst die *Praxis des tätigen Umgangs* gibt dem Selbst auch einen charakteristischen Inhalt, an dem es als eine bestimmte Person erkannt werden kann“[26]. Zu diesem Inhalt gehören strukturell

- das Bewusstsein der Selbstreferentialität; die Selbstbezüglichkeit der eigenen Operationen wird z.B. im sachbezogenen Denken und im Handeln nach eigenen Gründen deutlich;
- die Selbstbestimmung vor anderen, denen ebenso Handeln nach eigenen Gründen zuerkannt wird. Personalität hat eine auf das eigene Selbst *und* eine auf die selbstbezüglichen Anderen gerichtete

Dimension. Personales Selbstbewusstsein kennzeichnet Wesen, die sich eigenständig auf anderes ihrer selbst vor anderen ihrer selbst beziehen[27]. Darin ist die Notwendigkeit der Anerkennung der Gegenständlichkeit des ES sowie der Personalität des anderen ICH angesprochen.

- Der Ursprung dieses Selbstbewusstseins liegt im Erleben des eigenen Lebens und hat damit auch eine leibliche Dimension, von der jede begriffliche Erfassung der Welt nur als „radikale Abstraktion von lebensweltlichen Erfahrungen, in die das empfindende, fühlende und denkende Ich ursprünglich eingebunden ist“[28] erfolgen kann.
- Zu den das Selbst integrierenden Leistungen gehört ebenso der Vernunftgebrauch. Dieser ist ein zentrales Wirkungsmoment des Bewusstseins, das sich als steuernde Instanz im bewussten Tun des Menschen behaupten können muss[29].
- Die soziale Seite dieser Leistung liegt darin, dass der Mensch in der Lage ist, sich vor den Anderen aus dem Zentrum seines Selbst heraus darzustellen, um ihnen damit eine Vorstellung von sich zu geben – und dass er von den Anderen als eigenständiges Wesen angesprochen wird. Dies hat die Auswirkung, dass „die Person, auch wenn sie einmal ganz *für* sich selbst ist, nicht ausschließlich *vor* sich selbst“[30] ist.
- Indem die ursprünglich soziale Konstitution des Selbst den psychischen Binnenraum analog sozialer Beziehungen gestaltet, wirken die „signifikanten Anderen“ polyphon; das ICH hört ihre Stimmen sowohl im Widerstreit als auch in Übereinstimmung. Daher muss es eine innere Instanz geben, die diesen Stimmen sowohl Gehör verleiht als auch durch die Pluralität ihrer Wirkungen hindurch zu einer „kooperativen“ Einheit findet. Diese Einheit ist das *personale Selbst.* Es lässt sich als *„Selbstbegriff* des Menschen verstehen, in dem *alle* ihm zugänglichen Elemente seines Daseins zusammengefaßt sind. Der Begriff bezieht sich daher nicht allein auf die *intellektuellen* Leistungen des Menschen, sondern er umfasst ausdrücklich auch die *physischen*, *physiologischen* und *sozio-*

kulturellen Faktoren des menschlichen Lebens. Denn der Mensch ist nicht nur in jedem Akt des Begreifens ursprünglich auf anderes vor anderen seiner selbst gerichtet, er hat also nicht nur in allen intellektuellen Leistungen eine realitätsbezogene und soziomorphe Verfassung, sondern er begreift sich unvermeidlich als ein durch und durch *lebendiges Wesen,* das auf das *Zusammenspiel aller seiner organischen Funktionen* angewiesen ist, um so zu sein, wie es sich begreift"[31].

2.1.3 Das WIR der Gemeinschaftlichkeit

In den vorangegangenen Darstellungen habe ich, orientiert an Volker Gerhardts Prinzip einer selbstbestimmten Individualität, versucht, einen emphatischen Begriff des personalen ICH im Sinne der chairpersonship zu gewinnen. Volker Gerhardts Konzept personaler Autonomie scheint mir deshalb besonders tauglich zur inhaltlichen Konturierung der chairperson zu sein, weil es im Zuge der Herleitung des Begriffs der Selbstbestimmung einen durchgängig intersubjektiven Zusammenhang des Selbst betont und damit die Gegensatzeinheit von Autonomie und Interdependenz artikuliert.

Die dort ausgearbeiteten Konturen eines personalen Individuums sind nicht als Ergebnis eines automatisch ablaufenden, naturwüchsigen Reifungsprozesses zu denken, so als würde dem Wesen Mensch gar nichts anderes übrigbleiben, als Person in diesem emphatischen Sinne zu werden. Von einer so voraussetzungslosen psychosozialen Selbstorganisation kann nicht die Rede sein; eine solche Unterstellung würde den Menschen um die Momente der Freiheit, Geschichtlichkeit und Sprachlichkeit bringen, die in Volker Gerhardts Überlegungen immer wieder eine zentrale Rolle spielen, und das menschliche Wesen geradewegs auf die innere Determination von Anlagefaktoren reduzieren. Gleichzeitig wären damit auch jene Krisenmomente aus der Entwicklung des ICH herausgenommen, deren Bewältigung doch diese erst intensiviert und vertieft[32].

Es scheint mir besonders reizvoll zu sein, in die Überlegungen zur interdependenten Kehrseite der Autonomie, d.h. hier zu den psychosozialen Voraussetzungen einer an Personalität ausgerichteten Selbstentwicklung einen emphatischen Blick auf das WIR der TZI einzubeziehen, das ich hier mit dem Begriff der Gemeinschaftlichkeit begrifflich fassen möchte. In den folgenden Darstellungen geht es daher zum einen um die intersubjektiven Voraussetzungen der Subjektgenese, also um die Frage, unter welchen unterstützenden psychosozialen Bedingungen das ICH eine möglichst große Chance hat, Personalität zu entwickeln. Zum anderen möchte ich im Zuge dieser Ausführungen Konturen eines WIR-Begriffs erarbeiten, der im Sinne von Gemeinschaftlichkeit die interdependente Kehrseite der Personalität des ICH hervorhebt. In Bezug auf die TZI-Axiomatik bedeutet das: Das ICH ist in seiner personalen Entwicklung auf das WIR der Gemeinschaftlichkeit ebenso angewiesen wie umgekehrt die gemeinschaftlichen Beziehungen auf die personalen Entwicklungen der an ihr Teilhabenden.
Habe ich in den Ausführungen zum ICH einen ausgesprochenen Vertreter des Prinzips der Individualität zu Wort kommen lassen, so möchte ich meine Überlegungen zum WIR in den Rahmen einer ausdrücklich intersubjektiven Theorie stellen. Denn es geht darum, der Frage nachzugehen nach den Voraussetzungen solcher „intersubjektive(r) Schutzvorrichtungen, die jene Bedingungen äußerer und innerer Freiheit sichern, auf die der Prozeß einer ungezwungenen Artikulation und Realisierung von individuellen Lebenszielen angewiesen ist“[33]. Axel Honneth vertritt hierbei eine Theorietradition, die die innere Organisation der Psyche durch äußere Interaktionserfahrungen zu beschreiben versucht und damit den externen Sozialbeziehungen für das „Innenleben“ der Person besondere Bedeutung zumisst. Im Anschluss u.a. an Georg Herbert Mead und Donald W. Winnicott ergibt sich dabei die personale ICH-Perspektive durch Internalisierung spezifischer Interaktionserfahrungen: „Alles, was wir als Gestalten der individuellen Selbstbeziehung zu beschreiben gewohnt sind, seien es moralische Gefühle, Willensakte oder

Bedürfnisartikulationen, sind das Ergebnis von Interaktionen, die gleichsam nach innen verlagert worden sind und hier zur Ausbildung von kommunikationsähnlich aufeinander bezogenen Instanzen geführt haben“[34].

Auf der Grundlage einer solchen interaktionstheoretischen Begründung von Subjektivität beschreibt Honneth die Schutzvorrichtungen personaler Entwicklung als psychosoziale Anerkennungsverhältnisse. Diese sind unerlässlich, weil sich menschliches Selbstbewusstsein erst auf dem Hintergrund der „Perspektive des Anderen“ ergibt: Ich muss mich selbst aus der normativen Sichtweise meiner Interaktionspartner als deren Adressat begreifen können um die Außenperspektive meines Selbstbewusstseins zu gewinnen. Der gesellschaftliche Prozess der Individualisierung verlangt nun geradezu nach einer Erweiterung der Verhältnisse wechselseitiger Anerkennung, denn die nun jeweilig individuelle Darstellung des „individuierten“ Selbst muss *spezifisch* bestätigt werden. Nur dadurch erfahren die gesteigerten Ansprüche an Subjektivität eine gesellschaftliche Unterstützung.

Die Betrachtungen Honneths sind zur Konturierung des WIR insofern besonders interessant, als er die Selbstständigkeit des Menschen als „innerpsychische Dialogfähigkeit“[35] begreift und damit auf eine interaktionelle Praxis des Dialogs rückbezieht, die dem hier zu erarbeitenden Begriff der Gemeinschaftlichkeit naheliegt. Während Honneth den Begriff der Gemeinschaft aber an die Anerkennungsweise der sozialen Wertschätzung (Anerkennungsform der Solidarität) knüpft[36], sehe ich Gemeinschaftlichkeit erst durch das Zusammenwirken der von ihm beschriebenen drei Anerkennungsweisen – „emotionale Zuwendung“, „kognitive Achtung“ und „soziale Wertschätzung“ – gewährleistet. Als psychosoziale Organisationsweise, die zur personalen Entwicklung ebenso beiträgt wie sie auf diese angewiesen ist, stellt Gemeinschaftlichkeit sich erst auf der Grundlage unterschiedlicher Dimensionen der Intersubjektivität her und ist daher nicht nur auf die sozial wertzuschätzenden Fähigkeiten und Eigenschaften der Personen auszurichten. Die drei unterschiedlichen – Personalität ermöglichenden – Dimensionen der Intersubjektivität versuche ich nun – im Anschluss an Honneth – so darzustellen, dass von diesen Betrachtungen aus das WIR der Gemeinschaftlichkeit eine inhaltlich Bestimmung erhält. Dabei interessiert mich im Unterschied zu Honneth mehr die jeweilige Art und Weise, in der soziale Anerkennungen erfolgen, so dass ich in meine Ausführungen stärker die prozessualen Vorgänge als die jeweilige Form der Anerkennung einbeziehe. Daher sind meine Leitbegriffe die der emotionalen Zuwendung, der Achtung des personalen Status und der sozialen Wertschätzung[37].

2.1.3.1 Anerkennung durch emotionale Zuwendung

Die im Sozialisationsprozess früheste Form der Anerkennung ist die der emotionalen Zuwendung. Durch die Aufmerksamkeit der Eltern, ihr Einfühlen in die zunächst sprachlosen Artikulationen des Kindes und ihre Sorge um dessen Befindlichkeit kann in dessen Selbsterleben allmählich die innere Gewissheit entstehen, ein in seinen jeweiligen konkreten Gefühlszuständen von den sozialen Bezugspersonen anerkanntes Selbst zu sein. Dies gelingt den Eltern durch die sympathetische Erwiderung der Gefühle des Kindes, durch innere affektive Zustimmung und eine passende praktische „Ergänzung" dieser Stimmungslagen. Beide Beziehungspartner sind dabei emotional unmittelbar aufeinander bezogen, mitunter so weitgehend, dass sie ihre eigenen Reaktionen als Teile eines gemeinsamen Handlungskreislaufs erleben, in dem sie „aufgehen".
In diese Erlebnisweise „primärer Intersubjektivität"[38] dringen aber immer wieder und im Entwicklungsverlauf durch kognitive Fortschritte zunehmend im Erleben immer klarer werdende Beziehungssituationen, in denen die Abgegrenztheit des eigenen Selbst vom Selbst des Anderen deutlich spürbar wird. Dieses Spüren hat sowohl leibliche, sinnlich-motorische als auch emotionale und kognitive Qualitäten, es stellt das Erleben des Getrennt-seins und der Eigenständigkeit neben das der entgrenzten Fusion.
Die dadurch entstehende Spannung zwischen Selbstabgrenzung und

Selbstentgrenzung ist nach Winnicott ein lebenslanges Thema, das zur Seinsweise des Menschen gehört[39]. Wie können in diesem Spannungsfeld personale Entwicklungen unterstützt werden? Hierzu beschreibt Winnicott zwei Beziehungskonstellationen, die ich aus ihrem Sozialisationskontext herauslösen und in den allgemeinen Rahmen menschlicher Beziehungsgestaltung einbringen möchte. Die erste Konstellation betrifft die Stabilität emotionaler Zuwendung als Beziehungsrahmen, der Frustration und Aggression „aushält", während die zweite Konstellation den subjektiven Bezug des Selbst zur Welt – im zustimmenden Angesicht der Anderen – konstituiert:

– Die Anerkennungsform der emotionalen Zuwendung schafft zwischen Menschen ein Gefühl vertrauensvollen Aufgehobenseins in der Beziehung zum Anderen, das dem Selbst einen sichernden äußeren Lebensrahmen gibt. In diesen dringen aber immer wieder Erfahrungen der Nicht-Übereinstimmung ein, sei es durch die Notwendigkeit der Selbstbehauptung angesichts äußerer Anforderungen, sei es durch Frustrationen, in denen der Andere als widerständig und verfügungsresistent wahrgenommen wird. Je nach der Intensität der Getrenntheitserfahrung führt dies zu Angst und Aggression; Angst davor, den sicher geglaubten eigenen Lebensrahmen zu verlieren und Wut gegenüber demjenigen, der das Selbst dieser schmerzlichen Erfahrung ausliefert.

Können diese Gefühle nun in die sozialen Beziehungen eingebracht werden, so verhilft der Andere dann dem Selbst zu einer stimmigeren inneren Verlässlichkeit, wenn er sich weder für die ihm angetragene Aggression rächt, z.B. durch emotionalen Entzug, noch auf die geäußerte Angst mit einem illusionistischen Entgrenzungsangebot reagiert. Er kann dann statt dessen als ein weder durch die Angst noch durch die Aggression zerstörbarer Anderer eine getrennte, aber sichere und zugewandte Außenwelt repräsentieren, die – statt illusionärer Verschmelzung – emotionale Verlässlichkeit anbietet. Damit verhilft er zur Anerkennung eines vom Selbst getrennten, aber in seiner Eigenexistenz zuverlässigen Außenbereichs.

Auf diese Weise wird der Andere als Entwicklungsherausforderung

erlebt, als „haltende Umgebung", die die Bindung an andere Menschen mit der Erfahrung ihrer Selbständigkeit versöhnt. Die damit sowohl emotional besetzte als auch vom Selbst getrennt wahrgenommene Objektwelt wirkt als Integrationsleistung, in der die eigene Bedürftigkeit für die emotionale Zuwendung von außen und die eigene Abhängigkeit von einem unabhängigen Außen anerkannt werden können. Gerade im Spüren der eigenen Aggressionen stellt nämlich das Selbst sowohl fest, dass es als getrenntes Wesen mit eigenen Emotionen existiert, als auch, dass der davon nicht zerstörte Andere eine unabhängige Eigenexistenz führt, also ein Wesen mit eigenen Gefühlen und Sichtweisen ist. Und indem es dies anerkennt, kann es an einem WIR teilhaben, dessen einzelne Individuen voneinander getrennt und emotional aufeinander bezogen sind.
Aus der Perspektive des Anderen betrachtet bedeutet das aber, sich nicht von der wie auch immer geäußerten Angst und Aggressivität definieren zu lassen, sondern das, was hierbei den eigenen Empfindungen und Vorstellungen zuwiderläuft, aus dem *eigenen* (abgegrenzten) inneren Resonanzraum und in einer für das Selbst adaptierbaren Weise zu beantworten. Dann gelingt beiden Interaktionspartnern eine wechselseitige Grenzziehung, die ihnen eine entwickeltere Form emotionaler Bezogenheit bietet. Frustration, Aggression und die Erfahrung der Nicht-Zerstörbarkeit des Gegenüber sind hierbei wichtige Anteile in einem Prozess der Differenzierung und Integration.

- „Wir behaupten nun, daß die Akzeptierung der Realität als Aufgabe nie ganz abgeschlossen wird, daß kein Mensch frei von dem Druck ist, innere und äußere Realität miteinander in Beziehung setzen zu müssen, und daß die Befreiung von diesem Druck nur durch einen nicht in Frage gestellten (Unterstreichung W.L.) *intermediären Erfahrungsbereich* ... geboten wird ... Einen Erwachsenen, der uns zumutet, seine subjektiven Phänomene als objektiv anzuerkennen, halten wir für geistesgestört. Gelingt es ihm aber, seinen persönlichen intermediären Bereich ohne diese Ansprüche zu genießen, so können wir unseren eigenen entsprechenden intermediären Bereich zur Kenntnis nehmen und uns freuen, wenn wir Überschneidungen entdecken; dies sind die gemeinsamen Erfahrungen mehrerer Mitglieder einer Gruppe..."[40]. Aus dem Blick der TZI sind es Aspekte eines produktiven Arbeits- und Lernprozesses einer themenbezogenen Gruppe.

Was Winnicott hier beschreibt, das ist ein intersubjektiv geschützter intermediärer Erfahrungsraum, der als ontologischer Vermittlungsbereich die Kluft zwischen zwei Erfahrungsmodi überbrückt: Die Anerkennung einer objektiv vorhandenen Welt, die jenseits der subjektiven Zugriffe existiert, ist von einem für das ICH schon immer auf seine eigene Weise zugänglichen Weltbezug zu unterscheiden. Die eigene Vorstellung, die das ICH von den Dingen und Sachverhalten gewinnt, nimmt damit einerseits Reales auf und erkennt es als solches an, bringt es aber andererseits auch ins Spiel des Fiktiven. Damit oszilliert ein produktiver Wirklichkeitsbezug zwischen ICH und ES.

Für meine Überlegungen zur Gemeinschaftlichkeit ist nun wesentlich, dass die unterschiedlichen Fusionsweisen von Realität und Fiktion von einem intersubjektiv geschützten Erfahrungsraum der WIR-ES-Verbindungen „gehalten" werden. Das heisst, dass das ICH in seinen Erfahrungen des Gegenständlichen ganz bei sich sein darf, dass es aber auch zur Anerkennung des Objektiven aufgefordert wird. Die Welt als eine vom ICH getrennte *und* als eine bezogene wahrzunehmen, bringt vielfältige Facetten der Differenzierung und Integration der Weltbezüge in ein Spiel, das ohne die Erfahrung einer verlässlichen emotionalen Anerkennung durch die anderen, die in teils mit dem Selbst geteilten und teils davon deutlich unterschiedenen Weltbezügen leben, nicht gelingen kann. In den eigenen Weltbezug auch „verloren" sein zu können, wie Kinder in ihr Spiel „verloren" sind, das bedarf der emotionalen Sicherheit, als Individuum „im Schutze einer gefühlten Intersubjektivität sorglos mit sich allein zu sein"[41]. Die von Winnicott für die Entwicklung als wichtig hervorgehobene Fähigkeit zum Alleinsein hat im hier dargestellten Zusammenhang die Bedeutung, einen eigenen Bezug zur Welt zu haben, ohne aus der Anerkennung durch die Anderen herauszufallen. Dieses Selbstverhältnis zur Welt, das ich im Sinne Kroegers ein „themenfähiges“ Selbstverhältnis zur Welt[42] nenne, wird nur ermöglicht durch das elementare Vertrauen in die emotionale Zuwendungsbereitschaft der anderen.

Damit wird deutlich, warum emotionale Zuwendung als grundlegende soziale Anerkennungsform während des gesamten Lebensverlaufs eine unverzichtbare Entwicklungsbasis darstellt. Sie ist notwendig, weil sie die Voraussetzung darstellt, dass das Selbst eine eigenständige Anerkennungsleistung erbringen kann – die Anerkennung der Unabhängigkeit der äußeren Wirklichkeit vom grenzziehenden Standpunkt einer „Positionalität der exzentrischen Form“ (Plessner) aus. Dieses – von außen gestützte – Trennungserleben konstituiert die Anderen und das Andere als vom Selbst unabhängig und eröffnet die Entwicklung zur Personalität im Medium der Intersubjektivität.

2.1.3.2 Anerkennung durch Achtung des personalen Status

Auf der Grundlage des elementaren Bewusstseins exzentrischer Positionalität kommt eine weitere Weise der Anerkennung zum Tragen. Im Unterschied zur emotionalen Zuwendung zu einem jeweils spezifischen Menschen geht es hierbei um die allgemeine Anerkennung des Anderen als Träger personaler Rechte. Im Anschluss an Hegel und Mead betont Honneth, „daß wir zu einem Verständnis unserer selbst als eines Trägers von Rechten nur dann gelangen können, wenn wir umgekehrt ein Wissen darüber besitzen, welche normativen Verpflichtungen wir dem jeweils anderen gegenüber einzuhalten haben: erst aus der normativen Perspektive eines ‚generalisierten Anderen‘, der uns die anderen Mitglieder des Gemeinwesens anzuerkennen lehrt, können wir uns selber auch als Rechtsperson in dem Sinne verstehen, daß wir uns der sozialen Erfüllung bestimmter Ansprüche sicher sein dürfen“[43]. Wer den anderen „als das anerkennt, wofür er selber gelten will – als frei, als Person“[44] – gewinnt im Blick auf den anderen – und auf sich selbst – ein universalistisches (Selbst-)Anerkennungsverhältnis.

Eine solche Form der personalen Anerkennung, die allen Menschen das Recht auf Autonomie zugesteht und sie als freie und gleiche Wesen betrachtet, benötigt zunächst eine kognitive Verstehensleistung, die auch den sozialen Auseinandersetzungen und Einigungsprozessen zu Grunde gelegt wird. In seinem Kerngehalt spricht auch das TZI-Postulat der Chairpersonship die folgenden idealtypischen Aspekte dieser Verstehensleistung an:

- Jedes Individuum muss unterschiedslos als „Zweck an sich" gelten, das seine Absichten und Gründe in sich trägt und dessen Willensfreiheit von anderen nicht in Abrede gestellt werden kann.
- Damit kann jedes Individuum vor dem Hintergrund allgemeingültiger moralischer Prinzipien seine eigenen argumentativen Begründungen für sein Handeln reklamieren. Es wird als moralisch zurechnungsfähig geachtet.
- Im Hinblick auf soziale Einigungsprozesse und die Rechtfertigung ihrer jeweiligen Lösungen ist prinzipiell von einer freien Zustimmung jedes einzelnen zur Vorgehensweise des Verfahrens der Einigung und Entscheidungsfindung auszugehen. Einsicht in die Zusammenhänge, vernünftige Entscheidung und artikulierte Zustimmung sind die Voraussetzungen individueller Folgebereitschaft[45].

Bewusstheit, Entscheidung und Verantwortung sind die aus der Sicht der TZI hervorgehobenen Merkmale eines sowohl subjektiven als auch sozialen Rahmens, der der Betrachtung des Anderen als Chairperson entspricht. „Aber erst, wenn zu der Situationsdeutung ein praktisches Wissen um die Beschränkungen hinzutritt, die ich meinen Handlungen gegenüber einer menschlichen Person auferlegen muß, wird aus der kognitiven Beachtung die moralische Achtung, die seit Kant mit dem Begriff gemeint ist: jeden anderen Menschen als eine Person anzuerkennen muß dann heißen, ihnen allen gegenüber in der Weise zu handeln, zu der uns die Eigenschaften einer Person moralisch verpflichten"[46].

Den anderen als jemanden zu betrachten, der für sich selbst spricht und moralisch zurechnungsfähig ist, dessen Argumente ernst zu nehmen sind und der das Recht hat, gehört zu werden, das ist aus meiner Sicht bereits eine klar konturierte Eigenschaft eines personalen Anerkennungsverhältnisses[47]. Honneth, der hierin nur eine relative Bestimmung sieht, untersucht nun den historischen Prozess, in dem sich die subjektiven Voraussetzungen an der gesellschaftlichen Willensbildung wandelten, daraufhin, wie sich in ihm konstitutive Eigenschaften des Person-Seins herausgebildet haben. Er fragt also danach, in welcher Richtung sich historisch die Fähigkeiten veränderten, „in denen die Mitglieder einer Gesellschaft sich wechselseitig anerkennen, wenn sie einander als Rechtspersonen achten“[48]. Honneth zeigt auf, dass sich auf dem Weg der Etablierung liberaler Freiheitsrechte im achtzehnten, politischer Teilnahmerechte im neunzehnten und sozialer Wohlfahrtsrechte im zwanzigsten Jahrhundert letztlich jeweils die Forderung nach vollwertiger Mitgliedschaft im politischen Gemeinwesen durchsetzte; alle Anreicherungen der individuellen Befugnisse im Hinblick auf den Schutz vor äußeren Eingriffen, auf die Teilhabe an Prozessen der Willensbildung sowie auf die Sicherungen sozialer Wohlfahrt lassen sich als Schritte auf dem Weg zur vollwertigen Partizipation verstehen. Partizipation ist daher nicht nur auf liberale Gleichheitsgrundsätze und Schutzrechte angewiesen, sondern bedarf der gesicherten Chance, am gesellschaftlichen Leben und seinen Willensbildungsprozessen teilhaben zu können. Was den Menschen dabei als Person auszeichnet, hat sich nach Honneth im historischen Prozess erweitert: Zu „den Eigenschaften, die ein Subjekt dazu in die Lage versetzen, autonom aus vernünftiger Einsicht zu handeln, ist inzwischen ein Mindestmaß an kultureller Bildung und an ökonomischer Sicherheit hinzugetreten“[49].

Die Anerkennung der Person als Wesen, das zu gesellschaftlicher Teilhabe am gemeinsamen GLOBE bestimmt ist und dessen soziale Chancen rechtlich zu sichern sind, führt zur Selbstachtung, indem sich der einzelne auf sich selber als eines zurechnungs-, urteils-, entscheidungs-, d.h. letztlich der Partizipation fähigen Individuums beziehen kann. Dann kann er sein eigenes Empfinden und Handeln als eine von allen zu achtende Äußerung seiner personalen Autonomie behaupten: Denn „mit der fakultativen Aktivität des Einklagens von Rechten ist dem Einzelnen ein symbolisches Ausdrucksmittel an die Hand gegeben, dessen soziale Wirksamkeit ihm stets wieder demonstrieren kann, daß er als moralisch zurechnungsfähige Person allgemeine Anerkennung findet. Beziehen wir in den damit umrissenen Zusammenhang die bislang entwickelten Überlegungen ein, so ist der Schluß zu ziehen, daß ein Subjekt sich in der Erfahrung rechtlicher Anerkennung als eine Person zu betrachten vermag, die mit allen anderen Mitgliedern seines Gemeinwesens die Eigenschaften teilt, die zur Teilnahme an einer diskursiven Willensbildung befähigen; und die Möglichkeit, sich in derartiger Weise positiv auf sich selber zu beziehen, können wir ‚Selbstachtung' nennen"[50]. Wichtig ist hierbei, dass diese Selbstachtung durch die Partizipation an einem gemeinsamen GLOBE entsteht, der durch *institutionalisierte* Maßnahmen als öffentlicher Rahmen für personale und gemeinschaftliche Entwicklungen gesichert ist.

Selbstachtung ist dann ein gegenüber der eigenen Person gewährleisteter und von den anderen eingeforderter sozialer Anspruch. Diesem liegt – im Recht – ein formalisiertes und öffentliches Anerkennungsverhältnis zu Grunde, das am deutlichsten in den individuellen Grundrechten zum Ausdruck kommt. Dabei richtet sich aber bereits jede soziale Gruppierung, die einigermaßen Bestand hat, „unterhalb" der Rechtsverhältnisse in der Art und Weise ihrer personalen Anerkennungen ein. *Wie* der oder die Einzelne im Kontext des Sozialen betrachtet wird, *wie* sein oder ihr personaler Status von den anderen gesichert oder missachtet wird – und was er oder sie dafür tut, das ist z.B. in der sozialen Beziehungsarbeit nicht in codifizierten allgemeinen Verordnungen aufzufinden, sondern in den teils informellen und teils formalisierten interaktiven Prozessen (z.B. der Gruppenentwicklung). Daher ist auch hier der Blick auf die Achtung des personalen Status der einzelnen Mitglieder durch den von ihnen etablierten interaktionellen Rahmen zu richten.

2.1.3.3 Anerkennung durch soziale Wertschätzung

Bei der Anerkennung durch emotionale Zuwendung steht der Gefühlsaspekt der sozialen Beziehung im Vordergrund und das jeweils Besondere der an ihr teilhabenden Menschen ist bestimmend. Im Unterschied dazu geht es bei der Anerkennung durch Achtung des personalen Status um etwas Allgemeines und Prinzipielles, das dem Menschsein zugeschrieben und eher durch kognitive Verstehensleistungen und institutionalisierte Regeln ermöglicht wird. Honneth beschreibt nun eine dritte Form der Anerkennung, bei der die Eigenschaften und Fähigkeiten der einzelnen Menschen eine besondere Achtung erfahren. Es ist also zunächst wiederum etwas Spezifisches, das den jeweils einzelnen Menschen zukommt, das hier zum Gegenstand der Anerkennung wird – allerdings ist dieses Spezifische im Kontext des Sozialen, nämlich in Bezug auf die soziale Wertschätzung personbezogener Merkmale, zu sehen.

Die Anerkennungsform der sozialen Wertschätzung gilt „den besonderen Eigenschaften, durch die Menschen in ihren persönlichen Unterschieden charakterisiert sind“[51]. Ihre Anerkennung steht aber im sozialen Medium eines allgemeinen Bewertungssystems, gedacht als „offener und poröser Orientierungsrahmen, in dem diejenigen ethischen Werte und Ziele formuliert sind, deren Insgesamt das kulturelle Selbstverständnis einer Gesellschaft ausmacht; als ein Bezugssystem für die Bewertung von bestimmten Persönlichkeitseigenschaften kann ein solcher Orientierungsrahmen dienen, weil sich deren sozialer ‚Wert‘ an dem Grad bemißt, in dem sie dazu in der Lage erscheinen, zur Verwirklichung der gesellschaftlichen Zielvorgaben beizutragen“[52].

Es geht bei der Anerkennung durch soziale Wertschätzung also um die allgemeine kulturelle Grundlage von Werten und gesellschaftlichen Zielvorstellungen, vor deren Hintergrund die jeweils spezifischen Eigenschaften und Fähigkeiten des Individuums ihre Wertschätzung erfahren. Einerseits bedarf es hierzu eines allgemeinen Lebenszusammenhangs mit gemeinsam geteilten Wertorientierungen, denn diese bilden ja die „Folie“ für die Bewertung. Andererseits muss dieser allgemeine Lebenszusammenhang aber offen für unterschiedliche Lebensentwürfe sein, da sonst die soziale Wertschätzung das Individuum nur als ein der allgemeinen Norm entsprechendes und darum nicht mehr individuiertes Wesen erreichen könnte. Es kommt daher zum einen auf den Grad der Pluralisierung des Wertehorizonts an, der im Rahmen allgemeiner Wertschätzung steht. Zum anderen kommt es darauf an, dass die Fähigkeiten und Eigenschaften in einem relativierenden Konkurrenzverhältnis stehen und nicht in einer absoluten Rangfolge, die eindeutige Prioritäten setzt: „Je mehr die ethischen Zielvorstellungen für verschiedene (Unterstreichung W.L.) Werte geöffnet sind und ihre hierarchische Anordnung einer horizontalen Konkurrenz gewichen ist, um so stärker wird die soziale Wertschätzung einen individualisierenden Zug annehmen und symmetrische Beziehungen schaffen können“[53].

Erst eine relativierende „poröse“ Wertordnung gibt dem einzelnen Individuum die Chance, mit seinen biographischen Besonderheiten als Individuum und seiner Weise der persönlichen Selbstverwirklichung anerkannt zu werden.

Honneth sieht diese Voraussetzungen einer individualisierten sozialen Wertschätzung durch den gesellschaftlichen Verlust einer „metaphysischen Geltungsgrundlage“ sowie die Öffnung eines vormals standesspezifisch geprägten Wertekosmos gegeben: Erst auf der Grundlage des allgemeinen Verlusts von Eindeutigkeiten und Sicherheiten kann das Individuum als ein lebensgeschichtlich Gewordenes und sein eigenes Leben vertretendes „in das umkämpfte Feld der sozialen Wertschätzung“[54] eintreten. Denn der einzelne kann sich erst dann als sozial wertgeschätztes Individuum erfahren, wenn er sich als Person mit Eigenschaften und Fähigkeiten, die er gerade nicht mit allen anderen teilt, von den anderen anerkannt weiss. Erst wenn „nicht im vorhinein festgelegt sein soll, welche Formen der Lebensführung als ethisch zulässig gelten, sind es nicht mehr die kollektiven Eigenschaften, sondern die lebensgeschichtlich entwickelten Fähig-

keiten des einzelnen, an denen die soziale Wertschätzung sich zu orientieren beginnt"[55].
Dabei wird aber eine Spannung deutlich, in der die soziale Wertschätzung steht. Denn ein offener Wertehorizont mit seiner Bandbreite der verschiedenen Arten der Selbstverwirklichung benötigt ja gleichzeitig eine übergreifende allgemeine Wertbasis, die die Unterschiedlichkeiten in Eigenschaften und Fähigkeiten als wertvoll definiert. Die neue Organisation der Anerkennung durch soziale Wertschätzung kann aber nur eine abstrakte sein; „alles an der neuen, individualisierten Anerkennungsordnung hängt mithin nun davon ab, wie jener allgemeine Werthorizont bestimmt ist, der zugleich für verschiedene Arten der Selbstverwirklichung offen sein soll, andererseits aber auch noch als ein übergreifendes System der Wertschätzung dienen können muß"[56]. Diese allgemeinen Maßstäbe der Wertschätzung sind unter den Bedingungen der Individualisierung auf die Würde und Integrität des Personseins gerichtet[57]. Würde als universalisierte Wertschätzung und Integrität als individueller Ausdruck des Personseins sind insofern abstrakt, als sie weder eine spezifische Standeszugehörigkeit signalisieren, noch konkrete Verhaltensmerkmale beschreiben.
Durch die Abstraktheit der Wertebasis „Würde und Integrität" bedarf es, um jeweilige konkrete Eigenschaften und Fähigkeiten zum Ausgangspunkt sozialer Wertschätzung zu machen, einer „sekundären Deutungspraxis". Damit ist gemeint, dass diese abstrakten personalen Leitideen „erst immer durch kulturelle Zusatzdeutungen konkretisiert werden müssen, um Anwendung in dieser Sphäre der Anerkennung zu finden; daher bemißt sich der Wert, der den verschiedenen Formen der Selbstverwirklichung zuerkannt wird, aber auch die Art, wie die entsprechendn Eigenschaften und Fähigkeiten definiert werden, grundsätzlich an den Interpretationen, die historisch jeweils von den gesellschaftlichen Zielsetzungen vorherrschen. Weil der Gehalt derartiger Interpretationen seinerseits wiederum davon abhängig ist, welcher sozialen Gruppe es gelingt, die eigenen Leistungen und Lebensformen öffentlich als besonders wertvoll aus-

zulegen, ist jene sekundäre Deutungspraxis gar nicht anders denn als kultureller Dauerkonflikt zu verstehen..."[58]. Die Hochschätzung von spezifischen Eigenschaften und Fähigkeiten ist damit aber dem Diktat der Ökonomie sowie der Fluktuation öffentlicher Aufmerksamkeiten und gruppenspezifischer Durchsetzungsfähigkeiten ausgesetzt, in der die allgemeinen personalen Qualitäten der Integrität und Selbstachtung „untergehen" können.

Aus meiner Sicht kann die individuelle Aufrechterhaltung der Integrität und Selbstachtung der Person kaum ohne die öffentliche Wertschätzung dieser Basisleistungen auskommen, so dass jede Sozialform, die die individualisierende Wertebasis von Würde und Integrität untergräbt, ihre Entwicklung zur Gemeinschaftlichkeit verfehlt. Erst indem personale Qualitäten des Menschseins allgemein gesellschaftlich in Ansehen stehen und Anerkennung erfahren, kann es auf dieser Basis zu symmetrischer Wertschätzung zwischen autonomen Subjekten kommen, d.h., „sich reziprok im Lichte von Werten zu betrachten, die die Fähigkeiten und Eigenschaften des jeweils anderen als bedeutsam für die gemeinsame Praxis erscheinen lassen"[59]. Die jeweils spezifischen Fähigkeiten und Eigenschaften der einzelnen Mitglieder eines Gemeinwesens können dann – auf der Grundlage personaler Gemeinschaftsbildung – dem jeweils anderen Mitglied *sowohl* fremd *als auch* anerkennenswert erscheinen. Und erst vor diesem sozialen Hintergrund kann sich jedes Individuum als gleich wertvoll *und* unterschiedlich im Hinblick auf seine konkreten Leistungen erfahren. Damit aber ist jedes ICH mit seinen spezifischen und mitunter befremdlichen WIR-, ES- und GLOBE-Bezügen sowohl sozial wertzuschätzen als auch dazu aufzufordern, die personalen Züge der Integrität und Selbstachtung zu entwickeln. Diese wiederum stehen im intersubjektiven Rahmen der „Selbstbewegung eines Wesens, das sich seiner selbst in seinem Verhältnis zu seinesgleichen erfaßt"[60].

2.1.4 Zur prekären Balance von ICH und WIR in der sozialpädagogischen Arbeit

Sozialpädagogische Arbeit ist an der Schnittstelle personbezogener und gemeinschaftsbezogener Betrachtungen angelegt. Sie vertritt dann zwei Perspektiven, zum einen die ICH-Perspektive der Unterstützung der Entwicklung einzelner Menschen zu eigenständigen und sozial eingebundenen Personen, zum anderen die WIR-Perspektive der Hilfe zur Ermöglichung sozialer Entwicklungsprozesse z.B. einer Familie oder einer Gruppe, in der die Personalität der einzelnen Mitglieder zunehmend geachtet wird. Sozialpädagogik kann dabei als haltende und herausfordernde Umgebung zur Unterstützung von Personalität und zur Initiierung von Gemeinschaftlichkeit verstanden werden.

Wie schwierig dieses Spannungsfeld von ICH und WIR aber im sozialpädagogischen Alltag auszubalancieren ist, möchte ich an einem Fallbeispiel aus der Arbeit in einem Kinderhaus illustrieren, das auch deutlich macht, wie ein engagiertes Sorge-tragen im Feld von Bedürftigkeiten und Widersprüchen kindlich-jugendlicher Entwicklung die Sozialpädagogin an den Rand der Überforderung führt – und wie mühevoll und holprig das Alltagsgeschäft im Vergleich zu den theoretischen Höhenflügen gestaltet ist. Dieses Fallbeispiel ist nicht als „Anwendung“ der dargestellten theoretischen Überlegungen gedacht; ein solches Verständnis von nahtloser Umsetzung von sozialwissenschaftlicher Theorie in Alltagspraxis würde das komplexe Theorie-Praxis-Verhältnis im Bereich pädagogischer Professionalität verkennen. Vielmehr soll damit das sozialpädagogische Alltagshandeln vor dem Hintergrund des theoretisch erarbeiteten Spannungsfeldes von Personalität und Gemeinschaftlichkeit veranschaulicht werden.

Der Sozialpädagogin im Kinderhaus fielen in ihrer Arbeit immer wieder Mädchen auf, die als Migrantinnen mit schulischen und häuslichen Problemen auf dem Hintergrund ihrer pubertären Entwicklung in eine Krise geraten waren, in der ihr Selbstwert verstört

und ihre Sozialbeziehungen destabilisiert erschienen. Sie überlegte, ob sie diesen Mädchen mit einem besonderen Angebot eine Hilfe anbieten könnte und entschied sich, auch aus positiven Erfahrungen mit dem Medium des darstellenden Spiels, für ein Theaterprojekt. An diesem nahmen 6 Mädchen zwischen 10 und 14 Jahren teil, die durch Labilität, Sprunghaftigkeit sowie geringe Motivation auffielen. Und noch etwas war auffällig: ihre deutlich erkennbare Neigung, Unsicherheiten und Irritationen durch Größenphantasien auszugleichen. Da die sechs Mädchen im Kinderhaus eine Clique bildeten, beschloss die Sozialpädagogin, die vorhandenen Sozialbeziehungen zu nutzen und ihnen als Gruppe ein Theaterprojekt anzubieten.
Das WIR dieser Mädchengruppe, die häufig gemeinsam im Kinderhaus auftauchte, war gleichzeitig stabil und fragil. Es schien, als würde das Thema der Selbstwertproblematik im WIR der Gruppenbeziehungen ausagiert, indem die Mädchen die Gruppe auf unterschiedliche Art und Weise zur Aufwertung ihres verunsicherten ICHs benutzten. Das Bedürfnis nach Anerkennung durch andere im Forum des WIR führte nun aber konsequent zu einer Destabilisierung des WIR, wenn die Selbstaufwertung der einen über die Abwertung der anderen erfolgte. Dies zeigte sich z.B. in immer wieder gemachten Äußerungen der Entwürdigung und Ausgrenzung einzelner Mädchen, vor allem dann, wenn diese sich im Hinblick auf einen propagierten Wertmaßstab oder in kleinen Auseinandersetzungen nicht genügend behaupten konnten. Insofern oszillierten Zuneigungen und Abwertungen in schnellem Wechsel, und die dadurch fluktuierenden Beziehungskonstellationen ermöglichten keine emotionale Sicherheit im WIR. Dabei erlebten die Mädchen dieses ICH-WIR-Dilemma immer wieder deutlich und konnten es auch zum Teil ansprechen. Diejenige von ihnen aber, die gerade auf der „Gewinnerstraße" war, setzte die Abwertungsmechanismen gezielt ein, auch wenn sie selbst am vorhergehenden Tag mit „schlechteren Karten“ darunter gelitten hatte.
Die Sozialpädagogin stellte auf Grund ihrer Beobachtungen ihr Projekt in den visionären Zusammenhang von Selbstwertstabilisierung

und Kooperationsfähigkeit und nahm sich vor, in der Partizipation mit den Mädchen eine Balance von Offenheit für den Prozess und der Orientierung am Produkt „Theateraufführung“ zu finden, auf einen respektvollen Umgang miteinander zu achten und vor allem auf zu erwartende Störungen im Prozess aufmerksam zu sein. Als ihre Aufgabe sah sie es an, dem Binnenkonflikt der Abwertung und Ausgrenzung in der Gruppe so zu begegnen, dass durch eine erfolgreiche Kooperationserfahrung der Selbstwert der einzelnen ICHs sowie der Zusammenhalt des WIR stabilisiert würden. Formuliert als THEMA könnte das sozialpädagogische Anliegen – aus der Perspektive der Mädchen – heißen: „Wie kann ich in einer gelingenden Kooperation mit Euch meinen Selbstwert finden?“ Der GLOBE des Kinderhauses bot für ihr Vorhaben gute räumliche und sachliche Bedingungen, so dass die Sozialpädagogin der Mädchengruppe ein strukturiertes Angebot machte, das konkrete Vorgaben (8 Treffen sowie eine Theateraufführung) und inhaltliche Anregungen enthielt, dabei aber auch genügend offen war für die Phantasien und Interessen der einzelnen und sie dadurch motivieren sollte, über einen überschaubaren Zeitrahmen und in zu erwartenden Konfliktsituationen „bei der Stange zu bleiben“.

Beim ersten Treffen kamen die Mädchen hochmotiviert, fast übereifrig und „überdreht“. Bei einem gemeinsamen Kuchenessen berichtete die Sozialpädagogin von ihrem Vorhaben und dem dafür vorgesehenen Rahmen. Sie erzählte einen Spielanlass, von dem aus alle zusammen eine gemeinsame Spielvorlage erarbeiten sollten: Es geht um eine indische Maske, die eine etwas verrückte Tante ihrer Nichte von einer Reise mitbringt. Da diese Maske ein Geheimnis birgt, verbietet die Tante, sie jemals aufzusetzen. Natürlich hält sich das Mädchen nicht daran und verwandelte sich prompt in eine Fliege. Ihre vier Freundinnen und Freunde, die mit ihr immer alles gemeinsam machen, sind angesichts dieser Verwandlung bestürzt und ratlos.

Mit dieser Spielvorlage gab die Sozialpädagogin den Mädchen einen Phantasieraum vor, der einige Analogien zu ihrer (vor)pubertären Entwicklungssituation in einer verfremdeten Szenerie ansprach: Es

geht um das Geschenk einer Maske, die eine geheimnisvolle Verwandlung bewirkt, deren Wirkungsweise sowohl – durch das Aufsetzen der Maske – herbeigeführt werden kann als auch unvorhersehbar ist. Die Maske stammt von einer bekannten (Tante), aber (durch ihre Charakterisierung) auch fremden Person, die schon viel erlebt hat und weit herumgekommen ist. Der Erfolg der Verwandlung (in eine Fliege) ist bedrohlich und wenig wünschenswert, die Gruppe der Freundinnen und Freunde reagiert entsprechend.
Wie führten nun die Mädchen diese Vorgabe fort? Hierbei fällt eine Differenz zwischen inhaltlichen und interaktionellen Aspekten auf. Auf der Ebene der Inhalte entwickelten sie den harmonistischen „Gegenentwurf" einer kooperativen Gruppe, in der sich die vier Jungen und Mädchen offenbar gut verstehen, in Sorge um ihre Freundin sind und in deren bedrohlicher Lage zusammenhalten. Dabei sind sie auf Hilfe von außen angewiesen; sie können das Problem nicht allein in ihrer Gruppe der Gleichaltrigen bewältigen, sondern brauchen die Unterstützung zweier erwachsener Frauen, die, wie die Tante, recht geheimnisvoll charakterisiert werden. Neben dieser Abhängigkeit bringt die Gruppe aber auch ihre eigenen Kompetenzen in einer gut durchdachten und sicher durchgeführten Zusammenarbeit ein.
Interessant ist nun, dass das Weiterspinnen der Geschichte in der Gruppe der sechs Mädchen – ab der Verwandlung in eine Fliege – zwar viel harmonistische WIR-Phantasien in die Spielvorlage einbrachte, in ihrer Zusammenarbeit aber die einzelnen Mädchen zunächst einmal sehr mit sich und den von ihnen gewünschten Rollen beschäftigt waren. Jede versuchte, durch das Finden und Ausschmücken der eigenen Rolle sich selbst besonders in Szene zu setzen, und die dadurch entstandene ICH-Zentrierung, die durch das mediale Angebot des Theaterspiels sicher noch forciert wurde, bedrohte einige Zeit das Finden eines roten Fadens der Geschichte. Nun war das zu erwarten und die Sozialpädagogin gab einerseits Raum für die „zentrifugalen" Ideen und Bedürfnisse, versuchte aber auch andererseits, immer wieder im Sinne einer gemeinsamen Erzählung zu intervenieren. Jedes Mädchen sollte eine Rolle finden, mit der es sich

identifizieren konnte und die es im Ablauf der Geschichte bedeutsam fand; gleichzeitig konnte aber eine die einzelnen Rollen tragende gemeinsame Geschichte nur durch die Bezogenheit der Rollen aufeinander entstehen. Für diesen WIR-Aspekt zu stehen und zu intervenieren, war zunächst die Hauptaufgabe der Sozialpädagogin. Ohne ihr Eingreifen wäre nicht nur die zu entwickelnde Geschichte, sondern auch das gemeinsame Projekt bald auseinandergefallen.
In den folgenden Treffen zeigte sich eine dynamische Entwicklung, die alle stark strapazierte: Zunächst etablierte sich das Beziehungsgeschehen mit einer klaren Delegation der Verantwortung für das WIR an die Sozialpädagogin. Die Mädchen wiesen ihr die Funktion der Integration zu und richteten sich auf der ICH-Position der Selbstdarstellung ein, die Aufmerksamkeit und Anerkennung von außen einforderte. Die sorgfältig strukturierten Treffen, beginnend mit dem konfliktfreien Raum eines kleinen gemeinsamen Frühstücks, einer Aufwärmphase und zum Spiel hinführenden Bewegungsspielen, wurden schnell zu phantasievollen und hoch dynamisierten Facetten eines „Theaters“, das kaum noch einen gemeinsamen Handlungsablauf erkennen ließ. Dadurch geriet die Sozialpädagogin zunehmend unter Druck, diese zentrifugalen Kräfte in den Fokus eines gemeinsamen Vorhabens wieder einzubinden. In ihren Grenz-setzenden Interventionen im Dienste des WIR steckte nun wiederum die latente Gefahr, gegen die einzelnen ICHs mit ihren situativen Bedürfnissen vorzugehen und damit aber die individuellen Motivationen am gemeinsamen Projekt zu schwächen.
Im Hinblick auf das Theatervorhaben wurde deutlich, dass die Bedürftigkeit des ICH und die „weglaufenden“ Assoziationen nicht nur ein aufeinander bezogenes Handeln, sondern auch den inhaltlichen Rahmen der gemeinsam gestalteten konsistenten Geschichte bedrohten. Die Mädchen konnten zum Teil das als Hilfe gedachte Distanzmittel der Rolle gar nicht nutzen und nur schwer einen „inneren Zuschauer“ als einen gemeinsamen Bezugspunkt für ihr Spiel gewinnen. So zerfiel die Spielvorlage immer wieder in kleine, aber hoch dynamische Spielanteile, in denen die narzißtische Bedürftigkeit zum

Ausdruck kam. Dies machte es aber schwer, einen von allen geteilten Zusammenhang aufrecht zu erhalten. Das mediale Angebot „überschwemmte“ die Mädchen im freien Spiel, und einigen war es dann kaum möglich, nach einem Treffen wieder in den Rahmen des Alltags einzusteigen. In solchen Situationen war es für die Sozialpädagogin schwierig, das gemeinsame und von Seiten aller Mädchen emotional hoch besetzte Ziel der Aufführung im Auge zu halten und die richtige Balance zwischen Prozess- und Produkt-Orientierung zu finden. Es war mitunter unentscheidbar, was gerade als bedeutsamer anzusehen war – das Agieren der Selbstwertthematik jeder einzelnen im „hier und jetzt“ oder ein späteres gemeinsames Erfolgserlebnis.
Die psychodynamische Wirkungsweise des medialen Angebots verstärkte sich im weiteren Prozessverlauf der Treffen. So kam es bald selbst in den bisher konfliktfreien Bereichen des gemeinsamen Frühstücks und des Warming-up zu Reibereien untereinander und gegenseitigen Beschimpfungen. Neben den heftigen Auseinandersetzungen tauchten nun erste Ankündigungen auf, aufzuhören und nach Hause zu gehen, so dass die Leiterin immer stärker intervenieren musste, um ihre strukturierende und vermittelnde Position nicht zu verlieren. Dabei versuchte sie, durch in den Prozess eingebrachte Pausen und einen zusätzlichen Reflexionsschritt Distanzierungsmöglichkeiten zu gewinnen. Interessant ist hierbei, dass ihr Reflexionsangebot an der eher theoretischen Frage orientiert war, was zum Theaterspiel auf Seiten der Mitspieler erforderlich ist, die Mädchen aber diese Fragestellung konkretisierten auf die Fragen „Was ist hier eigentlich los?“ und „Wie können wir uns aushalten?“.
Dadurch und durch das Finden einer neuen konfliktfreien Sphäre im neutralen Ort des Schwimmbades kam es zu Unterbrechungen der Dynamik und zu einer interessanten Verschiebung; ihre gemeinsame Bedürftigkeit nach Beachtung und Anerkennung führte die Mädchen zusammen. Jetzt konnte zwischen ihnen allmählich ein kohärenteres WIR entstehen – das für den gefundenen Zusammenhalt aber nach wie vor die Zuwendung der Sozialpädagogin einforderte. Diese sollte nämlich die Gruppe der Mädchen mit Musik und Essen versorgen.

Diese Funktionalisierung ihrer Leiterin machte es ihnen dann möglich, auch ohne sie etwas gemeinsam zu unternehmen und am Tag vor der Aufführung bei einem der Mädchen zu Hause gemeinsam zu frühstücken. Trotz dieser Entwicklung benötigten sie die Sozialpädagogin weiterhin als strukturierende Stütze; so forderte z.B. ein Mädchen mehr Vorgaben bei ihr ein. Auch wirkten sich bis zur Theateraufführung Beleidigungen, Kränkungen und Streitereien weiterhin aus.

Im feed-back nach der gelungenen Aufführung konnten die Mädchen ihre wechselseitigen Belastungen und die Bedeutsamkeit der Sozialpädagogin in ihrem gemeinsamen Erfahrungsprozess ansprechen. Ihnen wurde deutlich, dass dieser erst durch den von ihr gehaltenen Rahmen ermöglicht wurde

- durch ihr Eintreten für das Recht auf Achtung jedes einzelnen und ihre Konsequenz, bei Missachtungen klärend zu intervenieren;
- durch ihre Offenheit für die mitunter befremdlichen Wünsche, Vorstellungen und Phantasien der einzelnen Mädchen;
- durch eine grundsätzlich freundliche und emotional zugewandte Haltung.

Wie viel Entwicklungsanreize die einzelnen Teilnehmerinnen von dem Einstehen der Sozialpädagogin für ein gemeinschaftbildendes Projekt auf der Grundlage von Personalität für sich nutzen konnten, bleibt offen; denn die Sicherung sozialer Anerkennungsverhältnisse ist eine notwendige, aber keine hinreichende Voraussetzung zur personalen Entwicklung.

2.2 Das ES als Gegenstand und Vergegenständlichung[1]

Gegenstand dieses Kapitels ist die TZI-Kategorie des ES. Als einer der vier Faktoren des TZI-Reflexionsmodells spielt das ES in der praktischen Arbeit themenzentrierter Interaktion eine wesentliche Rolle. Dies setzt dessen begriffliche Klarheit und praktische Handhabbarkeit voraus, die aus meiner Sicht nicht immer gegeben sind; vor allem die Gleichsetzung von ES und THEMA in der TZI-Literatur führt leicht zu Verwirrungen. In den folgenden Ausführungen möchte ich zur begrifflichen Klärung der ES-Kategorie beitragen und daraus einen Gewinn für das Handeln mit TZI im Berufsfeld Sozialer Arbeit ziehen. Dabei betrachte ich das ES sowohl im Sinne eines vorgegebenen Gegenstandes (z.B. als Unterrichtsstoff) als auch im Sinne einer aus einem Prozessverlauf zu entwickelnden Konstruktion.

2.2.1 Zur begrifflichen Klärung der ES-Kategorie

Matthias Kroeger sieht die zentrale anthropologische Grundannahme der TZI darin, dass der Mensch sich Sachen und Aufgaben zu seinen eigenen macht[2]. Und er bestimmt die Aufgabe der TZI dahingehend, aus Sachverhalten Themen zu machen. In diesem Sinne spricht Kroeger von der „Verwandlung von menschlich unbezogenen ‚Sachen' und Problemzuständen"[3] in Themen und er sieht die Pointe einer guten Themenformulierung darin, dass sie Beziehungen und Perspektiven herstellt.
Diese Sichtweise Kroegers enthält eine Unterscheidung, ohne die seine Ausführungen sinnlos wären: Er betrachtet zum einen die Sachen, Gegenstände, Inhalte usw. für sich, als etwas Unbezogenes; und unterscheidet davon zum anderen die zu diesen Sachen hergestellten Beziehungen, in denen ihre Bedeutsamkeit für die Menschen,

die sich damit beschäftigen, zum Ausdruck kommt. Diese Unterscheidung findet in der TZI auch in einer begrifflichen Differenzierung ihren Ausdruck: Mit der Kategorie ES werden die Sachen, Gegenstände, Inhalte, Aufgaben... für sich gesehen, mit der Kategorie THEMA wird eine andere Perspektive eröffnet, nämlich die der Bezogenheit und Bedeutsamkeit der Sachen, Gegenstände, Inhalte, Aufgaben ... für die Menschen.

Diese Unterscheidung scheint auf den ersten Blick naheliegend zu sein, sie wird aber in der TZI-Literatur und -Praxis keineswegs einheitlich gehandhabt, was zu einigen begrifflichen Unklarheiten geführt hat. So taucht bei anerkannten TZI-Lehrenden immer wieder das In-eins-setzen von ES und THEMA auf[4] oder es werden beide Sichtweisen, die Unterschiedlichkeit von ES und THEMA und deren identische Bedeutung, im gleichen Text implizit abwechselnd vertreten[5].

Diesen Unklarheiten begegnet Helmut Reiser in seinem Votum für eine Unterscheidung zwischen dem Unterrichtsstoff und dem Unterrichtsthema und er zeigt an einem Beispiel auf, wie aus einem Stoff ein Thema werden kann, „wenn ich mich frage, was die Schüler mit diesem Stoff zu tun haben, was in der Gruppe gewollt oder ungewollt ausgelöst werden kann, wenn sich die Klasse damit beschäftigt, was ich an diesem Stoff wichtig finde“[6].

Auch Hermann Kügler hat in diesem Sinne für eine präzise Begrifflichkeit plädiert. Dabei geht es ihm nicht um eine „rechthaberische Durchsetzung der ‚reinen Lehre‘“[7], sondern um den pragmatischen Nutzen, der aus einer differenzierten Betrachtung a) einer neutralen und unbezogenen Sache und b) eines thematisierten Anliegens gezogen werden kann.

Bevor ich zu diesem pragmatischen Nutzen der Unterscheidung von ES und THEMA wieder zurückkomme, möchte ich einen kleinen erkenntnistheoretischen Zwischenschritt einlegen, der für die Ausführungen des Kapitels 2.2.2 wichtig ist.

Wenn wir mit dem Reflexionsmodell der TZI arbeiten und, an dessen vier Faktoren sowie ihrer Zusammenhänge orientiert, z.B. über eine

Arbeitssituation in einer Gruppe nachdenken, dann benutzen wir dafür Symbole, in der Regel Sprachsymbole, mit deren Hilfe wir etwas Vorgefallenes beschreiben. Indem wir das tun, bewegen wir uns im Rahmen der begrifflichen Verfasstheit der Wirklichkeit, die, in erkenntnistheoretischer Hinsicht, bereits eine Thematisierung ist. Denn mit jeder sprachlichen Erfassung eines Ausschnittes und Aspektes der Wirklichkeit „wird *etwas als etwas* angesprochen, behandelt oder betrachtet"[8]. Und jede Benennung bringt eine bestimmte Sichtweise ins Spiel und präjudiziert einen bestimmten Zugang zur bezeichneten Sache: „Ein Individuum wird sich ja eines Problems in der Regel erst in thematisierter Form bewußt, wobei die Thematisierung durch das ihm vorgegebene Vokabular und Begriffsraster nicht zur Disposition steht"[9]. Böhme spricht hier nicht von der TZI und verwendet hier auch nicht ihren Themenbegriff, sondern er bezieht sich viel allgemeiner auf den „Ursprung der begrifflichen Verfaßtheit der Wirklichkeit"[10], die er deshalb Thematisierung nennt, weil bereits in jeder begrifflichen „Prägung der Wirklichkeit die Handlungsmöglichkeiten, die einem zur Disposition stehen, andere sind und entsprechend auch die Lösungsmöglichkeiten und Lösungstypen. Ein klassisches Beispiel für solche Alternativen ist durch die Entdeckung des Tuberkelbazillus ... gegeben. Tbc war damals eine Massenkrankheit in den ärmeren Bevölkerungsschichten. Der Tuberkelbazillus erlaubte es, die Krankheit als eine Frage des Erregers zu behandeln und entsprechend als adäquate Lösungsstrategie die Entwicklung eines Serums und Massenimpfungen anzusehen. Es wäre aber im Prinzip auch möglich gewesen, die Lebens- und Arbeitsbedingungen der Bevölkerung zu ändern. Im Rückblick und aus der Perspektive einer seither entwickelten Sozialmedizin können wir sagen, dass das Problem viel weniger eines des Erregers als vielmehr der Lebensweise, der Ernährung und der Abwehrkräfte ist"[11].

Hier wird deutlich, dass jedes begriffliche Erfassen der Wirklichkeit eine Konstruktion ist. Und so betrachtet könnte man meinen, damit würde die vorhin behauptete Sinnhaftigkeit der Unterscheidung von ES und THEMA hinfällig werden, ist doch jede Bestimmung des ES bereits eine Thematisierung. Der Vorteil der Unterscheidung von ES und THEMA liegt m. E. aber darin, dass damit das begriffliche Erfassen der Wirklichkeit differenzierter betrachtet werden kann:

- zum einen als ein allgemeiner Schritt der Symbolisierung durch das begriffliche Erfassen von Erfahrungen, was Böhme erkenntnistheoretisch als Thematisierung erfasst, was die TZI dagegen als ES bezeichnet;
- zum zweiten als Formulierung eines besonderen Anliegens, mit dem das begrifflich Erfasste in den Prozess der Bearbeitung eingebracht wird und was die TZI als Thematisierung bezeichnet.

Erkenntnistheoretisch ist diese Unterscheidung von ES und THEMA nicht unbedingt zwingend. In pragmatischer Hinsicht scheinen mir damit aber zwei sinnhaft beschreibbare Differenzierungsschritte möglich zu sein; ein erster mit der Benennung und damit Identifizierung eines Inhalts, eines Gegenstandes oder einer Aufgabe, die „für sich" betrachtet werden, und ein zweiter Schritt mit der Formulierung eines Anliegens, das den Inhalt, Gegenstand oder die Aufgabe in eine Beziehung „für mich" oder „für uns" gesondert einbringt. In dieser Unterscheidung von ES und THEMA scheint mir ein spezifischer pragmatischer Wert der TZI-Terminologie zu liegen.

2.2.2 Vom Finden und Erfinden des ES im themenzentrierten Prozess – ein Fallbeispiel

Für den schulischen Unterricht mag der Begriff des ES und die Unterscheidung von ES und THEMA schnell einleuchten, wenn Lehrerinnen und Lehrer ihre didaktisch-methodische Aufgabe darin sehen, aus einem vorgegebenen, nüchtern-sachlichen Unterrichtsstoff ein für Schülerinnen und Schüler interessantes THEMA zu machen. Was aber ist mit dem ES in solchen Situationen und Arbeitszusammenhängen, in denen es keinen vorgegebenen Stoff, keinen fest umrissenen Arbeitsgegenstand und eine eher allgemein formulierte Aufgabenbestimmung gibt? In den folgenden Überlegungen möchte ich mich mit solchen Situationen beschäftigen. Ich gehe dabei einen Umweg über private und aus dem Lebensalltag gegriffene Situationen, um mich dann allmählich dem Handlungsfeld der Sozialen Arbeit mit einem Fallbeispiel zu nähern. Dieser Umweg soll der Veranschaulichung der Problematik und einem ersten Zugang zu den Problemen der ES-Bestimmung dienen.

Mein erstes Beispiel verdankt sich einer gewissen Neugier im Hinblick darauf, mit den TZI-Kategorien ES und THEMA in alltäglichen Situationen zu „spielen". Hinter dieser, auf den ersten Blick womöglich als Marotte erscheinenden Vorgehensweise, steckt insofern ein ernsthaftes Anliegen, als es ja gerade die recht alltäglichen Situationen sind, auf die im Praxisfeld der Sozialen Arbeit fachlich bezogen gehandelt werden muss. Insofern erscheint es mir sinnvoll, auch in Alltagssituationen das zu erproben, was der TZI-Reflexion im fachlichen Kontext zu nützen vermag.

Nach einem Konzertbesuch in Frankfurt bin ich am späten Abend mit der Straßenbahn in meinen Wohnort zurückgekehrt und gerade auf dem Weg von der Haltestelle nach Hause. In der unmittelbaren Umgebung eines Jugendhauses kommt mir ein PKW entgegen, dessen Fahrer, offenbar in der Absicht zu parken, recht flott von der Straße auf den Bürgersteig wechselt und dabei nicht gerade begeistert von der Tatsache zu sein scheint, dass ich diesen Bürgersteig benutze. Bei meinem notwendigen Ausweichen klopfe ich mit meinem Schirm empört auf das Autodach, was den jugendlichen Besitzer des PKW zum Aussteigen veranlasst und zur Frage an mich: „Haut' man da auf's Auto?"

Deute ich diese Situation mit Hilfe des Reflexionsmodells der TZI und vor allem im Hinblick auf die Frage nach ES und THEMA, so fällt auf, dass der Jugendliche mit seiner Frage einen bestimmten Gegenstand anspricht, nämlich die Frage, wie *man* mit einer solchen Situation umgehen soll. Er fragt also nach Sitte und Anstand, nach gesellschaftlichen Konventionen und drückt in seiner Frage gleichzeitig eine Missbilligung meines rabiaten Verhaltens aus. Leider erst zu Hause fiel mir der Sachverhalt auf, dass in seiner Frageweise ein für

das Zusammenleben der Menschen nicht unwichtiger *allgemeiner* Sachverhalt steckt. Nehme ich diesen zum ES, dann kann ich mit *meiner* Erfahrung des Geschehens unmittelbar an *seine* Frage anknüpfen. Denn auch mein Verhalten artikuliert, wenn auch weniger sprachlich elaboriert als das des Jugendlichen, eine Unzufriedenheit mit Sitten und Gebräuchen meiner Mitmenschen im aktuellen Geschehen. Und auch ich könnte eine Frage stellen („Fährt *man* da auf dem Bürgersteig?"), die zwar in ihrer Formulierung nicht seine, sondern meine eigene wäre, die aber in ihrem Kern ein ähnliches *allgemeines* Problem zum Gegenstand macht. Interessant wäre unser Zusammentreffen vielleicht noch geworden, hätte ich die Gemeinsamkeit dieses Gegenstandes in der Situation gleich erkannt. Was uns dabei trotz unserer unterschiedlichen Positionen im Geschehen verband, das war ein gemeinsames ES, nämlich das sittlich angemessene Verhalten im Umgang von Autofahrer und Fußgänger zu nächtlicher Stunde. Diesen gemeinsamen Gegenstand hätten wir nun wiederum zum THEMA und die nahe gelegene Gaststätte zum GLOBE für einen interessanten „Sokratischen Dialog"[12] machen können.
Um das ES zu bestimmen, frage ich nach einem Begriff, der etwas Wesentliches einer Szene erfasst. In sozialen Situationen wie der geschilderten, muss ich dieses Wesentliche interpretativ gewinnen, es ist nicht wie ein Unterrichtsstoff den einzelnen ICH und dem WIR vorgegeben, sondern kann aus der Beziehungsdynamik in einem distanzierenden Kunstgriff konstruiert werden. Damit wird diese Szene als eine spezifisch benennbare und mit anderen Szenen vergleichbare bestimmt. Wenn ich dabei von Beziehungsdynamik spreche, dann scheint es mir wichtig zu sein, nicht nur die ICH-WIR-Verbindung zu sehen, sondern ebenso den GLOBE-Aspekt, der hier durch das Moment gesellschaftlicher Konventionen ja deutlich in die Interaktion einwirkt.
Mit meinem ersten Beispiel habe ich die Frage nach der Vergegenständlichung des ES, das hier ja kein vorgefundener Gegenstand, sondern eine psychosoziale Konstruktion ist, angesprochen. Mit einem zweiten Beispiel möchte ich das Spannungsfeld des ES zwischen

Gegenständlichkeit und Vergegenständlichung noch etwas näher betrachten. Es ist das wörtliche Protokoll eines Rollenspiels:
Im Kaufhaus kommt die Kundin mit einer Jacke zur Kasse: „Ich hätte gerne diese Jacke. Allerdings gibt es da ein Problem, und zwar fehlen hier zwei Knöpfe. Und in dieser Größe ist sie leider nicht noch einmal da. Ich meine, sie gefällt mir ja schon, aber 140 Euro mit den fehlenden zwei Knöpfen, das ist mir zu teuer."
Verkäufer: „Und da möchten Sie von mir, dass ich jetzt mit dem Preis heruntergehe. Das kann ich aber nicht machen. Ansonsten ist die Jacke ja auch einwandfrei."
Kundin: „Ach schade, ich habe so lange nach so einer Jacke gesucht und jetzt ist sie das einzige Stück, das Sie in dieser Größe haben. Können Sie nicht `mal schauen, ob sie vielleicht nicht doch noch auf Lager ist?"
Verkäufer: „Nein, das kann ich jetzt leider nicht tun, ich kann ja nicht weg von der Kasse!"
Kundin: „Sie können doch einmal rufen oder telefonieren, ob da nicht doch 'was mit dem Preis möglich ist, entgegenkommen müssen Sie mir schon. Sie gefällt mir schon, diese Jacke, und dann passiert mir das!"
Verkäufer: „Und Sie haben nicht selbst die Knöpfe abgemacht?"
Kundin: „Ja, also wirklich, das ist das Allerletzte! Nein, das würde ich doch nicht tun!"
Verkäufer: „Ja, ich will Ihnen das ja auch nicht unterstellen. Ja, da müssten Sie einmal eine Verkäuferin fragen. Ich kann aber auch von hier aus keine anrufen, weil ich an der Kasse kein Telefon habe. Tut mir leid. Da müssen Sie 'mal schauen, hier laufen immer welche 'rum. Allerdings müssen Sie da wahrscheinlich etwas warten, weil gerade Mittagspause ist."
Kundin: „Ja, wollen Sie denn hier nichts verkaufen?"
Verkäufer: „Ja, ich kann doch nicht einfach vom Preis heruntergehen. Ich kann doch nicht mit dem Magnetstreifengerät etwas anderes in die Kasse eingeben, als was Sie zahlen. Und ich kann doch nicht weg von der Kasse."

Kundin: „Also, das ist ja hier ein Service, da behalten Sie Ihre Jacke!"
Suche ich in dieser Szene ein ES, so werde ich schnell fündig: Es geht um einen konkreten dinglichen Gegenstand, eine Jacke, die im Mittelpunkt der Interaktion von Kundin und Verkäufer steht. Allerdings wird ebenso schnell deutlich, dass mit dieser ES-Bestimmung die Brisanz der Szene begrifflich nicht eingeholt wird. Dies gelingt eher dadurch, dass ich mich vom Gegenständlichen entferne und zur Vergegenständlichung des Interaktionsgeschehens hinwende, für das die Jacke ja auch nur von untergeordneter Bedeutung zu sein scheint: Es ist wahrscheinlich „Jacke wie Hose", d.h. recht unabhängig vom Verkaufsgegenstand, was Verkäufer und Kundin hier miteinander „verhandeln".
Diese Spannweite vom Gegenständlichen zur Vergegenständlichung lässt sich an verschiedenen Formulierungsmöglichkeiten des ES ablesen: Geht es bei dem ES „Jacke" noch um das konkrete „Objekt der Begierde", so ist beim ES „Jackenkauf" bereits eine erste Abstraktion vom konkreten Gegenstand „Jacke" zu erkennen. „Reklamation" artikuliert als ES bereits etwas von der Interaktionsdynamik, „Preisnachlass-Forderung" verdeutlicht davon noch etwas mehr und „verdecktes Machtspiel" spricht als Vergegenständlichung des Geschehens weder den konkreten Gegenstand, um den es hier geht, noch die beteiligten Rollen, dafür aber deutlicher die Beziehungssituation an. Je nachdem, wie ich das ES dieser Szene bestimme, rücken bestimmte Aspekte in den Mittelpunkt der Betrachtung, die im zweiten Schritt der Thematisierung zu recht unterschiedlichen Fokussierungen führen. Meines Erachtens wird hierbei auch deutlich, dass es nicht um eine richtige oder falsche Bestimmung des ES gehen kann, sondern um die Fokussierung des Aspekts, der für die Bearbeitung dieser Szene wesentlich erscheint.
Das nächste Beispiel verdanke ich einem als gemütliches Beisammensein gedachten Restaurantbesuch mit einer befreundeten Familie, die ES-Bestimmung der Szene fiel dem Vater im Verlauf des turbulenten Geschehens ein:
Katrin wird in sechs Wochen zwei Jahre alt. Sie ist heute abend mit

ihren Eltern in einem Restaurant. Bisher hat das immer gut geklappt, da das Restaurant durch entsprechende Hilfsmittel und ein freundliches Personal darauf vorbereitet ist und sich die Eltern auf die besondere Situation einstellen: Sie haben Spielzeug und ein Bilderbuch dabei und konnten bisher im mitunter geduldigen Eingehen auf Katrin sowohl gut mit ihr zurecht kommen als auch ihr Essen genießen.

Heute aber läuft ein neues Programm ab, das Mutter und Vater ganz schön durcheinander bringt: Katrin macht einen bisher völlig unbekannten, „aufgekratzten“ Eindruck. Ständig will sie etwas anderes und so gut wie gar nichts von dem, worauf sich die Eltern eingestellt haben. So muss sie ständig „auf Achse“, will z.B. aus ihrem Hochstuhl, um unbedingt ein Baby am Nachbartisch zu besuchen. Mitten auf dem Weg dorthin kehrt sie aber wieder um und will sofort wieder auf den Schoß der Mutter. In ihrer fluktuierenden Aktivität steckt fast etwas Verzweifeltes, sie wirkt eher überfordert als glücklich. Es hat den Anschein, als wolle sie heute eine Selbständigkeit ausprobieren, die sie noch gar nicht hat und möchte auf gar keinen Fall daran erinnert werden, dass sie noch nicht so ganz alleine zurecht kommt.

Wollen die Eltern ihr z.B. beim Essen behilflich sein, weil wieder etwas daneben geht, dann fängt sie gleich an zu schreien, als wäre das wohl die letzte Zumutung. Sieht sie dann aber, dass es nicht klappt, wenn sie es alleine versucht, dann fordert sie umgehend die Lösung des Problems durch ihre Mutter. In ihren ständigen Stimmungsschwankungen wechselt sie von übertriebenem Stolz zu großer Unzufriedenheit, von heftigen Wutausbrüchen zu einer Niedergeschlagenheit, die sie aber schnell durch hektische Aktivitäten überspielt. Dann stößt sie die Mutter von sich, die sie auf ihrem Schoß trösten will und klammert sich, auf dem Boden liegend, an deren Beine. Auch mit dem Vater geht es heute nicht gut. So will sie ihn an der Hand dahin zerren, wo die Kellner mit ihren großen Tabletts herkommen, läuft aber gleich wieder von ihm fort und hat schon wieder etwas anderes im Sinn.

Was die Eltern verwundert, ist vor allem Katrins Protest gegen die sonst von ihr geliebte Vorgehensweise beim Essen. Auch das übliche Ritual, dass alles, was sie auf den Teller bekommt, von einem Reimspruch begleitet von den Eltern zerschnitten wird, geht ihr gegen den Strich; wütend wirft sie ein Stück Fleisch vom Teller. So bringt sie die Eltern in das Dilemma, dass diese gar nicht mehr wissen, wie sie überhaupt auf ihre Tochter reagieren sollen, da alles doch gleich wieder ins Leere läuft.

Die Frage, welche Begrifflichkeit das ES dieser Szene bestimmen könnte, hat Katrins Vater während des Essens für sich gelöst; er nannte das ES „Wiederannäherungskrise" und nahm damit Bezug zu einer entwicklungspsychologischen Betrachtung Margaret Mahlers. Diese beschreibt für die Zeit vom 18. bis 24. Lebensmonat in der Entwicklung des Kindes eine besondere Konstellation, die von heftigen „Ambitendenzen" gekennzeichnet ist: Das gleichzeitige Anklammern an die Eltern und die heftigen Distanzierungen von ihnen sind begleitet von einem Erscheinungsbild schneller Stimmungswechsel und Wutausbrüche, plötzlich einbrechender Angstzustände, von Allmachtsphantasien und Verleugnungen der eigenen Abhängigkeit[13]. Autonomie- und Interdependenz-Momente stehen in einem brisanten Spannungsverhältnis, das das Kind nicht handhaben kann und dem die strapazierten Eltern häufig mit Ungeduld und reaktiver Ambivalenz antworten: „‚Du meinst, du kannst alles alleine machen? Na gut, dann überlass ich dich dir selbst. Sie zu, wie du fertig wirst!' Oder: ‚Vor einer Minute wolltest du nicht bei mir sein. Gut, jetzt will ich nicht bei dir sein!'"[14].

Mit der begrifflichen Kennzeichnung des ES als „Wiederannäherungskrise" wird in dieser Szene besonders die subjektive Befindlichkeit des Kindes hervorgehoben. Der Fachbegriff lenkt die Aufmerksamkeit vor allem auf einen ICH-Aspekt, denn er macht das Entwicklungsproblem eines Kindes zum Gegenstand. Dadurch, dass ich aus der Dynamik der Situation heraus das ES „erfinde" und begrifflich vergegenständliche, kann ich mir meine eigene Betrachtung der Situation zum Reflexionsgegenstand machen und mich fragen, inwiefern diese ein angemessenes Verständnis des Geschehens ermöglicht.

Denn es macht einen Unterschied, ob ich das ES als „Launen eines kleinen Kindes“, als „Katrins Trotzphase“ oder als „Wiederannäherungskrise“ begrifflich erfasse. Je nachdem, welchen Begriff ich zur Interpretation der Situation verwende, verfestigt sich mit ihm ein jeweils besonderer Wirklichkeitszugang: „Launen eines kleinen Kindes“ bringt eine andere Anmutung in die Betrachtung als „Trotzphase“ und wiederum eine andere als „Wiederannäherungskrise“. Versetze ich mich in die fiktive Situation einer Elternberatung, in deren Verlauf ich den Eltern ein THEMA für ihr Zusammenleben mit Katrin geben soll, dann entstehen aus den jeweiligen Vergegenständlichungen des ES unterschiedliche thematische Ausrichtungen: „Launen“ wird man dann eher aushalten müssen, eine „Trotzphase“ fordert wahrscheinlich zu besonderem pädagogischen „Engagement“ heraus und eine „Wiederannäherungskrise“ legt den Eltern eine ihr Kind unterstützende Haltung nahe.
Ich glaube, dass dieses Beispiel auch zeigt, dass in jede ES-Bestimmung sehr unterschiedliche Betrachtungs„niveaus“ eingehen können: persönliche Neigungen, konventionelle Alltagsdeutungen und theoretische Ausarbeitungen bilden einen recht komplexen Hintergrund intuitiver und reflexiver Möglichkeiten zur Situationsdeutung, und damit zur Erfassung des ES. Im Hinblick auf die Merkmale professionellen Handelns mit TZI im Berufsfeld der Sozialen Arbeit stellt sich damit auch die Frage, welchen Fachbegriffen und wissenschaftlichen Theorien in der Weiterentwicklung der TZI eine besondere Bedeutung zur Aufschlüsselung einer sozialen Situation und zur Konstruktion des ES zukommen können.
An meinem eigentlichen Fallbeispiel möchte ich die Gewinnung eines THEMAS über den Weg der ES-Bestimmung etwas näher betrachten. Es ist das Wortprotokoll eines Rollenspiels zu einer Beratungssituation in einer Beratungsstelle bei Essstörungen:

Beraterin -1: „Guten Tag, mein Name ist Meier.“
Junge Frau -2: „Guten Tag, ich bin Brigitte Falk.“
Beraterin -3: „Ja, was hat Sie hierher geführt?“

Junge Frau -4: „Ach wissen Sie, unser Betriebsarzt hat mich hierher geschickt. Wir werden bei uns einmal im Jahr betriebsärztlich untersucht. Und der Betriebsarzt hatte schon letztes Jahr gemeint, dass ich von meiner Konstitution etwas zu dünn sei. Und nun hat er das noch einmal angesprochen und mich gebeten, eine Beratungsstelle aufzusuchen. Ich sollte`mal schauen, ob mit meinen Essgewohnheiten so alles in Ordnung sei. Er findet nämlich, dass ich Untergewicht habe."
Beraterin -5: „Und wo arbeiten Sie?"
Junge Frau -6: „In einer Bank."
Beraterin -7: „Sind Sie noch in der Ausbildung oder schon fertig?"
Junge Frau -8: „Ich bin jetzt gerade am Ende der Ausbildung und habe schon ein Angebot, dass ich nach der Prüfung in der Zentrale übernommen werde."
Beraterin -9: „Und Sie müssen jährlich den Betriebsarzt aufsuchen, der Ihnen jetzt diese Beratung empfohlen hat. Und es ist nicht so, dass Ihre Kollegen gesagt haben..."
Junge Frau -10: „Nein, nein, das ist ein anderes Thema. Das war jetzt die Situtionmit dem Betriebsarzt, und deshalb bin ich ja hierher gekommen."
Beraterin -11: „Wissen Sie, ich habe nachgefragt, um mir klar zu machen, was Ihr Bedürfnis war, die Beratungsstelle aufzusuchen."
Junge Frau -12: „Ja, wissen Sie, ich will schon vorwärts kommen und Karriere machen bei uns in der Bank, und das sieht ja auch gar nicht schlecht aus. Ich habe da noch einen Weg vor mir. Und in der Bank wird halt Wert darauf gelegt, dass man gesundheitlich ziemlich fit und belastbar ist. Ich will auch nicht vom Betriebsarzt Steine in den Weg gelegt bekommen. Wie soll das weitergehen? Und da dachte ich mir, da schaust Du halt mal hier in der Beratungsstelle vorbei. Dann kann ich ja auch anders argumentieren, wenn ich das nächste Mal zum Betriebsarzt muss."
Beraterin -13: „Wegen der Argumentation sind Sie also hierher gekommen, um von mir die Antworten zu erfahren, was Sie dem Betriebsarzt sagen wollen?"
Junge Frau -14: „Ja, ob ich zu dünn bin oder nicht."

Beraterin -15: „Ob Sie zu dünn sind oder nicht? Was denken Sie denn?"
Junge Frau -16: „Also ich finde, dass ich eigentlich genau richtig bin."
Beraterin -17: „Sie sind zufrieden. Und Sie haben auch keine Probleme?"
Junge Frau -18: „Na ja, manchmal bin ich schon etwas nervös."
Beraterin -19: „Mmh."
Junge Frau -20: „Ja, das liegt halt an der Hektik in der Bank."
Beraterin -21: „Also, ich habe das jetzt richtig verstanden, dass Sie nicht von sich aus, ganz allein die Beratungsstelle aufsuchen wollten, sondern mehr unter dem Druck des Betriebsarztes und nicht, weil Sie da persönlich ein Problem sehen."
Junge Frau -22: „Ja, und da wollte ich mich einfach darüber informieren, ob ich zu dünn bin oder nicht."
Beraterin -23: „Ja, Sie haben gesagt, dass Sie beim Arzt waren. Aber mich würde jetzt interessieren, was hat der denn festgestellt? Wie sieht es denn aus mit Ihrer Körpergröße und Ihrem Gewicht?"
Junge Frau -24: „Ich bin 1,64 m und wiege 40 kg."
Beraterin -25: „Und wie sind Ihre Essgewohnheiten?"
Junge Frau -26: „Ach, das ist ganz unterschiedlich."
Beraterin -27: „Wie sieht das denn normalerweise aus, wie oft und was essen Sie so am Tag?"
Junge Frau -28: „Ich habe normalerweise vier Mahlzeiten am Tag und esse Obst, Gemüse ud Brot, manchmal auch eine Suppe oder eine andere kleine warme Mahlzeit."
Beraterin -29: „Und wieviel?"
Junge Frau -30: „Na ja, mal einen Apfel oder eine Banane oder eine Suppe. Manchmal komme ich halt nicht dazu, es wird viel gefordert in meinem Beruf."
Beraterin -31: „Und daher kommt dann auch Ihre Hektik?"
Junge Frau -32: „Ja, wissen Sie, mein Untergewicht kann ja gerade von diesem Stress kommen oder es hat vielleicht eine ganz andere Ursache."
Beraterin -33: „Eine ganz andere Ursache?"

Junge Frau -34: „Ja, vielleicht habe ich ja eine andere Krankheit."
Beraterin -35: „Eine andere Krankheit? Fühlen Sie sich nicht wohl?"
Junge Frau -36: „Ja doch, eigentlich schon. Ich meine ja nur, es nehmen Leute doch auch ab, weil sie irgend eine Krankheit haben. Warum fängt denn der Betriebsarzt gleich mit Essstörungen an?"
Beraterin -37: „Gibt es denn andere Dinge, die Sie mir noch nicht gesagt haben?"
Junge Frau -38: „Nein, wissen Sie, ich bin ja aus allen Wolken gefallen, als er das zu mir gesagt hat mit den Essstörungen. Ich verstehe halt den Zusammenhang zwischen der Hektik im Beruf und dem Essen nicht so ganz."

In der Diskussion dieses Fallbeispiels kommt es mir nicht darauf an, zu prüfen, wie realistisch dieses Rollenspiel ist oder das, was die Beraterin gut und das, was sie vielleicht weniger gut macht, in den Mittelpunkt zu stellen. Statt dessen interessiert es mich, darüber nachzudenken, was im Verlauf des Beratungsgespräches zum Gegenstand gemacht wird, wie dies geschieht und was der Beraterin bei der Fortsetzung ihrer Beratung helfen könnte. Letzteres möchte ich auf die Frage fokussieren, was sie zum ES der folgenden Gesprächssequenz machen und mit welchem THEMA sie in diese gehen könnte.
Zunächst gehe ich davon aus, was ich über das ICH der jungen Frau erfahre. Ich spüre bei ihr einen gewissen Druck, der wohl von der Tatsache ausgeht, dass sie weiterhin in ihrem Beruf erfolgreich sein möchte (12), vom GLOBE ihrer Arbeitsstelle aber zwei unterschiedliche Botschaften erhält: Einerseits hat sie ein Angebot, nach der Ausbildung von der Bankzentrale übernommen zu werden (8), worin sie sicherlich eine Bestätigung ihrer Fähigkeiten sieht, andererseits behauptet der Betriebsarzt bei ihr ein gesundheitliches Risiko, das er mit ihrem Gewicht und ihren Essgewohnheiten in Verbindung bringt (4/12/21-22/33/38).
Die junge Frau möchte diesen Druck nun irgendwie wegbekommen, weiß aber nicht so recht, wie sie das machen soll und schwankt dabei zwischen eher „versachlichenden" Möglichkeiten der Problemlösung

(12/34) und einer näher an ihrem Erleben orientierten Problemsicht (18/30/38) hin und her. In ihren Aussagen und „zwischen den Zeilen" ist ihre ambivalente Einstellung im Hinblick auf ihre Ernährungsgewohnheiten und ihr Körpergewicht immer wieder spürbar: Einerseits findet sie sich genau richtig und alles in Ordnung (12/16), andererseits zeigt sie immer wieder Irritationen (10/18/30/32/36/38).
Betrachte ich die Beziehungsdnamik der Beratungssituation, so entwickelt sich im WIR zwischen der Beraterin und der jungen Frau deren Bereitschaft, sich den eigenen Irritationen zuzuwenden und sie zum Gegenstand zu machen, auch wenn der Gesprächsverlauf immer wieder zwischen einer Zuschreibung der Problematik auf Äußeres (20/32/34) und ihrer Selbstexploration oszilliert.
Hierbei stellt sich die Frage, inwiefern das ICH der Beraterin der Chairperson der Klientin Gelegenheit gibt, ihre eigene Betrachtungsweise zu finden. Denn die Beraterin hat ja sicher Voranahmen, die sich z.B. am Beratungsanlass festmachen, d.h. sie geht ja nicht „unbeschrieben" in das Beratungsgespräch, sondern weiß etwas über Essstörungen, sie hat Erfahrungen mit bisher geführten Beratungsgesprächen und auch das Erscheinungsbild der Klientin hinterlässt bei ihr einen Eindruck.
Im Beratungsgespräch ist recht schnell etwas von diesen Voranahmen zu spüren: In Aussage 9 bringt sie unerwartet einen Zusammenhang ein, die Beziehung der Frau zu ihren Kollegen, für die es von Seiten der bisherigen Äußerungen keinen Anlass gibt. Vielleicht hat sie hier intuitiv etwas gespürt, denn die Klientin reagiert darauf recht heftig abwehrend, spricht aber auch davon, dass dies „ein anderes Thema" sei (10). Ihre Abwehr scheint nun wiederum bei der Beraterin eine Irritation über ihre eigenen Interventionen bewirkt zu haben und sie geht, wie zu einem Neubeginn, zum Beratungsanlass zurück und gibt damit der Frau noch einmal Gelegenheit, diesen neu zu definieren.
Die Klientin „versachlicht" jetzt ihre Problematik, d.h. sie nutzt die ihr gegebene Chance zur Definition der Beratungssituation: Jetzt scheint es nur noch um ein paar gute Argumente für den Betriebsarzt

zu gehen (12-13). Interessant ist dies insofern, als sie im Vergleich zu ihrer Eingangsdefinition „'mal schauen, ob mit meinen Essgewohnheiten so alles in Ordnung“ ist (4) den Beratungsanlaß nun auf das Erhalten von Argumenten gegenüber dem Betriebsarzt „zurückstutzt“. Im TZI-Kontext könnte man darin einen Umgang mit einer Störung sehen, für den die Beraterin eine Möglichkeit schafft (11/13) und die sie im weiteren Gesprächsverlauf dazu bewegt, vorsichtiger an die innere Problematik ihrer Klientin heranzugehen.

Dabei ist es interessant zu sehen, dass die junge Frau auf diese erhöhte Vorsicht der Beraterin ihrerseits mit einer größeren Bereitschaft zur Selbstexploration reagiert; aus dem GLOBE-Problem eines kritischen Betriebsarztes, dem man wohl mit besseren Argumentationen kommen sollte, macht sie das ICH-Problem „Bin ich zu dünn oder nicht?“ (14). Damit scheint mir das Gespräch bei einer Schlüsselfrage der Klientin angekommen zu sein und in der folgenden Gesprächssequenz (15-24) gehen beide Gesprächspartnerinnen den zwei Seiten dieser Schlüsselfrage nach:

- dem subjektiven Erleben des eigenen Körpers und der Einschätzung der eigenen Gesundheit. In den Aussagen der jungen Frau wird hierzu eine ambivalente Sichtweise deutlich („... dass ich eigentlich genau richtig bin.“ – „manchmal bin ich schon etwas nervös.“).
- dem objektiven Befund einer ärztlichen Untersuchung und der fachlichen Beurteilung durch eine Beraterin für Essstörungen. Hier wird das Informationsbedürfnis der Klientin, ihr Wunsch, eine Außenansicht zu erfahren, deutlich hörbar (22).

Hinsichtlich dieses Wunsches, etwas zum „objektiven“ Befund aus der Sichtweise der Beraterin zu erfahren, gibt sich diese, vielleicht aus den Erfahrungen des bisherigen Gesprächsverlaufs, recht reserviert; denn genau in dem Moment, wo die Fakten „auf den Tisch kommen“ (24), verlagert die Beraterin das Gespräch auf den „Nebenschauplatz“ der Essgewohnheiten, sie weicht meines Erachtens der Konfrontationsbereitschaft ihrer Klientin aus. Schon bald sieht sie aber, dass das Reden über Essgewohnheiten kaum fruchtbaren Boden gewinnt und geht schnell wieder zu einem Punkt zurück, an dem bereits vorher etwas von der Irritation ihrer Klientin zum Gesprächsgegenstand gemacht werden konnte (31). Das WIR der Beratungssituation scheint mir aber zu diesem Zeitpunkt eher verfahren zu sein, es trägt nicht mehr ein fruchtbares Gespräch und bietet anscheinend der Chairperson der jungen Frau keinen Raum mehr, in dem sie den beiden bisher angesprochenen Seiten, ihrem subjektiven Erleben und der fachlichen Außensicht auf ihr Problem, weiter nachgehen könnte. In der letzten Gesprächssequenz (ab 30) ist die Irritation zwischen beiden spürbar, die sie auseinanderbringt und eine Problembearbeitung erschwert.

Dies führt mich jetzt zurück zu der Sequenz 12 bis 24, die mir ein fruchtbarer Abschnitt der Beratung zu sein scheint, und ich möchte von hier ausgehend Überlegungen im Hinblick auf die weitere Gesprächsgestaltung anstellen, fokussiert auf die Frage nach einem ES, das ein sinnvoller Gegenstand für das Beratungsgespräch sein und auf die Formulierung eines THEMAS, mit dem die Beraterin dieses einleiten könnte.

Betrachte ich den ganzen Gesprächsverlauf, so finde ich verschiedene ES: z.B. die Aufforderung eine Betriebsarztes (4), Argumente für ein Gespräch mit diesem (12), der Beratungsanlass selbst (4/12), Essgewohnheiten (26-30), objektive Daten wie Gewicht und Körpergröße (24). Aus der Sequenz 12 bis 24 läßt sich aber ein ES gewinnen, das mir ein sinnvollerer Beratungsgegenstand zu sein scheint: die Ambivalenz im Erleben der Klientin, die sich aus ihrer Sichtweise, „eigentlich genau richtig zu sein“ und ihrer Irritation durch ihre Nervosität sowie durch die „Außensicht“ einer medizinischen und beraterischen Fachperspektive ergibt.

Sehe ich diese Ambivalenz als das ES eines fortgeführten Beratungsgespräches an, dann könnte es die Beraterin mit folgender Einführung eines THEMAS initiieren: „Ich möchte jetzt gerne etwas ansprechen, das mir im Verlauf unseres Gesprächs deutlich geworden ist: Einerseits fühlen Sie sich wohl in Ihrer Haut und finden Ihr Gewicht eigentlich genau richtig. Dann aber erlebe ich Sie andererseits auch etwas beunruhigt über das, was Ihnen der Arzt sagt, oder wenn Sie nervös sind. Ich würde gerne einmal mit Ihnen diesen beiden Seiten nachgehen, Ihrem Gefühl, genau richtig zu sein und Ihrer Sorge darüber, ob Sie vielleicht nicht doch zu dünn sind..."

2.3 Der GLOBE: Kontexte sozialpädagogischen Handelns

Themenzentrierte Interaktion ist unmittelbar auf die methodische Gestaltung „lebendigen Lernens“ ausgerichtet, auf humanes und produktives Arbeiten, das durch die Verbindung von Person-, Sach- und Beziehungsaspekten ermöglicht werden soll. Neben diesen drei Faktoren bezieht TZI auch äußere, auf Lernen und Arbeiten einwirkende Zusammenhänge ein, für die der Begriff des GLOBE steht, der im Reflexionsmodell als eine das ICH-WIR-ES-Dreieck umgebende Kugelgestalt symbolisiert ist.
Auf den ersten Blick betrachtet, steht der GLOBE-Begriff für das „Außen“: „Zum Globe gehören die Menschen und Geschehnisse außerhalb der Hier-und Jetzt-Gruppe. Diese Außenwelt – familiäre, berufliche, hierarchische, ökologische usw. – ist jedoch auch in ihrem Außensein immer in der Gruppe wirksam“[1].
Neben den zu berücksichtigenden Wirkungen, die solche Außenaspekte auf die themenzentrierten Interaktionen – als das „innere“ Geschehen der Lern- und Arbeitsprozesse – haben, intendiert TZI eine umgekehrte Einflussnahme. Denn durch Erfahrungen „lebendigen Lernens“ sollen Veränderungen auch im „Außen“ z.B. institutioneller Abläufe und gesellschaftlicher Vorgänge bewirkt werden. Ruth Cohn schreibt dazu: „... TZI war für mich von Anfang an der Ausdruck einer Idee, daß es doch so etwas geben müsse, was wir mitten im Grauen der Welt tun könnten - ihm etwas entgegenzusetzen ... Ich hatte den Wunsch, eine Bewußtwerdung ... vielen Leuten zugänglich zu machen ... Ich habe damals nicht geglaubt und glaube auch heute nicht, daß menschliche Grausamkeit ein unbekämpfbares Naturgesetz ist, sondern eher eine *noch nicht* gebrochene Kette von Frustrierungen und Dagegenausschlagen“[2].
Die durch TZI erfahrene Selbst-Leitung jedes einzelnen ist daher in den Zusammenhang der Entwicklung wachstumsfreundlicher und

heilender Tendenzen im Menschen gestellt, die sich über das Hier-und-Jetzt der Gruppeninteraktionen hinaus auf Außenzustände förderlich auswirken sollen. Problematisch wird diese Wirkungsabsicht aber dann, wenn sie mit weitgehenden gesellschaftstherapeutischen Anliegen verbunden wird und sich TZI als Ansatz einer humanistischen Gesellschaftstherapie versteht[3]. Diesem überzogenen Anspruch der Einflussmöglichkeiten nach außen korrespondiert ein ebenso eindrückliches Bild der umgekehrten Wirkungsweise: „Wir müssen uns mit den Einwirkungen des Globe auf uns und unserer Einwirkungen auf ihn beschäftigen. Sonst sind wir wie ein Kapitän, der zwar sein Schiff kennt, sich jedoch um die Meeres-, Wind- und geographischen Situationsbedingungen nicht kümmert. Wer den Globe nicht kennt, den frißt er"[4]. In dieser Metapher wird der einwirkende Globe zum alles verschlingenden Meer. Das Bild des ohnmächtig dem Außen Ausgeliefertseins steht in scharfem Kontrast zu den optimistischen gesellschaftsverändernden Wirkungen, die der TZI bei Berücksichtigung des GLOBE zugeschrieben werden.
Mit der Kugelgestalt des Globe wird im TZI-Reflexionsmodell eine enge Innen-Außen-Verknüpfung deutlich gemacht, in der zunächst die prinzipielle Unterschiedlichkeit von Dreieck und Kugel deutlich wird. Denn der Globe ist nicht durch einen vierten Eckpunkt symbolisiert, sondern durch eine umschließende Kugelgestalt, die sich nicht in die Logik der ICH-WIR-ES-Faktoren einfügt und statt dessen einen eigenen Platz behauptet. Neben dieser Unterschiedlichkeit fällt aber auch die Verbindung auf, die zwischen der Peripherie der Kreishülle und den Eckpunkten des Dreiecks besteht. Die Unterscheidung *und* Verknüpfung von Außen und Innen kennzeichnet zwei differente Perspektiven einer Wirklichkeit und verweist auf die Verschränkung von Selbst und Welt, die im ersten Axiom angesprochen ist: „Was ich sagen will, ist, *daß Drinnen und Draußen – die Selbstverwirklichung, die Weltverwirklichung – sich in mir in Autonomie und Interdependenz treffen*"[5]. Und so ist diese wechselseitige Wirkungsweise – von innen nach außen und von außen nach innen – auch zu verstehen, nämlich sowohl als realitätsbezogener Ausdruck der

Hoffnung auf individuelle und gesellschaftliche Bedeutsamkeit des TZI-Konzepts als auch als Ausdruck der Wichtigkeit zu beachtender GLOBE-Einflüsse für die interaktionellen Prozesse.
Kroeger hat auf diese Verschränkung von innen und außen hingewiesen, indem er den Menschen als „jenes mirakelhafte Wesen, welches Welt hat und auf Welt angewiesen ist“[6], skizziert. Der GLOBE-Begriff markiert hierbei zunächst die das themenzentrierte Arbeiten umgebenden Realitätskreise, die wie engere und weitere „Zwiebelschalen“ auf das unmittelbare Geschehen einwirken und die Prozesse in der einen oder anderen Weise akzentuieren. Kroegers anthropologische Sichtweise geht aber darüber hinaus und betrachtet die Außenwelt des GLOBE in ihrer fundamentalen Bedeutung für das Innere des ICH, denn wir „hängen kraft unseres unabschüttelbaren In-Beziehung-Seins mit unserem Wesen“[7] an den „Wesensgegenständen“ (Marx) der uns umgebenden Welt. Damit aber wird der GLOBE auch zu einem inneren Moment des Individuums, dessen Bewusstsein vom gesellschaftlichen Sein mitbestimmt ist.
Indem der GLOBE-Begriff für das komplexe wechselseitige Geschehen zwischen innerer und äußerer Wirklichkeit steht, wird er notgedrungen als pragmatische Kategorie diffus und vage. Er verweist dann allgemein darauf, dass alles mit allem zusammenhängt[8] – und verliert an konkreter Brauchbarkeit bei der Gestaltung themenzentrierter Prozesse.
Denn der Wichtigkeit der Beachtung von Einflüssen von außen auf die Interaktionen steht ihre Komplexität und Unüberschaubarkeit gegenüber. Kroeger weist darauf hin, dass ohnehin immer nur Ausschnitte und Teilasapekte des GLOBE dem Bewusstsein zugänglich und als Themen behandelbar sein werden. Wichtig bleibe die dosierte Konfrontation mit den Verflechtungen der von außen einwirkenden Einflüsse. Dies wird in berufsfeldspezifischen Veröffentlichungen zur TZI dahingehend präzisiert, dass z.B. die jeweiligen *feldspezifischen* GLOBE-Aspekte besonders beachtet werden. So wird betriebliche Organisations- und Personalentwicklung mit TZI die besonderen Merkmale profitorientierter Unternehmen beachten müssen[9], femi-

nistische Bildungsarbeit im Rahmen kirchlicher Institutionen dagegen benötigt vor allem die Beachtung des GLOBE der Politik, der Theologie und der kirchlichen Administration[10] etc..
Schreyögg beschreibt an einem Beispiel der Beratung einer privatwirtschaftlichen Fortbildungseinrichtung, wie während des Verlaufs ihrer Tätigkeit zunächst allgemeine Systemmerkmale eines „hierarchiefreien" Fortbildungsinstituts, dann zunehmend mehr und mehr die historischen Entstehungskontexte *dieser* Einrichtung ihr GLOBE-Bewusstsein bestimmten. Dabei ist es interessant zu sehen, wie diese Aspekte des spezifischen institutionellen Kontextes im Zusammenhang seiner Entstehungsgeschichte immer differenzierter in den Blick genommen werden: Waren es zunächst nur grobe Hypothesen aus systemischer Sicht darüber, wie die Krise der Einrichtung verursacht sein könnte, so fand Schreyögg einen differenzierteren Zugang zu dem Problem über ICH und WIR der insgesamt zehn Mitarbeiterinnen und Mitarbeiter. Denn diese stellten sich bereits in der ersten Sitzung als „kampferprobtes Zwei-Parteien-System" dar, das „in zwei Lager zerfiel, von denen das eine die anstehende Funktionsverteilung ‚durchpeitschen' wollte, während das andere jeden Vorschlag ‚ausbremste'..."[11]. Indem sie dem Team der Einrichtung die Deutung einer Aufspaltung der Teammitglieder in „Durchpeitscher" und „Bremser" zur Verfügung stellte und mit diesem spielerisch bearbeitete, kamen Beraterin und Team gemeinsam zu den mit den jeweiligen Positionen verbundenen „Glaubenssystemen" und deren Entstehungsgeschichte im institutionellen Zusammenhang. Dabei stellte es sich heraus, dass die beiden sich befehdenden Gruppierungen um zwei Gründungsmitglieder der Einrichtung etabliert waren, die zwei sehr unterschiedliche Positionen als „Organisator" und als „Konzeptspender" innehatten. „Was bei dem Gründerdual durch ihre langjährige Freundschaftsbeziehung fruchtbar gewesen war, verselbstständigte sich nun durch das zunehmende Größenwachstum der Einrichtung als ‚politischer Prozeß' ... So standen sich jetzt zwei Parteien mit zunächst kaum integrierbaren Wertorientierungen gegenüber"[12]. Über die ICH-bezogenen Einschätzungen der beiden

„Gründerväter", die ihr jeweils verschiedenartiges Verhältnis zu den organisatorischen Abläufen in der Einrichtung erforschten und miteinander austauschten, kamen die Teammitglieder auf das vermittelnde Bild der Institution als einer einerseits „alternativen" und andererseits gut funktionierenden Fortbildungseinrichtung zu sprechen. Dies ermöglichte ihnen, miteinander die notwendigen Innovationen zu bestimmen.
Schreyögg möchte in ihrem Aufsatz zur Präzisierung des Kontextverständnisses in der TZI beitragen. Was ihr Beispiel verdeutlicht, das ist die Konkretheit und Angemessenheit ihrer GLOBE-Bezüge: Die institutionelle Entstehungsgeschichte oder z.B. die Familienbezüge der „Gründerväter" werden nicht „einfach so" einbezogen, sondern an der Stelle, wo ihre Beachtung den Beratungsprozess produktiv werden lässt. Damit folgt der Blick „nach außen" keinem theoretisch-abstrakten Prinzip, sondern er ist eingebunden in Anlass und Anliegen des themenzentrierten Prozesses. Die hierbei berücksichtigten GLOBE-Aspekte sind deutlich in die Dynamik von ICH-, WIR- und ES-Anteilen eingebunden; erst diese bringen den GLOBE in den Mittelpunkt des Beratungsprozesses.

2.3.1 Zur Wirkungsdynamik der GLOBE-Faktoren – ein Fallbeispiel

Im Rahmen eines achtwöchigen Praktikums in der Wirtschaftsabteilung eines Krankenhauses erhielt die Sozialpädagogik-Studentin die Aufgabe, ein spezifisches Problem, das zwischen der „Abteilung für Hol- und Bringedienste" und den anderen Abteilungen und Stationen des Krankenhauses schon seit einiger Zeit für Unruhe sorgte, genauer unter die Lupe zu nehmen und mit den Betroffenen zu bearbeiten. Die „Abteilung für Hol- und Bringedienste" war der Wirtschaftsabteilung unterstellt und hatte zu dieser ein gutes und vertrauensvolles Verhältnis. In ihr waren 20 Mitarbeiterinnen und Mitarbeiter unterschiedlicher Nationalität und mit zum Teil nur geringen Deutschkenntnissen mit der Aufgabe betraut, alles, was im Krankenhaus von irgendwoher geholt und nach irgendwohin gebracht werden soll, zuverlässig zu besorgen. Aus ihrer eigenen Sicht wurden diese Aufgaben auch sachgerecht erledigt, aus der Sicht der anderen Abteilungen und Stationen galten die Arbeiten der „Hol- und Bringedienste" jedoch als fehlerhaft ausgeführt, nicht akzeptabel und die Abteilung selbst als unglaubwürdig, als „Buh-Abteilung" für jeden, der ihr nicht angehörte.

Diese Sicht war für die Mitarbeiterinnen und Mitarbeiter der „Hol- und Bringedienste" völlig unverständlich. Übersahen die anderen doch die Wichtigkeit dieser Arbeit und entwerteten deren zuverlässige Erledigung. Sie empfanden sich als aus unerfindlichen Gründen geringgeschätzt, als minderwertige Kolleginnen und Kollegen, ohne deren Arbeit doch alle anderen Tätigkeiten im Krankenhaus bereits nach kürzester Zeit zusammenbrächen. Obwohl gut motiviert, litten sie unter der Kränkung der Abwertung, waren aber nach wie vor um zuverlässige Erledigung aller anfallenden Arbeiten bemüht, was angesichts ungenügender Absprachen und unklarer Organisation hin und wieder zu doppelten Tätigkeiten und anderen Reibungsverlusten führte.

Vor diesem Hintergrund sollte die berufserfahrene Praktikantin zusammen mit dem Abteilungsleiter sowie den Mitarbeiterinnen und Mitarbeitern der „Hol- und Bringedienste" herausfinden, woran denn die Problematik eigentlich festzumachen sei, um diese anschließend mit den Betroffenen zu bearbeiten. Dabei lag die Zielorientierung aus der Sicht der „Hol- und Bringedienste" in größerer Akzeptanz und Wertschätzung durch das Umfeld der anderen Abteilungen und Stationen, die als Voraussetzung für eine bessere Kooperation mit den verschiedenen Stellen des Krankenhauses angesehen wurde. Die Beratungsarbeit der Sozialpädagogik-Studentin war daher zunächst auf das Team der „Hol- und Bringedienste" bezogen. Dazu richtete sie ihre Aufmerksamkeit auf die einzelnen Teammitglieder, das Team der Abteilung sowie auf die von dieser zu erledigenden Arbeiten. Neben diesen Perspektiven, die durch das TZI-Dreieck

veranschaulicht werden, stand - dem Beratungsanlass entsprechend - gleichzeitig der GLOBE des Krankenhauses mit im Blickfeld. Denn die grundlegende Problematik war nicht nur auf die Kooperation innerhalb des Teams zentriert, sondern stellte hauptsächlich die Zusammenarbeit zwischen dieser Abteilung und dem Umfeld der Abteilungen und Stationen des Krankenhauses in den Mittelpunkt. Dabei interessierten weniger die gesellschaftlichen Aspekte des GLOBE Krankenhaus (z.B. Gesundheitspolitik, Marktlage, finanzielle Gestaltung, Arbeitsmarktsituation) als vielmehr der institutionelle Kontext dieser Einrichtung, der sich z.B. in den rechtlichen Rahmenbedingungen, in der Organisation aufgabenbestimmter Abläufe, in der Struktur von Abteilungseinheiten und ihrer interaktionellen Vernetzungen, in etablierten Rollenprofilen der Mitarbeiterinnen und Mitarbeiter konkretisiert.
Um ihre Wirkungsabsichten nach außen zu verdeutlichen, wollten nun die Mitarbeiterinnen und Mitarbeiter der „Hol- und Bringedienste" Gespräche mit den anderen Abteilungen und den Stationen führen und darin auf ihre Problematik aufmerksam machen. Sie boten an, die Arbeitsabläufe ihrer Abteilung offen darzulegen, mit dem Wunsch, dass daraufhin die anderen diese Abläufe besser in die eigenen Arbeitskonzepte einbeziehen könnten.
In Absprache mit der Wirtschaftsleitung war die Sozialpädagogin aber zunächst einmal darauf aus, der Problematik sowohl innerhalb des Teams der Abteilung als auch im Kontext des Krankenhauses nachzugehen. Das WIR des Abteilungsteams und der GLOBE des Krankenhauses waren dabei zwei getrennt voneinander zu beachtende Bezugspunkte, die sie nach Gesprächen in verschiedenen Abteilungen in einer ersten Hypothesenbildung in einen Zusammenhang brachte: Danach war die Abteilung der „Hol- und Bringedienste" auf Grund ihrer nur wenig wertgeschätzten Tätigkeiten („Das kann ja jeder!") sowie des im Zusammenhang eines Krankenhauses nur gering qualifizierten Personals gut geeignet, als Ventil und Sündenbock für andere Problemfelder herzuhalten. Schien es doch plausibel zu sein, dass in einem Krankenhaus mit seiner hierarchischen Struktur,

aufwändigen – und daher leicht irritierbaren – Organisation und seinen hoch bewerteten Aufgaben an vielerlei Stellen alltäglicher Abläufe Reibungsflächen erzeugt werden, die an „Ort und Stelle" aber nicht abgearbeitet werden können, so dass sich bei einem Problemstau der Ärger an einer eher randständigen Abteilung Luft verschaffen kann.

Um nicht vorschnell auf dieser Vermutung aufzusitzen, versuchte die Praktikantin, zunächst mit der Abteilung der „Hol- und Bringedienste" eine gemeinsame Situationsdeutung aus ihrer Sicht zu erarbeiten und sich danach einen Einblick in die Alltagsabläufe im GLOBE des Krankenhauses zu verschaffen. Dazu ging sie in der ersten Woche ihres Praktikums mit den Mitarbeiterinnen und Mitarbeitern des „Hol- und Bringedienstes" immer wieder bei anfallenden Arbeiten mit, schaute zu, stellte Fragen und führte Gespräche im Haus. Sie versuchte dabei eine Balance zwischen der Offenheit für unterschiedliche und kontroverse Betrachtungen und dem gewonnenen Vertrauensverhältnis zur „Hol- und Bringabteilung" zu finden und legte dieser nach der ersten Woche einen Vorschlag vor: Leitung sowie Mitarbeiterinnen und Mitarbeiter sollten eine Zeit lang alle unberechtigten Klagen, alle über das normale Belastungsmaß hinausgehenden Probleme und zusätzlichen Aufgaben notieren und möglichst belegen. Diese Notizen sollten dann als Verhandlungsgrundlage für Auseinandersetzungen und Einigungsversuche mit den Stationen und Abteilungen des Krankenhauses dienen. Dieser Vorschlag wurde gut aufgenommen und jeder Mitarbeiter mit einem kleinen Heft für seine Eintragungen versehen.

In der nächsten Praktikumswoche einen Monat später waren alle Hefte gut mit Vorkommnissen gefüllt. Bei deren Durchsicht stellte es sich heraus, dass die gesamte Abteilung neben ihren Zuständigkeitsbereichen auch eine Menge Arbeiten erledigt hatte, die gar nicht in ihrem eigentlichen Aufgabenbereich lagen, über die sie sich aber nachträglich – und nur bei Wirtschaftsleitung und Praktikantin – heftig beschwerten. Darüber hinaus wurden auch Beschwerden laut über unliebsame Arbeiten (und die Kritik an deren Erledigung), die

zwar zum normalen Arbeitsalltag gehörten, aber als überflüssige Beschäftigungen oder sogar als „Schikanen“ angesehen wurden. Während dieser heftigen Diskussion im Team der „Hol- und Bringedienste“ ergab sich nun ein völlig neuer Aspekt: Die Mitarbeiterinnen und Mitarbeiter stellten nämlich ihre lautlose Zustimmung bei der Übernahme von eigentlich nicht zu ihren Verpflichtungen passenden Arbeitsaufträgen in den Zusammenhang ihrer eigenen Ängste vor Entlassung und Arbeitslosigkeit. Sie erledigten dann lieber das, was aus ihrer eigenen Sicht gar nicht zu ihren Aufgaben gehörte mit möglichst geringem Aufwand, stimmten da zu, wo ihnen Widerstand zu riskant erschien und vermieden nach außen (z.B. mit der Verwaltung) eine Klärung der Problematik. Dagegen machten sie ihrem Ärger nach innen Luft, trafen dort auf vergleichbare Ängste und Abwehrstrategien, so dass sich allmählich eine nach außen abgeschlossene Deutungspraxis innerhalb der gesamten Abteilung ergab, die immer mehr verfestigt wurde. Einmal etabliert, passte dieser Mechanismus in die hierarchische Wertestruktur des GLOBE Krankenhaus und führte zu einer wechselseitigen „Aufschaukelung“ – hier: unmotivierte Erledigung, dort: Kritik und Abwertung.
Diese im Team gemeinsam erarbeitete Problemsicht konnte nun dadurch kleine Veränderungen einleiten, dass zunächst die Aufgaben, die zu unzumutbaren Überlastungen durch unangemessene Aufträge führten, von den Problemen, die durch mangelnde Motivation und schlechte Organisation entstanden, unterschieden wurden. Die Praktikantin entwickelte dazu mit Leitung, Mitarbeiterinnen und Mitarbeitern der Abteilung sowie der Wirtschaftsleitung eine sorgfältig erstellte Liste, die zusammen mit der Verwaltung den einzelnen Stationen und Abteilungen vorgelegt wurde, um die Arbeitssituation des „Hol- und Bringedienstes“ auf die eigentlichen Aufgaben zu konzentrieren und darauf zu beschränken. Als Gegenstück zu dieser Entlastung wurde gleichzeitig die Notwendigkeit größerer Sorgfalt und Zuverlässigkeit in der Erledigung der verbleibenden „normalen“ Aufgaben eingefordert. Diese differenzierenden Betrachtungen waren für

alle Beteiligten ein erster Schritt zu einem besseren Arbeitsklima und zu kooperativeren Arbeitsabläufen.
Der dargestellte Prozessverlauf der Organisationsberatung stand im Rahmen der visionären Leitideen der Bildung und Kooperation. Unter dem Aspekt des THEMAS betrachtet, lässt er sich als Prozessverlauf zu folgenden Themenformulierungen nachvollziehen:

- Das Thema zum Einstieg in den Beratungsprozess: „Wir versuchen, eine gemeinsame Situationsdeutung zu finden und in einem THEMA unser Vorhaben festzuhalten."
- Das Thema als Ergebnis der ersten Arbeitseinheit: „Wir fühlen uns überlastet, geringgeschätzt und ausgenutzt: Was können wir dagegen tun?"
- Das Thema der daraufhin beschlossenen Vorgehensweise: „Ich beteilige mich an Ihrem Arbeitsalltag und teile Ihnen meine Beobachtungen mit."
- Das Thema des nächsten Vorhabens der Sammlung und Auflistung unangemessener Zumutungen: „*Das* muss nicht sein! Wir sammeln all das, was unseren Arbeitsalltag erschwert und über die Maßen belastet."
- Das Thema zur Teamdiskussion der aufgelisteten Angaben: „Wir vergleichen und strukturieren unser ‚Über-Soll': Welche Ergebnisse sehen wir? Welche Handlungsschritte ergeben sich daraus?"
- Das Thema der internen Einigung und Klärung der Pflichten und Rechte des Hol- und Bringedienstes sowie des Versuchs, einen kooperativen Zugang zu den anderen Abteilungen und Stationen zu ermöglichen: „Wir vertreten unsere *realistischen* Forderungen gegenüber den anderen Abteilungen – und versuchen damit, unsere Kooperation mit ihnen zu verbessern!"

Das Fallbeispiel einer TZI-orientierten Arbeit im sozialpädagogischen Handlungsfeld der Organisationsberatung soll veranschaulichen, wie GLOBE-Merkmale in den Blick genommen werden können: als problembezogene Sichtweisen, die neben den ICH-WIR-ES-Zusammenhängen der Arbeit mit dem Team den institutionellen Kontext des Krankenhauses berücksichtigen müssen, um überhaupt der Sache auf den Grund gehen zu können. Hierbei waren besonders bedeutsam:

- Das Fehlen eines klärenden und einübenden Lernfeldes für die Mitarbeiterinnen und Mitarbeiter der Abteilung. Jeder ging davon aus, dass alle genau wissen, was ihre Aufgaben sind und dass sie diese von sich aus erledigen können.
- Der niedrige institutionelle Status der „Hol- und Bringedienste“ in einer Einrichtung, die dem höherwertigen Gut der Gesundheit verpflichtet ist.
- Das nicht klar geregelte, sich von jeweiligen Anlässen her definierende unscharfe Leistungsverzeichnis der Abteilung.
- Die sich daraus in den alltäglichen interaktionellen Abläufen ergebenden Grauzonen der Zuständigkeit, die auch angesichts der Sprachprobleme zu schwierigen Konstellationen führten.

Über diese institutionellen GLOBE-Aspekte hinaus wirkten als entscheidend Merkmale des gesellschaftlichen GLOBE auf die Problematik ein:

- die Situation eines angespannten Arbeitsmarktes,
- der Rechts- und Sozialstatus der Mitarbeiterinnen und Mitarbeiter als Migrantinnen und Migranten sowie
- ihr kultureller Hintergrund, von dem aus ihnen bestimmte Anforderungen als unnötige Schikanen erschienen.

2.3.2 Berufsfeldspezifische Facetten des GLOBE – am Beispiel der Kinder- und Jugendhilfe

Es ist einerseits notwendig, berufsfeldspezifischen GLOBE-Merkmalen in der Sozialen Arbeit problemorientiert nachzugehen, andererseits kann die Fülle möglicher GLOBE-Aspekte hier nur sehr allgemein und facettenhaft erfolgen – der jeweilige Arbeitsanlass bringt erst die Bedeutsamkeit und Konkretheit einzelner GLOBE-Anteile ins Spiel. In den folgenden Darstellungen möchte ich daher die hohe Komplexität der Kontextfaktoren in der Sozialen Arbeit so aufgreifen, dass ich vier Ebenen – oder „Zwiebelschalen" – aufzeige und ausschnitthaft ausfülle, in die die jeweiligen Überlegungen zu konkreten GLOBE-Bezügen strukturiert werden können: Gesellschaft, Lebensumwelt, Berufsfeld und Institution sowie Rahmen und Setting. Zu jeder dieser vier „Zwiebelschalen" mache ich nun einige Anmerkungen, die den Zusammenhang zwischen den Faktoren des TZI-Dreiecks und dem GLOBE der Sozialen Arbeit aufzeigen.

2.3.2.1 Zur gesellschaftlichen Ebene

Das Berufsfeld der Sozialen Arbeit ist auf das Verhältnis von Individuum und Gesellschaft unter Anzeichen von Integritätsverlust und Desintegration ausgerichtet. Die spezifischen gesellschaftlichen Prozesse, unter denen heute Probleme der Lebensbewältigung stehen, können mit verschiedenen Stichworten gefasst werden: „Globalisierung" und „Strukturwandel der Arbeitsgesellschaft", „Individualisierung" und „Risikogesellschaft", „technologische Rationalisierung" und „Informationsgesellschaft", „Freisetzung aus traditionalen Einbindungen" und „Erlebnisgesellschaft" sind Schlaglichter, die soziologische Theorien auf die Komplexität dynamisierter Veränderungsprozesse werfen. Auch für das Berufsfeld der Sozialen Arbeit bringen die skizzierten Entwicklungen neue Herausforderungen, die ich für die Bereiche Familie, Kindheit und Jugend im Folgenden skizzenhaft veranschaulichen möchte:

Nach wie vor wachsen fast alle Kinder im Rahmen einer Familie auf, was deren zentralen Stellenwert belegt. Im Zuge sozialer Veränderungsprozesse hat sich die gesellschaftliche Formbestimmung der Familie erheblich aber gewandelt[13]: Sie ist von einer durch Traditionen als selbstverständlich angesehenen und „über" den einzelnen Mitgliedern stehenden naturrechtlich-religiös bestimmten Institution zu einem Ort individueller Glückserwartungen geworden. Das, was sie als Lebenszusammenhang bedeutete – zusammen wohnen, wirtschaften, haushalten, lieben, Kinder bekommen und aufziehen ... – kann heute selbstverständlich in einzelne Bestandteile aufgeteilt und

an verschiedenen sozialen Orten in selbst „hergestellten" Kombinationen gelebt werden. Jeweilige Familienformen sind damit der individuellen Gestaltung zugänglich und werden zu einer vom einzelnen in seinem Lebensentwurf zu lösenden Aufgabe. Im Zuge dieser Enttraditionalisierung der Lebensplanung ist die überkommene Rollenaufteilung zwischen Mann und Frau in den Hintergrund, die Erwerbsarbeit für Frauen im mittleren Lebensalter in den Vordergrund gerückt, was angesichts des männlich geprägten Arbeitsmarktes mit erheblichen Benachteiligungen für die Berufs- und Lebenschancen von Frauen verbunden ist. Darüber hinaus ist besonders für sie die Vereinbarkeit von Erwerbsarbeit mit Kindererziehung von bereitgestellten öffentlichen Unterstützungssystemen abhängig, die aber eher zögerlich und verspätet gewährleistet werden. Damit aber bringt die gesellschaftliche Umwelt der Familie z.B. im Zusammenhang staatlicher Familienpolitik nicht die Rahmenbedingungen ein, die den Familienalltag durch bedarfsgerechte ergänzende Angebote der Betreuung und Erziehung unterstützen könnte. Dabei ist die Gesellschaft auf die Leistungen der Familien angewiesen; sichert sie diese nicht und überlastet sie (z.B. hinsichtlich des schulbezogenen Lernens), so beeinflusst sie die familieninternen Wirkungsfaktoren des Beziehungsklimas, der emotionalen Zuwendungsbereitschaft, der sozialen Anregung u.a. negativ. Kommen aus anderen gesellschaftlichen Feldern - z.B. des Arbeitsmarktes und der Sicherung materieller Ressourcen - zusätzliche Belastungen hinzu, so unterhöhlen gesellschaftliche Faktoren die Basisleistungen, die Familien als „Umwelt" für die Entwicklungsprozesse der Kinder erbringen müssen.
Im Zuge der Etablierung der Kindheit als einer eigenständigen Lebensphase im Übergang zur Industrialisierung ist „sowohl das entwicklungsoffene Eigenleben des Kindes gewachsen, sind aber genauso die erzieherischen Bemühungen um die Kinder verstärkt worden. In dieses Spannungsverhältnis zwischen Erziehung und Eigenleben ist die kindliche Bewältigungsthematik allgemein eingelassen"[14]. Durch die Prozesse der Individualisierung hat sich diese Thematik kindlicher Lebensbewältigung spezifisch akzentuiert[15]: Mit der Frei-

setzung der Familie aus ihren traditionalen Sozialmilieus von Verwandtschaft und Nachbarschaft und ihrer neuen Einbindung in die öffentlichen Bereiche von Markt- und Medienorientierung hat sich die wertsetzende Instanz der Familie aufgelöst; Kindsein geht heute nicht mehr so umfänglich wie früher in der Familie auf. Das bedeutet auch, dass der überkommene Vorsprung der Erwachsenen im Hinblick auf Weltwissen und Lebensbewältigung sowie die sich darauf berufende klare Hierarchie nicht mehr selbstverständlich mit den jeweiligen Rollen „hier: Erwachsener – da: Kind“ gegeben sind. Kinder leben heute, deutlich zu sehen am Umgang mit Medien, Konsum und Informationstechnologie, in einem Weltbezug, der den ihrer Eltern auch in Frage stellen kann. Sie geben sich dabei mitunter – sowohl in als auch neben ihrer Kind-Rolle – als handlungsfähige Subjekte mit einem Habitus der Selbständigkeit und Selbstorientierung, der den Status der Vorbereitung auf ein späteres Erwachsenenleben scheinbar konterkariert. Zumindest stärkt dies sowohl den Gegenwartsbezug als auch die Seite des entwicklungsoffenen Eigenlebens und relativiert sowohl die von den Eltern mitverantwortete Zukunftsdimension der Erziehung als auch die Relevanz ihrer darauf bezogenen erzieherischen Bemühungen.
Die Orientierung am Wohl des Kindes unterstützt dessen Dasein als einer Person aus eigenem Recht. Sie hat zu Veränderungen der Generationenbeziehung – elterliche Sorge ersetzt elterliche Gewalt – und der elterlichen Erwartungen geführt, die weniger auf Gehorsam und Unterordnung und mehr auf Selbständigkeit und Selbstverantwortung setzen. Dies hat auch die Konfliktintensität in den Beziehungen erhöht, die nun beides sein können, ein gesicherter Austragungsort um Gleichberechtigung und Handlungsautonomie oder ein verstörendes Feld von Unklarheit und Unzuständigkeit unter dem dominanten Zugriff des Marktes. „Einerseits bereitet die Familie ihre Kinder heute auf mehr Freiheitsgrade des Handelns vor; Kinder müssen auf die erhöhte Optionalität des Lebensverlaufs vorbereitet sein. Andererseits sind die Widersprüche zwischen dem Anspruch auf Gemeinschaftlichkeit und einer konkurrenzorientierten Wirtschafts-

ethik, zwischen dem ‚Prinzip Selbstverwirklichung' und den ‚Systemzwängen' einer zweckrationalen Beruflichkeit offenkundig. Die Konflikte um die Verwerfungen gesellschaftlicher Rationalisierungsprozesse bestimmen den Alltag der familialen Erziehungskindheit..."[16] und führen zu neuen Formen sozialer Segregation. Dies gilt besonders für das Aufwachsen vor ökonomisch ungesichertem und kulturell wenig entwickeltem familialen Hintergrund, dessen einziger Ort der Teilhabe an Modernisierungsprozessen dann sozialpädagogische Einrichtungen sind. Dass deren Arbeit durch den sozialpolitischen Sprengstoff einer hohen gesellschaftlichen Widersprüchlichkeit bestimmt wird, kommt meist erst dann in den Blick, wenn die Probleme einzelner Kinder nicht mehr durch professionelles Alltagshandeln zu bearbeiten sind.

Im Alltagsverständnis wird Jugend als ein natürlicher Altersabschnitt bestimmt, der sich einerseits gegenüber der Kindheit, andererseits gegenüber dem Erwachsenenalter abgrenzt. Dabei wird leicht übersehen, dass die Lebensphase zwischen Kindheit und Erwachsensein ein „Projekt" der Industrialisierungsprozesse seit dem 19. Jahrhundert ist, vom Zwang zur Lohnarbeit frei- und unter die gesellschaftlich bedeutsame Aufgabe gestellt, einen spezifischen Entwicklungsschritt zu leisten: „Ziel von Jugend ist vor allem die Herausbildung einer stabilen Persönlichkeit und einer integrierten Identität, um in einer sich individualisierenden, äußere soziale Kontrollen und festlegende Milieus abbauende Gesellschaft bestehen zu können, sowie die für das (ökonomisch) selbständige Erwachsensein unabdingbare Herstellung von beruflichen Qualifikationen und Kenntnissen für Erwerbsarbeit, aber auch von sozialen Fertigkeiten und Kompetenzen für das Leben in der Arbeitsgesellschaft"[17]. Der gesellschaftliche Modernisierungsprozess mit seinen dynamischen Veränderungen setzt nun einerseits auf die Jugend als Symbolfigur für die sozialen Modernisierungen (u.a. dynamische Lebensvollzüge, ständige Bereitschaft zur Qualifizierung, hohe Mobilität, Einstellung auf schnelle kulturelle Wandlungen), die die ökonomischen Modernisierungen flankieren. Jugendlichkeit wird damit zu einem orientierenden gesellschaftlichen

Leitbild mit hoher allgemeiner Gültigkeit über die Lebensphase der Jugend hinaus. Es fragt sich aber andererseits, ob der Modernisierungsprozess selbst überhaupt noch die Voraussetzungen für das Gelingen der Jugendphase schafft, oder nicht gerade dessen gesellschaftliche Grundlagen unterhöhlt. „Das betrifft das Verhältnis der Generationen in Familie und Gesellschaft genauso wie die Verlängerung von Schul- und Ausbildungszeiten bei gleichzeitig destabilisierten beruflichen Chancen, die Pluralisierung von Lebensmustern und Wertorientierungen ebenso wie die steigenden Anforderungen an Selbständigkeit, Mobilität und Anpassungsfähigkeit“[18]. Welche einzelnen Gesichtspunkte lassen sich dazu anführen?

- Die ehemals kollektive „Statuspassage“ Jugend zerfällt, je nach Geschlecht, ethnischer Herkunft, Lebensraum, Bildungsabschluss und Zugang zu Erwerbstätigkeiten in recht unterschiedliche Lebensrealitäten, die sich nicht mehr unter dem Abschnittsmerkmal Jugend zusammenfassen lassen.
- Die Etablierung der Jugendphase verdankt sich Entwicklungen der Arbeitsgesellschaft und verändert sich mit deren Krisenerscheinungen. Rationalisierung, Abbau und Verlagerung von Beschäftigungsverhältnissen wirken nicht nur auf die im Erwerbsleben stehenden Erwachsenen, sondern unterhöhlen den gesellschaftlichen „Schonraum“ Jugend, wenn die mit den Entwicklungsanforderungen verbundenen Zukunftsversprechen eher illusionär erscheinen.
- Mit der Jugendphase verbunden war lange Zeit die Akzeptanz, dass die volle sozio-kulturelle Autonomie der Lebensführung bis zum Erreichen ökonomischer Selbständigkeit vorenthalten blieb. Selbstbestimmte Sexualität, selbstgestaltete Freizeit, eine hohe Nachfrage nach Konsum und vom Zugriff anderer freies Wohnen sind aber gerade die Markt-Merkmale, die mit Jugendlichkeit assoziiert werden.
- Bemühungen um die Ablösung von den Eltern, Selbstinszenierungen und Selbstsuche scheinen sich in die Altersgruppe der 10- bis 14-jährigen „Kids“ vorzuverlagern, während die Merkmale der berufsbiographischen Qualifizierung und instabilen ökonomischen

Selbständigkeit (als traditioneller Abschluss der Jugendphase) immer weiter nach hinten rücken. Damit aber franst die Lebensphase Jugend sowohl nach vorne als auch nach hinten aus und verliert zusehends ihr Merkmal als „Statuspassage".

- Ein wichtiges Zugehörigkeitskriterium zu Jugendlichen ergibt sich heute weniger aus der Abgrenzung zu den Erwachsenen, mit denen man nichts zu tun haben will, sondern eher aus der Zugehörigkeit zu Gleichaltrigen bzw. zu bestimmten Gruppierungen von Gleichaltrigen. Dieses „unter sich bleiben" bedient sich eher Abgrenzungen auf der Ebene der Altersgleichheit als dass es einer generationalen Auseinandersetzung folgt mit der Aussicht darauf, zu einer späteren Zeit den sozialen Ort des Erwachsenseins zu vertreten.
- Die mitunter scharfe Abgrenzung zu den Erwachsenen hatte es, neben der selbststabilisierenden Differenzierung, ermöglicht, aus der Nahsicht des Lebensweges der eigenen Eltern Schlussfolgerungen für eigene Lebenserfahrungen und -entscheidungen zu gewinnen. Die Notwendigkeit, angesichts veränderter gesellschaftlicher Anforderungen eigene Wege zu suchen, ohne sich zumindest am Exemplum von Eltern und Verwandten orientieren zu können, verstärkt die Orientierungsprobleme im Zeithorizont hoher Unsicherheit.

Die Enttraditionalisierung von Familie, Kindheit und Jugend bedeutet einerseits Freisetzung aus überkommenen Bindungen und verspricht eine größere Vielfalt an möglichen Gestaltungen des „eigenen Lebens". Sie legt andererseits aber auch einen höheren Maßstab an die Selbstgestaltung der individualisierten Lebenschancen und erzeugt Druck. Dabei wirken die Voraussetzungen und Bedingungen des gesellschaftlichen GLOBE nicht nur als äußere Erscheinungen auf eine davon eindeutig zu unterscheidende innere Disposition. Sie sind darüber hinaus auch als Medium, in dem sich Individualität etabliert, wirksam.

2.3.2.2 Zur Ebene der Lebensumwelt der Adressatinnen und Adressaten

Wie aber haben sich gesellschaftliche Individualisierungsprozesse auf den Nahbereich der Lebensumwelt von Kindern ausgewirkt? Wie eignen sie sich ihre familiale und außerfamiliale Umwelt an? Haben sich Raum- und Zeitorganisationen dabei verändert? In den vergangenen Jahren ist die sozialräumliche, mediale, dingliche und zeitstrukturelle Organisation, in der Kinder aufwachsen, zum Gegenstand von Untersuchungen und Thesenbildungen geworden. Dabei rückt die Lebensumwelt als entwicklungsrelevanter Bezugsrahmen, „in dem neben Familie, Schule und Gleichaltrigen auch der ökologische Nahraum, die Wohnumgebung, Stadt-/Landmilieu ... berücksichtigt werden müssen“[19], stärker in den Blick. Es geht hierbei um die Art und Weise, in der Kinder ihre Lebensräume über den ersten Lebenskreis der Familie hinaus erweitern sowie um die Folgen, die diese Aneignungstätigkeiten für ihr Selbstkonzept und Selbstwertgefühl haben.

Dabei ist grundsätzlich davon auszugehen, dass Modernisierungsprozesse des Alltagslebens nicht einheitlich für alle und nicht eindimensional in ihren Einflüssen, sondern ungleichzeitig, in sich widersprüchlich und vielfältig gebrochen wirksam werden. Gesellschaftsschicht, Geschlecht und Stadt-Land-Unterschiede sind wesentliche Einflussgrößen auf die Alltagsgestaltung. Insofern können die folgenden Thesen nur plakativ und grob einige Überlegungen zu sozialökologischen Veränderungen der Kindheit widergeben:

a) die funktionalisierte Wohnumwelt

Im Hinblick auf die Wohnraumnutzung erscheinen eine zu hohe „Dichte“ und „Enge“ sowie fehlende Rückzugsmöglichkeiten als problematisch[20]. Ob Kinder sich in der Wohnung frei bewegen, mit anderen Kindern spielen oder Hausaufgaben machen können, hängt von den räumlichen Gegebenheiten, von der Größe, Aufteilung und Ausstattung der Wohnung sowie dem Vorhandensein eines eigenen

Kinderzimmers ab. Hierbei ließ sich eine Zunahme in der Versorgung der Wohnungen mit Kinderzimmern sowie deren kindbezogener Ausstattungen, aber auch ein schichtspezifisches Nutzungsverhalten von Kinderzimmer und Wohnung feststellen. Dies macht deutlich, dass die Lebensumwelt der Wohnung neben ihren direkten Einflüssen auch über soziale Vermittlungsprozesse auf das Alltagsverhalten von Kindern einwirkt.
Die Lebensumwelt außerhalb der Wohnung ist durchgängig nach Erwachsenenkriterien funktionalisiert, „aus Hofeinfahrten sind Garageneinfahrten geworden, Gehsteige und öffentliche Plätze lassen inzwischen nur monofunktionale Nutzungen zu, die eher den Erwachsenen zukommen, Spielplätze sind nach der funktionalen Raumkalkulation und nicht nach dem Raumbedarf der Kinder eingerichtet und erhalten so den Charakter von Reservaten“[21]. Diese Funktionalisierung der Umwelt wirkt, vor allem durch die erhöhte Verkehrsdichte, hemmend auf die Mobilitätsbedürfnisse von Kindern. Als Schutz vor Straßenverkehr und als Ersatz für verlorene Spielmöglichkeiten eingerichtete Spielplätze sind wiederum funktionsspezifische Räume, die gerade bei Wohnortnähe für Vorschulkinder wichtig sind, vor allem, wenn ihre Ausstattung attraktiv ist und Möglichkeiten zur Manipulation und Veränderung bereithält. Bei älteren Kindern und Jugendlichen, die nicht (z.B. durch Horte) institutionell eingebunden sind, zeigt sich dagegen, dass autofreie Straßen und Plätze, Baustellen, Einkaufszentren u.a. die zu erobernden Sozialräume und damit die interessanteren Anlaufstellen zum Treffen mit Gleichaltrigen sind.

b) die verinselte Umwelt

Sozialökologische Modelle legen nahe, dass sich die Aneignung des Sozialraumes als konzentrische Erweiterung vollzieht; von der Familie aus erschließt sich das Kind immer größer werdende Räume über die unmittelbare Nachbarschaft in das Wohnviertel und dann darüber hinaus. Gegen diese schrittweise den Lebensraum um die Wohnung erweiternden Ringe, die ein immer größer werdendes, aber zusammenhängendes Gebiet eröffnen, haben Helga und Hartmut Zeiher das Modell des „verinselten Lebensraumes" gestellt[22]. Das Bild des die engeren und weiteren Wohnungsumgebungen sich kontinuierlich und selbständig aneignenden Kindes ist danach nicht mehr gegeben. Statt dessen liegen sowohl in Stadtlandschaften als auch im ländlichen Gebiet viele Orte, die von Kindern aufgesucht werden, wie Inseln verstreut in Zwischenräumen, die den Tätigkeiten Erwachsener gehören und für Kinder eher uninteressant, gefährlich und unzugänglich sind. Die Schule, der attraktive Spielplatz, die Wohnungen der Freunde, möglicherweise auch der Lebensort eines ausgezogenen Elternteils, pädagogische Einrichtungen für Kinder, Sportstätten u.a. liegen in keinem als zusammenhängend erfahrbaren Areal in konzentrischen Kreisen um die Wohnung herum, sondern sind weit verstreut und voneinander getrennt in einem größeren Gebiet. Sie können nur dadurch erreicht werden, dass die dazwischen liegenden Räume, die in keinem Zusammenhang mit den verinselten Orten stehen, durchquert werden. Damit aber verliert die Erfahrung der Lebensumwelt des Kindes an sinnlich-kognitiver Kohärenz, die Raumerfahrung bleibt segmentiert in zerstückelten Einzelorten, aus denen sich kein gesamter und einheitlicher Lebensraum mehr ergibt, der sich schrittweise und selbständig aneignen ließe.

c) die verhäuslichte und institutionalisierte Umwelt

Als Ersatz für die nicht pädagogisch gestaltete „Straße", in der sich bis noch vor wenigen Jahrzehnten Kinder miteinander in ihrer eigenen Welt – als Gegenentwurf zum „Haus" – einrichteten, beschreibt Zinnecker die „Verhäuslichung" der Kindheit. Damit sind die speziell für Kinder geschaffenen und ihnen vorbehaltenen Orte gemeint, die als pädagogische Einrichtungen „gesellschaftliches Handeln langfristig zielgerichtet, plan- und präzise wiederholbar, somit über Zeiten und beteiligte Personen hinweg berechenbar zu gestalten"[23] erlauben. Hierzu zählen institutionelle Freizeitangebote, Kindergruppen in Sportvereinen oder in Einrichtungen kirchlicher Träger, öffentliche Kinderkulturangebote wie private Tanz-, Ballett- und Musikschulen mit mehr oder weniger explizitem Lerncharakter und pädagogisch angeleiteter Betreuung. Die Verlagerung und Eingrenzung der Lebensumwelt in solche pädagogisierte – „verhäuslichte“ – Handlungsräume separiert und spezialisiert einerseits die Orte des alltäglichen Aufenthalts. Andererseits werden damit Aktionsmöglichkeiten geschaffen, die erheblich reichhaltiger und attraktiver für Kinder sein können. Gerade dadurch entfällt aber die Notwendigkeit zur Selbstorganisation im „normalen“ Alltag ohne Entertainment und Animation.

d) die verplante Umweltaneignung
Die „verinselten“ und „verhäuslichten“ Funktionsräume können von Kindern oft nur durch Transportmittel und nach Terminabsprachen erreicht werden, was die Mobilitätsmöglichkeiten zu einem entscheidenden Merkmal sozialer Teilhabe und individueller Raumaneignung macht. Dadurch wird moderne Kindheit zu einem komplizierten Termin- und Verabredungsgeschäft. Neben der schulischen Zeitstruktur und dem oft nur noch als Rest vorhandenen familiären Tagesplan sind Kinder heute oft in eine Fülle von Einzelterminen eingebunden. Sendezeiten von gerade aktuellen Fernsehserien, Betreuungszeiten im Hort, Termine von besonderen Angeboten, Öffnungszeiten von Einrichtungen, Verabredungen bei Freunden, Fahrzeiten nach hier und von dort geben einen Rahmen vor, der durch die zu kombinierenden Zeitraster hohe Anforderungen an die Budgetierung der verfügbaren Zeit stellt.
Einerseits kann dies die Möglichkeit zur selbständigen Lebensführung erhöhen. „Wenn die außerhäuslich gelegenen Besuchsorte ... aufgesucht werden sollen, müssen darüber Absprachen erfolgen. Das heißt, Kinder scheinen heute früher ihre Bedürfnisbefriedigung zu organisieren und die Rahmenbedingungen dafür auszuhandeln. Dafür muss ein hohes Maß an Mobilität, Flexibilität und Ausdauer vorausgesetzt werden. Diesbezüglich kann von einer frühzeitigen Selbständigkeit der Kinder gesprochen werden, denn Autonomieerfahrungen haben eine Chance, die in der Möglichkeit des Aushan-

delns von gemeinsamen Aktivitäten und des dafür erforderlichen Zeitrahmens bestehen“[24].
Andererseits braucht es dazu einen entsprechenden, ökonomisch gesicherten und kulturell entwickelten familiären Hintergrund, der die Zeitorganisation des Kindes erst ermöglicht. Zudem stellt sich die Frage, ob hinter einem scheinbaren Gewinn an Zeitsouveränität nicht auch ein hoher Erlebnis-, Effektivitäts- und Leistungsdruck steht, der Kinder in die anonyme Kontrolle ihrer Termingeschäfte zwingt.

2.3.2.3 Zur Ebene des Berufsfeldes und der Institution

Den GLOBE des sozialpädagogischen Berufsfeldes und der Institution möchte ich umreissen, indem ich zunächst in einer kurzgefassten historischen Herleitung den Standort des Berufsfeldes im Hinblick auf den Bereich der Kinder- und Jugendhilfe zu bestimmen versuche und in Fortführung dieses Gedankengangs den Prozess der Institutionalisierung an Hand einiger Charakteristika des Kinder- und Jugendhilfegesetzes (SGB VIII) vorstelle. Im Anschluss daran führe ich einige Aspekte an, die bei der Betrachtung des GLOBE einer sozialpädagogischen Einrichtung „vor Ort“ nützliche Hinweise auf die institutionellen Rahmenbedingungen für das Handeln abgeben können.
Wie lässt sich der Standort des sozialpädagogischen Berufsfeldes der Kinder- und Jugendhilfe bestimmen? Historisch haben sich sozialpädagogische Arbeitsbereiche aus den drei Strängen der Kinder- und Jugendfürsorge, der Jugendarbeit und der öffentlichen Kleinkinderziehung heraus entwickelt[25]. Damit reicht seine Vorgeschichte bis zu den Fürsorgeeinrichtungen der Hospitäler, Findel- und Waisenhäuser zurück. Die im Zusammenhang der Industrialisierung zunehmend repressive Armenpflege in Zucht- und Arbeitshäusern sowie religiös begründeten Fürsorgeeinrichtungen stand in der Kritik der Pädagogik der Aufklärung, die das Eigenrecht von Kindern und Jugendlichen betonte. Etwa ab Mitte des 19. Jahrhunderts kamen die drei Stränge des sozialpädagogischen Berufsfeldes zusammen: fürsorgerische Tätigkeiten differenzierten sich aus (Kinderschutz, Vor-

mundschafts- und Pflegekinderwesen, Säuglingsfürsorge), Jugendvereinigungen mit dem Ziel nationaler, religiöser und sittlicher Erziehungsvorstellungen wurden gegründet und betrieben berufliche Fortbildung sowie Freizeitgestaltung, während im Bereich der Kleinkinderziehung mit Fröbels Kindergarten Ideen in die Praxis einflossen, die über das Bewahren und Disziplinieren hinaus spielpädagogische Entwicklungsförderung beanspruchten. Damit kam in die öffentliche Erziehungsarbeit neben das Moment der Kontrolle ein deutlicher das einzelne Kind oder den Jugendlichen in seiner Gemeinschaft sehenden Blick (z.B. in Wandervogelbewegung und Reformpädagogik), der in der Zeit des Nationalsozialismus einer totalen Instrumentalisierung der Erziehung und Aussonderung „Minderwertiger" weichen musste.
Bock und Seelmeyer sehen diese Entwicklungslinie in Fortführung bis heute unter den Gesichtspunkten der Verrechtlichung der Kinder- und Jugendhilfe sowie ihrer Institutionalisierung und Pädagogisierung[26]. Erstere findet ihren Niederschlag vor allem in den gesetzgeberischen Regelungen des Reichsjugendwohlfahrt-Gesetzes (RJWG 1922), in dessen Novellierung als Jugendwohlfahrtsgesetz (JWG 1961) sowie im Kinder- und Jugendhilfegesetz (KJHG 1991). Den Aspekt der Institutionalisierung sehen sie als zunehmende „Verlagerung von einer im weitesten Sinne familialen zu einer organisationsförmigen Erbringung von Erziehungs- und Versorgungsleistungen. Es entwickelte sich ein immer ausdifferenzierteres System spezialisierter Einrichtungen in der Doppelstruktur von öffentlichen und freien Trägern mit einer zunehmenden organisatorischen Verflechtung ... Obschon die Kinder- und Jugendhilfe teilweise ... auf einen langen Prozess der Institutionalisierung zurückblicken kann, zeigt sie sich insgesamt als ein ausgesprochen dynamisches Feld: ein großer Teil des Arbeitsfeldes ist relativ jung, viele sind erst im Entstehen"[27]. Dabei entsteht aber – mit ersten Ansätzen in der Mitte des 19. Jahrhunderts – erst allmählich eine anspruchsvolle sozialpädagogische Entwicklungsförderung, die sich in den letzten Jahren zunehmend auf allgemeine Aufgaben der Erziehung und Bildung bezieht. „Insge-

samt lässt sich festhalten, dass bis zum Ende der Weimarer Republik mit der Ausdifferenzierung von Handlungsfeldern ... und organisatorischen Strukturen..., der Professionalisierung..., der Entwicklung sozialpädagogischer Konzepte und der Schaffung gesetzlicher Grundlagen ... das Fundament gelegt wurde, auf dem die Kinder- und Jugendhilfe bis heute steht“[28].

Neben den „klassischen“ sozialpädagogischen Arbeitsfeldern, die auf soziale Probleme im Zusammenhang der Industrialisierung – wie Armut, Verelendung und soziale Not – reagieren, kommen in postindustrialisierten Gesellschaften im Zusammenhang der Individualisierung der Lebensführung und Pluralisierung der Lebensverhältnisse darüber hinaus Aufgaben auf die sozialpädagogische Arbeit zu, die auf spezifische Problemkonstellationen sozialer Desintegration und personaler Integrität reagieren. Die Auflösung traditioneller Milieus und stabilisierender Orientierungen, die schwindende Einbindung in überkommene Strukturen und kulturelle Leitideen, der schnelle Wandel und die unüberschaubarer werdenden Lebensperpektiven stellen Anforderungen an Erziehung und Bildung, denen die sich ebenfalls in Wandlungsprozessen befindliche Familie nur schwer nachkommen kann (s.o.). Insofern tritt neben die klassischen sozialpädagogischen Aufgabenfelder der Hilfe bei Schwierigkeiten junger Menschen und ihrer Familien sowie ihrer anwaltschaftlichen Einflussnahme auf politische Entscheidungen die allgemeinpädagogische Aufgabe der Entwicklungsförderung durch unterstützende, familienergänzende Maßnahmen sowie solche, die, auf soziale Ungleichheiten und Benachteiligungen ausgerichtet, Entwicklungsdefizite beheben sollen.

Damit hat Kinder- und Jugendhilfe „in Ergänzung zur Familie und neben Schule und Ausbildung junge Menschen in ihrer Entwicklung allgemeinerzieherisch zu fördern, durch Beratung und Unterstützung sozialen Benachteiligungen und Entwicklungskrisen entgegenzuwirken, Hilfe zur Erziehung zu leisten, wenn das Wohl des Kindes oder des Jugendlichen nicht gewährleistet ist, und an gerichtlichen Verfahren mitzuwirken“[29].

Durch Prozesse der Institutionalisierung werden gesellschaftlich relevante Vorgänge in eine dauerhafte Form gebracht. Institutionen in diesem Sinne wirken als regelmäßige und gleichförmige soziokulturelle Organisationsweisen. Sie stabilisieren die jeweilige Art der Aufgabenbewältigung, legen bestimmte Vorgehensweisen und Entscheidungen nahe und geben dadurch einen, je nach dem Grad der Institutionalisierung mehr oder weniger verfestigten, äußeren Kontext für das Handeln vor. Nun lassen sich recht unterschiedliche Formen der Institutionalisierung auffinden, die von neu eingeführten Verfahrensabläufen – z.B. *wie* Kinder an lokalen Planungs- und Entscheidungsprozessen beteiligt werden – über etablierte Einrichtungen – z.B. des Lernens als schulischer Unterricht – bis hin zu kodifizierten Rechtsnormen reichen. Als ein Beispiel für einen solchen institutionalisierten Kontext möchte ich einige Veränderungen im Bereich des Kinder- und Jugendhilferechts aufzeigen, die auf den GLOBE des Rechts der Sozialen Arbeit hinweisen.
Die Kinder- und Jugendhilfe wurde 1991 mit dem Sozialgesetzbuch (SGB) VIII auf eine neue rechtliche Grundlage gestellt. Mit der erstmaligen Benennung und Etablierung von Rechtsansprüchen entspricht sie dem Stand eines modernen Sozialleistungsgesetzes[30]. So sind z.B. Maßnahmen der erzieherischen Hilfe weniger Erziehungseingriffe als Leistungsangebote, auf die ein rechtlicher Anspruch besteht. Die grundlegende Aufgabe der Kinder- und Jugendhilfe ist die „einer *zentralen* Sozialisationshilfe mit Dienstleistungsqualität für *alle* ... (und nicht mehr hauptsächlich für ‚gefährdete', ‚benachteiligte' bzw. ‚hilfebedürftige' Kinder und Jugendliche)"[31]. Als öffentliche Institution der familienbezogenen Unterstützung ist sie zu allererst auf den Lebenskontext der Familie bezogen und tritt ein im Falle individueller oder struktureller Defizite familialer Erziehungs- und Bildungsleistungen[32]. Das Kinder- und Jugendhilfegesetz (KJHG) schafft, im Vergleich zum vorher geltenden Jugendwohlfahrtsgesetz, einen neuen rechtlichen Handlungsrahmen, indem es neue Perspektiven aufwirft, z.B.:

- Es geht vom Recht eines jungen Menschen auf Entwicklungsförderung und Erziehung zu einer eigenverantwortlichen und gemeinschaftsfähigen Persönlichkeit aus und orientiert öffentliche Erziehungshilfen am Wohl des Kindes bzw. Jugendlichen. In einem Kommentar zum KJHG haben Münder u.a. dieses Wohl veranschaulicht; es ist dann nicht gewährleistet, „wenn Mangel an Anregung, an Kommunikation, an pädagogischer Unterstützung, aber auch an Ausbildungsmöglichkeiten besteht, Mangel an geeignetem Wohnraum, oder wenn die Möglichkeit zur Freiheitsentfaltung im öffentlichen und politischen Raum eingeschränkt ist, wenn Benachteiligung im Bildungsbereich existiert usw.“[33].

- Es stärkt die Stellung der Familie und unterstreicht die Pflege und Erziehung des Kindes durch die Eltern als deren natürliches Recht und ihnen obliegende Pflicht. Zwar können, je nach dem Wortlaut der einzelnen Norm, Kinder, Jugendliche und deren Personenberechtigte leistungsberechtigt sein. Um den grundrechtlichen Schutz des Elternrechts zu sichern, werden Leistungsansprüche aber vornehmlich aus der Perspektive der Personensorgeberechtigten gesehen und die Partizipation von Kindern und Jugendlichen dem Elternrecht nachgeordnet. Für den Fall, dass es zu Interessenkonflikten zwischen Minderjährigen und deren Personensorgeberechtigten kommt und die Jugendhilfeleistungen nicht von den Minderjährigen in Anspruch genommen werden können, wird durch die Bestellung eines Verfahrenspflegers versucht, die Rechtsposition der Minderjährigen zu sichern[34]. Eine weitere Betonung der Elternschaft wird auch im 1998 in Kraft getretenen Kindschaftsrechtsreformgesetz deutlich, das *beide* Eltern im Trennungs- oder Scheidungsfall zu einer einvernehmlichen Sorge um das Wohl ihres Kindes anhält. Insofern ist das KJHG eher ein familienergänzendes Gesetz als ein Kinder- und Jugendhilfegesetz.
- Maßnahmen zur Förderung der Erziehung in der Familie sind als lebensweltorientierte Erziehungshilfen gedacht und richten ihr Augenmerk nicht nur auf die Familie in ihrer Gesamtheit, sondern berücksichtigen auch deren Lebenszusammenhang im familialen Umfeld. Mit der Lebensweltorientierung kommt ein unspeziali-

siertes ganzheitliches und die alltägliche Lebenspraxis berücksichtigendes Moment in die Problembearbeitung, die das personale Umfeld von Familie, Schule und Jugendhilfe in den Blick nimmt und die Vernetzung von Hilfsangeboten z.B. im Hilfeplanprozess mit einem Team von Fachkräften unterschiedlicher Professionen betreibt.

- Statt einer Eingriffsmaßnahme „von oben" geht das KJHG von Leistungen aus, die in partnerschaftlicher Kooperation abzustimmen sind. Insbesondere gibt es vor, dass Kinder und Jugendliche an allen sie betreffenden Entscheidungen öffentlicher Erziehungshilfe zu beteiligen sind. Damit hat sich auch das Bild des Jugendamtes von einer „hoheitlich eingreifenden Behörde zu einer eher dienstleistenden Institution"[35] gewandelt. Parallel dazu muss das hierarchische Gefälle zwischen Amtsvertreter und Klient zu Gunsten einer kommunikativen Beziehung verändert werden, um nicht über den Klienten zu entscheiden, sondern dessen Meinungen, Vorstellungen und Wünsche ernst zu nehmen: „Nicht mehr der Eingriff in die Familie steht im Vordergrund, sondern Jugendhilfe soll primär fördern und helfen. Beratung und Kooperation mit dem Hilfeempfänger sind primäre Zielsetzungen"[36].

Neben diesem allgemeinen, das sozialpädagogische Handeln strukturierenden Umfeld des Rechts, wirkt die jeweilige Einrichtung vor Ort durch ihre Organisation aber auch durch die vorfindlichen Strukturen des Arbeitsplatzes und die etablierte Beziehungsdynamik der Mitarbeiterinnen und Mitarbeiter auf das Handeln ein. Der GLOBE der jeweiligen Institution, in die die Sozialpädagogin oder der Sozialpädagoge in ihrer Arbeit einbezogen sind, beeinflusst damit das Handeln über eine Fülle einzelner Aspekte, die ich hier nur ausschnittweise auflisten kann:

- die rechtliche Form und politisch-ideologische Einbindung des Trägers, seine Finanzierungsgrundlagen und übergeordnete Organisation;
- die Binnenorganisation und Leitungsstruktur der Einrichtung sowie die institutionelle Regelung von Abläufen;

- die Stellung der Institution im Einzugsbereich und die Art und Weise der Vernetzung mit anderen Einrichtungen;
- die materielle und personelle Ausstattung, die Qualifikation und Zuständigkeit der Mitarbeiterinnen und Mitarbeiter, ihr Anstellungsverhältnis und die Entlohnung;
- die Organisationskultur und Personalführung, das Arbeitsklima, formelle und informelle Strukturen und Gebräuche sowie die institutionsbezogene Gestaltung der Kooperation;
- die Ausstattung des Arbeitsplatzes und der Umgebung, die Regelung der Arbeitszeit und der Handlungsspielräume.

2.3.2.4 Zur Ebene des Rahmens und des Settings

Der Wechselbezug zwischen GLOBE und ICH-WIR-ES-Dreieck, zwischen Außen und Innen in Unterschiedlichkeit und Verknüpfung, lässt sich am deutlichsten auf der Ebene von Rahmen und Setting beschreiben. Daher beziehe ich meine Ausführungen in diesem Kapitel vor allem auf diesen Aspekt der Wechselwirkung, der am Beispiel von Rahmen und Setting etwas veranschaulichen soll, was prinzipiell auch die anderen Ebenen des GLOBE charakterisiert.
Setting ist das konkrete Arrangement einer pädagogischen oder therapeutischen Situation, das räumliche, zeitliche und organisatorische Medium für das Handeln, in dem sich das jeweilige Arbeitsbündnis seine reale Grundlage schafft. Die Anzahl der Termine und der Beteiligten, der Ort, an dem z.B. eine Beratung stattfindet, deren Zeitdauer und Frequenz, aber auch die Art und Weise, in der sich die Beratung ereignet – z.B. als aufsuchende Straßensozialarbeit oder in einer gestalteten Sitzanordnung in einem Beratungszimmer – sind Merkmale des jeweiligen Settings. Damit erfasst der Begriff die konkreten Strukturmerkmale des Handlungsraumes, die gestaltete Umgebung, in der bestimmte Prozesse entstehen können.
Jedes sozialpädagogische Handeln hat vorgelagerte Rahmenbedingungen, zu denen neben dem Setting auch Merkmale der Finanzierung, der institutionellen Organisation, der sachbezogenen Ausstat-

tung aber auch der realen Lebensbedingungen der Klientinnen und Klienten u.a. zählen. Diese lassen sich als GLOBE-Aspekte relativ klar dem äußeren Kontext zuordnen. Dagegen erfasst der Begriff des Rahmens, so wie er unter Bezug auf Goffman z. B. in der psychoanalytischen Pädagogik verwendet wird, einen Grenzbereich zwischen Innen und Außen, der TZI-orientiert sowohl dem GLOBE als auch dem ICH und WIR zugehört. Mit diesem Grenzbegriff wird etwas sensibel zu beschreiben versucht, das m. E. sowohl die Unterschiedlichkeit als auch die Verbindung von Dreieck und Kugelgestalt gut zur Anschauung bringt.

Der Begriff des Rahmens in diesem Sinne umfasst „alle impliziten und expliziten, bewußten und auch unbewußt wirksamen Vorstellungen zu der Frage: ‚Was ist hier eigentlich los?' Zum Rahmen einer Situation gehören die vielfältigen Regeln, die festlegen, welche Handlungen hier angemessen und welche unangemessen sind, auf welche Weise wir unser Verhalten gegenseitig interpretieren, wie wir unser Sprechen verstehen, und in welcher Weise wir hier füreinander wirksam werden“[37]. Der Rahmen konstituiert sich also einerseits aus den jeweils aktuellen Vorstellungen, die die an einer Interaktion Teilnehmenden gerade haben. Insofern erfasst der Begriff sehr deutlich Aspekte des ICH und des WIR. Andererseits enthält der Rahmen nicht nur flüchtige situative Momente, sondern auch standardisierte Interpretationsmuster, normierend wirkende Verhaltensregeln und institutionsbezogene Rollenvorgaben, die ein vereinheitlichendes und verallgemeinerndes Element in die Situation einbringen. Dies aber sind Merkmale des „Außen“, relativ losgelöst von den an der Interaktion teilhabenden Personen. Sie gehen dem „Innen“ der individuellen Vorstellungen und des interaktionellen Wechselspiels voraus und strukturieren das Denken und Handeln vor. Insofern gehört der Rahmen als Kontext für das Verständnis einer Situation sowohl zum „Außen“ der festgelegten und als „normal“ geltenden Bedeutungen als auch zum „Innen“ der Erlebnisweisen und Vorstellungen.

Körner nennt als Beispiel für die Gewissheit, die ein Rahmen schafft, die ärztliche Untersuchungssituation[38], in der Rollenbeziehungen

und Alltagsregeln z.B. die Antwort auf die Frage nach dem Wohlbefinden vorbestimmen; sie wird hier anders ausfallen als im Gespräch mit der Freundin oder in einer psychosozialen Beratungsstelle. Das ärztliche Gespräch schafft daher ebenso wie die psychosoziale Beratung einen „sozialen Ort", einen Rahmen mit relativ konstantem und feststehendem Erwartungshintergrund, der als Kontext für die darin auszugestaltenden Interaktionen betrachtet werden kann.
Neben diesem der Interaktion äußerlichen Moment, das etwas Festes enthält, ist der Rahmen einer Situation aber nicht unverrückbar stabil, sondern er wird durch die jeweiligen konkreten Beiträge der beteiligten Personen als etwas aktuell Geltendes etabliert, bestätigt und gesichert – oder aber in Frage gestellt, subjekthaft modifiziert und dekonstruiert. Der Rahmen ist damit nicht nur ein äußerer Kontext, sondern ebenso etwas immer wieder von den Beteiligten Festzulegendes; er muss u.U. immer wieder ausgehandelt und z.B. veränderten Situationen angepasst werden. „Daraus ergibt sich eine eigentümliche Dialektik: Einerseits bestimmt der Rahmen, wie das Sprechen und Handeln innerhalb einer Situation verstanden werden soll, andererseits definieren wir mit unserem Sprechen den Rahmen immer wieder neu usw.. Dieser Prozeß ist nicht abschließbar, und man kann ihn von zwei Seiten her betrachten: Man kann vom psychoanalytischen oder sozialpädagogischen Dialog ausgehen und fragen, welchen Rahmen dieser Dialog bestimmt, und man kann umgekehrt ein Verständnis vom Rahmen der Situation suchen und von dort aus den Sinn des Gesprochenen interpretieren"[39].
Vom GLOBE des Rahmens aus betrachtet lässt sich die Interaktion „im Dreieck" also dahingehend befragen, welche Handlungsweisen durch z.B. den institutionalisierten Erwartungshintergrund konstituiert werden und inwiefern dieser hilfreich für das sozialpädagogische Handeln in einer konkreten Situation ist. Umgekehrt kann eine gerade ablaufende Interaktion daraufhin untersucht werden, welchen Rahmen die Beteiligten durch ihr Handeln damit herstellen. Körner führt hierzu das Beispiel einer Beratungssituation an, in der der Klient mit seiner Aussage „Ich muß Ihnen gestehen, dass ich ..." den Rah-

men eines Geständnisses herstellt und damit vielleicht unbewusst mitteilt, dass er sich in dieser Situation wie in einem Verhör erlebt[40]. Indem der Rahmen einerseits den vorgegebenen Kontext einer Situation enthält, der aber durch die Handlungsweisen der Beteiligten bestätigt werden muss, um gültig zu sein, wird er auch im sozialpädagogischen Handeln immer wieder zum Austragungsort von Auseinandersetzungen zur Frage „Was ist hier eigentlich los?“. Die Konfrontation der Sozialpädagogin mit der subjekthaften Interpretation des Rahmens durch die Klientin – TZI-orientiert unter dem Störungungspostulat betrachtet – bedarf des flexiblen Handelns: Einerseits sind Konflikte am Rahmen als Ausdruck der inneren Befindlichkeit der Klientin wichtige Hinweise auf deren Problematik, andererseits erfordern solche Störungen und Konflikte die sensible Rekonstruktion und Sicherung des Handlungsrahmens im Dienste der gemeinsamen Arbeit. Indem Sozialpädagogin und Klientin gemeinsam an den Störungen des Rahmens arbeiten, kann pädagogischer Fortschritt gerade im Übergang vom Rahmenkonflikt zur Einigung auf einen neu konstruierten Rahmen, der das Arbeitsbündnis wiederherstellt und sichert[41], stattfinden (vgl. Kapitel 2.6).

2.4 Sozialpädagogische Arbeit mit THEMA und STRUKTUR – ein Fallbeispiel

Das THEMA ist das „formulierte Anliegen..., der zentrierte, meist verbal formulierte Fokus der Aufmerksamkeit“[1]. Im Verständnis der TZI hat die Themenorientierung sowohl eine anthropologische als auch eine methodische Dimension[2]. Beide sind durch ein Menschenbild begründet, das der Symboltätigkeit besondere Bedeutung für die menschliche Entwicklung zumisst und daher auf die Bearbeitung von Inhalten, Aufgaben und Problemkonstellationen setzt, die einerseits zum Gegenstand (ES) gemacht werden, auf die sich andererseits sowohl ICH als auch WIR in ihren jeweiligen thematischen Perspektiven beziehen können.

In der Themenbearbeitung steckt die Dynamik von Differenzierung und Integration: Der thematische Fokus, auf den sich einzelne oder Gruppen beziehen, konzentriert auf ein Drittes und integriert die darin enthaltenen unterschiedlichen inhaltlichen Facetten. Die dynamische Balance im Prozessverlauf sorgt dagegen für den Wechsel differenzierender Perspektiven und eröffnet immer wieder unterschiedliche Zugänge. Das fokussierende THEMA ist dabei etwas anderes als z.B. der Unterrichtsstoff; es ist „Mittelglied zwischen Individuum, Gruppe und Lerninhalt“[3] und artikuliert nicht nur das ES des Gegenstandes (hier: der Unterrichtsstoff), sondern auch ICH-, WIR- und GLOBE-Bezüge, die im aktuellen Lernvorgang als bedeutsam erachtet werden. TZI arbeitet damit, dass ein als neutraler Gegenstand betrachtetes ES zu einem formulierten Anliegen gemacht wird, das die Bezugnahme zu diesem erleichtert, Beziehungen untereinander schafft und dadurch Perspektiven der Bearbeitung eröffnet. „Die Aufmerksamkeit den Themen gegenüber, die aus der Ich-, Wir- oder Es-Ecke des Dreiecks (oder dem GLOBE, W.L.) ihren Anfangsimpuls bekommen, und der Umgang mit ihnen sind neben dem

Balance-Gedanken und den Postulaten ein Hauptschwerpunkt im methodischen System der TZI“[4].
Dazu bedarf es passender STRUKTUREN. Darunter versteht TZI alle Arbeitsformen (z.B. Einzelarbeit, Kleingruppen, Plenum) und Arbeitsweisen (z.B. Diskussion, Textbearbeitung, spielerische Weisen der Erarbeitung) die themenzentriertes Vorgehen ermöglichen können. Strukturen sind daher Bedingungsfaktoren für die Themenbearbeitung und daraufhin zu befragen, ob und wie sie als konstruktiver Rahmen einen produktiven Prozessverlauf initiieren und unterstützen können.
Wie im sozialpädagogischen Praxiszusammenhang mit Themen und Strukturen eine studentische Praktikantin ihr Vorhaben durchführte und welche theorie-, konzeptions- und praxisbezogenen Fragen sich daran knüpfen lassen, möchte ich im folgenden Fallbeispiel aufzeigen. Es versteht sich ausdrücklich nicht als „Bilderbuchbeispiel“, sondern als Diskussionsgrundlage eines Prozessverlaufs, in dem die vielschichtigen Zusammenhänge von GLOBE-, ICH-, WIR- und ES-Aspekten zur Formulierung und Bearbeitung eines THEMAS führen. Bei diesem Beispiel handelt es sich um die sozialpädagogische Arbeit in einer Vorklasse, die von neun Kindern besucht wird.
Die Stadt, in der die Kinder dieses Fallbeispiels leben, ist eine Kreisstadt mit ca. 100 000 Einwohnern. Als bedeutender Industriestandort mit einer gemischten Arbeitsplatzstruktur hatte sie in den vergangenen Jahren – auch für viele arbeitssuchende Migrantinnen und Migranten – attraktive Arbeitsplätze in Aussicht gestellt, die aber in letzter Zeit durch eine schlechte Auftragslage und den Konkurs mittelständischer Unternehmen in großer Zahl entfielen. In prosperierender Zeit war ein Teil der deutschen Bevölkerung vom Kernbereich der Innenstadt in neu geschaffene Wohnviertel an der Peripherie gezogen, der zentrale Innenstadtbereich mit seinen Wohnblock-Arealen wurde zunehmend von ausländischen Arbeitnehmern bewohnt.
Unter ihnen leben viele türkische Arbeiterfamilien in den eher beengten, aber erschwinglichen Wohnvierteln mit Kaufhäusern, Geschäf-

ten, viel befahrenen Straßen, aber wenig Grünflächen und Spielplätzen. Im Laufe der Zeit wurden einige türkische Läden eingerichtet – dies vermittelt für viele Bewohner ein „heimatliches“ Gefühl, vor allem für die, die nur wenig deutsch können.
Die Familien der Migranten leben in einer starken Bezogenheit aufeinander, die Kinder wachsen zumeist in einer um die Familie zentrierten Umgebung und in engem Kontakt zur Nachbarschaft auf. Während die Mädchen schon früh Aufgaben in der Familie, wie Mithilfe im Haushalt und Versorgung kleinerer Geschwister, nachkommen, wird von den Jungen eher wenig verlangt. Sie verbringen ihre Zeit meist in einer Gruppe draußen in den Straßen und Kaufhäusern oder bei Fernsehen, Video, Game Boy und Play Station. Viele dieser Kinder haben Probleme mit der deutschen Sprache. Selbst wenn ihr Vater in Deutschland geboren ist und fließend deutsch spricht, sind viele Mütter – als Ehefrauen traditionsorientierter Männer – erst vor wenigen Jahren aus der Türkei nach Deutschland gekommen, so dass die Alltagssprache für die Kinder weder in der Familie noch in der Umgebung deutsch ist. Im Kindergarten der Innenstadt besteht die Gruppe zumeist aus Kindern türkischer Herkunft, deren Eltern die gestiegenen Gebühren noch entrichten können.
Auch für die deutschen Kinder, die in Randgebieten des Innenstadtbereichs leben, gibt es neben den institutionalisierten Spielangeboten von Kindergarten und Hort wenig Entfaltungsraum. Hektik und Lärm der funktionalisierten Wohnumgebung und die zahlreich vorhandenen „modernen“ Spielsachen erzeugen eine hohe Reiz-Stimulation bei wenig Anreizen und Gelegenheiten zu kindgerechtem Spiel und entsprechenden Bewegungsangeboten (vgl. Kapitel 2.3.2.1). Im Unterschied zu den türkischen leben die deutschen Kinder in einer weniger dichten familialen Einbindung, dafür aber in einer Wohnumwelt, in der ihre Muttersprache dominiert.
Der Eintritt in das Schulsystem ist für alle Kinder eine entscheidende Schaltstelle in ihrem Sozialisationsprozess. War der bisherige Lebensalltag durch Spiel und mehr oder weniger freie Gestaltung ihrer

Aktivitäten bestimmt, so müssen sie sich jetzt in einer Organisation zurecht finden, die Lernvorgänge systematisch und in festen Zeitabschnitten aufbaut. Zudem steht schulisches Lernen im Zusammenhang gesellschaftlicher Statuszuweisung, seine Leistungsanforderungen sind auf die gesellschaftlichen Funktionsbestimmungen der Qualifikation, Sozialisation, Selektion und Legitimation ausgerichtet und engen damit die Handlungsspielräume ein.
Nicht für alle Kinder gelingt der Einstieg in die Schülerrolle reibungslos; für diejenigen, die zwar von ihrem Lebensalter her schulpflichtig, von ihrem Entwicklungsstand aber aus unterschiedlichen Gründen noch nicht schulfähig sind, ist die Vorklasse[5] eine an die Grundschule angeschlossene sozialpädagogische Einrichtung, die emotionale, soziale, motivationale, kognitive körperliche und psychomotorische Entwicklungsrückstände – bezogen auf das Anforderunsgprofil des Unterrichts – aufarbeiten helfen soll. Neben den Sprachproblemen der o.g. türkischen Kinder, sind daher breit gestreute Bereiche fehlender schulischer Lernvoraussetzungen im Fokus der sozialpädagogischen Fördermaßnahme „Vorklasse". Es ist gerade das Unspezifische der Erscheinungen und Verursachungen, die im Eingang in die Institution Schule manifest werden und auf die die Sozialpädagogin eine jeweils kindbezogene Antwort finden muss. So kamen in meiner mehrjährigen Supervision der Vorklassenarbeit u.a. Problembereiche bei einzelnen Kindern zur Sprache, die diese breite Palette von Entwicklungsverzögerungen, aber auch massive Verhaltensauffälligkeiten deutlich machen:

- aggressive Handlungen gegenüber anderen Kindern, unkontrollierbare Wutausbrüche, massive Bedrohungen bis hin zu Tötungsphantasien;
- Probleme der Selbst(wert)regulation, oft verbunden mit höchster sozialer Bedürftigkeit, symbiotische Anklammerungstendenzen, Unsicherheit bezüglich der eigenen Körpergrenzen und -funktionen;
- Störungen im Bereich der Motorik und Aufmerksamkeitsleistung, Probleme grob- und feinmotorischer Steuerung, hypermotorische

Auffälligkeit und Übererregung, Wahrnehmungsstörungen und Konzentrationsprobleme;

- Auffälligkeiten im Bereich der Sprache und des Sprechens von Problemen des Spracherwerbs (z.B. bei Kindern von Migranten) bis zu erschütternden Einzelfällen von Kindern, die sich z.B. weigern zu sprechen;
- Angstsymptome, die sich z.B. in fast autistischer Abgrenzung von anderen Kindern, in Weinanfällen und Suizidproblemen, aber auch in Einnässen und Einkoten zeigen[6].

Die sozialpädagogische Arbeit ist darauf ausgerichtet, Kinder ganzheitlich zu fördern, d.h. die Gesamtpersönlichkeit des jeweiligen Kindes und seine Lebensumwelt in den Blick zu nehmen, um vor allem Selbstvertrauen und Sozialverhalten zu entwickeln, Sprachkenntnisse und Kommunikationsfähigkeiten zu verbessern, Konzentrationsvermögen und Sinneswahrnehmung zu stärken, kognitive und motorische Fähigkeiten zu schulen[7]. Um in Zusammenarbeit mit den Eltern, anderen pädagogischen Einrichtungen (z.B. Frühförderstelle, Kindergarten, Erziehungsberatung, Jugendamt, Sozialpädiatrisches Zentrum) und therapeutischen Fördermaßnahmen (z.B. Logopädie, Ergotherapie, Motopädie, Krankengymnastik) eine positive Einwirkung auf die Gesamtentwicklung des Kindes nehmen zu können, berücksichtigt der Rahmenplan für die Arbeit der Vorklasse unterschiedliche Inhaltsbereiche: den Umgang mit Sprache und Literatur, die Vorbereitung auf das Lesen und Schreiben, Natur- und Sachbegegnung, Einführung in mathematisches Denken, bildnerisches Gestalten, ethische und religiöse Erziehung, rhythmisch-musikalische Erziehung, Bewegungserziehung und Verkehrserziehung. Dieser Inhaltskatalog ist nicht als fester Lehrplan gedacht, sondern stellt einen orientierenden Rahmen zur Verfügung, der nach der jeweiligen Zusammensetzung der Gruppe und den jeweiligen Gegebenheiten ausgestaltet werden kann. Damit ist der Rahmen für die Arbeit der Vorklasse als gleitender Übergang zwischen spielerischen, offenen Formen der Betätigung und arbeits- und leistungsbezogenen Übungen angelegt. Die persönliche Bindung an eine feste Bezugsperson sowie der rhythmisierte Ablauf im Wechsel verschiedener Tätigkeiten und Sozialstrukturen soll die kindgemäße Förderung aller in der Gruppe ermöglichen und ist dem Ziel verpflichtet, „unter Berücksichtigung des individuellen Entwicklungsstandes und der vorangegangenen Umwelterfahrungen ... die Lernfähigkeit anzuregen und zu entfalten und Schulfähigkeit und Verhaltensweisen zu fördern, die für das Lernen im Anfangsunterricht und in der Gruppe notwendig sind“[8].

Die Arbeit der Vorklasse ist einerseits auf das Lernen im Anfangsunterricht der Grundschule bezogen, andererseits zeigt sie ein eigenes – sozialpädagogisches – Profil[9]:

- Ihre diagnostische Einschätzung des Entwicklungsstandes bezieht, stärker als es die Beurteilung der Schulfähigkeit tut, den GLOBE der Lebenswelt des Kindes in die Betrachtungen ein.
- Ihre Beschäftigung mit ES-Inhalten, Sachen und Problemstellungen intendiert Lernprozesse in einem breiteren Horizont als der schulische Unterricht und soll, aus der Sicht der TZI betrachtet, Themenfähigkeit entwickeln.
- Der WIR-Aspekt der Beziehungsgestaltung mit Gleichaltrigen, Interaktions- und Kommunikationsprozesse im Zusammenhang gleich-, gemischtgeschlechtlicher und interkultureller Erfahrungen kann einen größeren Raum einnehmen.
- Die sozialpädagogische Arbeit sieht die Ängste, Probleme und Schwächen des einzelnen Kindes, aber auch dessen Fähigkeiten, Stärken und Begabungen sowie seine jeweils eigene Art und Weise, Erfahrungen zu machen und zu verarbeiten. Das sich selbst entdeckende, mitteilende und in all seinen Facetten entwickelnde ICH kann hierbei deutlicher zur Geltung kommen.

Vor dem Hintergrund dieser GLOBE-Aspekte möchte ich ein Projekt darstellen, das eine Sozialpädagogik-Studentin im Rahmen ihres Praktikums in einer Vorklasse durchführte und das aus meiner Sicht gut geeignet ist, die Möglichkeiten zu einer TZI-orientierten sozialpädagogischen Arbeit zu illustrieren und dabei entsprechende konzeptionsbezogene Fragen aufzuwerfen.

Die Tätigkeit der Studentin war in der Struktur zweier 14-tägiger Blockpraktika und eines einjährigen Begleitpraktikums (ein Tag pro Woche) angelegt, so dass sie nach anfänglicher Hospitation zunehmend besondere Aufgaben (z.B. Einzelförderung, Anleitung kleiner Einheiten) übernehmen und gegen Ende des Praktikums in Zusammenarbeit mit der Vorklassenleiterin ein selbst entwickeltes Praxisprojekt durchführen konnte. Zu diesem Zeitpunkt war sie in die Vorklasse gut integriert, von den Kindern als „zweite Leiterin“ akzeptiert und hatte bereits einige Aufgaben selbständig erledigen können.
Die kleine Gruppe von 9 Kindern, die vor allem im Bereich der Sprache, des Sozialverhaltens und der Feinmotorik Förderbedarf zeigte, war eine gute Voraussetzung für die Durchführung eines eigenen Vorhabens. Dabei war die Klasse in zwei Gruppierungen geteilt; während fünf Kinder (drei Mädchen und zwei Jungen unterschiedlicher Nationalität) besonders im Bereich der Motorik und Wahrnehmung auffielen, hatten vier türkische Jungen große Sprachschwierigkeiten. Daher nutzte die Vorklassenleiterin das Angebot der Studentin, einen Teil des Unterrichts in Kleingruppen zur gezielten Förderung durchzuführen.
Das Praxisprojekt entwickelte sich im Zusammenhang des „Waldtages“, den die Vorklassenleiterin seit einiger Zeit als festen Bestandteil des Unterrichts regelmäßig an einem Tag in der Woche mit ihren Gruppen durchführte. Sie sah diese besondere Aktion als eine Möglichkeit, auf neuen Wegen Kinder kennenzulernen und in ihrer Gesamtentwicklung zu fördern[10]. Auch die Eltern nahmen dieses Angebot an die Kinder, an frischer Luft und ohne vorgefertigtes Spiel- und Lernmaterial tätig zu werden, positiv auf.
Im Rahmen des Waldtages fiel der Studentin nach mehreren Wochen Begleitung der Kinder von der Schule zur Bushaltestelle, während der Busfahrt und bei ihren unterschiedlichsten Aktivitäten im Wald auf, dass es für die gesamte Gruppe immer eine Reise – aus ihrer gewohnten Umgebung in der Innenstadt zu dem außerhalb gelegenen Wald – wie in eine fremde Welt war. Eines der Anzeichen für diesen Übergang ins Unbekannte zeigte sich darin, dass die Kinder, jedesmal im

Wald angekommen, geheimnisvoll von der „bösen Hexe“ sprachen. Zwar war ihnen klar, dass es im Wald keine Hexen gibt, aber es faszinierte sie die Vorstellung, dass doch plötzlich eine auftauchen könnte und sie spielten sowohl als einzelne als auch in der Gruppe mit ihren Fantasien und den diese begleitenden Gefühlen.
Dieses Spiel mit der in der fremden Umgebung für die Kinder auftauchenden Hexe will die Praktikantin nun im Rahmen ihres Praxisprojekts in die gewohnte Umgebung des Vorklassenunterrichts einholen. Dabei stellen sich zunächst einige Frage, wie diese Ausgangssituation konzeptionsbezogen aufgeschlüsselt werden kann:

- zum ICH: Was sprechen die einzelnen Kinder mit ihrer sicherlich jeweils spezifischen Hexenfantasie an? Steckt darin eine Entwicklungsthematik im Sinne einer nicht näher fassbaren Bedrohung von irgendwoher, die einen verändern kann?
- zum WIR: Was passiert in der Gruppe, wenn sich allmählich aus den unterschiedlichen Vorstellungen der einzelnen eine kollektive Fantasie bildet? Löst die „fremde Situation“ im Wald ein Gefühl der Zusammengehörigkeit aus, in dem die sonst vorhandenen Spannungen in der Gruppe bedeutunglos werden?
- zum ES: Welche Facetten von Vorstellungen und Nuancen an Gefühlen werden in den Äußerungen der Kinder zum Ausdruck gebracht? Ist es die plötzlich auftauchende Erscheinungsweise oder das Bild der Erscheinung, das an der Hexe ängstigt und fasziniert? Ist sie bzw. der Wald eine Metapher für das Fremde und Unerwartete schlechthin, das diejenigen begleitet, die sich in eine „andere Welt“ aufmachen? Liegt vielleicht gerade in der Spannung zwischen dem Realen und dem Magischen, zwischen dem realen Wald und dem Unbekannten ein Potenzial, das es für die Entwicklungsprozesse der Kinder zu nutzen gilt?
- zum GLOBE: Inwiefern verweist dieses aus der fremden Umgebung stammende affektgetönte Bild auf die Realität der Schule, der Familie oder ihrer Lebensumwelt? Oder hat es nur etwas mit der besonderen Umgebung des Waldes zu tun, die etwas Inneres anspricht, das z.B. im Alltag der Vorklasse bisher keinen Platz und

keinen Ausdruck gefunden hat?

Vor dem Hintergrund dieser u.a. Fragen wird deutlich, dass am Ausgangspunkt eines solchen Praxisvorhabens viele Überlegungen und wenige Anworten stehen. Es scheint zunächst um Lust und Angst, um Realität und Magie, um Unbekanntes und doch Ahnungsvolles, um Vermeiden und Herbeisehnen zu gehen, ohne dass schon jetzt so recht klar werden kann, was denn da eigentlich los ist.

Indem sich die Praktikantin auf ein solches Vorhaben mit auch für sie vielen Unbekannten einlassen will, kann sie sich weiterhin fragen, in welche konzeptionsbezogene visionäre Ausrichtung sie ihr Projekt stellen möchte:

- zu BILDUNG: Steht die Vermittlung innerer und äußerer Wirklichkeit im Vordergrund? Und geht es dabei mehr um das eine der inneren Fantasien oder um das andere der äußeren Tatsache „Wald“? Was lässt sich davon wie symbolisieren?
- zu BEGEGNUNG: Oder soll es mehr darum gehen zu lernen, auf die innere Welt eines anderen einzugehen, ohne dabei den eigenen Fantasieraum überfluten zu lassen? Wie lässt sich die Begegnung mit der Hexe – und mit den Hexen der anderen Kinder – so gestalten, dass die einzelnen nicht aus dem sie motivierenden lustvoll-ängstigenden Erlebensbereich fallen?
- zu KOOPERATION: Oder sollten die Kinder besser Möglichkeiten dafür finden, mit ihren unterschiedlichen Bezügen zum „Wald“ und zur „Hexe“ ein gemeinsames Vorhaben zu verwirklichen, das sowohl Platz für das Unterschiedliche lässt als auch Möglichkeiten zur Gemeinschaftlichkeit eröffnet? Könnten dabei die gemeinsamen Anteile an den Fantasien in den Mittelpunkt gestellt und dadurch die Beziehungen in der Gruppe gestärkt werden?
- zu THEMA und STRUKTUR: Vor dem Hintergrund dieser situationsdeutenden und visionsbezogenen Überlegungen lässt sich nun zunächst der methodenbezogenen Frage nachgehen, was ich denn zum Gegenstand dieses Projekts machen möchte: den Wald als Realität und Fantasieraum, Lust- und Angstgefühle der Hexen-

fantasien, den Wechsel von der bekannten Umgebung in den geheimnisvollen Wald u.a.. Von diesem Gegenstand aus ließe sich dann eine Themenformulierung gewinnen, die das Praxisvorhaben organisieren hilft.

Die Praktikantin hatte sich für die Begegnung mit der Hexe als Gegenstand ihres Projekts entschieden und bereits einige Ideen zur Strukturierung entwickelt. Diese Begegnungen sollten nämlich durch das Medium des Schattenspiels angebahnt werden, das die Fantasien anspricht und viele Entdeckungsmöglichkeiten eröffnet. Als Thema ergab sich für sie: „Wir erkunden das Reich der Schatten. Werden wir im Zauberwald der bösen Hexe begegnen?"

Hier lässt sich nun überlegen, wie das Thema greift: Die Themenformulierung stellt die Erkundung eines Schattenreichs in den Mittelpunkt und fokussiert damit inhaltlich auf den eher dunklen und negativ gefärbten Erlebensraum der Schatten, was durch die Zentrierung auf die *böse* Hexe (die ja vielleicht auch geheimnisvoll, fremdartig, faszinierend usw. sein kann) noch verstärkt wird. Damit aber engt die Themenformulierung m. E. zu stark den während der Waldtage doch vermutlich vielfältigeren Erlebnisbezug der Kinder ein. Hier hat womöglich die Entscheidung für die mediale Gestaltung durch Schattenspiele – und damit das strukturelle Moment – die thematische Ausrichtung dominiert. Zum Gegenstand könnte auch statt dem „Reich der Schatten" das „Reich der Fantasien", die die Kinder in der Waldsituation zum Bild von der Hexe entwickeln, gemacht werden. Dann würde der erste Teil einer offeneren Themenformulierung „Wir erkunden das Reich unserer Fantasien" heißen.

Nun hatte die Praktikantin eine weitere Idee. Sie wollte alle die in den Schattenspielen um die Hexe kreisenden Fantasien der einzelnen Kinder in eine gemeinsame Geschichte einfließen lassen, die die Kinder als ein sich selbst erzähltes Märchen ausgestalten und in einem kleinen Schattentheater vor ihren Eltern aufführen sollten. In der Konkretisierung der Fantasien in einer Geschichte sah sie eine für die Kinder hilfreiche Vergegenständlichung, die dazu dienen kann, eigene innere Bilder und Empfindungen „nach außen" in eine selbst herzustellende Distanz zu bringen und sich dem Veräußerlichten wiederum differenzierend und integrierend anzunähern. Die Vorführung vor den Eltern sollte aus ihrer Sicht dazu die Motivation der Kinder, an ein und derselben Sache länger dran zu bleiben, erhöhen. Bringe ich nun den ersten Teil einer alternativen Themenformulierung in das Vorhaben der Studentin ein, so würde ich es nicht mit der Frage fortführen, „ob wir im Zauberwald der bösen Hexe begegnen". Eine solche mit Ja oder Nein beantwortbare Frage ist aus meiner Sicht weniger geeignet, einen aktiv auszugestaltenden Prozess zu eröffnen. Es stellt sich daher die Frage, in welcher inhaltlichen Ausrichtung eine Themenformulierung das Vorhaben der Praktikantin mit den Kindern als einen „nach vorne" offenen Arbeits- und Lernzusammenhang ausrichten könnte. Bezogen auf ihre Idee der Entwicklung einer gemeinsamen Geschichte könnte das Thema heißen „Die Hexe im Zauberwald: Wir erkunden das Reich unserer Fantasien. Welche gemeinsame Geschichte entwickeln wir daraus?". Dieses Thema greift einerseits das Erleben im Wald auf, indem es auf das Bild der Hexe Bezug nimmt. Andererseits eröffnet es mit der Ausrichtung auf das Erarbeiten einer Geschichte und auf das mediale Vorhaben eines Schattenspiels den Transfer in die Alltagsnähe des Vorklassenunterrichts. Hinsichtlich der Vorführung der als Schattentheater inszenierten Geschichte vor den Eltern frage ich mich, ob dies nicht zum einen zu stark den Produktaspekt betont und die eigentlich wertvolle Beschäftigung der Kinder mit dem Raum ihrer Fantasien dadurch womöglich als zweitrangig angesehen wird. Zum anderen haben Fantasien, wenn sie auch noch vor den eigenen Eltern vorzuführen sind, die Tendenz, in bestimmten Klischees, von denen man erwartet, dass sie gut bei anderen ankommen, zu erstarren. Ich würde daher einer weniger aufregenden aber möglichst anregungsreichen und geschützten Arbeit mit den Kindern den Vorrang geben vor einer leicht aufs Spektakuläre ausgerichteten Vorführung, sehe aber sowohl das Motivierende einer solchen an einer Aufführung vor den Eltern orientierten Vorgehensweise als auch den familialen Zusammenhang, in den damit die Themenbearbeitung einbezogen ist.

Das Praxisvorhaben der Studentin griff die während des Waldtages bei einzelnen Kindern und dann in der gesamten Gruppe entstandene Fantasie der Hexenbegegnung auf und intendierte die spielerische Beschäftigung mit den eigenen Vorstellungen und Gefühlen. Als Medium war dafür das Schattenspiel vorgesehen, das dafür besonders geeignet erscheint: Dem Schatten haftet etwas Geheimnisvolles an, man kann ihn zwar sehen aber nicht (an)fassen. Er erscheint mitunter unvorhergesehen, verändert seine Form und verschwindet wieder, aber man kann ihn nicht so einfach loswerden. Insofern korrespondiert das Medium mit der Erscheinungsgestalt der „Hexe" und bietet für die Begegnung mit ihr einen geeigneten medialen Raum. Schattenfiguren sind außerdem einfach von den Kindern herzustellen und jedes Kind kann seine eigene Figur nach seinen Vorstellungen gestalten, so dass es einen direkten Bezug zu seinen inneren Bildern finden kann, der eine gute Voraussetzung für das Erfinden einer eigenen Begegnungsgeschichte ist. Neben diesen die Fantasie betonenden Anteilen bezog die Studentin auch näher an der schulischen Anforderung liegende Aspekte in ihre Beschäftigung ein: Die Förderung des sprachlichen Ausdrucks beim Sprechen über die eigenen Fantasien und bei der Entwicklung einer eigenen Geschichte, das bildnerische Gestalten und die feinmotorischen Übung bei der Herstellung der Figuren und beim Hantieren mit ihnen, die Natur- und Sachbegegnung im Experimentieren mit Licht und Schatten – auch diese Anteile im Rahmenplan des Vorklassenunterrichts sollten ausreichend Raum erhalten, so dass dieses Praxisvorhaben sowohl der spielerischen Fantasietätigkeit als auch der Auseinandersetzung mit der Wirklichkeit diente. Daneben setzte das Vorhaben, von den Fantasien der einzelnen Kinder zu einer gemeinsamen Geschichte zu kommen und diese in einem Schattenspiel auszugestalten, die Fähigkeit, sich aufeinander einzulassen und sich auf die Vorstellungen eines anderen zu beziehen, in Gang. Die Einigung auf eine alle Kinder verbindende Geschichte, das Herstellen der Figuren und Kulissen in der Gruppe sowie die Aufführung in verteilten Rollen setzte Prozesse des Aushandelns, der Absprachen und ihrer verbindlichen Einhaltung voraus. Das aufeinander Angewiesensein in einem gemeinsamen Vorhaben war ein anspruchsvolles Ziel, das nur mit „vereinten Kräften" möglich gemacht wurde. Dabei mussten die vier türkischen Jungen, die noch große Probleme mit der deutschen Sprache hatten, in den sprachbetonten Teilen des Vorhabens eine zusätzliche Hürde überwinden und bedurften einer stärkeren Unterstützung. Die Praktikantin gestaltete ihr Vorhaben mit folgenden Unterthemen und Strukturen aus:

1. Tag – Unterthema: „Wir spielen mit unseren eigenen Schatten"
Hier stellte sie zusammen mit der Vorklassenleiterin zunächst ihre Ideen unter Bezugnahme auf die Äußerungen der Kinder während der Waldtage vor und nahm die Reaktionen der Kinder darauf auf. Dann wurden zwei Gruppen gebildet, eine Spielgruppe und eine Zuschauergruppe. Während die Spielgruppe hinter einer Leinwand mit verschiedenen Kleidungsstücken hantierte, sollten die Zuschauer erraten, welches Kind sich hinter welcher Verkleidung verbirgt. Weitere Schattenspiele zeigten den Kindern die Möglichkeiten des Experimentierens mit Licht und Schatten.

2. und 3. Tag – Unterthema: „Wir erfinden eine Geschichte: Die Kinder im Zauberwald"
Hierzu hatte die Studentin die Kinder durch eine Hausaufgabe vorbereitet; jeder sollte sich eine eigene Geschichte zur Überschrift „Die Kinder im Zauberwald" ausdenken. Nun fällt auf, dass die Begegnung mit der Hexe, die doch im Mittelpunkt des Projekts steht, in dieser Überschrift durch die Idee des Zauberwaldes ersetzt ist. Damit wechselt die Formulierung ihren inhaltlichen Rahmen und öffnet die thematische Orientierung – von der zunächst eng geführten „Begegnung mit der bösen Hexe" zum Fantasieraum „Zauberwald" recht weit. Dabei zeigen die entstandenen Geschichten, dass die Kinder von sich aus das eine mit dem anderen verbanden.
Zu Beginn des zweiten Tages eröffnete die Studentin die Erzählungen mit Hilfe einer Schattenfigur, die die Kinder und ihre Geschichten auf das weitere Vorhaben der Herstellung und des Schattenspiels vorbe-

reiten sollte. Zum Erzählen der einzelnen und Erfinden von gemeinsamen Geschichten gingen die Kinder in zwei Kleingruppen. Während die fünf Kinder mit guten deutschen Sprachkenntnissen recht schnell und gut aufeinander bezogen eine gemeinsame Geschichte entwickelten, benötigte der Prozess in der Gruppe der vier türkischen Jungen viel mehr Hilfestellung, da die einzelnen Beiträge nur schwer miteinander vermittelbare Inhalte mit hoher Dramatik enthielten. Auffallend war hierbei auch die unterschiedliche Aktivität der einzelnen. Dennoch war es in einem größerem Zeitrahmen möglich, allmählich eine gemeinsame Geschichte zu entwickeln. Damit hatten beide Kleingruppen ihre Geschichte entwickelt, die von Vorklassenleiterin und Praktikantin sprachlich etwas überarbeitet schriftlich festgehalten wurde. Nun stellte sich aber heraus, dass sich diese beiden Geschichten ganz auffällig voneinander unterschieden und sich nicht zusammenfügen ließen, so dass beide getrennt in den Kleingruppen vorbereitet und aufgeführt werden sollten.

4. und 5. Tag – Unterthema: „Wir bringen unsere Geschichte in ein Schattenspiel“

An diesen beiden Tagen stellten die Kinder ihre Figuren und die Kulissen für das Schattenspiel her. Zwar waren einige gut motiviert bei der Sache, die meisten machten aber nur das Nötigste und zeigten damit, dass der Wechsel vom fantasiebezogenen Erfinden einer Geschichte zur Realisierung einer Aufführung doch ein deutlicher Einbruch war. Mit den fertigen Figuren auf der Schattenbühne zu experimentieren und kleine Spielhandlungen zu inszenieren, das rief anschließend wieder ihre Begeisterung hervor, wobei auffiel, dass alle Schattenfiguren, im Gegensatz zu den meisten beteiligten Kindern, ausschließlich deutsch sprachen.

6. bis 9. Tag – Unterthema: „Unsere Geschichte im Schattenspiel: Wir proben für die Aufführung“

Jede Kleingruppe hatte nun ihre eigene Geschichte und erste kleine Spielszenen dazu entwickelt. Die Praktikantin las dabei den Kindern

ihre Version mehrfach vor und ließ sie Ergänzungen und Berichtigungen vornehmen, so dass sich die Gruppe allmählich auf eine konsistente Erzählweise einstellte, die immer deutlicher zu ihrer eigenen wurde. Während die Verteilung der Rollen keine Probleme bereitet hatte, gab es beim Proben des Schattenspiels heftige Störungen. Einige Kinder hatten hierzu keine Lust, anderen tat der Arm vom Hochhalten der Figuren weh oder sie verhedderten sich in den Kulissen. Auch wurde deutlich, dass die Aufführung eine zu große Anforderung an das Durchhaltevermögen und die Konzentrationsfähigkeit beim Hören auf den vorgelesenen Text stellte. Diese Schwierigkeiten griff die Praktikantin zwar auf und suchte mit den Kindern nach Wegen für Entlastung und zu mehr Motivation, was aber nur teilweise gelang. Letztlich war es die Aufführung vor den Eltern, die die Kinder bei der Stange hielt und zu einem erfolgreichen Abschluss des Vorhabens mit großem Beifall und viel Lob von den Eltern führte.
Was hat der Spiel- und Lernprozess den Kindern ermöglicht? Sie haben zum einen ihre eigenen Fantasien zum Ausdruck bringen und in den Rahmen einer gemeinsamen Geschichte einbringen können. In diesem Zusammenhang waren sie Urheber ihrer eigenen Vorstellungen und Teilhaber an einer gemeinsamen Erzählung aus den Anteilen aller. Dazu war es notwendig, sich auf die anderen Kinder und deren Vorstellungen beziehen zu können, was teilweise nur mit deutlicher Hilfestellung gelang. Im Prozess der Konstruktion einer gemeinsamen Geschichte kam es darauf an, von den eigenen bildhaften Vorstellungen ausgehend sowohl Ausdruck für die eigenen Fantasien als auch Zugang zu denen der anderen Kinder im Medium einer gemeinsamen Sprache zu finden. Außer diesen sprachlichen Kompetenzen war die Fähigkeit zur Darstellung des Eigenen vor den anderen mit sprachlichen und darstellenden Mitteln – z.B. im Rollenspiel – gefordert. Und sicher nicht zuletzt begleitete das ganze Projekt neben seinen spielerischen Anteilen die Notwendigkeit vielfältiger Anstrengungen im Hinblick auf ein gemeinsames Ziel, dessen Erfolg die Kinder nach der Aufführung – stolz auf das gelungene Ergebnis – genießen konnten.

Betrachte ich das durchgeführte Vorhaben, so fällt neben diesen Lernerfolgen des Schattenspiel-Projekts auf, dass die Praktikantin recht schnell sich und die Kinder auf dieses Medium als ein strukturelles Moment eingestellt und dadurch womöglich dem gemeinsamen ES-Inhalt der Hexe- und Zauberwald-Fantasien einen zweiten Platz zugewiesen hat. Im Blick auf die Aufführung vor den Eltern hat dies zur Folge, dass ein zunächst als offener Prozess der Bedeutungsbildung angelegtes Vorhaben stark auf den Vorführeffekt zugeschnitten und damit in einen anderen Rahmen eingebracht wird. So waren dann die Kinder beim Proben – mit gutem Grund – wenig motiviert, da hierbei das am eigenen Thema orientierte spielerische Moment zu Gunsten des ergebnisorientierten Einübens teilweise aufgegeben wurde. Zwar waren gelenkte und freie Spielanteile während des gesamten Projekts deutlich vorhanden und die Schattenbühne stand mit den hergestellten Figuren den Kindern der Vorklasse auch anschließend zum freien Spiel zur Verfügung, sie bekamen aber gegenüber den produktorientierten Anteilen des Vorhabens einer Aufführung einen anderen Stellenwert. Dies lässt sich auch als GLOBE-Problematik einer Praktikantin sehen, die ihren Erfolg sicher eher aus dem gelungenen Ergebnis einer Aufführung vor den Augen der Eltern als aus einem von außen unbeachteten Prozessverlauf gewinnen kann. Zudem könnte von Bedeutung sein, dass die offener als der schulische Unterricht angelegte sozialpädagogische Arbeit in der Vorklasse auch weniger überprüfbare Kriterien der Erfolgsevaluation bereithält und dadurch die Gefahr besteht, sich zu stark am operationalisierten Lernzielmodell der Schule zu orientieren.

Es scheint mir interessant zu sein, zu den Phasen des Prozessverlaufs zurückzugehen, in denen die Arbeit an den Fantasien im Mittelpunkt stand und die Bedeutungsbildungen der Kinder genauer zu betrachten. Einen entscheidenden Bezugspunkt dazu sehe ich in den beiden Geschichten, die in den Kleingruppen von den Kindern mit Unterstützung von Vorklassenleiterin und Praktikantin erarbeitet wurden. In diesen Erzählungen sind die Hexen- und Zauberwaldfantasien der

Kinder enthalten und von ihnen ausgehend lässt sich die Frage nach einer weiterführenden Themenbearbeitung stellen. Wovon handeln die beiden Geschichten?

- In der ersten Geschichte der drei Mädchen und zwei Jungen unterschiedlicher Nationalität geht es um eine schöne Prinzessin, die in einem großen Schloss nahe des Waldes lebt. Eines Tages läuft sie in den Wald, um Blumen für ihren geliebten Prinzen zu pflücken und kommt zu einer wundervollen Wiese mit herrlichen Blumen, von denen ein besonderer Duft ausgeht. Als die Prinzessin an einer Blüte riecht, fällt sie in tiefe Ohnmacht, denn die Blumen sind von der bösen Hexe vergiftet. Diese nimmt die Prinzessin mit in ihr Hexenhaus und hält sie dort zur Arbeit an. Den ganzen Tag muss sie für die Hexe putzen, kochen und alle Arbeiten erledigen, die ihr von der Hexe auferlegt werden. Obwohl sich die Prinzessin große Mühe gibt, hat die Hexe immer etwas an ihr auszusetzen und beschimpft sie. Die Unglückliche will fliehen, kann aber der Hexe von selbst nicht entkommen. Dies gelingt ihr erst mit Hilfe des Prinzen, der von einer Fledermaus zum Hexenhaus geführt wird. Er kann den Zauberstab der Hexe vorläufig an sich bringen und die schlafende Prinzessin zurück ins Schloss tragen. Die Hexe verliert ohne Zauberstab aber ihre Zauberkraft, so dass Prinz und Prinzessin bald unbehelligt von ihr große Hochzeit feiern und weiterhin glücklich in ihrem Schloss leben können. Was mit dem Zauberstab passiert ist, das weiß kein Mensch.
- Die zweite Geschichte der vier türkischen Jungen handelt von drei Brüdern, die sich zum Spielen im Wald treffen. Als sie wieder nach Hause gehen wollen, erscheint ihnen eine alte Frau, die ihnen Torte und Limonade anbietet. Da sie hungrig und durstig sind, gehen sie mit ihr in ihr Häuschen und legen sich gesättigt und müde in die bereitstehenden weichen Betten zum Ausschlafen. Während zwei der Brüder gleich einschlafen, denkt der dritte an seine Mutter zu Hause, die wohl auf sie wartet. Dabei hört er die alte Frau vor sich hinsagen, dass sie eine Hexe ist und die Kinder als Braten über dem Feuer rösten will. Als die Hexe schnarcht, weckt er seine Brüder,

die den Zauberstab der Hexe ins Feuer werfen und leise durch das Fenster hinausklettern. Zwar wollen sie sofort nach Hause, aber sie haben nicht auf den Weg geachtet und irren bis zum nächsten Morgen im Wald herum. Dann erst finden sie nach Hause und werden dort von ihrer Mutter empfangen – die ihnen Torte und Limonade anbietet. Sie erschrecken darüber, dass offenbar ihre eigene Mutter die Hexe war und sich im Wald nur verkleidet hatte. Die Brüder sind dennoch froh darüber zu Hause zu sein, versprechen ihrer Mutter, nie mehr mit einem Fremden mitzugehen und die Mutter verspricht ihnen dafür, nie mehr als böse Hexe zu erscheinen.

In beiden Geschichten geht es um das sich Entfernen von der bekannten Realität des Schlosses bzw. des Hauses in die unbekannte Wirklichkeit des Waldes. Dort gibt es offenbar neue Möglichkeiten der Betätigung (Blumen pflücken bzw. spielen), denen die Prinzessin bzw. die drei Geschwister nachgehen. Mit diesen Anreizen ist aber eine Verwandlung verbunden, die Konsequenzen hat: Im Fall der Prinzessin erfolgt sie dadurch, dass diese sich dem Angenehmen und Verführerischen (den Blumen und ihrem Duft) weitgehend überlässt und dadurch plötzlich in Ohnmacht fällt. Die Brüder hingegen werden von einer Person (alte Frau/eigene Mutter) mit Speise und Trank versorgt und fallen – bis auf einen – in tiefen Schlaf. Hier wird also ein deutlicher Unterschied zwischen beiden Geschichten z.B. im Hinblick auf den jeweiligen Grad der Selbstauflösung sichtbar.

Auch in der Art und Weise der Bedrohung sind markante Unterschiede auffindbar: Während die Prinzessin, aus der Ohnmacht erwacht, hart arbeiten muss, ohne Chance auf Anerkennung der bereitwillig und mit Mühe erbrachten Leistung, was sie sehr unglücklich macht, geht es bei den drei Brüdern um ihre grauenvolle Vernichtung, deren Ankündigung sie in große Angst stürzt. Was kann die Protagonisten retten? Im Fall der Prinzessin ist es die Hilfe einer geheimnisvollen Macht (die Fledermaus als Schutzengel) sowie einer vertrauten Person (Prinz), die sie, noch schlafend, zurück in die bekannte Lebenswelt des Schlosses führt. Dort kehrt sie zum Anfangszustand der heilen Welt zurück, der durch die Hochzeit bekräftigt wird. Ganz anders geht die Befreiung der drei Brüder von statten. Durch die Aufmerksamkeit des einen, durch das sich Besinnen und die eigene Tatkraft können sie trotz der Verwirrungen, denen sie ausgesetzt sind, selbst nach Hause finden. Aber dort gibt es nicht mehr den Ausgangszustand der ihnen vertrauten Realität. Denn die Verwirrung der Brüder hält an angesichts der Erkenntnis, dass Mutter und Hexe ein und dieselbe Person sind. Erst ein gegenseitiges Versprechen, das die Beziehungsgestaltung zukünftig regelt, kann angesichts der erfahrenen Bedrohung das nun veränderte Leben zu Hause wieder möglich machen.

Die beiden Geschichten entwerfen recht unterschiedliche Bilder:

- Zum einen das Bild einer heilen Welt, die vorübergehend verlassen wird, in eine zwar aufs erste anziehende aber letztlich mühselige und frustrierende Gegenwelt, aus der man nur mit Hilfe besonderer Mächte und Kräfte errettet wird. Es gibt kaum eigenes Handeln, das eine Lösung mitgestaltet. Diese liegt statt dessen in einer höchst passiv ermöglichten Rückkehr in die Ausgangswelt, die als ganze (d.h. undifferenziert) wiederhergestellt und bewahrt wird.
- Zum anderen das Bild eines Weges, der von einem bekannten Ausgangsort mit vertrauten Menschen über Gefahren, die von offenbar unbekannten Menschen und ihren Verlockungen ausgehen (können), zu einem sowohl vertrauten als auch unbekannten Ausgangsort zurückführt. Der dabei auf dem Weg erlebte Schrecken kann aufgelöst werden in der Erkenntnis einer neuen und riskanteren Wirklichkeit und der wechselseitigen Vereinbarung mit ihr.

Beziehe ich diese beiden Bilder zunächst auf die Situation der Vorklassenkinder, so fällt der Bezug zur Wirklichkeit der Kinder im Übergangsbereich von der vorschulischen Lebenswelt zur schulischen Realität auf. Der GLOBE von Schule und Unterricht hat eigene Regeln und ist einer anderen Wirklichkeitskonstruktion verpflichtet als die Kindheit vor dieser einschneidenden Zäsur, die das Verlassen der ihnen bekannten „Welt“ fordert. Damit verbunden sind Anstrengungen und Belastungen, Versagensängste, Kränkungen und Verunsicherungen des ICH, das sich angesichts solcher Gefahren mitunter lieber wieder in die alten bekannten Zustände wünscht.

Verbunden mit den Veränderungen auf dem Weg vom Kindergarten zur Schule sind aber auch neue Qualitäten der familialen Beziehungsdynamik: Das selbständiger werdende Kind bringt mit seinen stärker nach außen und in den Raum der Kultur gerichteten Strebungen für sich und für die Familie – dabei oft in spezifischer Weise für seine Mutter – einen Gegensatz zu familienzentrierten Tendenzen in die Beziehungen ein. Jetzt gilt es in stärkerem Ausmaß als früher

- die Erweiterungen des lebensweltlichen Bezugsrahmens anzuerkennen, zu unterstützen aber auch in Anspruch zu nehmen,
- rollenorientierte Beziehungsanteile auf beiden Seiten stärker zu beachten, klarer auszuhandeln und
- die mit den Veränderungen verbundene Intensivierung von ambivalenten Gefühlsanteilen (Angst und Lust, Schuld und Scham...) durchzuarbeiten.

Gelingt diese Erweiterung des äußeren lebensweltlichen Rahmens in Familie und Schule, kann eine komplexere und dennoch integrierte Beziehungsstruktur gelebt werden, die allen Beteiligten zunehmend personalen Status zuerkennt und ihnen entwickeltere Handlungsspielräume ermöglicht. Einerseits verlangt dieser emotional-kognitive Lernprozess, die dabei entstehenden Konfusionen durch die Unterscheidung zwischen Selbst und Objekt, zwischen innerer und äußerer Realität zu ersetzen. Das Differenzierungsmoment ist daher eine intrapsychische Voraussetzung für einen komplexeren integrierten Weltbezug. Andererseits steht das ICH mit den Anforderungen an die eigenen Kräfte auch im eher unterstützenden oder eher belastenden Zusammenhang interpersonaler Beziehungen des WIR. Insofern steht die Entwicklung auch im Kontext der Familiendynamik. Der Erwerb eines neuen familialen Status und erweiterte Lebensmöglichkeiten im GLOBE der Kultur sind damit von neuen Formen sozialer Anerkennung abhängig.

Betrachte ich daraufhin die beiden Geschichten, dann gelingt diese Herausforderung offenbar eher, wenn diese neue Realität vom ICH als eine „sowohl ... als auch"-Wirklichkeit betrachtet werden kann. Auf dem Weg zu einer Annäherung an die ES-Anforderungen und Möglichkeiten der „neuen Welt" hilft das Erinnern an die bisherigen Erfahrungen und das Vergleichen des Alten mit dem Neuen. Dann können Unterschiede und Gemeinsamkeiten leichter zu einem aushaltbaren Realitätsbezug führen. Dabei spielt es eine wichtige Rolle, ob diese Herausforderung zur Entwicklung alleine bewältigt werden muss, oder ob andere in ähnlicher Situation die Bedrohlichkeiten und Chancen als gemeinsame Anforderung erfahren und, zu einem WIR zusammengeführt, gemeinsam handelnd nach Auswegen suchen können. Für einzelne scheint die Rettung aus dem Dilemma zwischen Wunsch und Angst eher als passive Erlösungserwartung möglich zu sein – mit der Aussicht auf eine heile Welt in Zweisamkeit.

Betrachte ich diese beiden Szenen im Hinblick auf die vielschichtigen Entwicklungsperspektiven, die sie veranschaulichen, so könnte es u.a. die sozialpädagogische Aufgabe der Vorklasse sein, die Kinder im Übergangsbereich vom Kindergarten zur Schule dabei zu unterstützen, zu einem entwickelteren Beziehungsmodus zur Welt zu finden und darin allmählich zu einer psychosozialen Organisation zu gelangen, in der der andere als ganzes äußeres Beziehungsobjekt anerkannt werden kann, d.h. als Mensch, dessen Innenwelt ihm zugehört. Damit wird er letztlich unberechenbar und unkontrollierbar, die Anerkennung seiner unvorhergesehenen Andersartigkeit kann aber zu einer neuen Art von Vertrautheit führen, wenn die Fähigkeit, die eigenen Erfahrungen mit dem anderen wahrzunehmen, sich zu vergegenwärtigen und (das innere Objekt mit dem äußeren) zu vergleichen, eine entwickeltere Form der Beziehungsgestaltung ermöglicht. Damit verbunden ist die Herausbildung eines differenzierten Rollenverständnisses, das die Gleichzeitigkeit unterschiedlicher Beziehungsaspekte in eine komplexere psychosoziale Gestalt integriert: Dann kann eine Person nicht nur in ihrer Bedeutung für das eigene

Wohlbefinden unmittelbar erlebt, sondern auch in ihrer gleichzeitigen Rolle für andere akzeptiert werden. Und die eigene Person kann nicht nur in der Besonderheit ihrer Wünsche und Intentionen, sondern auch von der Seite verallgemeinerter sozialer Erwartungen her gesehen werden. Diese Entwicklungsschritte sind auch Grundlage für das psychosoziale Geschehen im rollenbezogenen Unterricht und werden von entwicklungsverzögerten Kindern oft nicht ausreichend erbracht. Insofern sind die Konflikte um Selbständigseinwollen und Bindung, Versorgtwerdenwollen und Unabhängigkeit Grundfragen einer autonom-interdependenten Entwicklung, die sich in der Zeit des Übergangs in die Schule hier in den Bildern der beiden Geschichten darstellen: zum einen als Wunsch nach einer sicheren Welt verlässlichen Versorgtseins und passiven Aufgehobenseins, zum anderen als Wunsch nach vertraglich geregelten Verhältnissen, die vor Vernichtungsängsten und Schuldgefühlen schützen.
Diese „diagnostischen" Überlegungen bringen sowohl abstrahierende Theorieaspekte[11] als auch die konkreten Erzählungen der Kinder in den konzeptionellen Zusammenhang des sozialpädagogischen Arbeitsprozesses. Von der konzeptionellen Ebene als einem vermittelnden Bindeglied zwischen theoriebezogener und alltagspraktischer Reflexion ausgehend, lassen sich dann Themen für ein weiterführendes Vorgehen gewinnen, das Möglichkeiten der Entwicklungs- und Lernhilfe anbietet und hierbei weitgehend auf der von den Kindern angesprochenen Ebene der Fiktion von „Ausgangsort", „Weg" und „Fremde" verbleibt. So könnte z.B. die Balance zwischen einer abgesicherten Ausgangsbasis, einem verlässlichen Heimathafen, und dem Weg ins reizvoll-ängstigende Unbekannte mit den Kindern bearbeitet werden, evtl. dadurch, dass zwei Fragen aufgeworfen werden: zum einen die nach der notwendigen Absicherung des (vorschulisch-familialen) Ausgangsortes, zum anderen die nach der Art und Weise des einzuschlagenden (Entwicklungs-)Weges. Sie könnten z.B. in folgenden Unterthemen angesprochen werden: „Wie wünsche ich mir mein Zuhause?" – „Wir machen uns auf den Weg. Was können wir dabei gut gebrauchen?" – „Was muss und was kann ich selbst dafür

tun, damit es mir auf meinem Weg gut geht?" – „Wie möchte ich mich auf das Unbekannte (bzw. das Unbekannte im Bekannten) einlassen?" Ein entsprechend übergreifendes THEMA könnte z.B. dann sein: „Wer in die Fremde geht, braucht ein festes Haus. Wir gestalten es als unseren verlässlichen Ausgangspunkt."

2.5 Partizipierende Leitung und szenisches Verstehen[1]

„Ein bedeutendes Kennzeichen der TZI-Methode ist die Figur des partizipierenden Leiters, die zumeist nicht an zentraler Stelle des Methodenkonzepts abgehandelt wird“[2]. Dieser Sichtweise Helmut Reisers kann ich zustimmen: Zum einen bietet die Idee der „partizipierenden Leitung“ in der praktischen Planung von Prozessverläufen immer wieder fruchtbare Anhaltspunkte darüber nachzudenken, wie die Beteiligung der Leitung am Gruppengeschehen gestaltet werden kann. Zum anderen aber lässt die TZI-Literatur den an Argumentationen, Sichtweisen und Orientierungen hierzu interessierten Leser weitgehend im Stich. Eine theoretisch begründete und inhaltlich ausgeführte Darstellung des TZI-Leitungshandelns unter der Überschrift der partizipierenden Leitung liegt nicht vor. Mein Versuch, etwas dazu beizutragen, besteht darin, über einen Umweg einige Gedanken zur Leitungsaufgabe des Prozessverstehens zu gewinnen. Dieser Umweg, den ich im folgenden einschlage, führt – nach einer inhaltlichen Bestimmung der Idee der partizipierenden Leitung mit Hilfe der TZI-Literatur in Kapitel 2.5.1 – zunächst in das Gebiet der Hermeneutik: Wer mit THEMA und STRUKTUR einer TZI-Gruppe Leitungsimpulse gibt, wer im Ablauf des Geschehens dynamisch balancieren und prozessbezogen intervenieren will, der kann dies nur auf der Grundlage dessen, was er aus dem abgelaufenen Prozess und im Hinblick auf weiterführende Gestaltungsideen sinnverstehend (re)konstruiert. Damit ist das Verstehen ein zentraler Bezugspunkt partizipierender Leitung, und ich stelle in Kapitel 2.5.2.1 einige grundlegende hermeneutische Überlegungen an.
Mein Umweg bewegt sich anschließend in ein anderes Terrain, das zunächst einmal so gar nicht nach TZI aussieht: Ich versuche in Kapitel 2.5.2.2, aus der psychoanalytischen Konzeption des „szeni-

schen Verstehens“ eine differenzierte Betrachtung zu dem merkwürdigen „Zwitterdasein“ von Partizipation und distanzierter Prozessbetrachtung zu erarbeiten. Die Psychoanalyse scheint mir hierzu besonders geeignet zu sein, gewinnt sie ihre sinndeutenden Leitungsinterventionen im (therapeutischen) Arbeitsprozess doch auch aus der unmittelbaren Teilhabe des Therapeuten und seinen auf Distanzmomente zurückgreifenden Verstehensleistungen.
In Fortführung dieses Umweges in die Psychoanalyse versuche ich im Kapitel 2.5.2.3, vier Positionen eines szenischen Verstehens zu formulieren, von denen zwei einer partizipierenden Haltung zuzuordnen, die beiden anderen dagegen als Distanzmittel aufzufassen sind. Von diesem längeren Umweg aus komme ich im abschließenden Kapitel 2.5.3 wieder zur TZI zurück und veranschauliche an einem Beispiel aus der TZI-Literatur die erarbeiteten vier Positionen szenischen Verstehens. Das Beispiel stammt von Angelika Rubner und es ist sicher kein Zufall, dass die Fallschilderung einer TZI-Lehrbeauftragten, die gleichzeitig Psychoanalytikerin ist, mir zu einer „weichen Landung“ meiner theoretischen Umwege verhilft.

2.5.1 Inhaltliche Bestimmungsmomente der partizipierenden Leitung

Das erste Axiom der TZI behauptet den autonom-interdependenten Zusammenhang menschlicher Existenz und plädiert für ein waches Bewusstsein des abgegrenzten Selbst in der Anteilhaftigkeit mit anderen und anderem. Das chairperson-Postulat formuliert daraus die explizite Aufforderung, sich innerer Gegebenheiten und dem Eingebundensein in eine „äußere“ Situation gewahr zu werden, um daraus eine Entscheidung für das eigene Handeln zu treffen und die Verantwortung für diese Entscheidung zu übernehmen. Auf den Ebenen der Haltung und der Methode wird dieser Gedankengang fortgeführt mit den handlungsorientierenden Leitideen der partizipierenden Leitung und des leitenden Teilnehmers. Beide artikulieren für diese unter-

schiedlichen Rollen das gleiche Spannungsfeld von Teilhabe und (Selbst-)Leitung: Einerseits geht es um die unmittelbare Teilhabe am Geschehen, es geht ums Anteilnehmen[3]. Andererseits geht es um eine Distanz zum Geschehen, aus der heraus erst autonom-interdependente Entscheidungen getroffen werden können. Beide Momente, das der Teilhabe und das der (Selbst-)Leitung scheinen mir wesentliche Grundbetrachtungen der TZI zu sein.
Im Verständnis der TZI übernehmen alle Gruppenmitglieder, je nach ihren Fähigkeiten, Leitungsfunktion. Denn das Chairperson-Postulat fordert jeden dazu auf, aus der bewussten Wahrnehmung innerer und äußerer Gegebenheiten verantwortete Entscheidungen zu treffen, zunächst für sich selbst, aber ebenfalls im Hinblick auf die anderen Teilnehmenden. Damit erhält die Gruppenleitungsfunktion auch ein wichtiges Moment der Selbstleitung aller am Prozess Beteiligten[4].
Umgekehrt ist die Rolle einer offiziellen Leiterin oder eines offiziellen Leiters, die diese Funktion „verwalten", mit der personalen Teilhabe am Prozessgeschehen verknüpft; sie sind nicht aus dem Beziehungsgeschehen „freigestellt" und durch ihre Leitungsfunktion davon abgehoben, sondern, wie alle anderen auch, in Begegnungen und kooperativen Handlungen authentische und der Idee nach gleich gewichtige Teilnehmende.
Damit wird in den Beschreibungen zur Leitungsaufgabe aller und zur unmittelbaren und personalen Teilhabe der Leitung am Geschehen ein Spannungsfeld von Partizipation und Distanz deutlich, das alle, GruppenteilnehmerInnen wie LeiterInnen betrifft und das nur jeweils situativ und rollenbezogen unterschiedlich auszuführen ist[5]. Diesem Spannungsfeld aus der Idee der Beteiligung aller im Status der Gleichheit und der Idee der (Selbst-)Leitung aller im Postulat der Chairpersonship entspringen die Begriffe des leitenden Teilnehmers und des partizipierenden Leiters; beide zusammengenommen verdeutlichen die Vorstellung, die sich die TZI von der Ausgestaltung der Funktion der Gruppenleitung macht. Ich sehe in den theoretischen Überlegungen zur partizipierenden Leitung und den daraus resultierenden praktischen Ausgestaltungen eine wichtige „normative Idee",

die das Handeln organisieren und orientieren kann, wenn sie in Beziehung gesetzt wird zu den konkreten psychodynamischen und funktionalen Bedeutungen der Leitung im Prozessgeschehen des „hier und jetzt“ der themenzentrierten Gruppenarbeit.
Die dialektische Denkstruktur von leitender Teilnahme und partizipierender Leitung findet in der Aufgabenbestimmung der TZI-Leitung ihre Fortsetzung: „Der TZI-Leiter hat sowohl die klassischen Leitungsfunktionen der diagnostizierenden Beobachtung[6] der Prozesse und prozeßfördernder Interventionen, wie auch die Aufgabe, sich selbst am Prozeß zu beteiligen und als Mitglied der Gruppe Leitungsfunktionen an andere Mitglieder und die Gruppe als Ganzes abtreten zu können ... Für die Person in der Leitung erfordert dieses Modell eine besondere Fähigkeit, in den Prozeß eintauchen zu können und sich wieder von ihm distanzieren zu können. Psychoanalytisch gesprochen benötigen sie (die Leiterinnen und Leiter von Gruppen) die Fähigkeit zur Abstinenz ebenso wie die zur empathischen Beteiligung. In systemischer Sicht kann dies gelingen durch kontrollierte Wechsel zwischen Innenperspektive und Außenperspektive“[7]. Rubner nennt dieses Sowohl-als-auch von Führungs- und Mitgliedsposition eine Quadratur des Kreises, die sich zwischen Identifikation und kritischer Distanz abspielt[8].
Es verwundert nicht, dass eine in der Praxis so komplexe Aufgabe begrifflich nur schwer „auf den Punkt“ zu bringen ist, so dass unterschiedliche Auffassungen hinsichtlich der verschiedensten Positionen der Leitung, die in der praktischen Ausführung des Spannungsfeldes von Partizipation und Distanz möglich sind, der Normalfall zu sein scheinen. Reiser sieht diese Differenzen um die Position der Leitung vor allem dann gegeben, wenn das Leitungsverhalten in TZI-Ausbildungsgruppen zum Muster genommen wird für die TZI-Arbeit an sich: „Sobald wir TZI in anderen Situationen denken – z.B. im Schulunterricht, in einer Großgruppe, in der Stationsbesprechung in einer Klinik – wird deutlich, daß die Partizipation und die Distanzierung ... situationsspezifisch variiert werden müssen“[9]. Hier zeigt sich das Problem, dass die „normative Idee“ der partizipierenden Leitung leicht

zum Klischee von „wir sind ja alle gleich und jeder hat gleichen Einfluss“ gerinnen kann und der Wunsch, das in der Ausbildung erlebte umstandslos in andere Bereiche zu transportieren, schnell in die Irre – und dann in die Resignation – führt. Wenn in der Ausbildungsgruppe ein „hohes Maß von Selbstbestimmung, Beurteilungsfreiheit und Gleichheit in der Wertigkeit von Äußerungen erlebt“[10] wird, dann lässt sich diese „Stimmung“ zwar als visionäre Orientierung, nicht aber als praktische Anweisung für das Leitungsverhalten in anderen Feldern „mitnehmen“. „In anderen Anwendungsformen der TZI, typisch zum Beispiel an der Lehrerrolle und am deutlichsten in der Erziehungshilfe, kann dies nicht auf gleiche Weise geschehen wie in der Standardsituation (der Ausbildungskurse, W.L.), da die erzieherische Aufgabe und die institutionelle Rolle eine andere Ausprägung des pädagogischen Verhältnisses und der Partizipation erfordert. Die Bearbeitung der Autoritätserwartungen setzt hier die Akzeptanz der Ungleichheit und der normierenden und bewertenden Aufgabe der Erziehung voraus ... Dies macht deutlich, daß das methodische Konzept der TZI, hier die partizipierende Leitung, situationsübergreifend gültig ist, daß es jedoch in seinen Äußerungsformen situationsabhängig modifiziert werden muß“[11].

In den folgenden Überlegungen möchte ich auf einem Umweg der Idee der partizipierenden Leitung näher kommen. Mich interessiert die Frage, wie denn die unmittelbare Teilhabe am Prozessgeschehen mit der Aufgabe distanzierender Leitungsfunktionen in einen fruchtbaren Zusammenhang gebracht werden kann. Wenn für die Rollenausübung der leitenden Person der Überblick und die Distanz zum Geschehen konstitutiv sind, wie kann sie dann in den Prozess „eintauchen“? Und wenn das Besondere der TZI-Leitungsidee gerade in der Partizipation liegt, wie lässt sich diese für das Prozessverstehen nutzbar machen? Mit welchen Begriffen kann der Beitrag des Teilhabens für das Verstehen von Prozessen erfaßt werden? Mit diesen Fragen mache ich mich nun auf zu einem Umweg in Hermeneutik und Psychoanalyse.

2.5.2 Partizipation und Prozessverstehen

Die Innenperspektive identifikatorischer Teilhabe und die Außenperspektive kritisch-distanzierter Prozessbetrachtung sind zwei Grundhaltungen, in denen die Leitung am Prozess beteiligt ist. Aus der teilhabenden wie aus der distanzierten Haltung heraus gewinnt sie Eindrücke, Hinweise und bildet Hypothesen, die sie einer weiteren Prozessgestaltung zu Grunde legen kann. Wie beide Haltungen unterschiedliche Zugänge zum Verstehen des Geschehens in der Gruppe ermöglichen und wie sich gerade aus ihrem Wechselbezug wichtige Überlegungen zum abgelaufenen und für den zu gestaltenden Prozess gewinnen lassen, das möchte ich im Folgenden beschreiben: zunächst im Hinblick auf den Begriff des Verstehens, dann mit Hilfe der Konzeption des „szenischen Verstehens“ und anschließend mit der Kennzeichnung von vier Positionen, die szenisches Verstehen konstituieren können.

2.5.2.1 Überlegungen zum Begriff des Verstehens

Der Verstehensvorgang in der Dynamik des Prozessgeschehen lässt sich im Hinblick darauf befragen, inwiefern er bestimmten Mustern und Regelhaftigkeiten folgt. Mit solchen Fragen der Aufstellung und Geltungsbegründung von Regeln für das Verstehen befasst sich die Hermeneutik. Als Wissenschaft oder Kunstlehre des Verstehens begreift sie den Menschen als symbolbildendes Wesen, dessen Verstehensbemühungen „offenbar zur menschlichen Welterfahrung insgesamt“[12] gehören und alle menschlichen Weltbezüge durchziehen. In dieser Sichtweise wird der Mensch als Wesen betrachtet, dessen Handeln bestimmten Bedeutungen, Zwecken, Absichten und Sinnbezügen folgt. Verstehen ist dann der Versuch, diese Bedeutungen, die der Handelnde – bewusst oder unbewusst – seinem Tun unterlegt, deretwillen er die Handlung also unternimmt, zu erfassen.
Schon hier wird die Zirkularität von Sinngebung und Verstehen deutlich: „Man wird wohl wenig Aussicht haben, Sinn ohne Verstehen

oder Verstehen ohne Sinn definieren zu können. Vielleicht kann man Sinn überhaupt nicht definieren, sondern man muß die Erfahrung von Sinn an bestimmten ausgezeichneten Gegenständen exemplarisch gemacht haben. Der Sinn eines Textes ist das, was er sagt, der Sinn einer Handlung, worum willen man sie unternimmt. Bei Gegenständen mit Sinn ist also eine Doppelheit von bloßer Gegebenheit und des Woraufhin einer Verweisung festzustellen ... Es ist das Verstehen, das einem Gegenstand Sinn verleiht"[13].

Betrachten wir diese Zirkularität im Hinblick auf das Handeln noch etwas genauer: Verstehensbemühungen unterstellen dem Handeln von Personen eine Bedeutsamkeit, die die „Autoren" ihren Handlungen geben. Im Handeln selbst stiftet der „Autor" den Sinn seines Tuns. Nun ist dieser Sinn nicht nur vom Autor selbst, sondern auch intersubjektiv nachvollziehbar und erfassbar, wobei der Vorgang des Verstehens gleichzeitig als das subjektive Setzen von Sinn durch den, der die Handlung eines anderen versteht, betrachtet werden kann.

Die Möglichkeit des Nachvollziehens von Bedeutungen hat auch damit zu tun, dass Mimik, Gestik und bestimmte Handlungsweisen zwar einerseits ihren subjektiv begründeten Sinn haben, dass Subjektivität andererseits aber bereits intersubjektiv konstituiert ist und auf kollektive Sinnträger wie z.B. Gesten mit kollektiv geteilter Bedeutung oder etablierte Deutungsmuster zurückgreift. Damit wird klar, dass das Verstehen einerseits durch Identifikation und Einfühlung in die Erlebnisweisen, Gefühle und Bedeutsamkeiten einer anderen Person gelingen kann. Empathie und Identifikation sind Möglichkeiten, aus der Innenperspektive Zugang zum anderen Subjekt zu gewinnen. Andererseits bietet die Betrachtung des Geschehens im Hinblick auf kollektive Bedeutungen (z.B. im Wissen der Bedeutung von Gesten), wiederkehrende Handlungsmuster einer Person (z.B. in der Beschreibung eines solchen Musters als Zwangshandlung), typische Gruppenkonstellationen (z.B. in der theoretischen Erfassung als „Kampf und Flucht"-Grundeinstellung[14]) mit Hilfe abstrahierender Sinndeutungen einen zweiten Zugang zum Verstehen aus einer distanzierenden Perspektive.

Bevor ich diesen Gedankengang der beiden Perspektiven von partizipierender Identifikation und distanzierender Betrachtung im nächsten Kapitel wieder aufgreife, möchte ich noch auf ein hermeneutisches Modell eingehen, das den praktischen Verstehensvorgang methodisch zu beschreiben versucht. In diesem Modell – im Bild eines Kreises (Zirkels) bzw. einer Spirale – geht es darum, das Verstehen aus dem dynamischen Zusammenhang zwischen einem Gesamten (z.B. einer Situation) und dessen einzelnen Elementen (z.B. den Verhaltensweisen einzelner in dieser Situation handelnden Personen) zu begründen. Dabei sind zwei Regeln zu beachten, „nämlich einerseits Einordnung der Elemente in das Netz konventioneller Verwendungsformen und andererseits Darlegung ihrer Einheit als Organisation durch einen Sinn“[15].

So kann ich z.B. die Verhaltensweisen eines Schülers, wie dessen unruhiges Wippen auf dem Stuhl, das Kauen am Bleistift und Herumschauen in der Klasse zunächst einzeln als typische Schülerreaktionen betrachten und in den Zusammenhang der Situation „Klassenarbeit“ einbeziehen. Das Verstehen der Szenerie als „Leistungsproblematik eines Schülers bei der Klassenarbeit“ bündelt die einzelnen Elemente zu einem Sinnzusammenhang[16]. Dabei organisiere ich den Zusammenhang von Einzelnem und Gesamt durch mein Vorverständnis von typischen Verhaltensweisen eines Schülers in einer Unterrichtssituation „Klassenarbeit“.

Hierbei wird die Zirkularität dieses Vorgehens deutlich: „Man muß ... eine Handlung schon auf einen Sinn hin ... auffassen, um die Elemente ihrer Zugehörigkeit und Organisation...zu der Handlung bestimmen zu können. Andererseits will man aber gerade durch die Analyse des Ganzen und die Darlegung seiner Einheit erweisen, daß es diesen bestimmten Sinn hat“[17].

Ein solcher Verstehensvorgang lässt sich nur als dynamischer Prozess auffassen, in dem der Zusammenhang zwischen den einzelnen Elementen und ihrer Einheit als eine sinnbezogene Organisation immer wieder abgeglichen und als prinzipiell korrigierbar betrachtet wird. Denn die Zirkularität von Vorverständnis und Sinnverstehen macht den konstruktiven und hypothetischen Charakter des Verstehens deutlich und zeigt, dass der Verstehensprozess prinzipiell unabschließbar ist. Andererseits ermöglicht diese Betrachtungsweise zu berücksichtigen, „daß Verstehen eine explizit subjektive Seite hat, das heißt, daß der Sinn von etwas zu einem Sinn *für* den Verstehenden wird. Hier droht natürlich die Hermeneutik auf der subjektiven Seite abzustürzen, sozusagen in die Beliebigkeit subjektiver Interpretationen, so daß demgegenüber Sicherungen eingebaut werden müssen. Sie können doch nie so weit gehen, daß es eine einzige wahre Interpretation gäbe, denn damit würde Sinn wieder vom Subjekt abgeschnitten und ein bloßes Ding“[18].

2.5.2.2 Szenisches Verstehen

Als „szenisches Verstehen“ beschreibt der Psychoanalytiker Alfred Lorenzer eine Vorgehensweise, die sich auf zwei Haltungen des psychoanalytischen Therapeuten stützt: Als Basis des Verstehens sieht er dessen unmittelbare Teilhabe an den erzählten Szenen des Patienten an. Er muss sich zunächst einlassen „aufs *Spiel* des Patienten (der dem Analytiker eine Rolle in seinem Drama zuweist)“[19], in seine erzählten und in der therapeutischen Beziehung agierten Szenen „eintauchen“. Und Lorenzer betont die Wichtigkeit dieser „Teilhabe des Analytikers am Patienten“, konstituiert sich durch dieses Zusammenspiel doch das Verstehen! In einer zweiten Haltung tritt der Analytiker aus dem Zusammenspiel heraus, er nimmt einen „exzentrischen Standpunkt“ ein, von dem aus er die erzählten und agierten Szenen im Hinblick auf darin enthaltene subjektive Handlungsentwürfe reflektieren kann. Diese reflexive Haltung wird zum einen mit Hilfe der eigenen „lebenspraktischen Vorannahmen“[20] gewonnen, zum anderen mit Hilfe von der Psychoanalyse bereitgestellter systematisierter Verstehensmodelle[21].
Das Verstehen wird somit im Wechsel von empathischer Identifikation und modellgeleiteter Sinndeutung[22] gewonnen, es bildet sich in einem interaktiven Prozeß, der von seinem Ausgangspunkt, der un-

mittelbaren Teilhabe, bis zum vorläufigen Endpunkt der psychoanalytischen Deutung immer szenisch bleibt: „Das szenische Verstehen muß in szenische Deutung übergehen – was schon Freud klar herausgestellt hat, indem er die *Deutungen in „Konstruktionen*", das heißt in Rekonstruktionen *von Szenen* gipfeln ließ"[23].
Die Besonderheit dieses psychoanalytischen Vorgehens besteht nun darin, dass es hierbei um das Verstehen unbewusster Beziehungsmuster geht. Lorenzer sieht den szenischen Charakter der Verstehensschritte vom unmittelbaren Zusammenspiel mit dem Patienten in der Therapie bis zur Deutung und der Entwicklung von Verstehensmodellen als dafür besonders geeignet an, da die unbewussten inneren Bilder der Selbst- und Objektrepräsentanzen als Niederschlag vergangener *Interaktionserfahrungen* immer ein szenisches Moment enthalten.
Der Weg von der unmittelbaren Teilhabe an der Situation des Patienten zum Verstehen der Situation baut nach Lorenzer auf zwei unterschiedlichen Grundhaltungen des Analytikers auf: Die erste ist die des identifikatorischen Einbezogen-Werdens in die Szene des Patienten durch die Zuweisung einer Rolle. Wie aber geht es von hier aus zur zweiten Haltung der „formulierten Teilnahme" und wodurch ist diese charakterisiert? Auf den ersten Blick betrachtet, könnte die zweite Einstellung als die eines außenstehenden Beobachters beschrieben werden, als Rücknahme der Identifikation, „um das identifikatorisch Wahrgenommene nun bewußt registrieren, verarbeiten, ggf. deuten zu können"[24]. Diese Position kann aber leicht als Aufhebung des szenischen Charakters durch einen, einem abstrakten Theoriesystem deduktiv zugeordneten Erklärungsschritt missverstanden werden.
Um das szenische Moment des Verstehensvorgangs durchhalten zu können, bevorzugt Lorenzer eine etwas andere Sichtweise: Er kennzeichnet die erste Haltung als Identifizierung, die auf einer Ich-gesteuerten Regression beruht. In der zweiten Haltung wird diese Identifizierung aber nicht in eine Beobachtung „von aussen" und die entsprechende deduktive Erklärung aufgelöst, sondern sie wird szenisch

festgehalten. Verändert wird die Art der Beziehung dadurch, dass ihr regressiver Charakter aufgelöst und die Teilhabe auf eine höhere Stufe szenischer Ordnung und Verbalisierung gehoben wird. „Die Identifikation ist aus ihrer unbewußten Befangenheit im Gang dieser Veränderungen umgewandelt in eine verstehende Teilnahme an der nun begriffenen Situation. Die Distanzierung, von der immer wieder die Rede ist, ist eine sprachliche Objektivierung, sie ist keine Vergrößerung der Distanz vom Analytiker zum Analysanden"[25]. Der Übergang von der unmittelbaren Teilhabe zur verstehenden Teilnahme an der nun sprachlich fassbar gewordenen Situation führt zunächst zu einer distanzierten Betrachtung *im* Analytiker, der seine Selbst- und Objektrepräsentanzen sowie deren Wechselbezug szenisch symbolisieren kann. Die Begriffe Distanz und exzentrischer Standpunkt beschreiben eine Qualität der Symbolbildung, einen Differenzierungsvorgang, in dem die Situation hinsichtlich ihrer Selbst- und Objektanteile symbolisch erfassbar wird. „Der Prozeß verläuft nicht über eine Abwendung von der Identifizierung und ein Ersetzen der verstehenden Teilnahme durch distanzierendes Beobachten[26] dem Patienten gegenüber, sondern als Ausbildung der Symboldistanz im Rahmen der Symbolbildung. Die Identifizierung wird nicht durch Distanzierung (einer aussenstehenden Beobachtung, W.L.) abgelöst, sondern sie wird aufgehoben in die *reifere Form der Teilnahme, in das Verstehen*"[27]. Es ist also nicht die Position einer diagnostizierenden Beobachtung des Geschehens, ein Kategorisieren von „ausserhalb" unter Zuhilfenahme eines theoretischen Regelsystems, was das szenische Verstehen konstituiert, sondern dieses erfolgt von einer exzentrischen Position aus, die zwar einen Distanzgewinn enthält, aber sowohl innerhalb des Beziehungserlebens als auch innerhalb des Szenischen verbleibt.

Der Wandel der Haltungen von der unmittelbaren Teilhabe im Zusammenspiel von Übertragung und Gegenübertragung zur verstehenden Teilnahme an der Situation des Patienten führt zur „Rückgabe" des Begriffenen an den Patienten in der Deutung – in Form der Rekonstruktion von Szenen – und zur intendierten Auflösung der

Übertragung. Diese Auflösung lässt sich verstehen als „‚Aufhebung' der Identifizierung in ein höheres Niveau, auf dem Übertragung zerstört und bewahrt in einem wird: in der Bildung sozialer Beziehungen"[28].

In der psychoanalytischen Therapie geht es darum, unbewusste Muster des Beziehungserlebens und der Beziehungsgestaltung, die in den Situationsschilderungen und im Beziehungsverhalten des Analysanden zum Analytiker enthalten sind, zu verstehen und „sprachfähig" zu machen.

Dabei nimmt die Psychoanalyse an, dass es Verbindungen gibt zwischen den erzählten Inhalten, die in den Schilderungen von Situationen außerhalb der therapeutischen Beziehung deutlich werden und dem interaktionellen Zusammenspiel zwischen Analytiker und Analysand innerhalb der therapeutischen Beziehung, d.h. den unmittelbar erlebten Interaktionen. Erzählte Inhalte und erlebte Interaktionen lassen sich aufeinander beziehen. In beiden sind die Elemente unbewusster szenischer Entwürfe enthalten und gerade das Abgleichen von erzählten Inhalten und erlebten Interaktionen macht es möglich, verborgenen szenischen Entwürfen nachzugehen.

Wie aber geht das vor sich? Der Analytiker sucht mit Hilfe seiner „lebenspraktischen Voranahmen" sowie vor dem Hintergrund szenischer Modellvorstellungen in den Schilderungen und im Interagieren des Analysanden dessen unbewusste Beziehungsentwürfe zu erfassen. In diesem Vorgehen sind Arbeitsbündnis und Übertragung die grundlegenden Bestandteile der psychoanalytisch-therpeutischen Beziehung. Erst beide zusammen können die Basis des therapeutischen Fortschritts sein: Im Arbeitsbündnis sind Analysand und Analytiker als Subjekte miteinander verbunden, „und gemeinsam untersuchen sie die Übertragungsbeziehung, in der sich die Wirklichkeit abbildet. Diese Einstellung der Übertragung gegenüber, nicht die Übertragung als solche, ist spezifisch für die psychoanalytische Situation"[29].

Im Rahmen dieses von beiden subjekthaft getragenen Arbeitsbündnisses kann sich nun das Übertragungsgeschehen produktiv entfalten.

Und zwar dadurch, dass sich der Analytiker den Übertragungsneigungen des Analysanden als Objekt zur Verfügung stellt, diese „aushält“, szenisch zu verstehen versucht, um als Subjekt seine Deutungen zu geben.

Erst diese Konstellation, so schildert es Müller-Pozzi, eröffnet den “dritten Weg“; weder das unbewusste „Spiel“ des Analysanden mitzuspielen (Teilhabe ohne Distanz), noch die Übertragungsneigungen als unpassend zurückzuweisen und das „Spielfeld“ zu verlassen (Distanz ohne Teilhabe). Statt diesen beiden in Alltagsbeziehungen üblichen Reaktionsweisen versucht der Analytiker, den Übertragungen des Analysanden einerseits Raum zu geben, diese aber andererseits weder zu erwidern noch zurückzuweisen. „Im Verein mit dem vernünftigen Ich des Patienten im Arbeitsbündnis spielt er sein eigenes Spiel und unterbricht den Wiederholungszwang. Sein Spiel hat drei ineinander verwobene Komponenten: Herstellen, Halten und Deuten der Übertragung“[30].

Zu diesem Vorgehen lassen sich drei Ebenen skizzieren, auf denen das Unbewusste im psychoanalytisch-therapeutischen Rahmen wirksam ist; die Ebene des Inhaltlichen, die Ebene des Interaktionellen und die Ebene des Rahmens der psychoanalytisch-therapeutischen Arbeit:

Vor allem in der Frühzeit der Psychoanalyse steht die Arbeit an verdrängten Inhalten im Mittelpunkt. Freud versucht zu erfassen, auf welchem Weg die eigentlichen Inhalte verdrängt und durch andere Inhalte ersetzt werden. So beschreibt er z.B. den geträumten Inhalt, also den manifesten Traum, als eine entstellte Version der eigentlichen Traumgedanken; „der Trauminhalt erscheint uns als eine Übertragung der Traumgedanken in eine andere Ausdrucksweise“[31]. Die Aufgabe der Psychoanalyse ist es dann, nach einem zweiten „Hintergrund-Text“, nämlich dem Text der unbewussten Bedeutungen nachzuforschen[32]. Und szenisches Verstehen der Inhalte heißt dann, in den Erzählungen die signifikanten Szenen aufzuspüren.

Im Verlauf der Entwicklung der Psychoanalyse wurde die Betrachtung der Ebene des Interaktionellen immer wichtiger: Die Betrachtung nämlich, dass sich unbewusste Kräfte in der Beziehung zwischen

Analytiker und Analysand in Szene setzen und in der Reflexion von Übertragung und Gegenübertragung erfasst und gedeutet werden können. Nicht nur das Inhaltliche wird vom Unbewussten funktionalisiert, sondern auch die therapeutische Beziehung selbst, wenn der Analysand eine bestimmte Delegation in der therapeutischen Beziehung inszeniert, wenn er seinen innerpsychischen Konflikt innerhalb der therapeutischen Beziehung darstellt. Die Aufgabe des Analytikers ist es dann, die unbewusst gestaltete Szene, an der er teilhat, zu erfassen und die subjektive Bedeutung dieses Wiederholungszwangs in der Beziehung selbst mit dem Analysanden durchzuarbeiten. Aber: Die Analyse von Übertragung und Gegenübertragung ist ein schwieriges Stück therapeutischer Arbeit, weil der Analytiker selbst ein Teil von ihr ist.

Im psychoanalytisch-therapeutischen Verfahren ermöglicht der Rahmen von Arbeitsbündnis und Setting die Arbeit an der unbewussten Dynamik des Inhaltlichen und Interaktionellen. Dabei „gestattet" der Analytiker seinem Analysanden, auch den Rahmen subjekthaft auszugestalten, um darin die unbewussten Phantasien zum Ausdruck zu bringen. Wenn der Analysand dann Termine vergisst, zu spät kommt, aber eine gleichlange Therapiesitzung erwartet, oder einfach im Vorzimmer stehen bleibt, dann sind das Verhaltensweisen, die unmittelbar ein szenisches Moment enthalten. Das zeigt, dass auch der Rahmen selbst nicht unangetastet bleibt, sondern durch das Unbewusste funktionalisiert wird.

Damit sind drei Ebenen skizziert, auf denen die unbewusste Dynamik wirksam wird und im Hinblick auf ihre szenischen Gehalte verstanden werden kann. Die Ebenen der Inhalte, des Interaktionsgeschehens und des Rahmens sind aber nicht nur im Zusammenhang der Bearbeitung unbewusster Vorgänge relevant, sondern ebenso zentrale Betrachtungen themenzentrierter Interaktion, die erstere mit dem ES-Begriff erfasst, die Beziehungsdynamik als ICH-WIR-Zusammenhang thematisiert und u.a. für den Rahmen den GLOBE-Begriff bereithält (vgl. dazu Kap. 2.3.2.4). Vom Reflexionsmodell der TZI aus betrachtet, artikuliert die Leitidee der dynamischen Balance ja gerade den produktiven Wechselbezug der unterschiedlichen Perspektiven. Das Material, aus dem das Verstehen in der TZI-Arbeit gewonnen wird, ist der Fluss des Prozessgeschehens im Kontext von ICH – WIR – ES – GLOBE. Denn szenisches Verstehen ist nach Lorenzer keineswegs auf das psychoanalytisch-therapeutische Setting beschränkt: „Ich bin der Meinung, daß das ursprüngliche Verstehen immer ein szenisches ist, insofern, als man nicht das Gesprochene abgetrennt vom Situationszusammenhang versteht, sondern immer versteht als Ausdruck einer Situation ... Im Alltag gehen wir unter der Hand immer szenisch vor“[33].

Bevor ich diese Überlegungen Lorenzers an Hand eines Beispiels in die Betrachtungen des Verstehens im Kontext der Themenzentrierten Interaktion einbringe, möchte ich im nächsten Gedankengang die beiden Haltungen der unmittelbaren Teilhabe und des exzentrischen Standpunktes differenzierter betrachten; es geht darum, zu jeder Haltung zwei Positionen zu beschreiben, von denen aus eine jeweils spezifische Blickrichtung gewonnen wird. Im Hinblick auf den Verstehensvorgang können diese vier Positionen deutlich machen, von welchen Standpunkten aus der Verstehende seine Sinnbezüge gewinnt.

2.5.2.3 Vier Positionen eines szenischen Verstehens

Der im bisherigen Gedankengang beschriebene Vorgang des Verstehens enthält ein deutliches subjektives Moment; denn jede Sinngebung bringt die Bedeutung von etwas in die Bedeutsamkeit für jemanden. Und derjenige, der diese Bedeutsamkeit verstehen möchte, kommt nicht umhin, an dieser Sinngebung teilzuhaben. Es ist die Teilhabe an der Sinngebung, ohne die das Verstehen des anderen als Subjekt nicht auskommt. Insofern ist die Innenperspektive identifikatorischer Teilhabe als unverzichtbarer Teil des Verstehensvorganges zu betrachten. Dies bringt u.U. die Problematik der Beliebigkeit geteilter subjektiver Interpretationen ein. Es bedarf daher neben der identifikatorischen Partizipation aus der Innenperspektive einer dis-

tanzierenden Betrachtung, um der Gefahr einer vorschnellen Einigung auf geteilten Sinn zu entgehen.
Diesen Wechselbezug von partizipierender und exzentrischer Perspektive möchte ich im folgenden beschreiben; ich suche dabei nach Positionen, die die partizipierende Leitung einnehmen kann, um im Prozess – sowohl aus der unmittelbaren Teilhabe am Geschehen als auch aus der reflexiven Distanz dazu – den bisherigen Verlauf bzw. das aktuell Vorgefallene zu erfassen und daraus Impulse und Orientierungen für die weitere Prozessgestaltung zu gewinnen.
Zunächst betrachte ich das Verstehen aus der Haltung einer unmittelbaren Teilhabe. Ich unterscheide hierzu zwei Formen der Identifizierung als psychosozialen Vorgang, durch den ein Subjekt einen bestimmten Aspekt einer anderen Person in sich „aufnimmt“ oder die Stimmung einer Situation in sich „einbildet“[34] und sich nach diesem „Vorbild“ umwandelt. Wichtig scheint mir hierbei zu sein, dass es sowohl einzelne Personen als auch „szenische Komplexe“[35] sein können, die zu identifikatorischen Umwandlungen führen. In der Identifikation taucht das Subjekt in eine soziale Beziehungssituation ein, es nimmt Teil an ihr.
Nun lässt sich das Teilhaben an einer sozialen Situation als das kognitive, emotionale und motivationale Einnehmen einer Position in ihr auffassen, wobei es zwei Möglichkeiten der Identifikation gibt; in der einen Form der Identifikation setze ich mich mit dem Gegenüber gleich und „übernehme“ dessen Befindlichkeiten und Einstellungen. Neben dieser Identifikation nach dem Typus „gleich wie ...“ lässt sich aber noch eine andere Identifizierungsweise beschreiben; ich kann mich nämlich ebenso in eine mein Gegenüber szenisch „ergänzende“ Beziehungsposition begeben und mich damit identifizieren.
Racker beschreibt diese beiden Positionen als konkordante und komplementäre Identifizierung.
Die konkordante Identifizierung „beruht auf ... der Resonanz des Äußeren im Innern, auf der Anerkennung des zu anderen gehörigen Fremden als zu uns gehörendes Eigenes ... und auf Gleichstellung von Eigenem und dem, was zu anderen gehört“[36]. In der konkordanten

Einstellung erlebt das Subjekt bei sich das, was es im anderen oder in den anderen spürt, es spiegelt sich im anderen und bildet sich diesem nach.

Im Unterschied dazu kommt es zur komplementären Identifizierung, wenn das Subjekt die andere Person oder die soziale Situation in sich „abbildet" und sich zu dieser „ergänzend" einstellt. Seine Antwort auf die Einfühlung in das ihm Gegenüberstehende ist daher nicht das „gleich wie ..." sondern das, was die Szene ergänzt und vervollständigt.

Psychoanalytisch lassen sich diese beiden identifikatorischen Einstellungen danach unterscheiden, womit die Identifizierung erfolgt: Bei der konkordanten Identifizierung sind dies Aspekte der Selbstrepräsentanz, bei der komplementären Identifizierung Aspekte der Objektrepräsentanz[37].

Die Komplementaritätseinstellung lässt sich zur Veranschaulichung auch rollentheoretisch beschreiben; hierbei übernimmt das Subjekt eine Rolle, die die vom Gegenüber präsentierte Rolle zu einer Beziehungsfigur ergänzt. Willi hat solche Grundmuster eines unbewußten Zusammenspiels in Paarbeziehungen als Kollusion beschrieben, in der sich z.B. der eine Partner als ideales Selbst präsentiert während sich der andere Partner als dessen schwärmerischer Verehrer identifiziert[38]. Schmidbauer beschreibt typische Helfer-Schützling-Kollusionen in sozialen Berufen, die eine bestimmte komplementäre Identifizierung zu der hilfebedürftigen Klientel nahelegt[39].

Beide Positionen der Identifikation lassen sich als zwei unterschiedliche Weisen, an einer Situation teilzuhaben, verstehen. Sowohl in der konkordanten Einstellung des „gleich wie ..." als auch in der komplementären Einstellung des „genau passend zu ..." nehme ich Teil am Gesamtkomplex einer Szene und identifiziere mich mit einem Teil von ihr. Beide Positionen lassen sich aufeinander beziehen und ermöglichen gerade in ihrem Wechselbezug einen Zugewinn an Verstehen.

Kann bereits in diesem Wechselbezug die jeweils eine Position für die andere eine Absicherung des Verstehens sein, so bedarf es einer zwei-

ten Grundhaltung, um einen Abstand zur identifikatorischen Partizipation zu gewinnen. Diese lässt sich als das Einnehmen eines exzentrischen Standpunktes beschreiben, von dem aus das „Gegenüberstehende" nun „für sich" betrachtet werden kann. In der exzentrischen Perspektive kann der Handelnde sich selbst und die Beziehung zu anderen zum Gegenstand machen oder die Situation mit Hilfe einer vom Konkreten abstrahierenden Theorie betrachten. Dazu bedarf es aber der Fähigkeit, sich aus der unmittelbaren Teilhabe in der konkordanten oder komplementären Identifizierung abzulösen, aus der partizipierenden Haltung „herauszutreten" und eine relative Distanzhaltung zu gewinnen. Dadurch, dass diese einen exzentrischen – aber nicht aussenstehenden – Standpunkt herstellt, schafft sie eine Reflexions- und Entscheidungsinstanz mit der Möglichkeit, die Positionen der Identifikation kritisch-distanziert zu betrachten.
Eine Position des exzentrischen Standpunktes ist die Reflexion des eigenen Beziehungserlebens, d.h. die eigene Art und Weise der Partizipation auf mögliche Bedeutungen im Prozessgeschehen zu hinterfragen: Welche Weise identifikatorischer Teilhabe habe ich eingenommen? Was hat mich dazu geführt, diese Position einzunehmen? Welche anderen Möglichkeiten habe ich nicht beachtet oder vermieden? Und was bedeutet dies im Hinblick auf das Verstehen der Prozessdynamik?
Zu dieser Position der Reflexion eigener Beteiligungen hat die Psychoanalyse ihr Konzept der Übertragung – Gegenübertragung ausgearbeitet, das eine besondere Möglichkeit des Zugangs zu unbewussten Interaktionsvorgängen eröffnet. Übertragung lässt sich dabei als unbewusste Inszenierung von Beziehungsmustern verstehen, als Aktualisierung intrapsychischer Repräsentanzen des Selbst und der Objekte in einer Beziehungssituation. Dieser Vorgang lässt sich auch rollentheoretisch betrachten, z.B. als Aufdrängung von bestimmten Aufgaben („Du solltest derjenige sein, der mich unterstützt und mir hilft.") oder als Zuschreibung von bestimmten Einstellungen und Gefühlen („Du magst mich ja nicht."). Der Begriff der Gegegnübertragung lässt sich dann „als Gesamtheit der psychischen Antwor-

ten“[40] auf solche Aufdrängungen und Zuschreibungen verstehen: Eine Übertragung kann eine Gegenübertragung hervorrufen, die auf Grund der Identifizierung des Analytikers mit dem Selbst bzw. den Objekten des Analysanden entsteht. Erstere würde als konkordante Gegenübertragung durch eine Identifizierung mit Aspekten des Selbst zustandekommen, letztere als komplementäre Gegenübertragung mit einer das Selbst „ergänzenden“, Objekt-bezogenen Rollenzuschreibung.

Die Reflexion der Gegenübertragung, d.h. der identifikatorischen Teilhabe am Prozess, kann eine wertvolle Verstehenshilfe des Geschehens sein, indem die eigenen Gefühle, Einstellungen, Reaktionsweisen und Phantasien, als Hinweise auf eine induzierte Beziehungsdynamik betrachtet, etwas über die Gesamtsituation aussagen. Aber auch hier ist die Validität der Aussage zunächst nur subjektiv abzusichern durch die Überlegung, ob die eigene Befindlichkeit primär von außen induziert wurde. Hier wird deutlich, dass die Beschreibung einer inneren Befindlichkeit als Gegenübertragung bereits Ergebnis eines interpretativen Vorgangs ist.

Eine zweite Position des exzentrischen Standpunktes lässt sich dadurch gewinnen, dass an die konkrete Situation des Gruppenprozesses eine abstrahierende Betrachtung und Sinndeutung „angelegt“ wird; hierzu dient die Fülle der aus eigenen Erfahrungen gewonnenen und in Alltagstheorien verdichteten Reflexionsweisen ebenso wie „von außen“ herangezogene theoretische Betrachtungen. Lewins Erläuterungen zur Gruppenatmosphäre[41], Bions Beschreibung von Grundannahmen in Gruppen[42], Willis Kollusionskonzept[43], Schulz von Thuns Quadrat der Nachricht[44], Rubners Phasenmodell der Gruppenentwicklung[45] ..., alle diese und andere Ansätze einer theoretischen Betrachtung des Prozessgeschehens können einen exzentrischen Standpunkt begründen, der in der szenischen Betrachtung des Vorgefallenen verbleibt. Mit einer solchen theoretischen Zugangsweise ordnet sich der komplexe Prozessverlauf nach den Merkmalen des jeweiligen theoretischen Aussagesystems. Allerdings ist auch hier nur relative Gültigkeit und kaum Eindeutigkeit und Sicherheit zu erwarten, akzentuiert doch jede Theorie ihren spezifischen Zugang zum Geschehen und lässt die Frage nach der Schlüssigkeit ihrer Anwendung unbeantwortet.

2.5.3 Die vier Positionen des szenischen Verstehens im TZI-Prozess – ein Fallbeispiel

In den vorangegangenen Überlegungen habe ich vier Positionen beschrieben, die zum Prozessverstehen genutzt werden können; zwei dieser Positionen (konkordante und komplementäre Identifizierung) lassen sich einer partizipierenden, zwei weitere (Reflexion der Teilhabe als Gegenübertragung und theoriegeleitete Reflexion) einer exzentrischen Einstellung zuordnen. Das Prozessverstehen, das sich aus mehreren dieser vier Positionen konstituiert, hat nun zum einen den Vorteil, dass es aus verschiedenen Perspektiven mehr und unterschiedliches „Material" gewinnt, als wenn es aus nur einer Position erfolgt. Hinzu kommt als zweiter Vorteil die Chance zur qualitativen Erweiterung des Blickfeldes durch die Möglichkeit, von der einen Position aus die andere zu betrachten und einzuschätzen. Das Einnehmen einer Position gibt einen jeweils eigenen Blick auf das Geschehen. Das Heraustreten aus der einen Position und der Wechselbezug zwischen unterschiedlichen Positionen schafft erst jene Sicherung, die zur Kontrolle und Korrektur des Verstehens im hermeneutischen Zirkel nötig ist.

In den folgenden Überlegungen möchte ich diese vier Positionen an einem Beispiel aus der Arbeit mit TZI veranschaulichen. Ich greife hierzu auf die Darstellung eines Ausschnitts des Prozessverlaufs eines TZI-Persönlichkeitskurses von Angelika Rubner[46] zurück, in dem sie ihre Verstehensmöglichkeiten und die Überlegungen zur Prozessgestaltung von allen vier Positionen her gewinnt.

Es geht darum, dass sich am Abend des zweiten Tages eines Persönlichkeitskurses, der bis dahin problemlos verlaufen war, eine Krise entwickelt. Als Ausgangspunkt dazu betrachtet Rubner eine kleine

Fehlleistung, die ihr passiert ist; sie hat bei der Ankündigung der bevorstehenden Arbeit in Kleingruppen für eine dieser Gruppen vergessen, deren Tagungsraum zu benennen. Angesichts der Tatsache, dass aus der bisherigen Arbeit bereits vier Kleingruppen-Räume bekannt sind, wirkt die Reaktion von Fritz, einem Mitglied der „vergessenen Kleingruppe" recht überzogen: Er ist verärgert über die Missachtung seiner Gruppe sowie seiner Person, er fühlt sich dadurch arbeitsunfähig sowie äußerst enttäuscht über den bisherigen Kursverlauf, in dem er sich nicht wahrgenommen sieht. Vor allem von der Kursleiterin ist er enttäuscht, schafft sie doch nicht jene Atmosphäre von Vertrauen und Offenheit in der Gruppe, so dass Fritz mit dem Gedanken spielt, am nächsten Tag abzureisen. Auf die Frage an die Gruppe insgesamt, ob es anderen ähnlich ergeht, gibt es recht unterschiedliche Stellungnahmen: Die einen teilen Fritz' Meinung, die anderen setzen sich deutlich von seiner Sichtweise ab und äußern Zufriedenheit mit dem bisherigen Kursverlauf.

In der Reflexion dieser Szene berichtet Rubner zunächst, was die Rollenzuschreibung von Fritz bei ihr unmittelbar auslöste: „Ich war enttäuscht und verletzt, ich war wütend auf ihn, ich fühlte mich von ihm entwertet und bedroht. Ich empfand also Gefühle, die mit seinen auf mich gerichteten korrespondierten. Gleichzeitig spürte ich einen riesigen, unerfüllbaren Anspruch auf mich gerichtet. Alles in allem löste dies in mir den Impuls aus, ihn fallenlassen zu wollen, mich von ihm abzuwenden und ihn seinerseits zu kritisieren, in Frage zu stellen und abzuwerten..."[47]. Rubner sieht ihre eigenen Aggressionen und Ängste im Kontext ihrer biographischen Erfahrungen und im Einnehmen einer *komplementären Position:* Fritz schreibt ihr die Rolle der (in beiderlei Wortsinn) Versagenden zu und „dies weckt in dem, an den sie gerichtet ist, den Impuls, sich dieser Rolle entsprechend zu verhalten"[48].

Rubner versucht nun, aus ihrer komplementär-identifikatorischen Partizipation Möglichkeiten zum Prozessverstehen zu gewinnen und wechselt dazu auf die exzentrische Position der *Reflexion ihrer Gegenübertragung*. Dieser Positionswechsel gelingt nicht einfach,

sondern sie muss sich erstens dazu ihrer eigenen Beteiligungen am Thema „Enttäuschung und Verletzung" bewusst werden. Zum zweiten betrachtet sie ihre innere Befindlichkeit als Reaktion auf den äußeren Interaktionsprozess zwischen ihr und Fritz, aber auch im Zusammenhang des Gruppengeschehens. Und drittens versucht sie, ihre Vorstellungen über das, was Fritz aus seinen Lebenserfahrungen wohl in diese Szene hineingetragen hat, von dem zu trennen, was für eine Betrachtung des aktuellen Geschehens in ihr und in der Gruppe wichtig ist[49].
Dies ermöglicht es Rubner nun, sich aus der exzentrischen Potition der Reflexion von Übertragung und Gegenübertragung einer *konkordanten Identifizierung* vorsichtig anzunähern; Fritz wird für sie zu einem Menschen, dessen Handlungsweisen verständlich sind, der aus seiner persönlichen Problematik heraus einen wichtigen Aspekt des Gruppengeschehens zum Ausdruck bringt. Allerdings wird das „zarte Pflänzchen" konkordanter Identifizierung von der distanzierenden Betrachtung des Geschehens getragen.
Die vierte Position *theoriegeleiteter Reflexion* ist darin enthalten, dass sich Rubner implizit auf ein Phasenmodell der Gruppenentwicklung bezieht. In ihre Analyse zum bisherigen Verlauf gehen nämlich auch theoretische Vorstellungen ein, die Rubner, als Mitverfasserin eines Textes über „Entwicklungsphasen einer Gruppe"[50], zum aktuellen Geschehen hat. Dies zeigt sich im Text eher indirekt bei der Frage nach den Bedürfnissen und Phantasien, die in dieser Gruppe wirksam sind. Hierbei spricht sie von Macht- und Positionskämpfen, von Autonomiebestrebungen als Reaktion auf spezifische Bedürfnisse und Ängste, die mit den von Rubner und Rubner beschriebenen Merkmalen der „Phase II" der Gruppenentwicklung[51] übereinstimmen. Ihre Interpretation des Geschehens verdankt sich also nicht allein der Reflexion ihrer Gegenübertragung, sondern ebenso ihrer theoriebezogenen Sichtweise: „Im Moment befanden wir uns an einer Übergangsstelle: Die Illusion der Omnipotenz konnte nicht mehr länger aufrechterhalten werden, die ausgesprochene Forderung nach Gleichheit ... stand im Widerspruch zum Betonen und Hervorheben

der Unterschiedlichkeit ... Ein alle verbindender Gruppengeist und ein Zusammengehörigkeitsgefühl waren noch nicht geboren. Dies konnte erst dann geschehen, wenn jeder seine Position und seine Selbständigkeit inmitten seiner Abhängigkeiten in dieser Gruppe gefunden hatte"[52]. Diese dezidierte theoretische Betrachtung des Gruppenprozesses als „Phase II" konstituiert ebenso den exzentrischen Standpunkt wie die Reflexion der Gegenübertragung, wobei sich beide Modalitäten wechselseitig „zuarbeiten" können.
Aus dieser Analyse der Situation, die über die Partizipation in der komplementären Identifikation, das anschließende Gewinnen eines exzentrischen Standpunktes durch die Reflexion der Gegenübertragung, die (dadurch mögliche) konkordante Identifizierung sowie die theoriegeleitete Reflexion des Geschehens erfolgt, gewinnt Rubner Hinweise zur weiteren Prozessgestaltung mit entsprechenden Themen und Strukturen. Das szenische Verstehen des Vorgefallenen aus den vier Positionen einer partizipierenden Leitung heraus ist damit Ausgangspunkt für das weitere Leitungshandeln. Es ist nicht die „einzig wahre" Interpretation, sondern eine hypothetische Sinngebung, die durch das weitere Geschehen gesichert oder korrigiert werden kann.

2.6 Psychoanalyse und TZI-Pädagogik

Anknüpfend an die Ausführungen zum szenischen Verstehen in Kapitel 2.5 möchte ich den dort begonnenen Gedankengang zu einer Verbindung von Psychoanalyse und TZI dahingehend weiterführen, dass ich Merkmale einer auf der Themenzentrierten Interaktion aufbauenden psychoanalytischen Pädagogik herausarbeite. Ich hole dazu weit aus: Zunächst (Kap. 2.6.1) beschäftige ich mich mit dem Begriff der Bewusstheit, der sowohl einen zentralen Aspekt psychoanalytischen Denkens ausmacht als auch eine axiomatische Grundlage für die TZI abgibt. Im Anschluss daran (Kap. 2.6.2) gebe ich der Idee der Bewusstheit dadurch eine konkretere Kontur, dass ich den Prozess der Symbolbildung, verstanden als einen Bewusstsein konstituierenden Vorgang, im psychoanalytisch-therapeutischen Verfahren näher betrachte. Diese Überlegungen knüpfen sowohl unmittelbar an die Ausarbeitungen zum szenischen Verstehen im Kapitel 2.5.2 als auch mittelbar an die Unterscheidung einer „alltagspraktisch-narrativen Reflexionsebene" von einer „konzeptionellen Reflexionsebene" in den Kapiteln 1.1.1 und 1.1.2 an. Ich sehe das szenische Verstehen als eine affektiv-kognitive Bewegung zwischen diesen beiden Reflexionsebenen und damit als eine Grundlage für sozialpädagogisches Handeln in Beziehungen an. Das Kapitel 2.6.3 überführt den Gedankengang zu Symbolbildung und szenischem Verstehen in das pädagogische Handlungsfeld. An Hand eines Fallbeispiels aus dem heilpädagogischen Unterricht schildere ich zunächst einen Prozessverlauf, kommentiere ihn anschließend aus der Sicht einer TZI-Pädagogik und versuche abschließend (Kap. 2.6.3.2), allgemeine Kriterien zu den Möglichkeiten einer Verbindung von Psychoanalyse und TZI-Pädagogik zu gewinnen.

2.6.1 Reflexive Bewusstheit als existenzielle Herausforderung

Das Menschenbild der TZI, das in ihren Axiomen und Postulaten deutlich wird, lässt sich in den Aufforderungen zusammenfassen:
- Sei Dir Deiner selbst und Deiner Stellung in der Welt bewusst.
- Entscheide Dich, handle aus innerer Überzeugung und verantworte Dein Tun vor dem Wertehintergrund eines humanen Lebens.
- Nimm innere und äußere Begrenzungen wahr – und prüfe deren Erweiterung.

Damit wird das Bild eines (selbst)bewussten Subjekts skizziert, das sich und seine Lebenszusammenhänge erkennt, das aus bewussten Sinnbezügen heraus Lebensentscheidungen trifft und verantwortlich handelt und das sowohl seine eigene Entwicklung betreibt als auch Veränderungsmöglichkeiten in seiner näheren und weiteren sozialen Umgebung im Auge hat.

Ausgangspunkt dieser Subjekthaftigkeit ist die im ersten Axiom angesprochene Bewusstheit. Damit folgt TZI dem schon in der Antike skizzierten und seit der Renaissance durchgängig propagierten Bild des Menschen als „animal rationale", dessen Bewusstheit zur Leitwährung seines Seins geworden ist.

Auf den ersten Blick betrachtet ist uns bewusstes Erleben so vertraut, dass es scheinbar keiner weiteren Klärung bedarf: Sinnesempfindungen, Gefühle und Gedanken sind uns auf eine uns selbstverständliche und unmittelbare Art gegeben, das pure subjektive Erleben des „phänomenalen Bewusstseins" ist eine offensichtliche Qualität unseres Seins, in gewissem Sinne sind wir dieses Erleben selbst. Der Begriff des Bewusstseins meint aber auch noch etwas anderes: Die Qualität *reflexiven* Bewusstseins entsteht, als Gewahrsein meiner selbst, indem ich selbst im Bewusstseinsakt Gegenstand meines Bewusstseins bin. Ich nehme dann nicht nur etwas wahr, sondern bin mir auch darüber gewahr, dass ich es bin, der etwas wahrnimmt. „Wenn man sagt ‚ich bin mir meiner selbst bewußt' oder manchmal auch bloß einfach ‚ich bin bewußt' oder ‚ich tue dies oder jenes bewußt', dann bin der Gegenstand des Bewußtseins ich selbst"[1].

Im Zustand reflexiver Bewusstheit nehme ich nicht nur wahr, d.h. *bin* meine Wahrnehmung, sondern ich *habe* eine Vorstellung von etwas. Dies ist ein psychischer Zustand, in dem ich mich in einer Außenperspektive selbst zum Gegenstand mache, d.h. zu etwas, das ich in gewissem Sinne im Augenblick nicht *bin*. „Wenn dieses Bewußtsein aber nicht schlicht Bewußtsein von einem Gegenstand ist, wie von anderen Gegenständen in der Welt, sondern eben von mir selbst, so muß dieses Gegenstandsbewußtsein auf einer affektiven Betroffenheit aufruhen, die die unausweichliche Gewißheit enthält, daß ich dieser Gegenstand selbst bin. Wir haben es also im Selbstbewußtsein mit einem eigentümlichen Schwebezustand zwischen Identifizierung mit mir und Distanzierung von mir zu tun"[2].
Die Gleichzeitigkeit von Innenperspektive eines gefühlten Zustandes im Ich und Außenperspektive der Gegenstandsvorstellung ermöglicht einen Abstand zur bzw. erzeugt einen Verlust von Unmittelbarkeit des Erlebens. Der Abstand gegenüber der Unmittelbarkeit des gefühlshaften Erlebens, der drängenden Impulse, der spontanen Einbildungskraft und dem „pur" gespürten Zustand des Leibes ermöglicht durch diese Form der Selbstdistanzierung jene Denk- und Handlungsspielräume, die zum habituellen Merkmal des „modernen Menschen" zählen, seine Autonomie und Emanzipation begründen sowie in Entwicklungs- und Handlungstheorien auf unterschiedliche Weise zum Gegenstand wissenschaftlicher Reflexion gemacht worden sind[3].
Das Menschenbild des (selbst)bewussten, in Sinnkontexten verantwortlich handelnden, selbstbestimmt sich und seine Umwelt gestaltenden Subjekts ist eine kulturelle Konstruktion, die durch „postmodernes Denken" dekonstruiert wird. Die Kritik postmoderner Philosophie an den vermeintlichen Sicherheiten der Moderne greift, im Zusammenhang des Bewusstheit-Anspruchs, u.a. die Alltagsfrage auf, „ob nicht das Leben überhaupt zu wesentlichen Teilen *Playback* sei, ob man nicht häufig mit geliehener Stimme spreche und agiere, als folge man eher einem unbekannten Drehbuch als dem eigenen Willen"[4]. Die postmoderne Sichtweise relativiert den Anspruch auf die

Stabilität des reflexiven Bewusstseins und auf die konsistente Substanz der Identität, sie demontiert etablierte Vorstellungen über den Menschen, dekonstruiert das Bild einer durch Bewusstheit möglichen Verfügbarkeit über sicheres Wissen über die Wirklichkeit[5]. In ihrer größeren Beachtung von Kontingenzen und Diskontinuitäten sowie in der Akzeptanz einer nur provisorischen Nützlichkeit mentaler Konstruktionen drückt sich die „Selbstrelativierung des Bewußtseins“[6] aus.

Einen weiteren Ansatzpunkt skeptischer Betrachtung der Kompetenzen reflexiver Bewusstheit liefert die Neurobiologie. Begründet auf Untersuchungen zum zeitlichen Vergleich von bewusstem Willensentschluss und neuronaler Aktivierung eines Bereitschaftspotentials zum Handeln kommt Roth zu einer Sichtweise, die „von dem vorherrschenden, Vernunft- und ichzentrierten Menschenbild stark abweicht“[7]. Bewusstsein wird hier als ein weites Feld unterschiedlicher Zustände der Informationsverarbeitung gesehen, die zwar in der Großhirnrinde ihren Entstehungsort haben, aber von sehr verschiedenen corticalen Zentren produziert werden. Dieses System erzeugt durch seine hochgradige Binnenverdrahtung eine eigene virtuelle Vorstellungswelt, die für das System die Realität ist. Autonomie ist in dieser Sicht die Fähigkeit unseres *ganzen* Wesens (d.h. des Bewusstseins und der nicht bewussten neurologischen Tätigkeiten, des ganzen Gehirns und des ganzen Körpers), aus erfahrungsgesättigter Innenleitung heraus zu handeln.

Bewusstseinskritisches Denken setzt bereits um die Wende zum 19. Jahrhundert ein[8] und markiert einen Gegenpol, der das „Andere der Vernunft“[9] behauptet und dem aus dem Bewusstsein Verdrängten zu seinem Recht verhelfen will. „Es ist seitdem keine Bewußtseinsphilosophie mehr sinnvoll, die nicht zugleich eine Philosophie des Unbewußten ist; es kann keine Bestimmung von Rationalität mehr als adäquat akzeptiert werden, die Rationalität nur immanent, d.h. durch logische Strukturen oder Argumentationsprinzipien bestimmt – und nicht auch in ihrer Beziehung zum ‚Irrealen‘“[10]. Mit diesem Gegenpol werden die Ideen des (selbst)bewussten Subjekts, des sinnbezogenen Handelns und der onto- wie phylogenetischen Höherentwicklung als ideologiegefährdet erkennbar. Sie entfalten ihre Sinngehalte nur noch gebrochen, in begrenzter Gültigkeit angesichts dessen, was mit ihnen vereinnahmt oder durch sie ausgegrenzt wird. Im Spannungsfeld mit ihrem Anderen können sie aber den Weg zu einem praktischen Selbstverständnis des Menschen bahnen, das um dieses Andere weiß und es anerkennt.

Zwei vielzitierte Sätze Sigmund Freuds können diese beiden Pole – des Bewussten und des Unbewussten – veranschaulichen: „Das Ich ist nicht Herr im eigenen Hause“[11] und „Wo Es war, soll Ich werden“[12]. Mit dem ersten Satz konfrontiert sich das Ich mit einer kränkenden (Selbst)Erfahrung, der zweite Satz drückt die Hoffnung aus, dass es dennoch – mit Hilfe der Psychoanalyse – möglich sei, *etwas* von unbewusst determinierenden Abhängigkeiten, Widersprüchlichkeiten und Selbsttäuschungen in bewusste Verfügbarkeit zu überführen, auch wenn dadurch dem Ich nicht zur endgültigen Herrschaft im eigenen Haus verholfen wird: „Eher scheint der analytische Prozeß darauf hinauszulaufen, daß das Ich sich mit anderen Bewohnern dieses Hauses vertraut mache und nicht alles darauf setze, sie zu vertreiben“[13]. In dieser Sichtweise ist Bewusstheit kein eindimensionales Ideal für das eigentliche Menschsein, sondern eine spezifische psychische Qualität, die mit kulturell hoch bewerteten habituellen Kompetenzen verbunden ist: der Gestaltungsspielraum des „eigenen Lebens“, die Kompetenz des Handelns, die Fülle des Lebens können in bewussten Lebensvollzügen gesteigert werden. Der Beitrag der Psychoanalyse hierzu ist auf die dynamische Beziehung zwischen bewusstseinsfähigen und unbewussten Prozessen gerichtet: So tauchen im Bewusstsein skurrile, paradoxe oder lückenhafte Inhalte „unbekannter Herkunft“ auf, statt beabsichtigtem und flexiblem Handeln drängen sich stereotype Verhaltensweisen zwingend in den Vordergrund, so dass die Konsistenz und Kohärenz des bewussten eigenen Lebens von Gefühlen der Fremdheit und Abhängigkeit bedroht sind: In solchen Lebensprozessen lässt sich aber die Überzeugung, dass ich es bin, der dies denkt und der so handelt, kaum aufrechterhalten. Damit steht das Subjekt vor der Situation, dieses Andere abzuspalten und zu verdrängen, oder sich mit einem befremdlichen und bedrohlichen Anteil des eigenen Lebens zu beschäftigen und damit unbewusste Anteile und latente Sinngehalte in die reflexionsfähige Lebensgestaltung einzuholen.

Psychoanalyse fokussiert auf den Grenzbereich zwischen bewusstseinsfähigen und dynamisch-unbewussten Lebensvollzügen und bemüht sich um eine Erweiterung reflexiver Kompetenzen. Letzteres ist auch ein Anliegen der TZI, die auf einen Zugewinn an Bewusstheit durch das Thematisieren von Sach-, Subjekt-, Sozial- und Weltbezügen setzt und dabei latente Sinngehalte in den Fokus möglichst klarer, stimmiger und kommunizierbarer Sinndeutungen einzubringen sucht. Psychoanalyse und TZI verfolgen damit vergleichbare Anliegen mit jeweils eigenen Blickrichtungen: Das psychoanalytische Vorgehen liegt an der Schnittstelle unbewusster/bewusster psychischer Dynamik und richtet sich auf die Bearbeitung von Widerstand und Abwehr systematisch ein. Themenzentrierte Prozessgestaltung rechnet mit unbewusster Dynamik und versucht, sie zu reduzieren[14]. Ihr Blick ist auf die Schnittstelle latenter/manifester Sinngehalte ausgerichtet, wobei TZI durch die besondere Beachtung von Störungen den Bereich des Thematisierbaren zu erweitern anstrebt. Es stellt sich die Frage, inwiefern dabei unbewusste Zusammenhänge in die Themenbearbeitung einbezogen und in den Bereich der Bewusstseinsfähigkeit eingeholt werden können.

In den folgenden Überlegungen beschäftige ich mich mit der Frage, wie psychoanalytisches Denken und Vorgehen themenzentriertes Arbeiten bereichern und damit den Wirkungsbereich der TZI im Hinblick auf Zugewinne an Bewusstheit erweitern kann. Ich sehe diese Verbindung zwischen Psychoanalyse und TZI-Pädagogik zum einen durch die Vorgehensweise des szenischen Verstehens, zum anderen durch die Konzentration der Aufmerksamkeit auf Prozesse der Symbolisierung gegeben. Dabei wird TZI nicht zu Psychoanalyse, sondern erweitert ihre Schnittstelle durch Handhabung des szenischen Verstehens in der konzeptionellen Einbindung und Ausrichtung der TZI. Um Verbindungsmöglichkeiten und Abgrenzungen herauszuarbeiten, beschäftige ich mich zunächst mit der psychoanalytischen Vorgehensweise des szenischen Verstehens als einem dialogischen Verfahren der Symbolbildung und komme anschließend über den Weg eines Fallbeispiels zur Frage nach den Möglichkeiten einer Einbeziehung des szenischen Verstehens der Psychoanalyse in themenzentriertes pädagogisches Handeln.

2.6.2 Der Prozess der Symbolbildung im psychoanalytischen Dialog

Der Blick der Psychoanalyse ist auf Lebenszusammenhänge gerichtet, die vom Subjekt aus Bewusstsein und Sprachfähigkeit ausgeklammert werden. Wie aber kann der Versuch des Verstehens und Einholens unbewusster psychischer Wirklichkeit vonstatten gehen, wenn diese sich doch per definitionem einem unmittelbaren Zugang entzieht? Das psychoanalytische Vorgehen ist ein indirektes, es setzt auf ein besonderes Setting[15], das eine spezifische Beziehungsdynamik intendiert, wobei das Medium der Beziehung zwischen Analytiker und Analysand die sprachliche Kommunikation mit ihren Inhalts- und Beziehungsaspekten ist.

Die Regel des psychoanalytischen Gesprächs ist die „freie Assoziation“[16], d.h. die nicht selektive Art des Sprechens auf Seiten des Analysanden und die „freischwebende Aufmerksamkeit“[17], d.h. die nicht selektive Art des Zuhörens, auf Seiten des Analytikers. Dieser interveniert im Kommunikationsprozess mit Deutungen, d.h. mit Mitteilungen über Erlebnisinhalte und Erlebnisformen des Analysanden.

Die psychoanalytische Situation ist insofern eine fiktive Situation, als auf der Grundlage des „Übertragungsspiels“ der Blick auf den erzählten Text dessen außertextliche Wirklichkeit in der Schwebe lässt. Der Bezugsrahmen des erzählten Textes ist nicht die Realität „draußen“, nicht der Wahrheitsgehalt der Erzählung im Hinblick auf ihre

Übereinstimmung mit objektiven Fakten wird zum Gegenstand des Dialogs. Statt dessen geht es um die Fiktivität einer Übertragungssituation: „Es sind die fiktiven Selbst- und Objektrepräsentanzen, die in ihr sprechen und zu denen gesprochen wird. Sie machen aus der analytischen Situation selbst dann eine fiktive Situation, wenn alle Inhalte objektiv zutreffend sein sollten. Wir erleben in der Analyse Situationen, in denen uns glaubhafte Lebenssituationen erzählt werden, und doch haben wir dabei das Gefühl, daß etwas mit uns dabei ‚gemacht' wird. Wir werden in peinliche Vertraulichkeiten einbezogen oder erfahren uns als ‚Dritte', die in belastenden Situationen eigentlich eingreifen sollten und vielleicht sogar in sich einen Impuls dazu verspüren. Es ist diese Einbettung in ein fiktives Geschehen, das aus scheinbar realistischen Erzählungen die spezifischen Erzählungen der analytischen Situation macht"[18].

Die Perspektive des „Arbeitsbündnisses"[19] steht in der Spannung zur Perspektive des Übertragungsgeschehens, in dem sich der innerpsychische Konflikt innerhalb der Beziehung zwischen Analysand und Analytiker darstellt. Erst aus dem Referenzrahmen des Arbeitsbündnisses ist der fiktive Charakter der Übertragungsdynamik erkennbar. „Der fiktive Charakter der analytischen Situation rührt also daher, daß in ihr zwei Personen als Partner der Übertragungsbeziehung miteinander und zueinander reden, deren Andersheit gegenüber der alltäglichen Realität von einer anderen Beziehung her erkennbar ist, die etwas wie einen Rahmen bildet"[20]. Dieser Rahmen des Arbeitsbündnisses trägt die Reflexion der Übertragungsphänomenen, „und ein großer Teil der Kunst der analytischen Technik besteht darin, so zu intervenieren, daß der Analysand einen Bezugsrahmen findet, von dem her er immer wieder seine fiktive Selbst- und Fremdwahrnehmung erkennen kann"[21].

Im vorangegangenen Kapitel (2.5) habe ich den indirekten Weg zur unbewussten Dynamik des Übertragungsgeschehens als szenisches Verstehen auf der Grundlage der „unmittelbaren Teilhabe" sowie der Reflexion der Gegenübertragung von einem „exzentrischen Standpunkt" aus beschrieben. Danach ist psychoanalytisches Verstehen ein

Verstehen von Szenen, das sich dadurch einstellt, dass sich der Analytiker zunächst in seiner „unmittelbaren Teilhabe" „verwenden" läßt, d.h. dass er den Übertragungsangeboten entsprechende (konkordante oder komplementäre) Übertragungsphantasien in sich zulässt. Über die Reflexion seiner Teilhabe am Beziehungsfeld seines Gegenüber, seiner eigenen inneren Antworten auf dessen interaktionellen Versuche, ihn zu einem gewünschten oder befürchteten Verhalten zu veranlassen, gewinnt er allmählich Zugang zur „unbewußten sprachexkommunizierten Wirkungsschicht"[22].
Damit er diesen Weg beschreiten kann, muss er aber unterscheiden können zwischen seinen eigenen Übertragungsneigungen und einer symbolisierten Antwort auf die Übertragungsangebote des Analysanden. „Nach psychoanalytischer Ansicht gründete die Fähigkeit zu dieser Form der abstinenten Haltung in einer hinreichenden Unabhängigkeit von den eigenen inneren Objekten. Damit ist gemeint, daß dem Analytiker die Integration seiner eigenen Beziehungserfahrungen so weit gelungen sein soll, daß er den Analysanden nicht zur Befriedigung ‚restneurotischer' Bedürfnisse benötigt. Nur dann kann er auch dessen Projektionen annehmen und wieder loslassen"[23].
In sozial-konstruktivistischem Verständnis von Übertragung und Gegenübertragung verdeutlicht Bettighofer den „gestaltende(n) Einfluß, den der Analytiker mit seiner Person, seinen Einstellungen, Erwartungen und seinem Verhalten auf die spezifische Ausformung der jeweiligen Übertragung hat"[24]. Damit gehört der Analytiker zum interaktionellen Feld, aus dem heraus sich jene unbewussten Erlebens- und Verhaltensschemata bilden, die zum Gegenstand der Übertragungsreflexion gemacht werden. Dann kann es methodisch nur darum gehen, diesen Einfluss des Analytikers am Übertragungsgeschehen vorauszusetzen, „ihn ernst zu nehmen und seine konkrete Wirkung ... zu untersuchen, um ihn für das Verstehen der gesamten Übertragungssituation fruchtbar zu machen"[25].
Durch die Deutung bietet der Analytiker dem Analysanden eine nachträgliche Symbolisierung seiner Erfahrungen an. Symbolisierung bedeutet dabei eine besondere Art der Distanzierung von dem

unmittelbaren Erleben, die dadurch möglich wird, dass das Symbolisierte (d.h. das Ereignis, der Sachverhalt, der Gegenstand) vom Symbol (d.h. von der bildhaften oder sprachlichen Vorstellung vom Symbolisierten) unterschieden werden kann. Symbolisierung ist ein ursprüngliches Bedürfnis des selbstreflexiven Menschen[26], mit dem jener eigentümliche „Schwebezustand" zwischen Unmittelbarkeit und Distanzierung gewonnen wird.
Symbole sind, als Ergebnisse mentaler Erfahrungsverarbeitung, Interpretationen zu den gemachten Erfahrungen. Im psychoanalytischen Dialog werden sie „zum Gegenstand der Interpretation durch den Analytiker. Das ist das analytische Standardverfahren, in dem ja in der Regel nicht nackte Fakten, sondern Interpretationen gedeutet werden..."[27] Psychoanalytische Deutungen sind also Interpretationen von Interpretationen, wobei dieses Interpretationsverfahren prinzipiell unabschließbar ist, da auch „jede analytische Deutung nachträglich als Funktion des Widerstandes[28] und als Teil einer Übertragungswirklichkeit verstanden werden kann"[29].
Im Hinblick auf den strukturellen Aspekt der Symbolbildung unterscheidet die semiotische Theorie Charles S. Peirces, die Eingang in psychoanalytische Überlegungen gefunden hat, zweistellige und dreistellige Symbolisierungen als verschiedene Formen, Erfahrungen Bedeutungen zu geben[30]:

- In dreistelligen Symbolisierungen löst sich das Subjekt aus der Unmittelbarkeit seiner Erfahrung, indem es ein inneres Bild von dem erlebten äußeren Sachverhalt oder Gegenstand konstruiert, das für diesen steht, ohne mit ihm identisch zu sein. Die Beziehung zwischen Zeichen und Bezeichnetem ist vor allem durch Unterschiedlichkeit gekennzeichnet, die „innere Idee" der Innenperspektive und die „äußere Wirklichkeit" der Außenperspektive werden deutlich voneinander differenziert. In dieser Form der Symbolisierung erzeugt sich das Subjekt im Zustand reflexiver Bewusstheit, die „bezogene Loslösung" dreistelliger Symbolisierung ermöglicht Spielräume des (Probe-) Handelns und das Aushalten von Ambivalenzen und Ambiguitäten[31]. Die differenzierende Wirkung der Dreistelligkeit liegt darin, dass innerhalb der Triangularität von Symbol, Symbolisiertem und symbolbildendem Subjekt ein kreativer Raum geschaffen wird: In diesem kann Realität auf Phantasie und der Wunsch auf das Mögliche bezogen werden, ohne dass dieses symbolische Spannungsfeld nach einer Seite zusammenbricht – solange es ein konstruierendes Subjekt gibt, das diesen Raum offenhält.

- In zweistelligen Symbolisierungen schafft das Subjekt zwar Objekte, aber ohne dass es sich in diesem Vorgang reflexiv als Symbol-Konstrukteur erlebt. Dadurch sind die Objekte „was sie sind, und auch die Gedanken sind nur das, was sie sind, und sie sind, weil das Bewußtsein eines Ich fehlt, ebenfalls etwas wie Objekte ... Die Welt und das innere Erleben sind unterschiedslos nebeneinander gestellt ... Signifikant und Signifikat sind einander eindeutig zugeordnet, ohne daß ein Subjekt dazwischen vermitteln würde“[32]. Die zweistellige Symbolisierung schafft mit ihrer eindeutigen Verbindung zur Welt die Sicherheit des „Es ist so und nicht anders!“. Mit dieser Eindeutigkeit sind die Leidenschaftlichkeit der Ideenbildung und die Intensität des Weltbezugs verbunden. Aber die differenzierende Potenz der dreistelligen Unterscheidung von Symbol, Symbolisiertem und symbolisierendem Subjekt ist damit aufgehoben[33]. „Die Welt der zweistelligen Symbolisierungen ist damit entweder zu beschreiben als die Welt von Dingen an sich ohne ein symbolisierendes Subjekt. Oder sie ist eine Welt, in der dem Subjekt die Dinge so gegenüberstehen wie sie anscheinend sind, ohne das mögliche Spiel von Deutung. In diesem Falle ist das Subjekt nicht ein aktiv symbolisierendes Subjekt, sondern ein ‚Ding‘, das einer Welt von Dingen gegenübersteht, die nur so sind, wie sie sind“[34].

Während also dreistellige Symbolisierung den Differenzaspekt in den Vordergrund stellt, schafft zweistellige Symbolisierung eine stärkere Verbindung zum Gegenstand, auf den sie verweist. Nun scheint es mir wichtig zu sein, die Überlegungen zu zweistelliger und dreistelliger Symbolisierung nicht als ein eindeutig zu bewertendes hierarchisches Verhältnis zu werten, in dem der Bewusstseinsprozess linear auf

Dreistelligkeit auszurichten ist. Statt dessen stellt sich die Frage nach der dynamischen Balance im Prozess der Symbolisierungen. Denn beide Modi bringen neben ihren Potenzen auch Probleme in den Vorgang der Bewusstseinsbildung ein, wenn die psychische Organisation weitgehend auf einen Modus zusammenbricht: Während dann die nur begrenzt subjekthafte Gedanken- und Gefühlswelt der Zweistelligkeit dazu tendiert, dass sich Dinge „einfach ereignen und sich gedanklicher oder interpretativer Verarbeitung entziehen"[35] und dies zu phobischen oder zwanghaften Reaktionen führen kann, schließt Dreistelligkeit die Gefahr einer „Isolation des Selbst von den eigenen körperlichen Empfindungen ein und von der Unmittelbarkeit der eigenen gelebten Erfahrung und läßt einen bar jeglicher Spontaneität und Lebendigkeit"[36] werden. Rationalismus, Devitalisierung und Isolierung können dann die Folge sein.

Das klassische psychoanalytisch-deutende Vorgehen, verstanden als Interpretation von Interpretationen, setzt dreistellige Symbolisierungsfähigkeit der Erfahrungen beim Analysanden voraus. „Die verändernde und heilende Kraft der Psychoanalyse beruht sicherlich zu einem großen Teil darauf, daß unbewußte Phantasien und die dagegen errichteten Abwehrmaßnahmen in ihrer Realisierung in der Übertragung gedeutet werden. Das setzt voraus, daß zumindest eine geringfügige dreistellige Symbolisierungsfähigkeit und die Fähigkeit zum ‚Als ob' erreicht sind oder schon einmal erreicht waren. Darüber hinaus hat die Deutung als Deutung eine verändernde Potenz, weil sie dem Analysanden die Möglichkeit aufzeigt, sich anders zu sehen, als er es bisher getan hat. Eine solche Fähigkeit hat die Deutung selbst dann noch, wenn sie nicht zutrifft, aber einen triangulären semiotischen Prozeß eröffnet. Und umgekehrt können Deutungen, die als ‚letzte Wahrheiten' vorgetragen werden, selbst wenn sie richtig sind, den Analysanden in seiner rigiden Weltsicht noch bestärken. Für die meisten Psychoanalytiker ist die Erreichung und Durcharbeitung des Ödipus-Komplexes grundlegend. Im Lichte des vorgetragenen Gedankenganges würde ich demgegenüber es als grundlegender ansehen, ob die Möglichkeit besteht, die Realität innerhalb einer triangulären Struktur zu sehen“[37].

Was kann Psychoanalyse aber leisten, wenn die Möglichkeiten dreistelliger Symbolisierung kaum entwickelt sind bzw. im Arbeitsprozess massiv abgewehrt werden müssen, weil die Einsicht in den Sinn der Abwehr unerträglich wäre[38], oder wenn die Zweistelligkeit der Symbolbildung nicht Abwehrcharakter trägt, sondern Ergebnis struktureller Defizite ist? Heigl-Evers u.a.[39] schlagen bei Patienten mit gravierenden strukturellen Störungen statt Deutungen „antwortende“ Interventionen der „psychoanalytisch-interaktionellen Methode“ vor:

- Durch die Übernahme von Hilfs-Ich-Funktionen wie z.B. dadurch, dass der Therapeut dem Patienten vermittelt, wie er sich in der von ihm beschriebenen Situation verhalten würde, soll sowohl eine andere Verhaltensmöglichkeit – ein Element der Alterität – aufgezeigt, als auch ein Identifikationsangebot mit einer reiferen Struktur der Erfahrungsverarbeitung gemacht werden.
- Durch authentische Antworten[40] versucht der Therapeut dem Patienten das „dritte Objekt“ spürbar zu machen, d.h. ihn in der „haltenden Umgebung“ der therapeutischen Beziehung mit einem unerwarteten „dritten“ Erlebniselement zu konfrontieren.
- Durch vom Therapeuten geleitetes Umgehen mit Affekten soll der Patient in der therapeutischen Beziehungssituation neue Zugänge zu und Umgangsweisen mit seinen eigenen Affekten finden, aber auch zunehmend spüren, welche Affekte er im Gegenüber bewirkt.

Antwortend ist dieses Verfahren, da die Interventionen als unmittelbares „Echo“ oder „Spiegel“[41] auf das Verhalten des Patienten zu betrachten sind, die von einem als reale (und nicht fiktive) Person sich in einer mitmenschlichen Beziehung anbietenden Therapeuten gegeben werden. Dessen Rolle wird als selektiv-authentischer Partner in einem zwischenmenschlichen Verständigungszusammenhang gesehen, seine Antworten sind darauf ausgerichtet, „das im Dialog (zwischen dem Patienten und dem Therapeuten) gemeinsam Erlebbare erhellend zu erklären, anstatt ‚Inneres‘ deutend zu interpretieren. Es geht also darum, dem Patienten einen dialogisch-interaktionellen *Zusammenhang* schrittweise erkennbar und verständlich werden zu lassen. Der ‚antwortende' Therapeut ‚verstößt' dabei gegen die ‚klassische' Position, derzufolge die Gefühlswelt des Analytikers für den Patienten unsichtbar bleiben soll. Der ‚antwortende' Therapeut teilt nämlich in der Expression *selektiv authentische* Reaktionen seiner selbst, seines Inneren mit, und zwar in der Absicht, dem Patienten nachvollziehbar werden zu lassen, was dessen Interaktionsangebot im anderen Menschen – das heißt hier: im Therapeuten – auslösen. Auf diese Weise wird der Patient mit Unerwartetem, mit Andersartigem und damit immer auch mit dem ‚dritten Objekt' konfrontiert, das *anders* reagiert als jenes, mit dem er ohne Unterschied verschmolzen zu sein glaubt oder von dem er sich, zurückgewiesen in unerreichbare Einsamkeit, getrennt erlebt"[42]. Diese Darstellungen machen deutlich, dass sich die „antwortenden Interventionen" an die psychische Struktur zweistelliger Symbolisierungen beim Patienten richten[43], ihre therapeutischen Ziele aber sind an Dreistelligkeit orientiert: „Die apersonalen Objektbeziehungen sollten in Richtung Personalität verändert werden können, aus den bisherigen Teilobjekten sollten Ganzobjekte werden, aus unzureichenden Geschiedenheiten sollten sich Abgrenzungen entwickeln, Abgrenzungen sowohl des eigenen Selbst wie der Objekte; es sollte die Fähigkeit entstehen, den Anderen in seiner Andersartigkeit als Gegenüber zu erleben, mit dem in jedweder Hinsicht Austausch möglich ist, der so oder so eine unentbehrliche Ergänzung zur eigenen Unvollständigkeit darstellt"[44].

2.6.3 Szenisches Verstehen als Grundlage der Symbolbildung im pädagogischen Dialog

Sowohl das „Prinzip Deutung" als auch das „Prinzip Antwort" der Psychoanalyse sind auf die reflexive Bewusstheit dreistelliger Symbolisierung ausgerichtet – und haben damit eine Entsprechung zur axiomatischen Grundlegung der TZI. Dies ist nicht weiter verwunderlich, hat doch Ruth Cohn die TZI u.a. aus den Erfahrungen ihrer psychoanalytischen Praxis gewonnen. Sie betrachtet die von ihr geleiteten Gegenübertragungsworkshops als Ausgangspunkt der Entwicklung der TZI[45], ihre erstes in Deutschland erschienenes Buch trägt den Titel „Von der Psychoanalyse zur TZI". Wie Prozesse der Symbolisierung von Erfahrungen im pädagogischen Arbeitszusammenhang gestaltet werden und dabei psychoanalytische und pädagogische Momente eine fruchtbare Verbindung eingehen können, möchte ich an einem Fallbeispiel aus meiner eigenen Arbeit im Unterricht einer heilpädagogischen Einrichtung verdeutlichen. Im folgenden Kapitel stelle ich den Prozessverlauf dar, kommentiere ihn aus der Sicht der TZI und versuche abschließend, den veranschaulichten Zusammenhang von Psychoanalyse und TZI-Pädagogik verallgemeinernd zu betrachten.

2.6.3.1 Themenbearbeitung im Unterricht – ein Fallbeispiel[46]

Im Rahmen meiner Tätigkeit als Lehrer an einer Heimsonderschule für Erziehungshilfe übernahm ich eine siebte Klasse, die nach den Lehrplänen der Schule für Lernbehinderte unterrichtet und von acht männlichen Jugendlichen im Alter zwischen 13 und 16 Jahren besucht wurde. Im Laufe der ersten Monate einigten wir uns, nach einer Phase des Kennenlernens und der Grenzerprobung, auf einen Unterricht, der aus zwei Phasen bestand. In einer ersten Phase ging es um das sachliche Lernen; hierbei standen durchweg „trockene" Unterrichtsinhalte wie Mathematik und Rechtschreiben im Vordergrund. Ich verstand das Interesse der Schüler am „trockenen" Unterrichtsstoff und der nüchternen Vermittlungsweise als Ausdruck ihres Wunsches nach klarer Orientierung und überprüfbarem Lernerfolg, der den eigenen Selbstwert stabilisieren konnte. Zeigte ihre Lebensgeschichte doch zahlreiche Ausbrüche aus der „Normalität" der Altersgruppe, wobei diese Ausbrüche sowohl notwendige Inanspruchnahme ihrer besonderen Bedürfnisse waren, ihnen aber auch das Gefühl vermittelten, nicht „in Ordnung" ihrer Bezugsgruppe zu sein.

Innerhalb der Heimstruktur mit ihrer sowohl gewährenden, als auch die Verstörungen festschreibenden Ausgrenzung, gab es für die meisten Kinder und Jugendlichen einen gewissen Freiraum, der ihnen Möglichkeiten zur Selbststabilisierung bot. Gerade der „trockene" Lernstoff erwies sich als Gelegenheit, das im Bewusstsein der Schüler – trotz negativer Schulerfahrung – hoch bewertete schulische Lernen zur Stärkung des eigenen Selbstwertgefühls zu verwenden.

In der zweiten Phase, die eine weitere unbedingte Grundlage unseres „Arbeitsbündnisses" war, übernahmen die Schüler die Initiative: Dies war ein Freiraum *innerhalb* des Unterrichts, zeitlich immer wieder neu ausgehandelt, dem Lehrer und „seinem" Unterricht abgerungen als ein Stück weitgehender Schüler-Verfügbarkeit. Da ich mit meiner Rolle darauf bestand, dass sich diese zweite Phase der ersten anschloss, entstand so ein nicht feindseliges, aber zähes Ringen um die jeweiligen Anteile. Eine meiner Bedingungen, dass auch diese Zeit im Klassenraum zu verbringen sei, bot nur wenig Anlass zu Auseinandersetzungen. Die Schüler richteten sich mit ihren Bedürfnissen im „Lernraum" ein, pokerten, hampelten herum, spielten mit einem Flipperautomaten oder bearbeiteten die vorhandenen Musikinstrumente.

Nach zwei Jahren – also im neunten Schuljahr – entwickelte sich anlässlich einer Zeichenstunde, in der wir uns mit Tierzeichnungen befassten, der Prozess einer Themenbearbeitung, der uns fast ein Jahr lang beschäftigen sollte. Es begann damit, dass einer der Schüler einen unbeschreibbaren tierischen Laut äußerte, den ich aber, als Lehrer an einer Erziehungshilfeschule an besondere Ausdrucksweisen gewöhnt, zuerst nur kurz registrierte. Dieser Laut ertönte nun in unterschiedlichen Abständen immer wieder und wurde von der Klasse lustvoll nachgeahmt und als „Affe machen" benannt. Ich reagierte auf diese Störung mit milder Ermahnung und bat um Ruhe, brachte der „Affe" die Klasse doch zusehends von meinem Unterrichtsstoff „Tierzeichnung" ab.

Aber auch in der nächsten Zeichenstunde – und anfangs nur dort - wiederholte sich das „Affenspiel" und zwar in immer intensiverer

Weise. Nun wurde auch ein neuer Aspekt ins Spiel gebracht, der mir bewusst machte, dass es sich herbei nicht nur um eine lustvolle Störung des Unterrichts handelte: Während der Urheber des Affen-Themas seinen Beitrag durch eine lustvolle Entladung geleistet hatte, machte ein zweiter Schüler mich – in meiner Rolle als Lehrer – für die Kontrolle solcher Triebäußerungen verantwortlich. Er meinte, dass es so etwas nicht geben dürfe, als Lehrer könne ich eine solche Enthemmung während der Phase I nicht zulassen. Dabei drängte sich mir langsam und keineswegs in klarer Evidenz eine Ahnung auf, dass diese Szene mit ihren beiden Beiträgen ein für die Schüler wichtiges, auf den Umgang mit der äußeren Realität abzielendes inneres konflikthaftes Thema veranschaulichte. Noch ein Jahr bis zum Schulabgang, und die Gefahr des Scheiterns „draußen" vor Augen, trugen sie mir – als einem Vertreter der äußeren Realität – ihre Schwierigkeiten und Nöte in einer verschlüsselten Form an. Das sinnliche Spiel, das hier inszeniert wurde, ließ sich als Thema formulieren: „Wie kann ich meine Affekte zum Ausdruck bringen, ohne die Selbstkontrolle und meine Rolle in Beziehung zu Dir zu verlieren?"

Sie bezogen mich und meine Rolle in den Versuch einer Lösung ihrer lebenswichtigen Problematik ein, und ich spürte, dass von mir eine authentische Stellungnahme und nicht nur eine kurzfristige Reaktion auf die Störung gefordert war.

In dieser Situation war ich hin- und hergerissen zwischen dem lustvollen Ausdruck und dem Appell an meine Ordnung stiftende Rolle, die der „Über-Ich-Protagonist" durch den Vorschlag konkretisierte, ich als Lehrer müsse von jedem, der den „Affen" mache, eine Strafarbeit verlangen. Er plädierte für den Satz: „Wenn ich mich wie ein Affe benehme, muss ich leider in den Zoo gehen." Als progressiv gestimmter Lehrer hielt ich von einer derart antiquierten Antwort auf den ja durchaus lustvollen Schrei wenig, sah mich aber durch den Ruf nach Ordnung durch Strafe mit der anderen Seite des Affen, der Angst vor affektiver Überflutung und Kontrollverlust, konfrontiert.

Was sich in mir abspielte, muss ein Spiegel dessen gewesen sein, was in den Köpfen der Schüler hin- und herging, zur Veranschaulichung

gebracht durch die beiden Protagonisten der Verführung und der Kontrolle. Ich spürte in mir neben der Lust am „Affen" auch die Angst vor Rollen- und Strukturverlust und entschied mich, keineswegs sicher in meiner Position, für eine Reaktion, die mir selbst problematisch vorkam: Ich stellte die Regel auf, dass jeder „Affe" eine Strafarbeit (zwanzigmal der unselige Satz) zur Folge hätte. Meine Befürchtung, ob ich denn diese Regel auch einklagen könnte, erwies sich als überflüssig, da mir schon am nächsten Morgen die erste Strafarbeit freiwillig präsentiert wurde.
Damit begann ein Spiel, das nach und nach alle Schüler einbezog: Beide Anteile, die die Protagonisten der Verführung und der Kontrolle eingebracht hatten, wurde von allen Schülern – in jeweils unterschiedlicher Form – übernommen. Dies spielte sich z.B. in der Weise ab, dass einem spontanen Schrei während der Phase I zwar ein kurzes Erschrecken beim Verursacher folgte, mein Bestehen auf der Einhaltung der Regel aber keine Durchsetzungsprobleme mit sich brachte. Es kam sogar vor, dass Schüler während des Unterrichts ihre nachmittäglichen Vorhaben überlegten, um dann – besonders bei schlechtem Wetter – ein- oder zweimal kräftig den „Affen" zu machen.
Im Laufe der Zeit wurde unsere Einigung dahingehend ausgebaut, dass außerhalb des Klassenraums (z.B. in der Sporthalle) der „Affe" erlaubt war, wobei es den Schülern großen Spass machte, Sekunden vor Betreten oder nach Verlassen des Klassenraums diesen markerschütternden Schrei auszustossen.
Für die Gestaltung der Phase II hatten wir vereinbart, dass auch hier von einer Bestrafung abzusehen wäre und so wurde die Phase II zu einer Tollhausatmosphäre gestaltet. Mit lautem Geschrei sprangen die Schüler in den Teil des Raumes, der mit einer großen Gymnastikmatte ausgelegt war, vollführten Veitstänze, besprangen und bearbeiteten sich ausgelassen und hemmungslos. Zu diesem Zeitpunkt hatte ich ein sicheres Gefühl, mit meinen Schülern einen Weg zu gehen, der sowohl das triebhafte „alles außer Kontrolle" als auch die Fähigkeit zum Umgang mit den eigenen Impulsen ermöglichte.
Neben zahlreichen Variationen der Bearbeitung dieses Themas ver-

dient der spezifische Zugang eines Schülers dazu besonders herausgehoben zu werden: Er hatte die letzten zwei Jahre zwar regelmäßig den Unterricht besucht, allerdings ohne jemals an irgendeiner Unterrichtstätigkeit teilzunehmen. Da ich auf Grund der Kenntnis seiner Lebensgeschichte den Eindruck hatte, dass es bei ihm wichtig war, so lange abzuwarten, bis er selbst zu seinen eigenen Möglichkeiten fand, ließ ich ihn gewähren, auch weil ich sah, dass von ihm kein Ansteckungseffekt ausging. Mit Beginn des neunten Schuljahres hatte er, für alle überraschend, ein völlig „normales" Schülerverhalten gezeigt. Vom ersten Tag an packte er wie selbstverständlich seine Sachen aus, beteiligte sich am Unterricht und zeigte sehr deutlich, dass die vergangenen Jahre keineswegs spurlos an ihm vorbeigegangen waren. Ich reagierte auf seine veränderte Haltung ohne großes Aufsehen und hoffte, er würde durchhalten. Nach etwa vier Monaten, in denen ich ihn in seiner gesamten Persönlichkeit sehr verändert wahrnahm, fiel er auf sein altes Muster zurück, verweigerte die Mitarbeit und verhielt sich wie voher.

Abgesehen von einigen erfolglosen Ich-stützenden Maßnahmen wartete ich ab: Nach drei Tagen verkündete er während des Unterrichts, dass er es für eine Lappalie halte, besagten Strafsatz zwanzigmal zu schreiben. Er selbst sei in der Lage, diesen Satz dreihundertmal zu schreiben und er könne darum sogar mit mir wetten. Da mir der Wettgegenstand – eine Familienflasche Coca-Cola – angesichts des Arbeitsaufwandes recht bescheiden vorkam und ich den Sinn der Wette einen Moment lang nicht verstand, wollte ich ihn von dem für ihn ungünstigen Vorschlag abbringen, sein Beharren machte mir aber die Wichtigkeit der Wette im Hinblick auf die Stabilisierung seines Selbstbildes deutlich.

Ich verlor die Wette: Am nächsten Morgen legte er mir seine Arbeit, zu deren Bewältigung er die Zeit von Nachmittag und Abend benötigt hatte, vor und bewies damit sich selbst und uns seine Leistungsfähigkeit. Von da an gab es für ihn keine Probleme mehr mit seiner Unterrichtsbeteiligung. Es gelang ihm sogar, mit großem administrativen Aufwand, einen Schulabschluss zu schaffen.

Er hatte damit das kollektive „Affen"-Thema zum Ausdruck seiner Befindlichkeit und zur progressiven Lösung seines Leistungs- und Selbstwertproblems individuell genutzt. Ihm ging es nicht darum, fünfzehnmal den „Affen" machen zu dürfen, sondern um die (Selbst-) Darstellung seiner eigenen Fähigkeiten.
Da das Ende des letzten Schuljahres immer näher rückte und es mir wichtig erschien, den Schülern das Thema, das trotz meiner Bemühungen sprachlich-diskursiv nicht reflektierbar war, präsentativ zu veranschaulichen, regte ich an, einen „Affen"-Film zu drehen. In der Diskussion mit den Schülern kristallisierte sich allmählich die Vorstellung eines Zeichentrickfilms heraus. Um das emotional hoch beladene „Affenspiel" in einer Filmproduktion zu veranschaulichen, war anscheinend die distanziert-kontrollierte Form eines Zeichentrickfilms notwendig. Eine Spielfilmvariante hätte wohl zu wenig Distanz ermöglicht und die Kontrolle überfordert. Der Zeichentrickfilm mit seiner strukturierten Form und mit den Zeichnungen von Affen, die für die Schüler Spielobjekte waren, transportierte die symbolische Bearbeitung auf eine Stufe höherer Bewusstheit. Die präsentative[47] Veranschaulichung fand mit der Drehbuchdiskussion, dem Herstellen der Figuren und dem Abdrehen einzelner Szenen eine zunehmend diskursive Ebene.
Die Geschichte des Films handelt von einer Gruppe Affen, die durch mangelnde Selbstkontrolle (Alkoholkonsum, aggressives Spiel, weggeworfene Bananenschalen u.a.) und eine äußere Gefahr (Tiger) bedroht sind. Den Affen gelingt es, durch planvoll gesteuertes Handeln sowohl den Tiger zu vertreiben als auch die Bedrohung durch innere Verwahrlosung zu bannen. Zum Schluss demonstrieren sie bei einem Fest ihre neu gewonnenen Fähigkeiten durch den Sprung über das Feuer.
Betrachte ich diesen Unterrichtsverlauf aus der Sicht einer TZI-Pädagogik, dann erscheint er als allmähliches Entstehen eines themenzentrierten Prozesses, der von *allen* Beteiligten getragen und ausgestaltet wird: Das ICH des ersten Protagonisten bringt einen den Rahmen des Unterrichts tendenziell dekonstruierenden Impuls ein,

der von den anderen ICHs mit unterschiedlichen Reaktionen – von spontaner Wiederholung bis zu Erstaunen – beantwortet wird. Der zweite Protagonist setzt dazu einen Kontrapunkt im Sinne des Unterrichtsrahmens GLOBE und weist dem Lehrer dessen Absicherung zu. Dieser spürt nun – als Partizipant am WIR der Schülergruppe – in sich beide Seiten der Medaille und gerät unter den Druck der Situation, die zunächst handlungshemmend auf ihn wirkt: Das von ihm vorgegebene ES der Tierzeichnung hat eine unerwartete Eigendynamik entfaltet; die bei den Schülern durchaus vorhandene Motivation am intendierten Kompetenzerwerb hat eine andere Bahn gefunden und das Nicht-Verstehen beim Lehrer lässt ihn zunächst allein mit seinen alltagspraktischen Vorannahmen – wie lange kann das noch gut gehen, wohin wird das noch führen? Dabei werden ihm *beide* Seiten des „Affen“ – sowohl als eigene Anteile als auch als Anteile des von den Schülern Inszenierten – zunehmend deutlich und vertraut. Dies verringert die Angst vor Bemächtigung durch ein nicht erfassbares Geschehen und macht die Szene zugänglich für theoretische Reflexion. Danach scheint die Aufspaltung der lustvollen und bedrohlichen Anteile, die bereits den Rahmen des Unterricht absteckte, nun stärker die interaktiven Auseinandersetzungen zu bestimmen. Auf der Basis einer differenzierteren ICH-WIR-Dynamik im Lehrer-Schüler-Spiel ermöglicht die Vergegenständlichung der innerpsychischen Konflikte im ES des „Affen“ allen Beteiligten einen allmählichen Zugewinn an zweistelliger und dreistelliger Symbolisierungskompetenz.

Denn die Schüler wollen nicht nur den Rahmen sprengen, sondern ihn auch in der Auseinandersetzung mit dem Lehrer verwenden und es braucht einige Zeit, bis der Lehrer das begreift und bis sich im WIR der Klasse ein spielerisches De- und Rekonstruieren etabliert. Allmählich einigen sich Schüler und Lehrer in ihren Rollen sowie noch im Rahmen des institutionell eingeräumten Handlungsspielraums GLOBE auf ein Vorgehen, das sie ihrem – bis dahin noch nicht sprachlich gefassten – THEMA näher bringt. Kontrollbedürfnisse und Ausagierungswünsche, Beherrschung und Enthemmung finden

beim einzelnen ICH ihren jeweiligen Weg der Ausgestaltung im Setting des heilpädagogischen Unterrichts, aufmerksam wahrgenommen und beantwortet im WIR der Gruppenbeziehungen. Das ES der Tierzeichnung tritt gegenüber dem ES der Strafarbeit teilweise in den Hintergrund. Letzteres wird zu einem thematisierbaren Gegenstand, an dem sich jedes ICH abarbeiten kann - bis zur Aktion des dritten Protagonisten, der sein „altes Selbst" wohl nur in einer solchen Anstrengung aufgeben und sein neues damit etablieren kann. Auch dieses Handeln an der Grenze unbewusst-bewusst bedarf des WIR einer seine Leistung anerkennenden Gemeinschaftlichkeit.
Erst spät gelingt es dem Lehrer, die Störung des Unterrichts als ein Zeichen von Eigeninitiative der Schüler selbstreflexiv zu verstehen[48]. Dadurch aber wird es ihm zunehmend möglich, das THEMA, um das es den Schülern geht, für sich selbst sprachlich einzuholen und er kann sich Gedanken über eine mögliche STRUKTUR der Themenbearbeitung machen. Mehrere – eher unauffällige – Versuche einer sprachlichen Einführung des Themas im Unterricht schlagen fehl, womöglich weil diese Sprache eine deutende Sprache der „exzentrischen Perspektive" ist und den Schülern, die mitten drin sind im allmählich Symbolqualität gewinnenden Spiel, die emotionale Intensität ihres Tuns dadurch womöglich verloren zu gehen droht. Die diskursive Bearbeitung des Themas könnte dieses unterrichtlich „vereinnahmen" und es ihnen dadurch entfremden. Daher gehen sie nicht auf die diskursive, aber bereitwillig auf die präsentative Veranschaulichung im Filmprojekt ein und zeigen eine erstaunliche Akribie und Ausdauer beim Herstellen der Figuren und dem Abdrehen kleinster Filmeinheiten mit einer einfachen Super-8-Kamera. Dabei wird viel gesprochen – aber nicht über den Film und mögliche Bedeutungen der in ihm zum Ausdruck verwendeten Symbole (Affe, Tiger, Alkohol, Feuer u.a.), sondern sie bleiben in ihren Vorstellungen und Phantasien in den einzelnen Szenen und spielen sie in kurzen vielfältigen Variationen immer wieder durch.
Dass die Schüler (wie der Lehrer) etwas „lebendig" gelernt haben, zeigen sie zum Schluss: Der von der Entwicklungsanstalt bearbeitete

Film kommt einen Tag vor der Entlassungsfeier zurück. Am letzten Schultag kann die Klasse den Film erstmals sehen und gestaltet innerhalb einer Schulstunde eine musikalische Improvisation dazu, die auf Tonband aufgenommen wird, so dass das gerade noch fertiggestellte Produkt – als ein äußerer Gegenstand – in der Aula gezeigt werden kann. Im Rahmen der anschließenden Abschlussfeier im kleinen Kreis der Schule zeigen die Schüler ein hohes Maß an Selbstsicherheit sowohl beim lustvoll-kontrollierten Essen als auch beim wehmütigen aber nicht verängstigten Abschiednehmen. Sie haben in ihren vielfältigen Ausgestaltungen und Bearbeitungen am gemeinsamen THEMA einen Zugewinn an symbolischer Verfügbarkeit gewonnen. Ob und wie weit dieser Zugewinn ihr weiteres Verhältnis zur Welt trägt, wird von den konkreten Bedingungen im Übergang zur Arbeitswelt abhängig sein.

2.6.3.2 Symbolbildung als Bezugspunkt einer Allianz von Psychoanalyse und TZI-Pädagogik

Eine Verbindung von Psychoanalyse und Pädagogik, die die Eigenständigkeit der Handlungszusammenhänge beider Praxisfelder, Professionen und Disziplinen anerkennt, kann nicht als Anwendung psychoanalytischer Theorie auf pädagogische Handlungsanlässe konzipiert werden. Statt dessen ist eine solche Verbindung in einem allgemeinen Betrachtungsstandpunkt zu finden[49], von dem aus Verstehenszugänge zu unbewussten und latenten Sinngehalten einzelner Menschen sowie sozialer Gruppen ermöglicht werden.
Die bisherigen Überlegungen haben deutlich gemacht, dass sich dieser Zugang nicht vom Außenstandpunkt einer distanzierten Beobachterperspektive erschließt, sondern durch die Art und Weise der Teilhabe am interaktionellen Geschehen. „Unmittelbare Teilhabe“ (Lorenzer) und „partizipierende Leitung“ (Cohn) sind daher die Verbindungsglieder von Psychoanalyse und TZI-Pädagogik, die einen allgemeinen und gemeinsamen Betrachtungsstandpunkt begründen. Dabei muss betont werden, dass die Art und Weise, in der Psychoanalytiker und Pädagogen am Prozessgeschehen teilhaben, unter-

schiedlich ist. So kommt in pädagogischen Handlungszusammenhängen das partizipative Moment nicht nur im Medium des sprachlichen Austausches zur Geltung, sondern immer wieder im gemeinsamen Tun. Dies verändert die Ausgangssituation, beeinflusst die Verstehenszusammenhänge und richtet die pädagogische Perspektive erheblich anders ein.

Neben der sowohl gemeinsamen als auch unterschiedlichen partizipativen Ausgangslage verbindet Psychoanalyse und Pädagogik die Notwendigkeit der Gewinnung eines exzentrischen Standpunktes, der dem Handelnden die Reflexion der eigenen Erlebnisweisen und der wahrgenommenen Erlebnisinhalte – insbesondere der eigenen Irritationen und Störungen – ermöglicht. Die „Eigenbewegungen" des Pädagogen können so zum Ausgangspunkt eines Zugangs zum Verstehen der „Eigenbewegungen" seines Gegenübers werden, indem er sie in sich zulassen sowie kritisch und selbstreflexiv überdenken kann. Diese Kompetenzen konstituieren sich für Pädagoginnen und Pädagogen aber auf der Grundlage – im Vergleich zum psychoanalytischen Arbeitsbündnis – poröser Rahmenbedingungen: Denn der Rahmen der pädagogischen Arbeit kann nicht nur heftiger von den Adressatinnen und Adressaten dekonstruiert werden, sondern in ihm wirken ohnehin auf beiden Seiten affektive Anteile, innere Überzeugungen und eindeutig vorgetragene Positionen auf eine stärkere Weise als im psychoanalytischen Dialog.

Ein weiterer Unterschied zwischen Psychoanalyse und Pädagogik liegt in der Dimension ihrer Betrachtungen: Psychoanalyse nimmt das Subjekt und seine inneren Beteiligungen in einen höchst differenzierten Blick und fokussiert auf den Schnittbereich unbewusster und bewusstseinsfähiger Wirkungszusammenhänge, pädagogisches Handeln kommt ohne die besondere Beachtung der objektiven Verhältnisse, in denen das Subjekt „zur Welt kommt", gar nicht aus. Psychoanalytische Pädagogik hat damit einen anderen Fokus als Psychoanalyse; sie will nicht nur das Subjekt und seine innere Welt, sondern auch unmittelbarer und direkter die äußeren Tatsachen seiner Beziehungen und Bezugnahmen förderlich beeinflussen.

Dieser Fokus, gerichtet auf die Entwicklung der Selbst- und Weltverhältnisse, akzentuiert einen pädagogischen Bildungsbegriff, der die Differenzierung von ICH und ES ebenso wie die thematisierten Verbindungen zu Dingen, Sachverhalten und Problemzuständen, die die Welt ausmachen, betont. Die eigenaktive Bezugnahme des Subjekts zur Welt, zu den vielerlei Facetten des GLOBE, ist eine pädagogische Dimension, die nicht in der ICH-WIR-Beziehung zwischen Erwachsenen und Heranwachsenden aufgeht und nicht nur unter Übertragungsaspekten gesehen werden darf. Sie kann dem sozialen Wesen Mensch nur gelingen, indem ihr eine nicht-fiktive Begegnung mit anderen Menschen den existenziellen Grund gibt und damit die eigenaktiven Kräfte freisetzt: „Sich nicht verwenden lassen und den anderen nicht verwenden“[50] – ist dazu ein gemeinsamer Betrachtungsstandpunkt der jeweils unterschiedlichen Begegnungsweisen in Psychoanalyse und Pädagogik.
Dabei ist es für die pädagogische Arbeit höchst bedeutsam, dass der heranwachsende Mensch die materielle und symbolische Welt als eine bereits gestaltete vorfindet. Die pädagogische Unterstützung zu Personalität und Gemeinschaftlichkeit findet durch das Medium gesellschaftlicher und kultureller Bedeutsamkeiten hindurch statt. Damit kommt es aber darauf an, welche Chancen und Möglichkeiten zur Eigenaktivität sich in den gestalteten und strukturierten Weltbezügen eröffnen, wie die Einbeziehung des heranwachsenden Menschen in das materielle und symbolische Universum des Vorgegebenen gelingen kann. Dies verweist auf die Bedeutsamkeit der Kooperation in den intergenerationalen Beziehungen und kennzeichnet die WIR-ES-Verbindung als eine weitere pädagogisch wichtige Dimension. Deutlich wird dabei aber auch der unterschiedliche Gehalt an Vor-Strukturierung, der dem Kooperationsaspekt in der pädagogischen im Vergleich zur psychoanalytisch-therapeutischen Beziehungsarbeit zukommt.
Trotz der Unterschiede hinsichtlich ihrer Aufgabenstellungen und Vorgehensweisen kennzeichnet Psychoanalyse und eine psychoanalytisch orientierte TZI-Pädagogik ein gemeinsamer, allgemeiner Be-

trachtungsstandpunkt. Die Art und Weise ihres Verstehenszugangs verbindet sie durch ein Arbeitsprinzip, das im hier entwickelten Gedankengang (vgl. Kap. 1.1.1 und 1.1.2) als reflektierte „Bewegung" zwischen einer alltagspraktisch-narrativen und einer konzeptionellen Betrachtungsebene beschrieben wurde. *Vor* einer Interpretation dessen, „was der Fall ist", mit Hilfe abstrahierender Theorie steht die szenische Reflexion. Laimböck hat dies pointiert für das psychoanalytische Vorgehen beschrieben: Danach ist Psychoanalyse nicht an ein bestimmtes Setting gebunden, sondern „an die Möglichkeit, sich überhaupt in eine Beziehung zu begeben und, durch die besondere Bearbeitung vor allem der eigenen inneren Beteiligungen, zu Schlüssen über unbewusste Vorstellungen des Patienten zu gelangen"[51]. Sie beschreibt den theoriegeleiteten Interpretationsschritt dazu als zweite Reflexion einer *nachträglichen* Bearbeitung.

Damit geht es im psychoanalytisch-therapeutischen Verfahren wie in der psychoanalytisch-pädagogischen Arbeit um die Relationierung dreier Perspektiven: Ausgehend von der „unmittelbaren Teilhabe" und ihrer alltagspraktisch-narrativen Reflexion ergeben sich im Gewinnen des „exzentrischen Standpunktes" – auf der konzeptionellen Reflexionsebene – szenische Interpretationsleistungen. Zu diesem hermeneutischen Vorgehen kann nun ein zweiter und davon zu unterscheidender Verstehensvorgang durch die Einbeziehung abstrahierenden Theoriewissens hinzukommen. Beide Vorgehensweisen, die szenische und die theoriegeleitete Interpretation sollen sich wechselseitig zuarbeiten und damit ein umfassenderes Verständnis ermöglichen. Erst in ihrem Wechselbezug konstituieren sie professionelles Handeln.

Damit lassen sich vier Verbindungsglieder zwischen Psychoanalyse und psychoanalytisch orientierter TZI-Pädagogik herausarbeiten, die sowohl Analogien als auch Differenzen aufzeigen:

– Die reflexive Bewegung zwischen „unmittelbarer Teilhabe" und „exzentrischem Standpunkt", die szenisches Verstehen begründet, d.h. die Relationierung alltagspraktisch-narrativer und konzeptioneller Reflexion, ist ein erstes Verbindungsglied von Psychoanalyse und psychoanalytischer Pädagogik. Die Unterschiedlichkeit der jeweiligen Partizipation begründet hierbei eine Differenz zwischen psychoanalytischem und pädgogischem szenischen Verstehen.

- Ein zweites Verbindungsglied ist in der gemeinsamen Ausrichtung des Handelns auf latente und unbewusste Sinnzusammenhänge sowie deren symbolische Aneignung aufzufinden. Dieser Zugewinn an Bewusstheit kommt in Psychoanalyse und Pädagogik durch das dynamische Wechselspiel zwischen zweistelligen und dreistelligen Symbolisierungen zustande. Die Differenz sehe ich hinsichtlich des Schwerpunktes der Symboltätigkeiten: Psychoanalyse setzt in ihrer Deutungspraxis stärker als das pädagogische Handeln auf Dreistelligkeit. Symbolbildungen im Vorgang des Heranwachsens müssen dagegen ein basales Verhältnis zur Welt erst schaffen und damit der zweistelligen Fusion und Übereinstimmung mit der Welt eine größere Bedeutung zumessen. Damit ist die Balance von Zweistelligkeit und Dreistelligkeit in der pädagogischen Arbeit eine andere als im psychoanalytisch-therapeutischen Vorgehen.
- Das dritte Verbindungsglied besteht in der Einbeziehung psychoanalytischer Theorien und Modelle in die pädagogische Reflexion. Dabei werden psychoanalytische Wissensbestände in konzeptionsbezogenes pädagogisches Handeln eingebracht. Damit aber findet ein Wechsel der den Theorien und Modellen zu Grunde liegenden Praxisfelder statt. Der Unterschied liegt also in der Differenz der Praxisfelder, auf die Theorien und Modelle bezogen werden. Die Gemeinsamkeit dagegen liegt in der Art und Weise des Theoriegebrauchs: Sowohl die psychoanalytische als auch die psychoanalytisch-pädagogische Methode baut auf einer vorgängigen szenischen Verstehensoperation auf, die nachträglich einer theoriebezogenen Erklärung zugeführt wird.
- Ein viertes Verbindungsglied kann in konzeptionellen Übereinstimmungen bzw. Differenzen zwischen Psychoanalyse und TZI-Pädagogik gesehen werden. Hinsichtlich der Situationsdeutung erhält die TZI-Arbeit durch Einbeziehung psychoanalytischen

Denkens eine Zentrierung auf unbewusste Vorgänge, ihr visionärer Aspekt eine stärkere Ausrichtung auf dreistellige Symbolisierung und das methodische Element eine Akzentuierung des THEMAS auf entsprechende Sinnzusammenhänge. Während diese drei Konzeptionselemente eher Übereinstimmung ermöglichen, sehe ich eine deutliche Differenz hinsichtlich des Elements der Haltung, die in der psychoanalytischen Arbeit durch Neutralität im Sinne des Verzichts auf wertende Urteile und Beeinflussungen, durch fokussierte Aufmerksamkeit auf die innere Erlebniswelt und durch eine von der Alltagskommunikation deutlich abweichende Sprechhaltung bestimmt wird[52].

Betrachte ich mögliche Verbindungen von Psychoanalyse und Pädagogik von der Themenzentrierten Interaktion aus[53], so lässt sich feststellen, dass die pädagogische Konzeption der TZI grundsätzlich offen für psychoanalytisches Verstehen ist: Ihre prozessorientierte Vorgehensweise ist auf die subjektive Bezugnahme zu „neutralen" Sachinhalten und interaktive Bedeutungsbildungen ausgerichtet. Sie schafft einen entwicklungsfördernden strukturierten Erfahrungsraum, der durch die Postulate der „Chairpersonship" und „Störungsregel" subjekthaft ausgestaltet wird. Partizipierende Leitung bedeutet dabei eine zweifache Grundhaltung: sich einerseits als unmittelbar erlebendes Subjekt auf einen mitunter oszillierenden Prozessverlauf einzulassen und sich andererseits von diesem Geschehen zu distanzieren. Diese Balance von unmittelbarer Beteiligung und reflexiver Distanz ist eine grundlegende Anforderung themenzentrierten Vorgehens, die ebenso typisch für das psychoanalytische Arbeitsbündnis ist. Bewusstwerdung und die Fähigkeit zu verantworteter Entscheidung sind axiomatische Grundlagen der TZI, die auch in psychoanalytischer Beziehungsarbeit intendiert sind, indem sie auf die Rekonstruktion symbolischer Kompetenzen setzt.

Symbolbildung findet von Anfang an in einem Raum des „Zwischen" statt; diesen Bereich zwischen Realität und Fiktion produktiv auszugestalten, ist Aufgabe von Psychoanalyse und psychoanalytisch orientierter TZI-Pädagogik. Dazu bedarf es zum einen einer – jeweils unterschiedlich gestalteten – „haltenden Umgebung“[54], eines mehr oder weniger strukturierten Erfahrungsraumes als eines sozialen Ortes, für dessen gleichzeitiges Absichern und Offenhalten die darin professionell Handelnden zuständig sind. Diesen Raum selbsttätig zu nutzen bedeutet zum anderen, allmählich die Fähigkeit zu entwickeln, sich in ihm zu bewegen, unterschiedliche Positionen einzunehmen und eigene Standpunkte zu erwerben – um diese Stabilität *und* Beweglichkeit geht es.

Das Ziel einer solchen psychoanalytischen wie psychoanalytisch-pädagogischen Arbeit könnte dabei am Potential innerer Lebendigkeit und Dialogfähigkeit[55] orientiert sein, die sowohl Personalität als auch Gemeinschaftlichkeit zu Grunde liegen[56]. Innere Dialogik und Lebendigkeit bedienen sich zweistelliger und dreistelliger Symbolisierung, die, von der TZI als Themenfähigkeit betrachtet, die Chance einer Allianz von Psychoanalyse und TZI-Pädagogik deutlich werden lässt: Indem das THEMA einen intermediären Raum zwischen ICH, WIR, ES und GLOBE als „potential space“[57] eröffnet und in die Ausrichtung auf *Bildung, Begegnung* und *Kooperation* bringt, kann dieser situationsentsprechend aus psychoanalytisch-pädagogischer Perspektive ausgestaltet werden. Die Modi der Thematisierung, d.h. die jeweiligen Formen der Artikulation von Erfahrungen, Befindlichkeiten und Erwartungen unterscheiden sich, die Orientierungen an einem Zugewinn an Symbolisierungsfähigkeit aber verbinden Psychoanalyse und Pädagogik: Es geht um die Verwandlung von Unbezogenem in Zugänglichkeit und um neue Möglichkeiten, bewusstseinsfähigere Zugänge zur Welt zu finden. Damit ist Symbolisierung der exzentrische „point of view“, von dem aus die Verbindung von Psychoanalyse und Pädagogik als eine produktive Allianz verschiedener Zugangsmöglichkeiten zum gleichen, ursprünglichen Lebensprozess erscheint.

Anmerkungen

Anmerkungen zu Kapitel 1.1

1 Erler 1993, S.13; Merten 1997, Teil III.
2 Müller; zit. nach Kreft und Mielenz 1996 (4), S.510.
3 Gängler in Otto/Thiersch (Hg.) 2001, S.775.
4 Gängler in Otto/Thiersch (Hg.) 2001, S.773.
5 Dewe/Otto in Otto/Thiersch (Hg.) 2001a, S.1969.
6 Giesecke in Combe/Helsper (Hg.) 1996, S.395.
7 Ebd. S.396.
8 Vgl. Gruschka 1994.
9 Flitner 1988, S.81.
10 Vgl. Conradi 2001; Flitner benennt diese Dimension „Behüten – Auswählen der Lebenswelt" und orientiert sich dabei begrifflich an Schleiermachers Beschreibungen von Möglichkeiten und Grenzen der bewahrenden und behütenden Erziehung (Flitner 1988, S.83ff; Schleiermacher 1994, S.99ff).
11 Flitner bezeichnet diese Dimension als Gegenwirken-Mitwirken und bezieht sich damit auf Schleiermachers „gegenwirkende Erziehung" (Flitner 1988, S. 98ff; Schleiermacher 1994, S.113ff).
12 Flitner überschreibt seine Überlegungen mit „Unterstützen, Verstehen, Ermutigen" (1988, S.116ff). Schleiermacher überschreibt sein Kapitel mit „Erziehung als unterstützende und entwickelnde Tätigkeit" (Schleiermacher 1994, S.136ff).
13 Flitner 1988, S.144.
14 Oevermann; zit. nach Wagner 1998, S.72.
15 Ebd. S.73.
16 Vgl. Wagner 1998, S.70.
17 Vgl. Koring 1989 S.70; Wagner 1998, Kap. 2.3.
18 Wagner 1998, S.96ff sowie Kap.4.
19 Ebd. S.165.
20 Schleiermacher 1994, S.40.
21 Dewe/Otto in Otto/Thiersch (Hg.) 2001a, S.1969.
22 Ebd. S.1967.
23 Ebd. S.1968f.
24 Ebd. S.1969.
25 Wagner 2002.
26 Ebd. S.4 unter Verwendung eines Zitats von Ulrich Oevermann (Oevermann 2001, S.398).
27 Oevermann in Combe/Helsper (Hg.) 1996, S.80.
28 Wagner 1998, S.90.
29 Dewe/Otto 2001b, S.1407f.
30 Dewe/Otto 2001b, S.1419.
31 Giesecke 1997; meine Orientierung an Giesecke als Sekundärliteratur soll der Leserin

und dem Leser einen schnelleren Zugriff zu den pädagogischen Klassikern ermöglichen.

32 Ebd. S. 28.

33 Koring 1989.

34 Ebd. S.328.

35 Makarenko 1971.

36 Ebd. S.57f.

37 Ebd. S.62f.

38 Bibliographisches Institut 1982, S. 797.

39 Vgl. z.B. Meinberg 1988.

40 Wichern, Johann Hinrich; zit. nach Giesecke 1997, S.86.

41 Ebd. S.83.

42 Neill 1969, S.115.

43 Ebd. S. 115-118.

44 Ebd. S. 122.

45 Ebd. S. 115f.

46 Giesecke 1997, S.24.

47 Ebd. S.29.

48 Rousseau 1968, S.270f.

49 Ebd. S.274.

50 Ebd. S.267.

51 Pestalozzi (Stanser Brief); zit. nach Giesecke 1997, S.40.

52 Reble 1995, S.221.

53 Kraft 1996. Was Kraft hier für Pestalozzi untersucht, ließe sich ebenfalls für die anderen hier angesprochenen „großen Pädagogen" überprüfen.

54 Kraft 1998, S.253.

55 Lauff in Lauff/Homfeldt (Hg.) 1981, S.250.

56 Pestalozzi; zit. nach Giesecke 1997, S.42.

57 Ebd. S.43.

Anmerkungen zu Kapitel 1.2

1 Vgl. dazu Matzdorf/Cohn in Löhmer/Standhardt (Hg.) 1992, S.53.

2 Matzdorf/Cohn in Löhmer/Standhardt (Hg.) 1992, S.66.

3 Ebd. S.55.

4 Ebd. S.60.

5 Ebd. S.63.

6 Reiser in Reiser/Lotz 1995, S.17f.

7 Matzdorf/Cohn in Löhmer/Standhardt (Hg.) 1992, S.66.

8 Ebd. S.69.

9 Ebd. S.76f.

10 Farau/Cohn 1984, S.353.

11 Kroeger 1989, S.233.

12 Ebd. Kap. VI.

13 Ebd. S. 231.

14 Dass im Vier-Faktoren-Modell mehr steckt als vier Aspekte einer Situationsdeutung wird auch bei Cohn deutlich: „Im ersten Ansatz wollte Ruth Cohn mit dem Bild des Dreiecks in der Kugel nur die an der Dynamik beteiligten Kräfte abbilden, wie in einer mathematischen Formel. Doch bald lagerte sich über dieses Modell der Gruppenkräfte die philosophische Bedeutung" (Reiser in Hahn u.a. (Hg.) 1987, S.41).

15 Vgl. Reiser in Reiser/Lotz 1995, S.18f.

16 Kroeger in Löhmer/Standhardt (Hg.) 1992, S.98.

17 Matzdorf/Cohn in Löhmer/Standhardt (Hg.) 1992, S.67.

18 Kroeger in Löhmer/Standhardt (Hg.) 1992, S.99.

19 Matzdorf/Cohn in Löhmer/Standhardt (Hg.) 1992, S.42.

20 Reiser in Reiser/Lotz 1995, S.20.

21 Ebd. S.20.

22 Ebd. S.34.

23 Cohn 1991 (10), S. 120; vgl. auch Battke 1992, S.70.

24 Battke 1992, S.73; vgl. auch Cohn in Farau/Cohn 1984, S.467ff.

25 Matzdorf/Cohn in Löhmer/Standhardt (Hg.) 1992, S.41.

26 Ebd. S.60.

27 Kroeger in Löhmer/Standhardt (Hg.) 1992, S.112.

28 Ebd. S.112.

29 Hoppe 1993.

30 Cohn 1994.

31 Matzdorf/Cohn in Löhmer/Standhardt (Hg.) 1992, S.63.

32 Ebd. S.64.

33 Ebd. S.64.

34 Kroeger in Löhmer/Standhardt (Hg.) 1992, S.95.

35 Cohn in Farau/Cohn 1984, S.481.

36 Vgl. Raguse in Löhmer/Standhardt (Hg.) 1992, S.274f.

37 Arendt; zit. nach Finkielkraut 1998, S.96.

38 Cohn in Farau/Cohn 1984, S.438.

39 Vgl. Menze in Lenzen (Hg.) 1983, S.350.

40 Vgl. Schwenk in Lenzen (Hg.) 1989, S.208.

41 Vgl. Kegan 1986, S.121.

42 Wehnes in Roth (Hg.) 1991, S. 261.

43 Kron 1996, S.71.

44 Menze in Lenzen (Hg.) 1983, S.351.

45 Ebd. S.351.

46 Vgl. Ballauf/Schaller 1973 (Bd. II), S.507.

47 Kron 1996, S.72.

48 Vgl. Menze in Lenzen (Hg.) 1983, S.352.

49 Ebd. S.353.

50 Vgl. Lenzen in Hoffmann (Hg.) 1999. Autopoietische Systeme sind selbsterzeugende und selbsterhaltende Einheiten, der Begriff der Emergenz bezeichnet das Auftreten einer qualitativ neuen Ordnungsebene, deren Merkmale nicht aus der bisherigen Ordnungsebene erklärt werden können (Vgl. Kneer/Nassehi 1997, Kap. 3).

51 Menze in Speck/Wehle (Hg.) 1970, S.155.

52 Derbolav; zit. nach Menze in Speck/Wehle (Hg.) 1970, S.161.
53 Ebd. S.161.
54 Kron 1996, S.73.
55 von Hentig 1996, S.11.
56 Ebd. S.39.
57 Ebd. S.57.
58 Ebd. S.75.
59 Pongratz 1995, S.37.
60 Ebd. S.37 unter Verwendung eines Zitats von Heinz-Joachim Heydorn.
61 Ehrenspeck/Rustemeyer in Combe/Helsper (Hg.) 1996, S.371.
62 Ebd. S.371 (Hierzu wäre noch die moralische Dimension hinzuzufügen - vgl. Klafki 1996, S.30ff.).
63 Schwenk in Lenzen (Hg.) 1989, S.216.
64 Vgl. Benner 1996, Kap. 4.2.
65 Vgl. Menze in Lenzen (Hg.) 1983, S.356.
66 Vgl. Noam/Kegan in Edelstein/Keller 1982, S.423.
67 Lenzen stellt dies im Hinblick auf die soziale Umgebung deutlich heraus: „Jedes Individuum und sein Bewußtsein stellt nämlich selbst einen Teil der Umwelt für alle anderen Bewußtseinssysteme dar. Deren eigene Ausdifferenzierung hängt davon ab, in welchem Maße die anderen der Umwelt zugehörigen Bewußtseinssysteme selbst so ausdifferenziert sind, daß sie einen Differenzierungsgewinn für die jeweils anderen darstellen. In unserer psychischen Selbstorganisation sind wir schlicht darauf angewiesen, daß es andere Menschen gibt, deren Differenzierungsgrad ausreichend ist, um uns selbst Anlaß für eigene Ausdifferenzierung zu geben ... Ich fordere Sie deshalb, meine sehr verehrten Zuhörer, zur Wahrnehmung einer Pflicht auf, die Sie als Pädagogen in gleicher Weise haben wie andere staatliche Organe: Unterbinden Sie die Einschränkung von Leben! Bestehen Sie auf Bildung!“ (Lenzen 1997, S. 22).
68 Raguse 1994, S.224 (Raguse spricht hier über Textauslegungt, was m.E. auch für Weltauslegung im Sinne des Bildungsbegriffes gilt.).
69 Raguse in Löhmer/Standhardt (Hg.) 1992, S.265.
70 Betrachte ich die Vielfalt der Ausführungen zum Bildungsbegriff, so fällt auf, dass er, bei aller Unterschiedlichkeit inhaltlicher Füllungen, insgesamt zu einem weiteren Begriffsumfang tendiert als die ICH-ES-Dimension im GLOBE-Kontext des TZI-Reflexionsmodells. Zumindest ansatzweise sind damit in theoretischen Fassungen von Bildung auch Inhaltsaspekte enthalten, die den Verbindungen ICH-WIR bzw. WIR-ES entsprechen. Mir scheint es aber gerade bei einem so grundlegenden wie empirisch nur schwer einzugrenzenden Begriff sinnvoll zu sein, seinen Inhaltsumfang auf die ICH-ES-Dimension zu konzentrieren und den „Raum“ des TZI-Reflexionsmodells als Hintergrund anzusehen. Vergleichbares gilt für die beiden anderen visionären Leitideen der Begegnung und Kooperation.
71 Loch in Faber (Hg.) 1969, S.13.
72 Vgl. Böckenhoff 1970, S.116.
73 Kemper 1990, S.206.
74 Ebd. S.206f.
75 Derbolav in Gerner 1969, S.150; vgl. dazu auch Loch in Gerner 1969, S.284f.
76 Kemper 1990, S.36; vgl. auch Weischedel 1995, S.23f.

77 Der Nächste ist der Verwandte, der Nachbar, der der gleichen Gemeinschaft Zugehörige. „Der Bereich wird dann auf die Emigranten und Flüchtlinge erweitert. Als Motiv wird dafür angegeben, man solle sich der Fremden erbarmen, wie Gott sich Israels in der Verbannung erbarmt habe“ (Böckenhoff 1970, S.23).
78 Böckenhoff 1970, S.352.
79 Ebd. S.34-83.
80 Spierling 1995, S.218.
81 Böckenhoff 1970, S.213.
82 Buber 1984 (1923), S.22.
83 Der idealistische Begegnungsbegriff betont dagegen die Entfaltung von Subjektivität durch Begegnung, die existentialistische Fassung sieht in der Begegnung vor allem die Erschütterung des Selbst durch den Anderen.
84 Vgl. Böckenhoff 1970, S.230 sowie Loch in Gerner 1969.
85 Vgl. Faber 1960, S.60.
86 Buber 1984 (1923), S.38.
87 Ebd. S.8.
88 Buber 1984 (1953), S.283.
89 Ebd. S.280.
90 Ebd. S.283.
91 Vgl. Faber 1960, S.72f.
92 Vgl. Buber 1984 (1932), S.161f.
93 Faber 1960, S.92.
94 Grünfeldt 1965, S.104.
95 Buber 1984 (1957), S.309; vgl. auch Grünfeldt 1965, S.105.
96 Buber 1925, S.33.
97 Ebd. S.35.
98 Vierheilig in Vierheilig/Lanwer-Koppelin 1996, S.40.
99 Ebd. S.40.
100 Reiser in Hahn u.a.(Hg.) 1987; ders. in Reiser/Lotz 1995 (Kap.1); ders. in Iben 1988.
101 Schiffer 1996.
102 Ebd. S.53.
103 Reiser in Iben 1988, S.25.
104 Ebd. S.26f.
105 Reiser in Iben 1988, S.32.
106 Vgl. Reiser in Iben 1988, S.39.
107 Rubner und Rubner 1991 und 1992 sowie Bion 1971.
108 Ernst 1996, S.21.
109 Ebd. S.25.
110 Klix 1993, S.185.
111 Ebd. S.196.
112 Vgl. Benner in Lenzen (Hg.) 1983 sowie Benner 1996 (3).
113 Benner in Lenzen (Hg.) 1983, S.285.
114 Ebd. S.286.
115 Ebd. S.288.
116 Ebd. S.293.
117 Ebd. S.294.

118 Der Titel des Aufsatzes ist: Gerechtigkeit als Fairneß: politisch und nicht metaphysisch (Rawls in Honneth (Hg.) 1993).
119 Ebd. S.46.
120 Forst in Honneth (Hg.) 1993, S.198.
121 Vgl. Forst 1994, S.24f.
122 Forst in Honneth 1993, S.199.
123 Vgl. Wingert in Brumlik/Brunkhorst (Hg.) 1993, S.290.
124 Vgl. Garz 1994 (2), S.68.
125 Brumlik in Lenzen (Hg.) 1994, S.767; vgl. auch Brumlik 1973, S.28.
126 Brumlik in Lenzen (Hg.) 1994, S.767.
127 Vgl. Blumer in Arbeitsgruppe Bielefelder Soziologen (Hg.) 1973, S.80ff.
128 Krappmann 1971, S.170; Habermas 1968.
129 Hildebrand-Nilshon 1980, S. 135ff.
130 Habermas; zit. nach Aufenanger 1992, S.85.
131 Vgl. Aufenanger 1992, S.85f.
132 Kroeger in Löhmer/Standhardt (Hg.) 1992, S.117.
133 Ebd. S.117.
134 Kegan 1986.
135 Vgl.Langer 1984 (1942), S.46f.
136 Kegan 1986, S.148.
137 In unterschiedlichen Theorie-Zusammenhängen sind es gerade die Probleme der Lebensorientierung, die zur Transzendenz führen. „Sie konvergieren darin, daß der Mensch sich selbst problematisch wird; vor allem aber auch darin, daß er genötigt ist, das Leben in seinem Gegeben- und Aufgegebensein auf das hin zu transzendieren, was ihm Grund, Ziel, Identität, Freiheit, Wahrheit verleiht, oder wie immer sonst man diesen Überstieg des Lebens über sich selbst hinaus inhaltlich bestimmen mag. Ein solcher Transzendenzbezug, wie er auch interpretiert und realisiert wird, ist nicht etwas Zusätzliches zum Leben, sondern eine Lebensbewegung, die stets latent ist, dann aber akut wird, wenn nicht bloß dies oder das, sondern das Leben selbst zum Problem wird“ (Ebeling 1982 Bd.1, S.108).
138 Kegan 1986, S.148.
139 Ebd. S.146.
140 Ebd. S.162.
141 Joas 1997.
142 Gerhardt 1999, S.28.
143 Vgl. dazu Benner in Kap. 1.2.3.2.3.
144 Reiser in Reiser/Lotz 1995, S.25.
145 Ebd. S.25.
146 Kroeger in Löhmer/Standhardt (Hg.) 1992, S.113.
147 Matzdorf/Cohn in Löhmer/Standhardt 1992, S. 78.
148 Cohn 1975, S.206.
149 Cohn im Text Matzdorf/Cohn in Löhmer/Standhardt (Hg.) 1992, S.83.
150 Kroeger in Löhmer/Standhardt (Hg.) 1992, S.121.
151 Vgl. Schulz von Thun 1981.

Anmerkungen zu Kapitel 1.3

1 Helsper (in Combe/Helsper 1996) beschreibt solche Antinomien im Hinblick auf das Lehrerhandeln und sieht deren Steigerung in den „Modernisierungsparadoxien" der Rationalisierung, Zivilisierung, Pluralisierung und Individualisierung.

2 Oevermann in Combe/Helsper 1996, S.88.

3 Oevermann sieht die wissenschaftlichen Disziplinen im Hinblick auf ihre Geltungen überprüfende Funktionen als historische Nachfolger von theologisch-seelsorgerischen und philosophischen Disziplinen.

4 Oevermann weist auf den zentralen „Unterschied zwischen einer Gemeinschaft als einem Kollektiv von ganzen Personen und einer Gesellschaft als einem Kollektiv von Rollenträgern bzw. Vertragspartnern" hin (Oevermann in Combe/Helsper 1996, S.88, Fußnote 7).

5 Vgl. Wagner 1998, S.88ff.

6 Vgl. ebd. S.96.

7 Ebd. S.90.

8 Ebd. S.187f.

9 Vgl. Oevermann in Combe/Helsper 1996, S.105f; vgl. Wagner 1998, Kap. 2.2; vgl. Koring 1989, Kap.2.3.7.

10 Vgl. Wagner 1998, S.96f.

11 Wagner kritisiert Oevermanns eingeschränkte Ausrichtung „stellvertretender Deutung" auf die Therapie-Dimension und verweist auf Koring, der zeigt, „wie das Prinzip der stellvertretenden Deutung möglicherweise erweitert werden könnte. Er unterscheidet dabei drei Ebenen: ‚1. Stellvertretende Deutung der pädagogischen Situation und des Klientenhandelns'; ‚2. Stellvertretende Deutung von pädagogischen Inhalten, Themenkonstitution und subjektiven Aneignungsprozessen'; ‚3. Ausbalancieren und Deuten von situativen und transsituativen Bezügen der neuen Kompetenz'" (vgl. Koring 1989 S.98f).

12 Wagner 1998, S.187.

Anmerkungen zu Kapitel 2.1

1 Matzdorf/Cohn in Löhmer/Standhardt (Hg.) 1994, S.54.

2 Matzdorf in Birmelin u.a. (Hg.) 1985, S. 51.

3 Vgl. Matzdorf/Cohn in Löhmer/Standhardt (Hg.) 1994, S.54ff.

4 Cohn in Farau/Cohn 1984, S.359.

5 Matzdorf/Cohn in Löhmer/Standhardt (Hg.) 1994, S.67.

6 Ebd. S.67.

7 Cohn in Farau/Cohn 1984, S.352.

8 Kroeger in Löhmer/Standhardt (Hg.) 1994, S.98.

9 Cohn in Farau/Cohn 1984, S.354.

10 Ebd. S.354.

11 Ich orientiere mich hierbei an Gerhardts Veröffentlichungen zur Selbstbestimmung (1999) und Individualität (2000).

12 Gerhardt 1999, S.19. Die in den folgenden Zitaten kursiv oder fett gedruckten Teile

sind auch im Original kursiv und/oder fett gedruckt.

13 Vgl. ebd. S.162 und 175.

14 Ebd. S.43.

15 Vgl. ebd. S.33.

16 Vgl. ebd. S.37f.

17 Vgl. ebd. S.41.

18 Vgl. ebd. S.42.

19 Ebd. S.50.

20 Vgl. ebd. S.51f.

21 Ebd. S. 202.

22 Vgl. ebd. S.288.

23 Ebd. S.208.

24 Ebd. S.208.

25 Ebd. S.220.

26 Ebd. S.309f.

27 Vgl. ebd. S.330.

28 Ebd. S.330.

29 Der Vernunftgebrauch ist für Volker Gerhardt *die* zentrale Funktionsinstanz der Person. Aus meiner Sicht erhält damit das begriffliche Schlussfolgern eine Überbewertung im Hinblick auf personale Selbstdarstellung und soziales Handeln. Für meine Überlegungen stelle ich daher den Vernunftgebrauch in den übergeordneten Rahmen des „Selbst der Person“, das nicht nur auf andere Stimmen als die der Vernunft hört, sondern auch mit anderen als diskursiven Denkvorgängen – z.B. mit intuitiver Erkenntnis – seine Schlüsse zieht. Ich gebe daher Gerhardts weiter gefasste Betrachtungen zur Personalität den Vorrang vor einer aus meiner Sicht zu engen Zentrierung auf die Vernunft.

30 Ebd. S.334.

31 Ebd. S.332.

32 In diesem Zusammenhang weise ich auf Erich Fromms Überlegungen zur „Furcht vor der Freiheit“ hin (Fromm 1989), sowie auf das Entwicklungsmodell Robert Kegans (Kegan 1986).

33 Honneth 1994, S.279.

34 Honneth 2000, S.1095.

35 Ebd. S.1100.

36 Honneth 1993, S.260ff.

37 Honneth spricht im Hinblick auf die Anerkennungsformen von Liebe, Recht und Solidarität, während er als Anerkennungsweisen „emotionale Zuwendung“, „kognitive Achtung“ und „soziale Wertschätzung“ nennt (Vgl. Honneth 1994, S.211).

38 Vgl. Honneth 1994, S.158f.

39 Vgl. Winnicott 1979; zum Prozess der Desillusionierung s. Honneth 1994, S.158 bis 168.

40 Winnicott 1979, S.23f.

41 Honneth 1994, S.167.

42 Kroeger in Löhmer/Standhardt (Hg.) 1994, S.111ff.

43 Honneth 1994, S.174.

44 Hegel zit. nach Honneth 1994, S.175.

45 Ebd. S.184.
46 Ebd. S.182.
47 Honneth dagegen sieht dies eher als nur relative Voraussetzung jeweils historisch zu bestimmender Prozeduren an, in denen rationale Übereinstimmungen hergestellt werden. Für ihn ist daher die Bestimmung von Fähigkeiten, die den Menschen als Person kennzeichnen, von der Art und Weise solcher Verfahren abhängig (Vgl. Honneth 1994, S.185).
48 Honneth 1994, S.185.
49 Ebd. S.190.
50 Ebd. S.194f.
51 Honneth 1994, S.197.
52 Ebd. S.197f.
53 Ebd. S.198.
54 Ebd. S.202.
55 Ebd. S.203.
56 Ebd. S.204f.
57 Ebd. S.204.
58 Ebd. S.205.
59 Ebd. S.209f.
60 Gerhardt 1999, S.208.

Anmerkungen zu Kapitel 2.2

1 Erstveröffentlichung dieses Textes Lotz 1999.
2 Kroeger in Löhmer/Standhardt (Hg.) 1992, S.111.
3 Ebd. S.113.
4 Vgl. z.B. Matzdorf/Cohn in Löhmer/Standhardt (Hg.) 1992, S.70; Langmaack 1991.
5 Vgl. Matzdorf/Cohn in Löhmer/Standhardt (Hg.) 1992, S.70: „das ES (das Thema ...)“ und S.72: „das Thema ... als eigenes Anliegen“.
6 Reiser in Reiser/Lotz 1995, S.130.
7 Kügler 1997, S.25.
8 Böhme 1997 (2), S.35.
9 Ebd. S.36.
10 Ebd. S.37.
11 Ebd. S.36f.
12 Vgl. Krohn u.a. (Hg.) 1989.
13 Vgl. Mahler u.a 1978, S.124ff.
14 Ebd. S.126.

Anmerkungen zu Kapitel 2.3

1 Matzdorf/Cohn in Löhmer/Standhardt (Hg.) 1992, S.72.
2 Cohn; zit.nach Matzdorf/Cohn in Löhmer/Standhardt (Hg.) 1992, S.41.

3 Vgl. Kap. 1.2.2.1 sowie die Kapitelüberschrift 14 in Farau/Cohn 1984 (Themenzentrierte Interaktion: Ein Ansatz zu einer humanistischen Gesellschaftstherapie).

4 Cohn-Zitat in Matzdorf/Cohn in Löhmer/Standhardt 1992, S.73. Nicht übersehen werden darf dabei die Lebenserfahrung Ruth Cohns in der Zeit des Nationalsozialismus (vgl. Cohn 1975, Kap. 15; Farau/Cohn 1984, Buch II; Cohn 1993).

5 Cohn in Farau/Cohn 1984, S.375.

6 Kroeger in Löhmer/Standhardt (Hg.) 1992, S.117.

7 Ebd. S.112.

8 Cohn in Farau/Cohn 1984, S.356: „Der Globe weitet sich zum Kosmos aus; denn alles hängt mit allem und allen zusammen, wann und wo es auch geschah, geschieht und geschehen wird".

9 Vgl. Keese 1996, v.a. S.48.

10 Vgl. Hagleitner 1996.

11 Schreyögg 1993, S.24.

12 Ebd. S.25.

13 Vgl. zu den folgenden Überlegungen Hornstein 1999.

14 Böhnisch 1997, S.107.

15 Ich folge in meinen Überlegungen zum großen Teil Darstellungen Lothar Böhnischs (1997; Kap. 4).

16 Honig in Markefka/Nauck (Hg.) 1993, S.216.

17 Münchmeier in Otto/Thiersch (Hg.) 2001, S.816.

18 Ebd. S.817.

19 Fölling-Albers 1993, S.48.

20 Vgl. Engelberth/Herlth in Markefka/Nauck (Hg.) 1993 (mit Bezug auf Zinn (1978)), S.407.

21 Böhnisch 2001, S.134.

22 Vgl. Zeiher 1983, Zeiher und Zeiher 1994.

23 Zinnecker in Behnken (Hg.) 1990, S.143.

24 Hopf; zit. nach Böhnisch 2001, S.112.

25 Ich folge in diesem historischen Rückblick Bock/Seelmeyer in Otto/Thiersch (Hg.) 2001, S.985-988 sowie Jordan/Sengling 2000, Teil 1; vgl. hierzu auch Sachße 1986 sowie Sachße/Tennstedt 1980.

26 Ebd. S.987f.

27 Ebd. S.988.

28 Ebd. S.988.

29 Jordan/Sengling 2000, S.14.

30 Vgl. Münder in Otto/Thiersch (Hg.) 2001, S.1003.

31 Bock/Seelmeyer in Otto/Thiersch (Hg.) 2001, S.989.

32 Vgl. Wiesner; zit. nach Bock/Seelmeyer in Otto/Thiersch (Hg.) 2001, S.990.

33 Münder u.a. 1998, S.262.

34 Vgl. Münder in Otto/Thiersch (Hg.) 2001, S. 1004.

35 Barabas 1999, S.127.

36 Münstermann; zit. nach Günder 1999, S.44.

37 Körner/Ludwig-Körner 1997, S.77.

38 Körner in Combe/Helsper 1996, S.801.

39 Körner/Ludwig-Körner 1997, S.145.

40 Ebd. S.81.

41 Körner in Combe/Helsper (Hg.) 1996, S.803f.

Anmerkungen zu Kapitel 2.4

1 Matzdorf/Cohn in Löhmer/Standhardt (Hg.) 1992, S.78.

2 Vgl. Kroeger in Löhmer/Standhardt (Hg.) 1992, S.111ff.

3 Cohn 1975, S.117.

4 Langmaack 2001, S.106.

5 In einigen Bundesländer wird diese Einrichtung als Schulkindergarten bezeichnet.

6 Vgl. Lotz in Arbeitskreis „Pro Vorklasse" (Hg.), o.J.

7 Vgl. Arbeitskreis „Pro Vorklasse" (Hg.), o.J.

8 Hessischer Rahmenplan vom 31.1.1991 für die Vorklassenarbeit der Grundschulen.

9 Vgl. Wüstenberg in Arbeitskreis „Pro Vorklasse" (Hg.) o.J.

10 Vgl. Elschenbroich 2001, S.197f.

11 Diese Theoriebezüge können z.B. der entwicklungspsychologischen Konzeption des Übergangs vom „impulsiven Selbst" zum „souveränen Selbst" in Robert Kegans Theorie der Entwicklungsstufen des Selbst (Kegan 1986), aber auch psychoanalytischen Theorien des Spannungsverhältnisses von „paranoid-schizoider Position" und „depressiver Position" (vgl. Ogden 1995 oder Kennel/Reerink (Hg.) 1997) oder einer beziehungstheoretischen Sicht des Ödipuskomplexes (z.B. Schoenhals in Kennel/Reerink (Hg.) 1997) entnommen werden.

Anmerkungen zu Kapitel 2.5

1 Erstveröffentlichung dieses Textes: Lotz in Hahn u.a. 2001.

2 Reiser in Reiser/Lotz 1995, S.26.

3 „Es geht ums Anteilnehmen" ist der Titel eines Buches von Ruth Cohn (1993).

4 Matzdorf/Cohn in Löhmer/Standhardt (Hg.) 1992, S.83.

5 Ruth C. Cohns Gegenübertragungsworkshop, in dem sie als Leiterin ihre eigenen Schwierigkeiten mit den Übertragungen einer Patientin zum Gegenstand in der Gruppe machte, zeigt dieses Spannungsfeld von Partizipation und Leitung deutlich auf. Sie nennt den Mut, sich in der Leitungsrolle wie eine Teilnehmerin einzubringen, die „fruchtbarste Entscheidung meines professionellen Lebens" (Vgl. Farau/Cohn 1984, S.266).

6 Ich halte die Formulierung „diagnostizierende Beobachtung" für missverständlich; meines Erachtens geht es bei der klassischen Leitungsfunktion in Gruppen um eine distanzierende Betrachtung eines abgelaufenen Prozesses und nicht um eine mit Hilfe eines theoretischen Regelsystems von aussen an den Prozess angelegte „Messlatte". Ich werde diesen Unterschied im weiteren Gedankengang noch ausführlicher darstellen.

7 Reiser in Reiser/Lotz 1995, S.26.

8 Rubner (in Hahn u.a.(Hg.) 1998, S.63 bzw. 59) betrachtet hier besonders die Rolle der TZI-Leitung in der Teamentwicklung.

9 Reiser in Hahn u.a. (Hg.) 1998, S.18f.
10 Ebd. S.20.
11 Ebd. S.20f.
12 Gadamer 1990, S.1.
13 Böhme 1997, S.260f.
14 Vgl. Bion 1990.
15 Böhme 1997, S.262.
16 Vgl. Gudjons 1993, S.55f.
17 Böhme 1997, S.262.
18 Ebd. S.263.
19 Lorenzer 1983, S.113.
20 Vgl. Lorenzer 1976, S. 114.
21 Wichtig scheint mir dabei der Hinweis zu sein, dass der theoretische Bezug nicht in dem Sinne verstanden wird, dass die erzählte Szenen einer deduktiv-subsumierenden Theorie eingeordnet werden und damit die Theorie als hypothesenvalidierender Ausgangspunkt für das Verstehen verwendet wird. Statt dessen bleiben die erzählten Szenen der Bezugspunkt für theoretische „Versatzstücke", die Zusammenhänge zwischen den einzelnen Erzählungen organisieren. Psychoanalytische Theorie hält keine Gesetzesaussagen bereit, sondern konstruiert mögliche Organisationsweisen subjektiver Erfahrungen (Vgl. Lorenzer 1985, S.8).
22 Vgl. Lorenzer 1985, S.8; Lorenzer spricht hier von metaphorischer Theorie und betont damit die an die unmittelbare Teilhabe anknüpfende theoretische Sinndeutung, die nicht als „schubladenhafte" Erklärung zu verstehen ist.
23 Ebd. S.9.
24 Kemper, zit. nach Lorenzer 1973, S.217; vgl. auch Parins Beschreibung einer „Identifikation mit einem Teil des Ich des Patienten, die wir wieder zurücknehmen, um sie zu betrachten" (zit. nach Lorenzer 1973, S.217).
25 Lorenzer 1973, S.223.
26 Distanzierendes Beobachten meint hier die Einnahme einer *aussenstehenden* Position, die ausserhalb der szenischen Erfassung mit Hilfe einer deduktiven Kategorisierung den Vorgang beschreibt. Im Unterschied dazu verstehe ich als „distanzierte Position" die Einnahme eines *exzentrischen* Standpunktes, der zwar in Distanz zur unmittelbaren Teilhabe in der Identifikation gewonnen wird, aber innerhalb des Szenischen verbleibt.
27 Ebd. S.226.
28 Ebd. S.239.
29 Müller-Pozzi 1991, S.33.
30 Ebd. S.34.
31 Freud 1900, S.283.
32 Vgl. Raguse 1996, S.818.
33 Lorenzer; zit. nach Koring 1989, S.300.
34 Einbildung wird hier als Erkenntnisvermögen durch inneren Mitvollzug verstanden (Vgl. Böhme 1985, S.186).
35 So kann z.B. eine Nachricht über ein Ereignis dazu führen, sich diesem „anzugleichen". Als eine solche Identifikation wäre z.B. die Reaktion auf die Nachricht einer Kindesentführung zu sehen; der Hörer identifiziert sich angesichts der Täter-Opfer-

Szene z.B. mit einem potentiellen Retter mit entsprechenden Motiven, Gefühlen und Sichtweisen. Das,was die Nachricht bei ihm auslöst, läßt sich als Identifikation beschreiben.

36 Racker 1997 (5), S.155.
37 Vgl. Sandler in Sandler/Dare/Holder 1996 (7), S.103.
38 Willi 1975, S.65ff.
39 Schmidbauer 1992.
40 Racker 1997, S.156.
41 Lewin 1968.
42 Bion 1990.
43 Willi 1975.
44 Schulz von Thun 1981.
45 Rubner und Rubner 1991.
46 Rubner 1992.
47 Ebd. S.59.
48 Ebd. S.59.
49 Ebd. S.60.
50 Rubner und Rubner 1991.
51 Ebd. S.40f.
52 Rubner 1992, S.61.

Anmerkungen zu Kapitel 2.6

1 Böhme 1985, S.31.
2 Ebd. S.33.
3 Vgl. z.B. Piaget 1983, Kohlberg 1995, Kegan 1986, Wenzel 1991.
4 Schmitz 1989.
5 Vgl. Fischer u.a. (Hg.) 1993 (2), von Foerster/Poerksen 1998.
6 Tarnas 1997, S.505.
7 Roth 2001, S.453. Die empirischen Untersuchungen zu einem Experiment, bei dem es darum ging, innerhalb einer Zeit von ca. 3 Sekunden spontan den Entschluss zu fassen, einen Finger zu bewegen, zeigten, dass der bewusste Willensakt erst auftrat, „nachdem das Gehirn bereits entschieden hat, welche Bewegung es ausführen wird" (ebd. S.442).
8 Nietzsche schreibt in „Die fröhliche Wissenschaft" (3,590): „Das ganze Leben wäre möglich, ohne daß es sich gleichsam im Spiegel sähe: wie ja thatsächlich auch jetzt noch bei uns der bei weitem überwiegende Theil des Lebens sich ohne diese Spiegelung abspielt."
9 Vgl. Böhme und Böhme 1985.
10 Ebd. S.11.
11 Freud 1917, S.11.
12 Freud 1933, S.516.
13 Rutschky in Bohrer (Hg.) 1983, S.233.
14 „Wenn statt der ‚neutralen' Beziehung Analytiker-Analysand eine absichtsvolle ‚reale' Beziehung aufgenommen wird, wenn eine ‚dritte Sache' als gemeinsame Orientierung bedeutsam wird und wenn sich ein Gruppen-Wir aus den Aktivitäten an dieser

gemeinsamen Aufgabe herausbildet“ (Lotz/Reiser 1996, S.44).

15 Auf eine Ausweitung des psychoanalytischen Vorgehens auf andere Settings möchte ich hier nur hinweisen (Vgl. dazu z.B. Bauriedl 1980 und 1999).

16 „Methode, die darin besteht, ohne Aussonderung alles zu sagen, was einem einfällt, sei es von einem vorgegebenen Element aus (Wort, Zahl, Traumbild, irgendeine Vorstellung), sei es spontan“ (Laplanche/Pontalis 1980 [4], S.77).

17 „Indes ist diese Technik eine sehr einfache. Sie lehnt alle Hilfsmittel ... ab und besteht einfach darin, sich nichts besonders merken zu wollen und allem, was man zu hören bekommt, die nämliche ‚gleichschwebende Aufmerksamkeit‘ ... entgegenzubringen. Man erspart sich auf diese Weise eine Anstrengung der Aufmerksamkeit ... und vermeidet eine Gefahr, die von dem absichtlichen Aufmerken unzertrennlich ist. Sowie man nämlich seine Aufmerksamkeit absichtlich bis zu einer gewissen Höhe anspannt, beginnt man auch unter dem dargebotenen Material auszuwählen; man fixiert ein Stück besonders scharf, eliminiert dafür ein anderes und folgt bei dieser Auswahl seinen Erwartungen oder seinen Neigungen. Gerade dies darf man aber nicht; folgt man bei der Auswahl seinen Erwartungen, so ist man in Gefahr, niemals etwas anderes zu finden, als man bereits weiß; folgt man seinen Neigungen, so wird man sicherlich die mögliche Wahrnehmung fälschen. Man darf nicht darauf vergessen, daß man ja zumeist Dinge zu hören bekommt, deren Bedeutung erst nachträglich erkannt wird“ (Freud 1912, S.171f / vgl. dazu auch Mertens 1992, S.71f).

18 Raguse 1998a, S.668.

19 Vgl. hierzu Greenson 1982, S.151ff; Körner in Mertens (Hg.) 1993; Deserno 1994.

20 Raguse 1998a, S.668f.

21 Ebd. S.669.

22 Lorenzer 1983, S.113.

23 Körner in Combe/Helsper (Hg.) 1996, S.788.

24 Bettighofer 1998, S.51.

25 Ebd. S.55.

26 „...ich glaube, daß es im Menschen ein ursprüngliches Bedürfnis gibt, das andere Geschöpfe wahrscheinlich nicht haben und das Anlaß zu all seinem offensichtlich unzoologischen Streben, seinen tiefsinnigen Phantasien, seinem Wertbewußtsein, seinem äußerst unpraktischen Enthusiasmus und seinem Gewahrsein eines geheiligten ‚Jenseits‘ gibt. Trotz der Tatsache, daß dieses Bedürfnis beinahe alles, was wir gemeinhin dem ‚höheren‘ Leben zurechnen, hervorbringt, ist es selber doch keine ‚höhere‘ Form irgendeines ‚niederen‘ Bedürfnisses; es ist essentiell, gebieterisch und allgemein und kann nur insofern ‚hoch‘ genannt werden, als es ausschließlich (wie ich glaube) einer sehr komplexen und vielleicht jungen Gattung angehört ... Dieses Grundbedürfnis, das ohne Zweifel nur beim Menschen in Erscheinung tritt, ist das Bedürfnis des Symbolisierens“ (Langer 1984, S.48f).

27 Raguse 1998a, S.687.

28 „Im Verlaufe der psychoanalytischen Behandlung nennt man all jenes ‚Widerstand‘, was in den Handlungen und Worten des Analysierten sich dem Zugang zu seinem Unbewußten entgegenstellt“ (Laplanche/Pontalis 1980 (4), S.622).

29 Raguse 1998a, ebd. S.687.

30 Ich beziehe mich hier auf die ausführlichen, unterschiedliche Theorieansätze einbe-

ziehende Darstellungen Raguses (Vgl. Raguse 1994, insbesondere Kapitel 12 bis 16, sowie Raguse 1989, Teil II; vgl. auch Ogden 1995). Peirce spricht von Erstheit, die durch das Vorhandensein eines Zeichens gewährleistet ist, von Zweitheit, wenn das Zeichen die Funktion des Index hat und von Drittheit, wenn das Zeichen (vor allem als Sprachsymbol) eine Referenz zum Gegenstand herstellt. In meinen Darstellungen spreche ich von zweistelligen und dreistelligen Symbolisierungen, um damit die Positionen (z.B. von symbolisierendem Subjekt, symbolisiertem Gegenstand und Symbol) deutlicher werden zu lassen.

31 Raguse 1994, S.211f; Raguse 1998a, S.682ff.

32 Raguse 1994, S.191f.

33 Vgl. ebd. S. 180. Ogden nennt verschiedene Formen psychischer Störungen, die sich aus zweistelligen Symbolisierungen ergeben können (Vgl. Ogden 1995 S.46f).

34 Raguse 1994, S.203f.

35 Ogden 1995, S.47.

36 Ebd. S.47.

37 Raguse 1998a, S.690f.

38 Ebd. S.688.

39 Vgl. die Aufsätze in Heigl-Evers und Ott (Hg.) 1994.

40 Sachsse nennt als verschiedene Antwort-Modi „Antworten in Harmonie" (Spiegelndes Antworten, Antworten in Übereinstimmung, Antworten in Empathie zur Assimilierung Ich-fremder Erlebnisanteile) und „Antworten als Kontrapunkt" (Abgrenzende Antworten in Hilfs-Ich-Funktion, abgrenzende Antworten im Sinne direkter Rückmeldung). Vgl. Sachsse in Heigl-Evers/Ott (Hg.) 1994, S.211ff.

41 Vgl. Heigl-Evers/Nitzschke in Heigl-Evers/Ott 1994, S.87.

42 Ebd. S.94.

43 Vgl. dazu auch Heigl-Evers/Ott in Heigl-Evers/Ott, 1994, S.14-20.

44 Ebd. S.21.

45 Vgl. dazu Farau/Cohn 1984, Buch II Kap.10.

46 Erstveröffentlichung des Fallbeispiels: Lotz in Reiser/Trescher (Hg.)1987.

47 Susanne Langer unterscheidet präsentative (z.B. Ritus und Kunst) von diskursiven Symboltätigkeiten (Vgl. Langer 1984).

48 Vgl. dazu Gerspach 1998, S.60ff.

49 Vgl. Müller 1995, S.11ff.

50 Vgl. Bauriedel 1980, S.48.

51 Laimböck 2001, S.10.

52 Vgl. Heigl-Evers 1978, Dantlgraber 1989, Mertens in Ermann 1993 sowie Pollack 1999.

53 Ich greife hier auch auf Überlegungen zurück, die in Lotz/Reiser 1996 enthalten sind.

54 Begrifflich gefasst wird die „haltende Umgebung" bei Winnicott als „holding environment", bei Kegan als „einbindende Kultur". In der TZI steht hierfür der GLOBE als ein Faktor des TZI-Reflexionsmodells.

55 Vgl. Honneth 2000, S.1106.

56 Personalität und Gemeinschaftlichkeit zielen ab auf eine triadische psychische Struktur (vgl. Wagner 1998, S.63ff sowie Oevermann in Combe/Helsper (Hg.) 1996, S.113ff).

57 Vgl. Winnicott 1979 (2), Kap.8.

Literatur

Ahrbeck, Bernd und Jürgen Körner (Hg.): Der vergessene Dritte – Ödipale Konflikte in Erziehung und Therapie. Neuwied/Kriftel/Berlin 2000

Andina-Kernen, Annemarie: Über das Entstehen von Symbolen. Basel 1996

Arbeitskreis „Pro Vorklasse" (Hg.): Vorklasse als Chance! Dokumentation über die Arbeit in Vorklassen. Typographie o.J.

Aufenanger, Stefan: Entwicklungspädagogik. Die soziogenetische Perspektive. Weinheim 1992

Axelrod, Robert: Die Evolution der Kooperation. München/Wien 1997 (4)

Ballauf, Theodor und Karl Schaller: Pädagogik. Eine Geschichte der Bildung und Erziehung. 3 Bände. Freiburg/München 1973

Barabas, Friedrich K.: Beratungsrecht. Ein Leitfaden für Beratung, Therapie und Krisenintervention. Frankfurt 1999

Bargheer, Friedrich W.: Was Menschen-Leben hält und trägt. Hamburg 1997

Battke, Achim: Mitten im Grauen der Welt ... kleine Schritte. Eine Annäherung an die Ethik der TZI: In: „Themenzentrierte Interaktion" 6 (1992), Heft 2

Bauriedl, Thea: Beziehungsanalyse. Frankfurt 1980

Bauriedl, Thea: Auch ohne Couch. Psychoanalyse als Beziehungstheorie und ihre Anwendungen. Stuttgart 1999 (3)

Beck, Harald: Buber und Rogers. Das Dialogische und das Gespräch. Heidelberg 1991

Beck, Ulrich: Risikogesellschaft. Auf dem Weg in eine andere Moderne. Frankfurt 1986

Belgrad, Jürgen u.a. (Hg.): Zur Idee einer psychoanalytischen Sozialforschung. Dimensionen szenischen Verstehens. Frankfurt 1987

Belz, Helga u.a.: Auf dem Weg zur arbeitsfähigen Gruppe. Mainz 1988

Benkmann, Rainer: Entwicklungspädagogik und Kooperation. Sozial-konstruktivistische Perspektiven der Förderung von Kindern mit gravierenden Lernschwierigkeiten in der allgemeinen Schule. Weinheim 1998

Benner, Dietrich: Grundstrukturen pädagogischen Denkens und Handelns. In: Lenzen, Dieter (Hg.); Stuttgart 1983

Benner, Dietrich: Allgemeine Pädagogik. Eine systematisch-problemgeschichtliche Einführung in die Grundstrukturen pädagogischen Denkens und Handelns. Weinheim und München 1996 (3)

Benner, Dietrich u.a.: Von der Unvereinbarkeit von Bildungsidee und Bildungsideal. In: „Pädagogische Rundschau" 52 (1998), Heft 3

Bettighofer, Siegfried: Übertragung und Gegenübertragung im therapeutischen Prozeß. Stuttgart 1998

Bibliographisches Institut: Duden. Fremdwörterbuch. Mannheim 1982

Bion, Wilfred R.: Erfahrungen in Gruppen (und andere Schriften). Frankfurt 1990

Bion, Wilfred R.: Lernen durch Erfahrung. Frankfurt 1992

Birmelin, Rolf u.a. (Hg.): Erfahrungen lebendigen Lernens. Grundlagen und Arbeitsfelder der TZI. Mainz 1985

Blumenberg, Hans: Die Lesbarkeit der Welt. Frankfurt 1986

Blumenberg, Hans: Höhlenausgänge. Frankfurt 1989
Blumer, Herbert: Der methodologische Standort des Symbolischen Interaktionismus. In: Arbeitsgruppe Bielefelder Soziologen (Hg.): Alltagswissen, Interaktion und gesellschaftliche Wirklichkeit. Band 1. Opladen 1981 (5)
Bock, Karin und Udo Seelmeyer: Kinder- und Jugendhilfe. In: Otto, Hans-Uwe und Hans Thiersch (Hg.); Neuwied 2001 (2)
Böckenhoff, Josef: Die Begegnungsphilosophie. Ihre Geschichte – ihre Aspekte. Freiburg/München 1970
Böhme, Gernot: Anthropologie in pragmatischer Hinsicht. Darmstädter Vorlesungen. Frankfurt 1985
Böhme, Gernot: Einführung in die Philosophie. Weltweisheit, Lebensform, Wissenschaft. Frankfurt 1997 (2)
Böhme, Hartmut: Wer sagt, was Leben ist? In: „Die Zeit" 49 (2000), S.42
Böhme, Hartmut und Gernot Böhme: Das Andere der Vernunft. Zur Entwicklung von Rationalitätsstrukturen am Beispiel Kants. Frankfurt 1985
Böhnisch, Lothar: Sozialpädagogik der Lebensalter. Eine Einführung. Weinheim/München 2001 (3)
Böllert, Karin: Gemeinschaft. In: Otto, Hans-Uwe und Hans Thiersch (Hg.); Neuwied 2001 (2)
Bohrer, Karl Heinz: Mythos und Moderne. Begriff und Bild einer Rekonstruktion. Frankfurt 1983
Bollnow, Otto Friedrich: Vom Wesen geschichtlicher Begegnung. In: Gerner, Berthold (Hg.); Darmstadt 1969
Bollnow, Otto Friedrich: Existenzphilosophie und Pädagogik. Versuch über unstetige Formen der Erziehung. Stuttgart 1977 (5)
Brumlik, Micha: Der Symbolische Interaktionismus und seine pädagogische Bedeutung. Frankfurt 1973
Brumlik, Micha: Interaktionismus, Symbolischer. In: Lenzen, Dieter (Hg.); Stuttgart 1994
Brumlik, Micha: Begegnung. In: Lenzen, Dieter (Hg.); Stuttgart 1994
Brumlik, Micha: Solidarität. In: Otto, Hans-Uwe und Hans Thiersch (Hg.); Neuwied 2001 (2)
Brumlik, Micha und Hauke Brunkhorst (Hg.): Gemeinschaft und Gerechtigkeit. Frankfurt 1993
Buber, Martin: Ich und Du (1923); in: ders.; Heidelberg 1984
Buber, Martin: Rede über das Erzieherische. Berlin 1925
Buber, Martin: Zwiesprache (1932); in: ders.; Heidelberg 1984
Buber, Martin: Die Frage an den Einzelnen (1936); in: ders.; Heidelberg 1984
Buber, Martin: Das Problem des Menschen (1948). Heidelberg 1982
Buber, Martin: Elemente des Zwischenmenschlichen (1953); in: ders.; Heidelberg 1984
Buber, Martin: Nachwort (1957); in: ders.; Heidelberg 1984
Buber, Martin: Schriften zur Philosophie. München/Heidelberg 1962
Buber, Martin: Das dialogische Prinzip. Heidelberg 1984 (5)
Cohn, Ruth C.: Von der Psychoanalyse zur Themenzentrierten Interaktion. Von der Behandlung einzelner zu einer Pädagogik für alle. Stuttgart 1975
Cohn, Ruth C. Wir sind Teil des Universums und wir nehmen Anteil: Der GLOBE. In:

„Themenzentrierte Interaktion“ 2 (1988), Heft 1
Cohn, Ruth C.: Es geht ums Anteilnehmen. Freiburg 1993
Cohn, Ruth C.: Verantworte Dein Tun und Dein Lassen - persönlich und gesellschaftlich. Offener Brief an Günter Hoppe. In: „Themenzentrierte Interaktion“ 8 (1994), Heft 2
Combe, Arno und Werner Helsper (Hg.): Pädagogische Professionalität. Untersuchungen zum Typus pädagogischen Handelns. Frankfurt 1996
Conradi, Elisabeth: Take Care. Grundlagen einer Ethik der Achtsamkeit. Frankfurt 2001
Dantlgraber, Josef: Psychoanalytische Haltung und Übertragungsbeziehung. In: „Psyche“ 43 (1989), Heft 11
Datler, Wilfried: Bilden und Heilen. Auf dem Weg zu einer pädagogischen Theorie psychoanalytischer Praxis. Mainz 1995
Derbolav, Josef: Vom Wesen geschichtlicher Begegnung. In: Gerner, Berthold (Hg.); Darmstadt 1969
Derbolav, Josef: „Existentielle Begegnung“ und „Begegnung am Problem“. In: Gerner, Berthold (Hg.); Darmstadt 1969
Deserno, Heinrich: Die Analyse und das Arbeitsbündnis. Frankfurt 1994
Dewe, Bernd, Wilfried Ferchhoff und Frank-Olaf Radtke (Hg.): Erziehen als Profession. Zur Logik professionellen Handelns in pädagogischen Feldern. Opladen 1992
Dewe, Bernd, Wilfried Ferchhoff, Albert Scherr und Gerd Stüwe: Professionelles soziales Handeln. Soziale Arbeit im Spannnungsfeld zwischen Theorie und Praxis. Weinheim/München 1995 (2)
Dewe, Bernd und Hans-Uwe Otto: Wissenschaftstheorie. In: Otto, Hans-Uwe und Hans Thiersch (Hg.); Neuwied/Kriftel 2001a (2)
Dewe, Bernd und Hans-Uwe Otto: Profession. In: Otto, Hans-Uwe und Hans Thiersch (Hg.); Neuwied/Kriftel 2001b (2)
Dörfler, Michael: Begegnung als pädagogische Kategorie. Magisterarbeit Erlangen-Nürnberg 1982
Dörr, Margret: „Beziehungsarbeit“? Eine Begriffsanalyse des Zeitgeistjargons in der psychosozialen Praxis. In: „Neue Praxis“ 1999, Heft 2
Dornes, Martin: Die frühe Kindheit. Entwicklungspsychologie der ersten Lebensjahre. Frankfurt 1997
Drechsel, Wolfgang: Pastoralpsychologische Bibelarbeit. Ein Verstehens- und Praxismodell gegenwärtiger Bibel-Erfahrung. Stuttgart 1994
Ebeling, Gerhard: Dogmatik des christlichen Glaubens. 3 Bände. Tübingen 1982 (2)
Ebert, Joachim und Jürgen Herter: Elemente demokratischer Bildung. Zur Interpretation eines pädagogischen Grundbegriffs. In: Tenorth, Heinz-Elmar (Hg.); Weinheim und München 1986
Edelstein, Wolfgang und Monika Keller (Hg.): Perspektivität und Interpretation. Beiträge zur Entwicklung sozialen Verstehens. Frankfurt 1982
Edelstein, Wolfang, und Gertrud Nunner-Winkler (Hg.): Zur Bestimmung der Moral. Philosophische und sozialwissenschaftliche Beiträge zur Moralforschung. Frankfurt 1986
Ehrenspeck, Yvonne und Dirk Rustemeyer: Bestimmt unbestimmt. In: Combe, Arno und Werner Helsper (Hg.); Frankfurt 1996
Elschenbroich, Donata: Weltwissen der Siebenjährigen. Wie Kinder die Welt entdecken können. München 2001

Engelberth, Angelika und Alois Herlth: Sozialökologie der Kindheit: Wohnung, Spielplatz und Straße. In: Markefka, Manfred und Bernhard Nauck (Hg.); Neuwied/Kriftel/Berlin 1993
Erler, Michael: Soziale Arbeit. Ein Lehr- und Arbeitsbuch zu Geschichte, Aufgaben und Theorie. Weinheim und München 1993
Ermann, Michael (Hg.): Die hilfreiche Beziehung in der Psychoanalyse. Göttingen 1993
Ermann, Michael: Übertragungsdeutungen als Beziehungsarbeit. In: Ermann, Michael (Hg.); Göttingen 1993
Ernst, Heiko: Wie wir wurden was wir sind. In: „Psychologie heute" 1996, Heft 12
Etzioni, Amitai: Die Verantwortungsgesellschaft. Individualismus und Moral in der heutigen Demokratie. Frankfurt 1997
Faber, Werner: Das Dialogische Prinzip Martin Bubers und das erzieherische Verhältnis. Inaugural-Dissertation Münster 1960
Faber, Werner (Hg.): Pädagogische Kontroversen 1: Das Problem der Begegnung. 1969
Farau, Alfred und Ruth C. Cohn: Gelebte Geschichte der Psychotherapie. Zwei Perspektiven. Stuttgart 1984
Figdor, Hellmuth: „Pädagogisch angewandte Psychoanalyse" oder „Psychoanalytische Pädagogik"? In: Trescher, Hans-Georg und Christian Büttner (Hg.): Jahrbuch für Psychoanalytische Pädagogik. Band 1. Mainz 1989
Finke, Jobst: Empathie und Interaktion. Stuttgart 1994
Finkielkraut, Alain: Verlust der Menschlichkeit. Versuch über das 20. Jahrhundert. Stuttgart 1998
Fischer, Hans Rudi, Arnold Retzer und Jochen Schweitzer (Hg.): Das Ende der großen Entwürfe. Frankfurt 1993 (2)
Flitner, Andreas: Konrad, sprach die Frau Mama... Über Erziehung und Nicht-Erziehung. München 1988 (3)
Fölling-Albers, Maria: Der Individualisierungsanspruch der Kinder – eine neue pädagogische Orientierung „vom Kinde aus"?. In: „Neue Sammlung" 1993, Heft 3
Foerster, Heinz von und Bernhard Pörksen: Wahrheit ist die Erfindung eines Lügners. Gespräche für Skeptiker. Heidelberg 1998
Fonagy, Peter: Die Bedeutung der Entwicklung metakognitiver Kontrolle der mentalen Repräsentanzen für die Betreuung und das Wachstum des Kindes. In: „Psyche" 52 (1998), Heft 4
Forst, Rainer: Kommunitarismus und Liberalismus – Stationen einer Debatte: In: Honneth, Axel (Hg.); Frankfurt 1993
Forst, Rainer: Kontexte der Gerechtigkeit. Politische Philosophie jenseits von Liberalismus und Kommunitarismus. Frankfurt 1994
Freire, Paolo: Pädagogik der Unterdrückten. Bildung als Praxis der Freiheit. Stuttgart 1971
Frenzel, Peter, Peter F. Schmid und Marietta Winkler: Handbuch der Personzentrierten Psychotherapie. Köln 1992
Freud, Sigmund: Die Traumdeutung (1900) In: Studienausgabe (Band 2); Frankfurt 1982
Freud, Sigmund: Ratschläge für den Arzt bei der psychoanalytischen Behandlung (1912). In: Studienausgabe (Ergänzungsband); Frankfurt 1982
Freud, Sigmund: Erinnern, Wiederholen und Durcharbeiten (1914). In: Studienausgabe (Ergänzungsband); Frankfurt 1982

Freud, Sigmund: Eine Schwierigkeit der Psychoanalyse (1917). In: Gesammelte Werke (Band XII); Frankfurt 1968
Freud, Sigmund: Neue Folge der Vorlesungen zur Einführung in die Psychoanalyse (1933). In: Studienausgabe (Band 1); Frankfurt 1982
Fromm, Erich: Die Furcht vor der Freiheit. Gesamtausgabe Band 1 – Analytische Sozialpsychologie. München 1989
Gadamer, Hans-Georg: Wahrheit und Methode. Grundzüge einer philosophischen Hermeneutik. Tübingen 1990 (6)
Gängler, Hans: Hilfe. In: Otto, Hans-Uwe und Hans Thiersch (Hg.); Neuwied/Kriftel 2001 (2)
Garz, Detlev: Sozialpsychologische Entwicklungstheorien. Von Mead, Piaget und Kohlberg bis zur Gegenwart. Opladen 1994 (2)
Geerk, Frank (Hg.): Kongreß der Weltweisen. Ein Lesebuch des Humanismus. Solothurn/Düsseldorf 1995
Gehrmann, Gerd und Klaus D. Müller: Management in sozialen Organisationen. Berlin/Bonn/Regensburg 1993
Gerhardt, Volker: Selbstbestimmung. Das Prinzip der Individualität. Stuttgart 1999
Gerhardt, Volker: Individualität. Das Element der Welt. München 2000
Gerner, Berthold (Hg.): Begegnung. Ein anthropologisch-pädagogisches Grundereignis. Darmstadt 1969
Gerspach, Manfred: Wohin mit den Störeren? Zur Sozialpädagogik der Verhaltensauffälligen. Stuttgart 1998
Gerspach, Manfred: Einführung in pädagogisches Denken und Handeln. Stuttgart 2000
Gerth, Hans und C. Wright Mills: Person und Gesellschaft. Die Psychologie sozialer Institutionen. Frankfurt/Bonn 1970
Geulen, Dieter: Das vergesellschaftete Subjekt. Zur Grundlegung der Sozialisationstheorie. Frankfurt 1989
Geulen, Dieter: Subjekt-Begriff und Sozialisationstheorie. In: Leu, Hans Rudolf und Lothar Krappmann (Hg.); Frankfurt 1999
Giesecke, Hermann: Pädagogik als Beruf. Grundformen pädagogischen Handelns. Weinheim und München 1993 (4)
Giesecke, Hermann: Das „Ende der Erziehung". Ende oder Anfang pädagogischer Professionalisierung? In: Combe, Arno und Werner Helsper (Hg.); Frankfurt 1996
Giesecke, Hermann: Die pädagogische Beziehung. Pädagogische Professionalität und die Emanzipation des Kindes. Weinheim und München 1997
Girndt, H.: Handeln, soziales. In: Ritter, Joachim (Hg.): Historisches Wörterbuch der Philosophie. Band 3. Basel 1974
Greenson, Ralph: Psychoanalytische Erkundungen. Stuttgart 1982
Greoben, Norbert u.a.: Forschungsprogramm Subjektive Theorien. Eine Einführung in die Psychologie des reflexiven Subjekts. Tübingen 1988
Grünfeld, Werner: Der Begegnungscharakter der Wirklichkeit in Philosophie und Pädagogik Martin Bubers. Ratingen 1965
Gruschka, Andreas: Bürgerliche Kälte und Pädagogik. München 1994
Gudjons, Herbert: Pädagogisches Grundwissen. Bad Heilbrunn 1993
Günder, Richard: Hilfen zur Erziehung. Eine Orientierung über die Erziehungshilfen in SGB VIII. Freiburg 1999

Habermas, Jürgen: Theorie der Sozialisation. Materialien zur Vorlesung. Manuskript Sommersemester 1968
Habermas, Jürgen: Technik und Wissenschaft als „Ideologie". Frankfurt 1968
Habermas, Jürgen: Theorie des kommunikativen Handelns. 2 Bände. Frankfurt 1995
Habermas, Jürgen: Der philosophische Diskurs der Moderne. Zwölf Vorlesungen. Frankfurt 1996 (5)
Hagleitner, Silvia: Mit Lust an der Welt - in Sorge um sie. Feministisch-politische Bildungsarbeit nach Paolo Freire und Ruth C. Cohn. Mainz 1996
Hahn, Karin u.a. (Hg.): Gruppenarbeit: themenzentriert. Mainz 1987
Hahn, Karin u.a. (Hg.): Themenzentrierte Supervision. Mainz 1997
Hansmann, Otto und Winfried Marotzki: Diskurs Bildungstheorie I. Systematische Markierungen. Rekonstruktion der Bildungstheorie unter Bedingungen der gegenwärtigen Gesellschaft. Weinheim 1988
Hansmann, Otto und Winfried Marotzki (Hg.): Diskurs Bildungstheorie II. Problemgeschichtliche Orientierung. Rekonstruktion der Bildungstheorie unter Bedingungen der gegenwärtigen Gesellschaft. Weinheim 1989
Heigl-Evers, Annelise: Konzepte der analytischen Gruppenpsychotherapie. Göttingen 1978
Heigl-Evers, Annelise: Die psychoanalytisch-interaktionelle Methode zur Behandlung strukturell frühgestörter Patienten, expliziert am Vergleich der psychoanalytisch-deutenden und der psychoanalytisch-antwortenden Vorgehensweise. In: Heigl-Evers, Annelise und Peter Günther (Hg.); Göttingen 1994
Heigl-Evers, Annelise und Jürgen Ott (Hg.): Die psychoanalytisch-interaktionelle Methode. Theorie und Praxis. Göttingen 1994
Heigl-Evers, Annelise und Bernd Nitzschke: Das analytische Prinzip „Deutung" und das interaktionelle Prinzip „Antwort". In: Heigl-Evers, Annelise und Jürgen Ott (Hg.); Göttingen 1994
Heigl-Evers, Annelise, Franz S. Heigl und Jürgen Ott: Zur Theorie und Praxis der psychoanalytisch-interaktionellen Gruppentherapie. In. Heigl-Evers, Annelise und Jürgen Ott (Hg.); Göttingen 1994
Heigl-Evers, Annelise und Peter Günther (Hg.): Blick und Widerblick. Gegensätzliche Auffassungen von der Psychoanalyse. Göttingen 1994
Heinrich, Eva-Marie: Verstehen und Intervenieren. Heidelberg 1994
Helsper, Werner: Antinomien des Lehrerhandelns in modernisierten pädagogischen Kulturen. Paradoxe Verwendungsweisen von Autonomie und Selbstverantwortlichkeit. In: Combe, Arno und Werner Helsper (Hg.); Frankfurt 1996
Henrich, Dieter: Bewußtes Leben. Stuttgart 1999
Hentig, Hartmut von: Die Menschen stärken, die Sachen klären. Ein Plädoyer für die Wiederherstellung der Aufklärung. Stuttgart 1985
Hentig, Hartmut von: Bildung. Ein Essay. München/Wien 1996
Hildebrand-Nilshon, Martin: Die Entwicklung der Sprache. Phylogenese und Ontogenese. Frankfurt 1980
Hirschberger, Johannes: Geschichte der Philosophie. 2 Bände. Freiburg 1976 (13)
Hoeltje, Bettina: Kinderszenen. Geschlechterdifferenz und sexuelle Entwicklung im Vorschulalter. Stuttgart 1996
Hörster, Reinhard und Burkhard Müller: Zur Struktur sozialpädagogischer Kompetenz.

Oder: Wo bleibt das Pädagogische der Sozialpädagogik. In: Combe, Arno und Werner Helsper (Hg.); Frankfurt 1996
Hoffmann, Dietrich (Hg.): Rekonstruktion und Revision des Bildungsbegriffs. Vorschläge zu seiner Modernisierung. Weinheim 1999
Honig, Michael-Sebastian: Sozialgeschichte der Kindheit im 20. Jahrhundert. In: Markefka/Nauck (Hg.); Neuwied/Kriftel/Berlin 1993
Honig, Michael-Sebastian: Entwurf einer Theorie der Kindheit. Frankfurt 1999
Honneth, Axel: Posttraditionale Gemeinschaften. Ein konzeptueller Vorschlag. In: Brumlik, Micha und Hauke Brunkhorst (Hg.); Frankfurt 1993
Honneth, Axel (Hg.): Kommunitarismus. Eine Debatte über die moralischen Grundlagen moderner Gesellschaften. Frankfurt 1993
Honneth, Axel: Kampf um Anerkennung. Zur moralischen Grammatik sozialer Konflikte. Frankfurt 1994
Honneth, Axel: Objektbeziehungstheorie und postmoderne Identität. Über das vermeintliche Veralten der Psychoanalyse. In: „Psyche" 54 (2000), Heft 11
Honneth, Axel: Facetten des vorsozialen Selbst. Eine Erwiderung auf Joel Whitebook. In: „Psyche" 55 (2001), Heft 8
Hoppe, Günter: „Misch Dich ein! Greif ein!" Ein drittes Postulat für die TZI? In: „Themenzentrierte Interaktion" 7 (1993), Heft 2
Horn, Klaus: Gruppendynamik und der „subjektive Faktor". Frankfurt 1972
Hornstein, Walter: Bewegte Zeiten – Familie und Jugendhilfe im Wandel! In: Tagungsdokumentation der Fachtagung „Jugendhilfe in Bewegung". Band 1 der Schriftenreihe der Forschungsstelle für Regionale Jugendhilfeforschung der Universität Trier. Trier 1999
Humboldt, Wilhelm von: Theorie der Bildung des Menschen. In: Tenorth, Heinz-Elmar (Hg.); Weinheim und München 1986
Iben, Gerd (Hg.): Das Dialogische in der Heilpädagogik. Mainz 1988
Iser, Wolfgang: Das Fiktive und das Imaginäre. Perspektiven literarischer Anthropologie. Frankfurt 1991
Joas, Hans: Die Kreativität des Handelns. Frankfurt 1996
Joas, Hans: Die Entstehung der Werte. Frankfurt 1997
Jonas, Hans: Das Prinzip Verantwortung. Versuch einer Ethik für die technologische Zivilisation. Frankfurt 1984
Jordan, Erwin und Dieter Sengling: Kinder- und Jugendhilfe. Einführung in Geschichte und Handlungsfelder, Organisationsformen und gesellschaftliche Problemlagen. Weinheim/München 2000
Junge, Matthias: Die Spannung von Autonomie und Verbundenheit in der kommunitaristischen Sozialtheorie und der Individualisierungstheorie. In: Leu, Hans Rudolf und Lothar Krappmann (Hg.); Frankfurt 1999
Keese, Henning: Humane Arbeitswelt in profitorientierten Unternehmen. Organisations- und Personalentwicklung mit Themenzentrierter Interaktion. Mainz 1996
Kegan, Robert: Die Entwicklungsstufen des Selbst. Fortschritte und Krisen im menschlichen Leben. München 1986
Kemper, Herwart: Erziehung als Dialog. Anfragen an Janusz Korczak und Platon-Sokrates. Weinheim und München 1990

Kennel, Rosemarie und Gertrud Reerink (Hg.): Klein - Bion. Eine Einführung. Tübingen 1997
Klafki, Wolfgang: Neue Studien zur Bildungstheorie und Didaktik. Weinheim und Basel 1985
Klix, Friedhardt: Erwachendes Denken. Geistige Leistungen aus evolutionspsychologischer Sicht. Heidelberg/Berlin/Oxford 1993
Knees, Georg und Armin Nassehi: Niklas Luhmanns Theorie sozialer Systeme. Eine Einführung. München 1997 (3)
König, Karl: Gegenübertragungsanalyse. Göttingen 1993
Körner, Jürgen: Der Behandlungsrahmen und die freie Assoziation. In: Ermann, Michael (Hg.); Göttingen 1993
Körner, Jürgen: Psychoanalytisches Arbeitsbündnis. In: Mertens, Wolfgang (Hg.); Stuttgart 1993
Körner, Jürgen: Zum Verhältnis pädagogischen und therapeutischen Handelns. In: Combe, Arno und Werner Helsper (Hg.); Frankfurt 1996
Körner, Jürgen und Christiane Ludwig-Körner: Psychoanalytische Sozialpädagogik. Eine Einführung in vier Fallgeschichten. Freiburg 1997
Kohlberg, Lawrence: Die Psychologie der Moralentwicklung. Frankfurt 1995
Koring, Bernhard: Eine Theorie pädagogischen Handelns. Theoretische und empirisch-hermeneutische Untersuchungen zur Professionlisierung der Pädagogik. Weinheim 1989
Koring, Bernhard: Zur Professionalisierung der pädagogischen Tätigkeit. In: Combe, Arno und Werner Helsper (Hg.); Frankfurt 1996
Kraft, Volker: Pestalozzi oder das pädagogische Selbst. Bad Heilbrunn 1996
Kraft, Volker: Psychoanalyse pädagogischen Denkens am historischen Beispiel: Johann Heinrich Pestalozzi (1746-1827). In: „Psyche" 52 (1998)
Krappmann, Lothar: Soziologische Dimensionen der Identität. Stuttgart 1971
Kreft, Dieter und Ingrid Mielenz: Soziale Arbeit. In: Kreft/Mielenz (Hg.); Weinheim/Basel 1996 (4)
Kreft, Dieter und Ingrid Mielenz (Hg.): Wörterbuch Soziale Arbeit. Weinheim/Basel 1996 (4)
Kroeger, Matthias: Themenzentrierte Seelsorge. Stuttgart 1989 (4)
Kroeger, Matthias: Anthropologische Grundannahmen der Themenzentrierten Interaktion. In: Löhmer, Cornelia und Rüdiger Standhardt (Hg.); Stuttgart 1992
Krohn, Dieter u.a. (Hg.): Das Sokratische Gespräch – Ein Symposion. Hamburg 1989
Kron, Friedrich W.: Grundwissen Pädagogik. München/Basel 1996
Kügler, Hermann: Es oder Thema: Plädoyer für eine präzise Begrifflichkeit. In: „Themenzentrierte Interaktion" 11 (1997), Heft 1
Laimböck, Annemarie: Das psychoanalytische Erstgespräch. Tübingen 2000
Landwehrmann, F.: Kooperation. In: Ritter, Joachim und Karlfried Gründer (Hg.): Historisches Wörterbuch der Philosophie. Band 4. Basel/Stuttgart 1976
Langer, Susanne K.: Philosophie auf neuem Wege. Das Symbol im Denken, im Ritus und in der Kunst. Frankfurt 1984
Langmaack, Barbara: Überlegungen zur Rolle und zum Selbstverständnis des Leiters. In: „Themenzentrierte Interaktion" 5 (1991), Heft 1
Langmaack, Barbara: Themenzentrierte Interaktion. Einführende Texte rund ums Drei-

eck. Weinheim 1991
Langmaack, Barbara: Einführung in die Themenzentrierte Interaktion (TZI). Weinheim und Basel 2001
Laplanche, J. und J.-B. Pontalis: Das Vokabular der Psychoanalyse (2 Bände). Frankfurt 1980 (4)
Lauff, Werner: Pädagogische Ansprüche an erziehungswissenschaftliche Lehre und Forschung. In: Lauff, Werner und Hans Günther Homfeldt: Pädagogische Lehre und Selbsterfahrung. Weinheim und Basel 1981
Lemaire, Bernhard und Walter Lotz: TZI und Soziale Arbeit - Soziale Arbeit und TZI. In: „Themenzentrierte Interaktion“ 16 (2002), Heft 1 und 2
Lenzen, Dieter (Hg.): Enzyklopädie Erziehungswissenschaft. Band 1. Theorien und Grundbegriffe der Erziehung und Bildung. Stuttgart 1983
Lenzen, Dieter (Hg.): Pädagogische Grundbegriffe. 2 Bände. Stuttgart 1994
Lenzen, Dieter: Professionelle Lebensbegleitung – Erziehungswissenschaft auf dem Weg zur Wissenschaft des Lebenslaufs und der Humatogenese. In: „Erziehungswissenschaft“ 8 (1997)
Lenzen, Dieter: Lösen die Begriffe Selbstorganisation, Autopoiesis und Emergenz den Bildungsbegriff ab? In: Hoffmann, Dietrich (Hg.); Weinheim 1999
Leu, Hans Rudolf und Lothar Krappmann (Hg.): Zwischen Autonomie und Verbundenheit. Bedingungen und Formen der Behauptung von Subjektivität. Frankfurt 1999
Lewin, Kurt: Die Lösung sozialer Konflikte. Bad Nauheim 1968 (3)
Loch, Werner: Der Begriff der Begegnung in der Pädagogik des 20. Jahrhunderts (1958). In: Gerner, Berthold (Hg.); Darmstadt 1969
Loch, Werner: Die Struktur der Begegnung im Horizont der Erziehung (1958/68). In: Gerner, Berthold (Hg.); Darmstadt 1969
Loch, Werner: Zur Vorgeschichte des pädagogischen Begegnungsbegriffs. In: Faber, Werner (Hg.); Münster 1969
Löhmer, Cornelia und Rüdiger Standhardt (Hg.): TZI. Pädagogisch-therapeutische Gruppenarbeit nach Ruth C. Cohn. Stuttgart 1992
Lorenzer, Alfred: Zur Begründung einer materialistischen Sozialisationstheorie. Frankfurt 1972
Lorenzer, Alfred: Sprachzerstörung und Rekonstruktion. Frankfurt 1973
Lorenzer, Alfred: Die Wahrheit der psychoanalytischen Erkenntnis. Frankfurt 1976
Lorenzer, Alfred: Das Konzil der Buchhalter. Die Zerstörung der Sinnlichkeit. Eine Religionskritik. Frankfurt 1981
Lorenzer, Alfred: Sprache, Lebenspraxis und szenisches Verstehen in der psychoanalytischen Therapie. In: „Psyche“ 37 (1983), Heft 2
Lorenzer, Alfred: Der Analytiker als Detektiv, der Detektiv als Analytiker. In: „Psyche“ 39 (1985), Heft 1
Lorenzer, Alfred (Hg.): Kultur-Analysen. Frankfurt 1986
Lotz, Walter: Vom interagierenden zum handelnden Erzieher. Überlegungen zur Tiefenhermeneutik pädagogischer Interaktion. In: Reiser, Helmut und Hans-Georg Trescher (Hg.): Wer braucht Erziehung? Impulse der Psychonalytischen Pädagogik. Mainz 1987
Lotz, Walter: Die Bedeutung von Sinnbildern für das pädagogische Handeln. In: Iben, Gerd (Hg.); Mainz 1988

Lotz, Walter: TZI und pädagogische Handlungsorientierung. In: Reiser, Helmut und Walter Lotz, Mainz 1995
Lotz, Walter: Zur pädagogischen Konzeption der Themenzentrierten Interaktion. In: „Themenzentrierte Interaktion“ 11 (1997), Heft 2
Lotz, Walter: Das ES als Gegenstand und Vergegenständlichung. In: „Themenzentrierte Interaktion“ 13 (1999), Heft 2
Lotz, Walter: Sozialpädagogische Diagnostik mit TZI – ein Werkstattbericht. In: „Themenzentrierte Interaktion“ 15 (2001), Heft 2
Lotz, Walter: Partizipierende Leitung und szenisches Verstehen. In: Hahn, Karin u.a. (Hg.): Kompetente LeiterInnen. Beiträge zum Leitungsverständnis nach TZI. Mainz 2001
Lotz, Walter: Überlegungen zur Supervision der Vorklassenarbeit. In: Arbeitskreis „Pro Vorklasse“ (Hg.): Vorklasse als Chance! Dokumentation über die Arbeit in Vorklassen. Typographie o.J.
Lotz, Walter und Helmut Reiser: Die TZI aus dem Blickwinkel der psychoanalytischen Pädagogik. In: „Themenzentrierte Interaktion“ 10 (1996), Heft 1
Luhmann, Niklas und Karl-Eberhard Schorr: Reflexionsprobleme im Erziehungssystem. Stuttgart 1979
Luhmann, Niklas: Codierung und Programmierung. Bildung und Selektion im Erziehungssystem. In: Tenorth, Heinz-Elmar (Hg.); Weinheim und München 1986
Lyotard, Jean Francois: Das postmoderne Wissen. Wien 1994 (3)
Mahler, Margaret u.a.: Die psychische Geburt des Menschen. Symbiose und Individuation. Frankfurt 1978
Makarenko, Anton S.: Ein pädagogisches Poem. „Der Weg ins Leben“. Frankfurt/Berlin/Wien 1971
Markefka, Manfred und Bernhard Nauck (Hg.): Handbuch der Kindheitsforschung. Neuwied/Kriftel/Berlin 1993
Matzdorf, Paul und Ruth C. Cohn: Das Konzept der Themenzentrierten Interaktion. In: Löhmer, Cornelia und Rüdiger Standhardt (Hg.); Stuttgart 1992
Mead, George Herbert: Geist, Identität und Gesellschaft. Frankfurt 1998 (11)
Meinberg, Eckhard: Das Menschenbild der modernen Erziehungswissenschaft. Darmstadt 1988
Menze, Clemens: Bildung. In: Speck, Josef und Gerhard Wehle (Hg.); München 1970
Menze, Clemens: Bildung. In: Lenzen, Dieter (Hg.); Stuttgart 1983
Merten, Roland: Autonomie der Sozialen Arbeit. Zur Funktionsbestimmung als Disziplin und Profession. Weinheim/München 1997
Merten, Roland und Thomas Olk: Sozialpädagogik als Profession. Historische Entwicklung und künftige Perspektiven. In: Combe, Arno und Werner Helsper (Hg.); Frankfurt 1996
Mertens, Wolfgang: Kompendium psychoanalytischer Grundbegriffe. München 1992
Mertens, Wolfgang: Die psychoanalytische Haltung. In: Ermann, Michael (Hg.): Die hilfreiche Beziehung in der Psychoanalyse. Göttingen 1993
Mertens, Wolfgang (Hg.): Schlüsselbegriffe der Psychoanalyse. Stuttgart 1993
Metzinger, Thomas: Einleitung: Das Problem des Bewußtseins. In: Metzinger, Thomas (Hg.): Bewußtsein. Beiträge aus der Gegenwartsphilosophie. Paderborn 1996 (2)
Miles, Jack: Gott. Eine Biographie. Wien 1996

Möckel, Andreas: Die Ursprünge des dialogischen Prinzips bei Martin Buber, Franz Rosenzweig und Eugen Rosenstock- Huessy. In: Iben, Gerd (Hg.); Mainz 1988
Montada, Leo: Themen, Traditionen, Trends. In: Oerter, Rolf und Montada (Hg.); München/Weinheim 1987
Müller, Burkhard: Sozialpädagogisches Können. Ein Lehrbuch zur multiperspektivischen Fallarbeit. Freiburg 1994 (2)
Müller, Burkhard: Außensicht – Innensicht. Beiträge zu einer analytisch orientierten Sozialpädagogik. Freiburg 1995
Müller, C. Wolfgang: Manuskript 1987. In: Kreft, Dieter und Ingrid Mielenz; Weinheim/Basel 1996 (4)
Müller-Bülow, Brigitte: Zu wissen, daß ich zähle. Einzelsupervision als Lernen in der Dyade. In: Hahn, Karin u.a. (Hg.); Mainz 1997
Müller-Pozzi, Heinz: Psychoanalytisches Denken. Eine Einführung. Bern 1991
Münchmeier, Richard: Jugend. In: Otto, Hans-Uwe und Hans Thiersch (Hg.); Neuwied/Kriftel 2001 (2)
Münder, Johannes u.a.: Frankfurter Lehr- und Praxiskommentar zum KJHG/SGB VIII. Münster 1998
Münder, Johannes: Kinder- und Jugendhilfegesetz (KJHG). In: Otto, Hans-Uwe und Hans Thiersch (Hg.); Neuwied/Kriftel 2001 (2)
Neidhardt, Wolfgang: Kinder, Lehrer und Konflikte. Vom psychoanalytischen Verstehen zum pädagogischen Handeln. München 1977
Neill, Alexander S.: Theorie und Praxis der antiautoritären Pädagogik. Das Beispiel Summerhill. Reinbek 1969
Nitzschke, Bernd: Die entwicklungsbedingt strukturelle Ich-Störung. In: Heigl-Evers, Annelise und Jürgen Ott (Hg.); Göttingen 1994
Noam, Gil und Robert Kegan: Soziale Kognition und Psychodynamik: Auf dem Weg zu einer klinischen Entwicklungspsychologie. In: Edelstein, Wolfgang und Monika Keller (Hg.); Frankfurt 1982
Oelkers, Jürgen: Metapher und Wirklichkeit. Die Sprache der Pädagogik als Problem. In: Oelkers, Jürgen und Klaus Wegenast (Hg.); Stuttgart/Berlin/Köln 1991
Oelkers, Jürgen und Heinz-Elmar Tenorth (Hg.): Pädagogisches Wissen. Weinheim und Basel 1991
Oelkers, Jürgen und Klaus Wegenast (Hg.): Das Symbol – Brücke des Verstehens. Stuttgart/Berlin/Köln 1991
Oerter, Rolf: Psychologie des Denkens. Donauwörth 1971
Oerter, Rolf und Leo Montada (Hg.): Entwicklungspsychologie. München/Weinheim 1987 (2)
Oevermann, Ulrich: Theoretische Skizze einer revidierten Theorie professionalisierten Handelns. In: Combe, Arno und Werner Helsper (Hg.); Frankfurt 1996
Oevermann, Ulrich: Arbeitsbericht zum Teilprojekt C 3. Struktur und Genese professionalisierter Praxis als Ort stellvertretender Krisenbewältigung. Frankfurt 2001
Ogden, Thomas H.: Frühe Formen des Erlebens. Wien 1995
Otto, Hans-Uwe und Hans Thiersch (Hg.): Handbuch Sozialarbeit – Sozialpädagogik. Neuwied/Kriftel 2001 (2)
Peirce, Charles S.: Phänomen und Logik der Zeichen. Frankfurt 1983
Piaget, Jean: Meine Theorie der geistigen Entwicklung. Frankfurt 1983

Plessner, Helmuth: Die Stufen des Organischen und der Mensch. Berlin/New York 1975 (3)
Pollack, Thomas: Über die berufliche Identität des Psychoanalytikers. Versuch einer professionstheoretischen Perspektive. In: „Psyche" 53 (1999), Heft 12
Pongratz, Ludwig A.: Aufklärung und Widerstand. Kritische Bildungstheorie bei Heinz-Joachim Heydorn. In: Euler, Peter und Ludwig A. Pongratz: Kritische Bildungstheorie. Zur Aktualität Heinz-Joachim Heydorns. Weinheim 1995
Prengel, Annedore: Pädagogik der Vielfalt. Verschiedenheit und Gleichberechtigung in Interkultureller, Feministischer und Integrativer Pädagogik. Opladen 1993
Quitmann, Helmut: Humanistische Psychologie. Göttingen 1996 (3)
Racker, Heinrich: Übertragung und Gegenübertragung. Studien zur psychoanalytischen Technik. München/Basel 1997 (5)
Raguse, Hartmut: Was ist Themenzentrierte Interaktion? In: Hahn, Karin u.a. (Hg.); Mainz 1987
Raguse, Hartmut: Gruppensupervision. In: Fatzer, Gerhard und Claus D. Eck (Hg.): Supervision und Beratung. Ein Handbuch. Köln 1990
Raguse, Hartmut: Kritische Bestandsaufnahme der TZI. In: Löhmer, Cornelia und Rüdiger Standhardt (Hg.); Stuttgart 1992
Raguse, Hartmut: Psychoanalyse und biblische Interpretation. Eine Auseinandersetzung mit Eugen Drewermanns Auslegung der Johannes-Apokalypse. Stuttgart 1993
Raguse, Hartmut: Der Raum des Textes. Elemente einer transdisziplinären theologischen Hermeneutik. Stuttgart 1994
Raguse, Hartmut: Die Bibel zwischen Literaturinterpretation und analytischem Prozeß. In: „Psyche" 50 (1996), Heft 9/10
Raguse, Hartmut: Psychoanalytische Hermeneutik – Weltanschauung oder Regelcorpus? In: „Psyche" 52 (1998a), Heft 7
Raguse, Hartmut: TZI und Gruppensupervision. In: Hahn, Karin u.a. (Hg.): Themenzentrierte Supervision. Mainz 1998b
Reble, Albert: Geschichte der Pädagogik. Stuttgart 1995 (18)
Rawls, John: Gerechtigkeit als Fairneß: politisch und nicht metaphysisch. In: Honneth, Axel (Hg.); Frankfurt 1993
Reiser, Helmut: Ruth Cohn und Martin Buber. In: Hahn, Karin u.a. (Hg.); Mainz 1987
Reiser, Helmut: Dialog im Gruppenprozeß – Zur Vermittlung dialogischer Philosophie und pädagogischer Praxis. In: Iben, Gerd (Hg.); Mainz 1988
Reiser, Helmut: TZI als pädagogisches System. In: Reiser, Helmut und Walter Lotz; Mainz 1995 (S.11–94)
Reiser, Helmut: Ein Modell zur Reflexion von Unterricht nach der Themenzentrierten Interaktion. In: Reiser, Helmut und Walter Lotz; Mainz 1995 (S.125–146)
Reiser, Helmut: Die Themenzentrierte Interaktion als Rahmenkonzept für Supervision. In: Hahn, Karin u.a. (Hg.); Mainz 1998
Reiser, Helmut: Zur Bedeutung des Vergangenen, des Gegenwärtigen und des Zukünftigen in der psychoanalytischen Reflexion pädagogischer Interaktionen. In: Ahrbeck, Bernd und Jürgen Körner (Hg.). Neuwied/Kriftel/Berlin 2000
Reiser, Helmut und Walter Lotz: Themenzentrierte Interaktion als Pädagogik. Mainz 1995
Richter, Ingo: Kinder- und Jugendhilferecht und Sozialrecht. In: Otto, Hans-Uwe und

Hans Thiersch (Hg.); Neuwied/Kriftel/ Berlin 2001 (2)
Rössler, Beate: Der Wert des Privaten. Frankfurt 2001
Roth, Gerhard: Fühlen, Denken, Handeln. Wie das Gehirn unser Verhalten steuert. Frankfurt 2001
Roth, Leo: Forschungsmethoden der Erziehungswissenschaft. In: Roth, Leo (Hg.): Pädagogik. Handbuch für Studium und Praxis. München 1991
Rousseau, Jean-Jacques: Emile. Oder über die Erziehung. Stuttgart 1968
Rubner, Angelika: Über die Wechselwirkung der Rolle des einzelnen, der Gegenübertragung des Leiters und dem Prozeß der Gruppe. In: „Themenzentrierte Interaktion" 6 (1992), Heft 2
Rubner, Angelika: Die TZI in der Teamentwicklung. In: Hahn, Karin u.a. (Hg.): Themenzentrierte Supervision. Mainz 1997
Rubner, Angelika und Eike Rubner: Entwicklungsphasen einer Gruppe. In: „Themenzentrierte Interaktion" 5 (1991), Heft 2
Rubner, Angelika und Eike Rubner: Die Entwicklungsphasen einer Gruppe – Grundkonflikte, Einstellungen dem Leiter gegenüber und Leiterinterventionen. In: Löhmer, Cornelia und Rüdiger Standhardt (Hg.); Stuttgart 1992
Rutschky, Michael: Freud und die Mythen. In: Bohrer, Karl Heinz (Hg.); Frankfurt 1983
Sachße, Christoph: Mütterlichkeit als Beruf. Sozialarbeit, Sozialreform und Frauenbewegung 1871–1929. Frankfurt 1986
Sachsse, Christoph und Florian Tennstedt: Geschichte der Armenfürsorge in Deutschland. Vom Spätmittelalter bis zum Ersten Weltkrieg. Stuttgart 1980
Sachsse, Ulrich: Klinische Erfahrungen mit verschiedenen Interventionsmodi bei der psychoanalytisch-interaktionellen Therapie. In: Heigl-Evers, Annelise und Jürgen Ott (Hg.); Göttingen 1994
Salmen, Bernhard: Ohnmacht und Grandiosität. Mainz 1995
Sandler, Joseph: Gegenübertragung und Bereitschaft zur Rollenübernahme. In: „Psyche" 30 (1976)
Sandler, Joseph, Christopher Dare und Alex Holder: Die Grundbegriffe der psychoanalytischen Therapie. Stuttgart 1996 (7)
Schäfer, Gerd E.: Bildungsprozesse im Kindesalter. Selbstbildung, Erfahrung und Lernen in der frühen Kindheit. Weinheim und München 1995
Schiffer, Walter: Das Wir ist keine Gruppe (Martin Buber). Vergleich der Grundworte innerhalb der TZI nach Ruth C. Cohn und der Dialogik Martin Bubers. In: „Themenzentrierte Interaktion" 10 (1996), Heft 2
Schleiermacher, Friedrich E. D.: Ausgewählte pädagogische Schriften. Hgg. Von Ernst Lichtenstein. Paderborn 1994 (4)
Schmid, Wilhelm: Das schöne Leben. Was es heißt, den „Sinn des Lebens" zu finden. In: „Der blaue Reiter" 8 (1998), Heft 2
Schmidbauer, Wolfgang: Hilflose Helfer. Über die seelische Problematik der helfenden Berufe. Reinbek 1992
Schmidt-Denter, Ulrich: Eltern-Kind- und Geschwisterbeziehungen. In: Markefka, Manfred und Bernhard Nauck (Hg.); Neuwied/Kriftel/Berlin 1993
Schmitz, Helmut: Der eine singt, die andere auch. In: Frankfurter Rundschau; Ostern 1989, S.8
Schneider, Johann: Gut und Böse – Falsch und Richtig. Zu Ethik und Moral der sozialen

Berufe. Frankfurt 1999
Schoenhals, Helen: Ödipuskomplex, Triangulärer Raum und Symbolisierung. In: Kennel, Rosemarie und Gertrud Reerink (Hg.); Tübingen 1997
Schreyögg, Astrid: „Globe“ – die unbekannte Größe. Ein Versuch zur Präzisierung des Kontext-Verständnisses in der TZI. In: „Themenzentrierte Interaktion“ 7 (1993), Heft 1
Schütze, Fritz: Sozialarbeit als „bescheidene“ Profession. In: Dewe, Bernd, Wilfried Ferchhoff und Frank-Olaf Radtke (Hg.); Opladen 1992
Schulz von Thun, Friedemann: Miteinander reden. Störungen und Klärungen. Band 1. Reinbek 1981
Schulze, Gerhard: Die Erlebnisgesellschaft. Kultursoziologie der Gegenwart. Frankfurt/New York 1992
Schwenk, Bernhard: Bildung. In: Lenzen, Dieter (Hg.); Stuttgart 1989
Simon, Fritz B.: Lebende Systeme. Wirklichkeitskonstruktionen in der systemischen Therapie. Frankfurt 1997
Speck, Josef und Gerhard Wehle (Hg.): Handbuch pädagogischer Grundbegriffe. 2 Bände. München 1970
Spierling, Volker: Kleine Geschichte der Philosophie. 50 Porträts von der Antike bis zur Gegenwart. München 1995 (3)
Statzer, Manfred: „Wer den ‚Globe‘ nicht kennt, den frißt er.“ In: „Themenzentrierte Interaktion“ 9 (1995), Heft 1
Staub-Bernasconi, Silvia: Systemtheorie, soziale Probleme und Soziale Arbeit: lokal, national, international oder: vom Ende der Bescheidenheit. Bern/Stuttgart/Wien 1995
Stichweh, Rudolf: Professionen in einer funktional differenzierten Gesellschaft. In: Combe, Arno und Werner Helsper (Hg.); Frankfurt 1996
Stierlin, Helm: Ich und die anderen. Psychotherapie in einer sich wandelnden Gesellschaft. Stuttgart 1994
Stone, Leo: Die psychoanalytische Situation. Frankfurt 1973
Streeck, Ulrich: Über eine Art, in therapeutischer Interaktion zu reden. In: Heigl-Evers, Annelise und Jürgen Ott (Hg.); Göttingen 1994
Tarnas, Richard: Idee und Leidenschaft. Die Wege des westlichen Denkens. München 1997
Tenorth, Heinz-Elmar (Hg.): Allgemeine Bildung. Analysen zu ihrer Wirklichkeit, Versuche über ihre Zukunft. Weinheim und München 1986
Tenorth, Heinz-Elmar: „Bildung“ – Thematisierungsformen und Bedeutung in der Erziehungswissenschaft. In: „Zeitschrift für Pädagogik“ 1997, Heft 6
Thiersch, Hans: Lebensweltorientierte Soziale Arbeit. Weinheim 1992
Trost, Alexander: TZI und systemische Therapie: spielend kreative Lösungen (er)finden. In: „Themenzentrierte Interaktion“ 12 (1998), Heft 2
Vierheilig, Jutta: Dialogik als Erziehungsprinzip. In: Vierheilig, Jutta und Willehad Lanwer-Koppelin; Butzbach-Griedel 1996
Vierheilig, Jutta und Willehad Lanwer-Koppelin: Martin Buber: Anachronismus oder neue Chance für die Pädagogik? Butzbach-Griedel 1996
Wagner, Hans-Josef: Eine Theorie pädagogischer Professionalität. Weinheim 1998
Wagner, Hans-Josef: Krise, Routine und Wissen. Konstitutionstheoretische Über-

legungen. Typographie Frankfurt 2002
Weber, Erich: Erziehungsstile. Donauwörth 1970
Weber, Max: Wirtschaft und Gesellschaft. Tübingen 1956 (4)
Wedekind, Erhard: Beziehungsarbeit. Zur Sozialpsychologie pädagogischer und therapeutischer Institutionen. Frankfurt 1986
Wehnes, Franz-Josef: Theorien der Bildung – Bildung als historisches und aktuelles Problem. In: Roth, Leo (Hg.): Pädagogik. Handbuch für Studium und Praxis. München 1991
Wellmer, Albrecht: Zur Dialektik von Moderne und Postmoderne. Frankfurt 1985
Wellmer, Albrecht: Bedingungen einer demokratischen Kultur. Zur Debatte zwischen Liberalen und Kommunitaristen. In: Brumlik, Micha und Hauke Brunkhorst (Hg.); Frankfurt 1993
Wendnagel, Johannes: Ethische Neubesinnung als Ausweg aus der Weltkrise? Ein Gespräch mit dem „Prinzip Verantwortung" von Hans Jonas. Würzburg 1990
Wenzel, Harald: Die Ordnung des Handelns. Talcott Parsons' Theorie des allgemeinen Handlungssystems. Frankfurt 1991
Werthmann, Hans-Volker: Psychoanalytische Deutung. In: Mertens, Wolfgang (Hg.); Stuttgart 1993
Willi, Jürg: Die Zweierbeziehung. Analyse des unbewußten Zusammenspiels in Partnerwahl und Paarkonflikt. Berlin/Heidelberg/New York 1975
Wimmer, Michael: Zerfall des Allgemeinen – Wiederkehr des Singulären. Pädagogische Professionalität und der Wert des Wissens. In: Combe, Arno und Werner Helsper (Hg.); Frankfurt 1996
Wingert, Lutz: Der Grund der Differenz: Subjektivität als ein Moment von Intersubjektivität. In: Brumlik, Micha und Hauke Brunkhorst (Hg.); Frankfurt 1993
Winkler, Michael: Eine Theorie der Sozialpädagogik. Über Erziehung als Rekonstruktion der Subjektivität. Stuttgart 1988
Winnicott, Donald W.: Vom Spiel zur Kreativität. Stuttgart 1979 (2)
Winnicott, Donald W.: Reifungsprozesse und fördernde Umwelt. Studien zur Theorie der emotionalen Entwicklung Frankfurt 1984
Wüstenberg, Wiebke: Die Leitung von Vorklassen – eine sozialpädagogische Aufgabe an der Grundschule – Was ist die Perspekive? In: Arbeitskreis „Pro Vorklasse" (Hg.): Vorklasse als Chance! Dokumentation über die Arbeit in Vorklassen. Typographie o.J.
Zeiher, Helga: Die vielen Räume der Kinder. Zum Wandel räumlicher Lebensbedingungen seit 1945. In: Preuss-Lausitz, Ulf u.a.: Kriegskinder, Konsumkinder, Krisenkinder. Zur Sozialgeschichte seit dem Zweiten Weltkrieg. Weinheim/Basel 1983
Zeiher, Helga und Hartmut J. Zeiher: Organisation von Raum und Zeit im Kinderalltag. In: Markefka, Manfred und Bernhard Nauck (Hg.); Neuwied/Kriftel/Berlin 1993
Zeiher, Helga und Hartmut J. Zeiher: Orte und Zeiten der Kinder. Soziales Leben im Alltag von Großstadtkindern. Weinheim/München 1994
Ziehe, Thomas: Zeitvergleiche. Jugend in kulturellen Modernisierungen. Weinheim und München 1991
Zinnecker, Jürgen: Vom Straßenkind zum verhäuslichten Kind. Kindheitsgeschichte im Prozeß der Zivilisation. In: Behnken, Imbke (Hg.): Stadtgesellschaft und Kindheit im Prozeß der Zivilisation. Opladen 1990